大坂西町奉行久須美祐明日記

天保改革期の大坂町奉行

藪田 貫 編

清文堂史料叢書
第133刊

清　文　堂

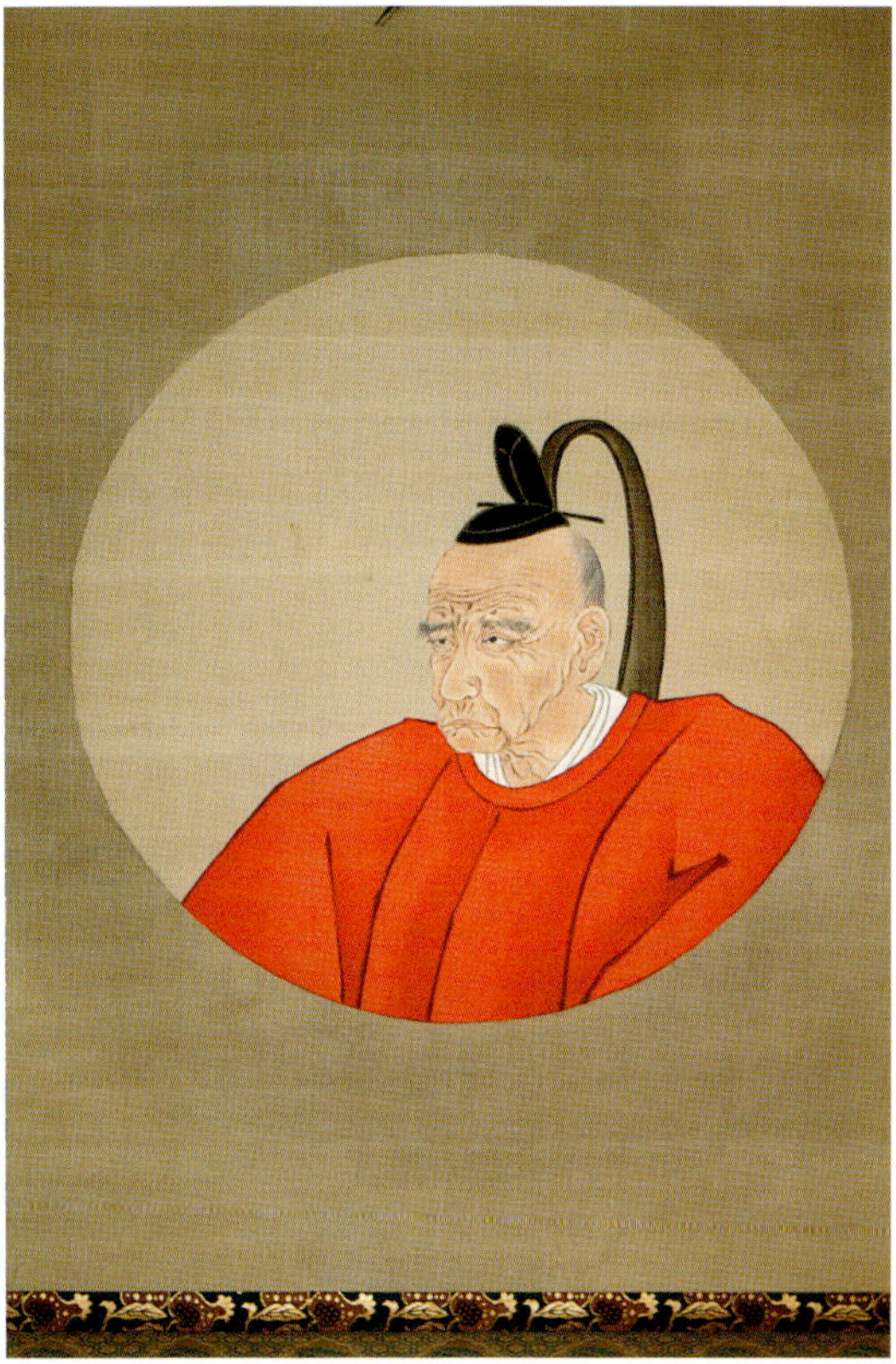

久須美祐明肖像

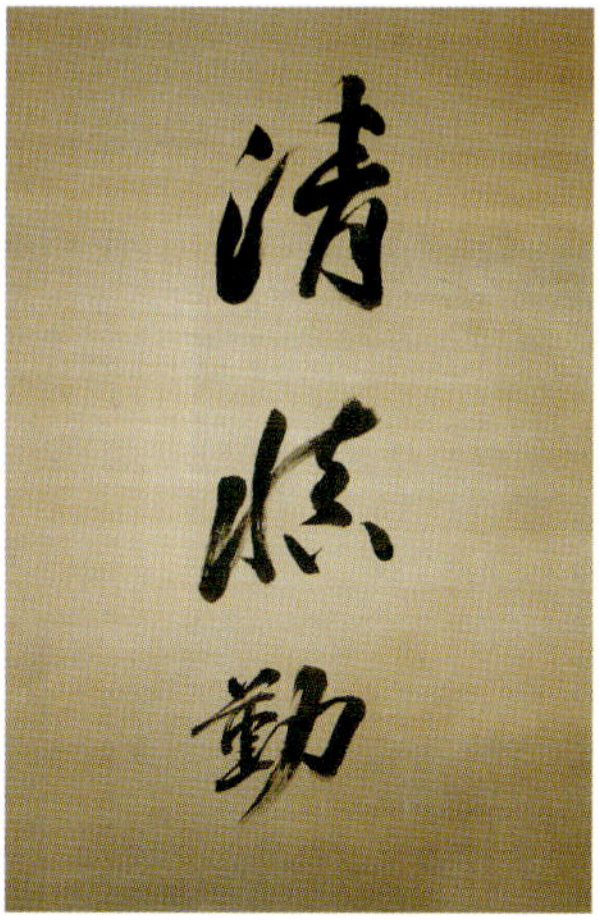

久須美祐明揮毫

久須美祐雋肖像

久須美祐利肖像

（以上、沼津市明治史料館蔵）

浪華日記　乾・坤

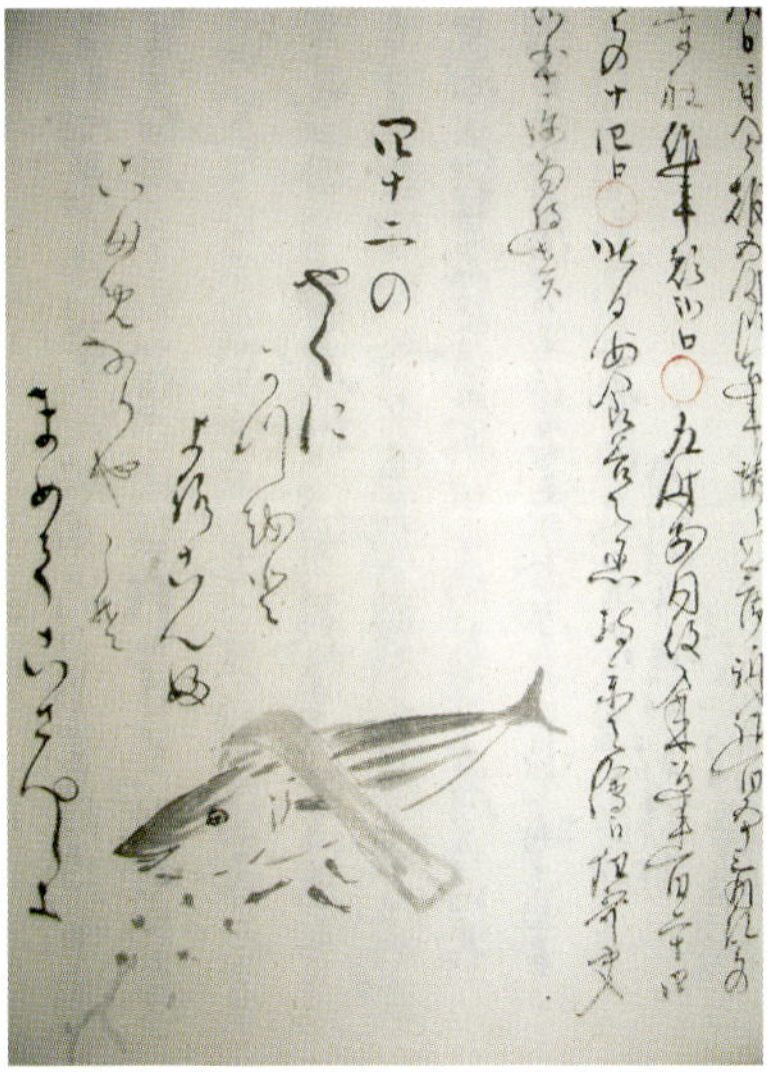

天保15年１月25日の記事

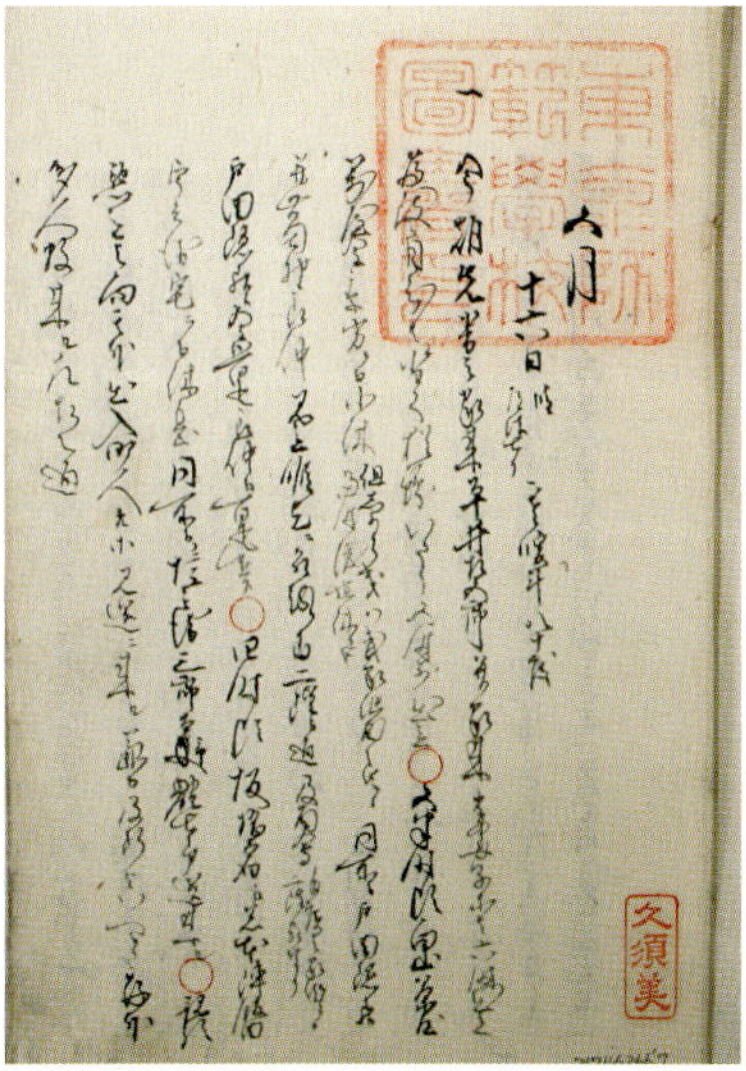

冒頭部分

（いずれも筑波大学附属図書館蔵）

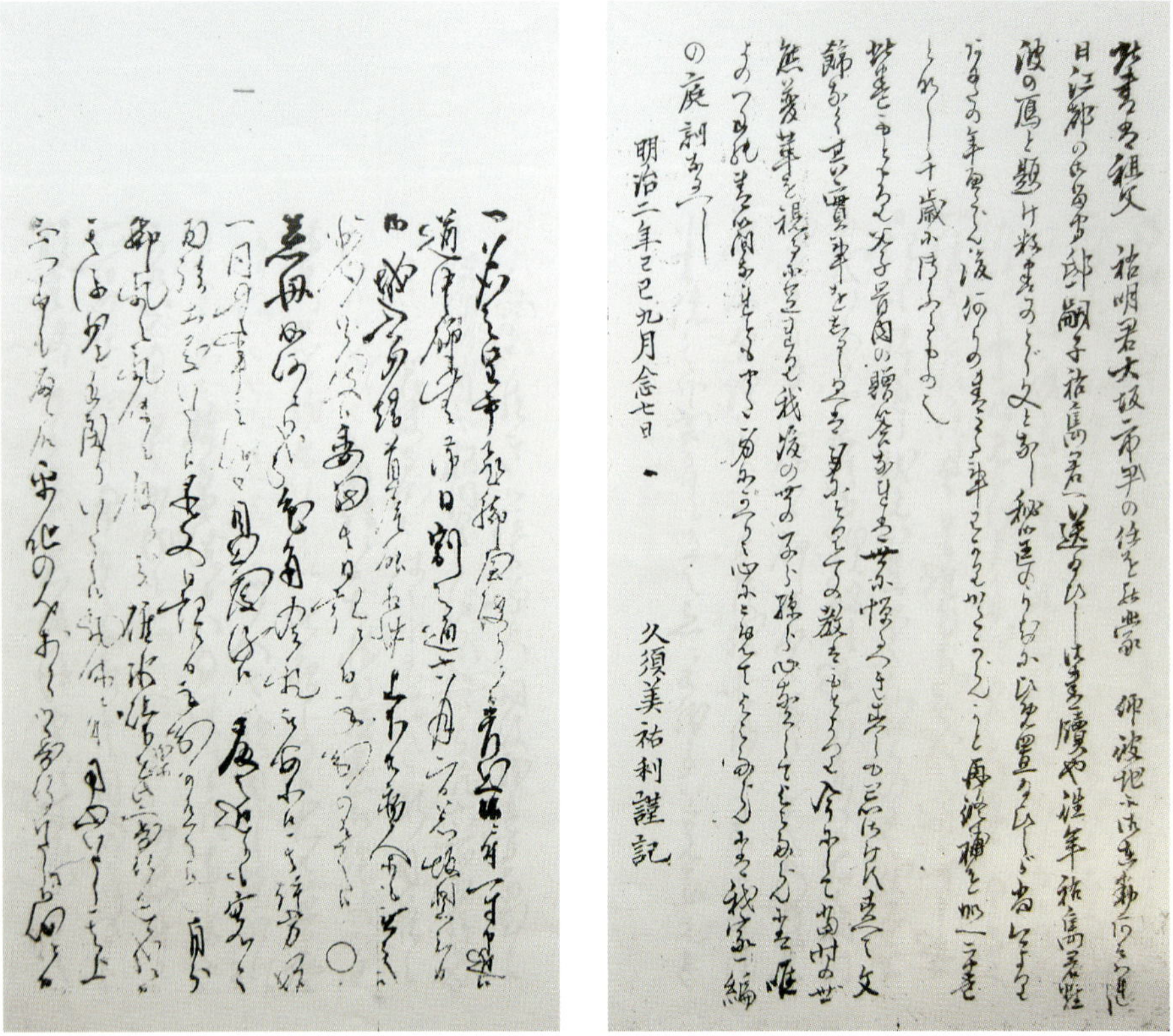

『難波の風』（右は祐利の序文、左は祐明の第一信）　（筑波大学附属図書館蔵）

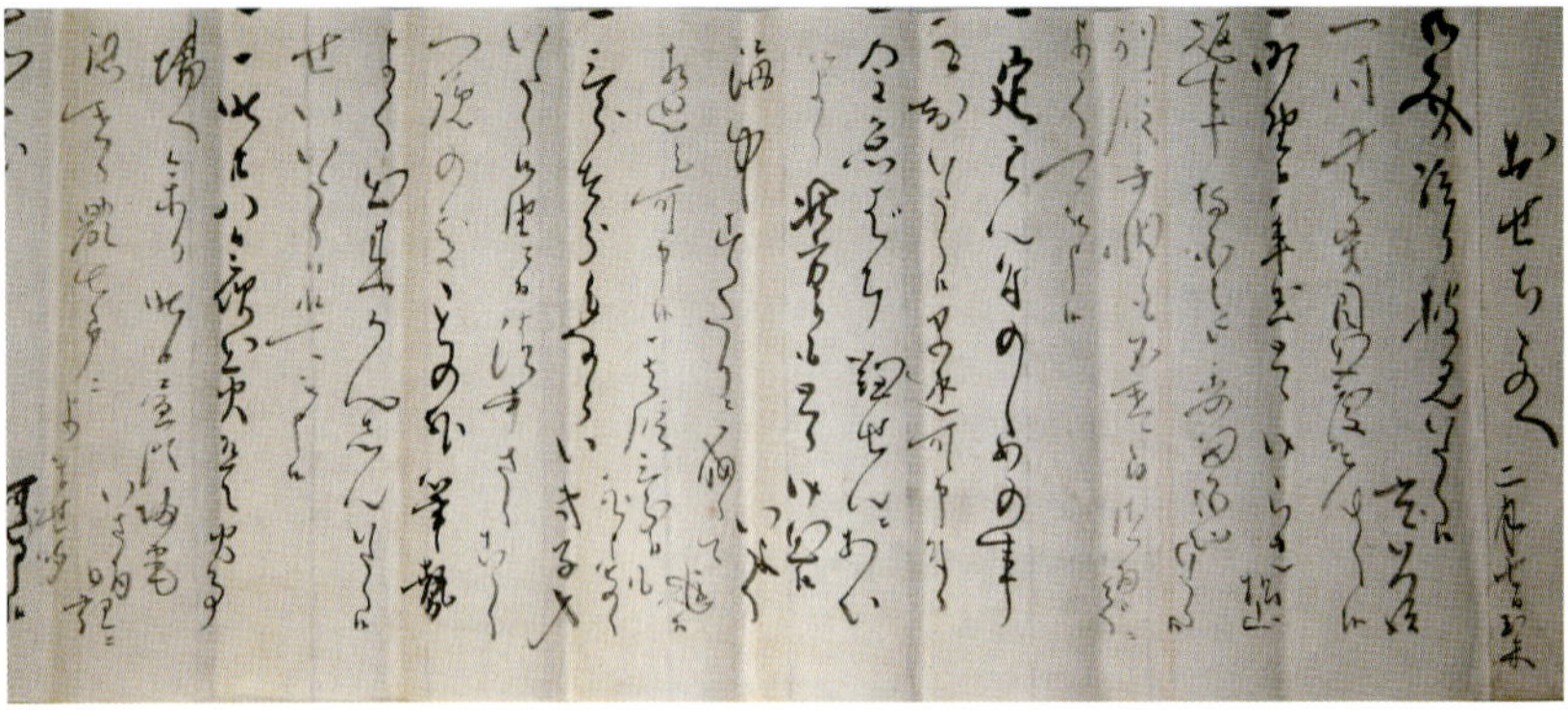

天保十五年正月晦日付　おせち宛久須美祐明書状　（沼津市明治史料館蔵）

目次

久須美氏略系図・家族関係図

祐成 曽我十郎 ― 祐寛 ― 祐政 ― 祐邦[1] 江戸に出て御家人となる ― 祐光[2]

- 祐明[3] 権兵衛・六郎左衛門 嘉永五年没、八二歳
  - ＝ 常証院 おかめ、田中氏、天保十四年没
    - 祐雋[4] 権兵衛・六郎左衛門、文久三年没、六八歳
      - ＝ おせち 山村氏
        - 祐温[5] 三郎太郎、文久二年没、二六歳
        - おたつ
    - 祐義 順三郎、慶応二年没、六五歳
      - ＝ 妻 小林氏
        - 誠 正一郎、杉浦氏を継ぐ、明治二十三年没、七五歳
    - 友直 藤之進、豊田氏を継ぐ、明治三年没、六六歳
      - ＝ 妻 菊池氏
        - 喜多 杉浦誠に嫁す
        - 友文 敬之助
        - 多嘉 杉浦誠後妻
        - 阿意 祐温に嫁す
  - ＝ 妾
    - 祐利 七十五郎、大正六年没、七二歳
- 藤太郎 豊田氏を継ぐ

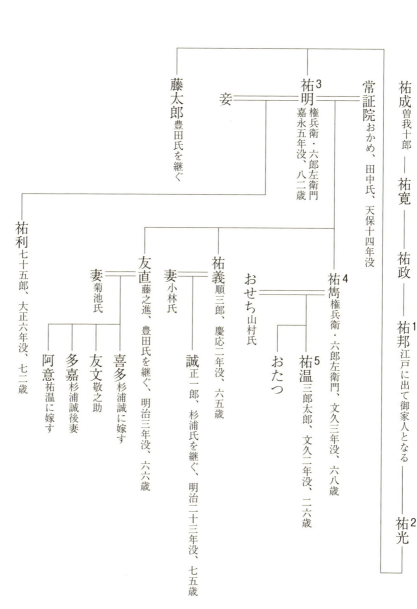

凡例

本書は筑波大学附属図書館所蔵久須美祐明「浪華日記」を全文翻刻したものである。

1．本文について

・本文の翻刻にあたっては、原文の形を尊重したが、改行については、その限りではない。
・漢字の字体は、原則として常用字を使用し、俗字・異体字・略字などは通用の字体に改めた。
・カタカナとひらがなの別はおおむね、原本のままとした。
・助詞として使用されている江（エ・ヘ）・而（テ）・者（ハ）・与（ト）・ゟ（ヨリ）は、カタカナで表記し、而已（ノミ）はポイントを下げて表示した。
・読みやすくするために適宜、句読点（、）並列点（・）、ならびにルビを施した。
・闕字については原文通りとし、平出は一字空けで表記した。
・割書きについては原文を尊重し、ポイントを下げて表記したが、改行は原文通りではない。
・行間に書き込まれた補筆は、二、三字の場合、本文中に収め、原文通りではない。
・抹消・訂正・重ね書きは、判読できる場合は左傍に見せ消し記号「〻」を付し、出来ない場合は■で示し、右傍に訂正後の文字を記した。
・破損・汚損は、字数が分かる場合は□□、分からない場合は「　」で示し、推定できた場合は、（　）に入れて傍注とした。
・編者による校訂は、（　）に入れ、傍注とした。脱字の場合は（脱）、疑問の残る場合は（ヵ）とした。
・本文中に手書きされた画像については、そのまま画像として挿入した。

2. 小見出しについて

・日ごとに、おもな出来事を小見出しとして本文の上欄に書きだした。

3. 頭注について

・頭注は、本文の該当箇所に＊をつけ、頭注欄に○の下に本文の字句を掲げ、注記した。

・同じ頭注については、初出を基本とするが、余白の関係でそれ以外に注記した場合もある。

4. 抜き書きについて

・自身や幕閣への言及、江戸と大坂の比較など、注目すべき記事の一部を頭注欄に引用した。

5. 補注について

・補注はやや専門的な事項や頭注欄に収められなかったものを、頭注の末尾に「↓補」として掲げた。

・補注欄は本文の末尾におき、本文の字句を掲げ、その下に本文の所在ページを示した。

6. 付録について

・日記が書かれている期間に大坂から江戸の留守宅に送られた書簡のうち、本文の理解を助ける記述を抜粋して掲げた。あわせて頭注欄に書状番号を注記した。

・当時の人間関係と位置関係を理解しやすいように、西町奉行所図・大坂市中図・大坂城図ならびに天保十五年年頭「御役録」を付録として掲げた。

7. 解題について

・解題には本書出版の経緯と著者である久須美祐明に関する論考、および日記から得られる時代背景、とくに天保改革に関する論考の二編を掲載した。

8. その他

・本文中には現代の人権意識からみて明らかな差別的表現がみられるが、差別の歴史的研究に資するためにそのまま掲載した。

（表紙）

浪華
日記

乾

○浪華日記→補注1。

江戸出発、蕨・浦和をへて大宮宿着

○**寒暖計八十度**　華氏の気温。摂氏で約二七度。

○**久須美**　乾坤とも一丁右下に角印にて久須美の判あり。

○**権兵衛・三郎太郎**　祐明の嫡男（のち六郎左衛門、祐雋）と孫祐温。

五月

十六日晴　道法七リ　寒暖計八十度*

一今朝、先番之家来平井左五郎并家来共妻子等ハ六時出立為致、自分ハ暫く猶予いたし　久須美*
五時前出立○五時半頃白山茶屋万屋金兵衛方ニテ小休但しからきハ武家地面之由ニテ当時渡世休候由　同所
へ戸田隠居并葛野良仲見立暇乞ニ罷越候間二階へ通及面会手広之家作ニテ二階家なり　戸田隠居へ金
弐百疋、良仲へ百疋遣ス○四時頃板橋宿へ着、本陣飯田宇兵衛宅ニテ休息、同所へ権
兵衛・三郎太郎・體七郎送来ル○親類懇意之向其外出入町人共等見送ニ来ル、兼テ及
断トいへとも存外多人数来ル、凡左之通

町野松山　町野捨三郎　神沼左太郎　同真太郎

今堀千五百蔵　増島涛太郎　服部重太郎　松平喜太郎　関捨四郎

伊庭久右衛門　本多喜八郎　小野半右衛門　平塚金兵衛

三宅郁三郎　林伊三郎　中村啓助　塚田伝右衛門

原宇九郎　田中弥一兵衛　鈴木逸八　香山藤右衛門

木村万平　川島東八郎　同鉄太郎　山内重次郎

右之外出入町人共ハ略之○吸物・取肴一種ニテ態ト酒を出ス

本膳　膾 平　香物　汁 飯　焼物　猪口

権兵衛・三郎太郎*ハ同所ヨリ帰宅、戸田渡シ場迄来ルものも有之、木村万平・川島東

八郎父子ハ川向迄来ル、戸田村茶屋川役人之由榎屋藤五郎宅小休所迄来ル○八時過蕨宿へ着、同所茶屋菱屋半右衛門宅ニテ小休、夫ヨリ浦和宿を過夕七時頃大宮宿へ着、本陣山田喜左衛門宅へ止宿○正一郎儀初テ駕籠ニ乗候処、聊酔候気味無之却テ睡気を催候由、安心之事ニ候○今日ハ南風殊《ことに》快晴ニテ薄暑ニ付、行水同様湯をあび、夫ヨリ日記抔認、有合之飯ノ菜ニテ一盞を用但大宮宿ハ大熊善太郎支配所之処、献立抔いたし《書出》菜数も多く候故左伝次*へ申含為申諭菜数を減別段手当遣ス、右ハ御料所ニテ心得違之仕向ハ被　仰出を不用趣意ニ付、其意味を以為申諭菜ハ不用ニして手当遣候得共、私領ハ領主地頭ニテ取締も申付候筋ニ付、一通り先番之ものヨリ一汁一菜之外馳走ヶ間敷儀致間敷旨為断、其上ニも不取用差出候得ハ申請、素り木銭米代ト違ひ旅籠銭之事故定式茶料之外手当等遣候ニハ不及旨左伝次・左五郎等へ申含置○文政二卯年*西国へ罷越候節もへ江戸出立之日、当所脇本陣へ止宿之処、家作見苦敷取扱も等閑ニ候処、今日ハ本陣家作も奇麗ニテ取扱も格別之儀ニテ、畢竟身分結構被　仰付候故之儀ト難有事ニ候○西国へ出立之節ハ勿論一昨年佐州*へ出立之節も、戸田川を越見送り之ものト立別れ候儀甚快からす、愚痴之事ト気分を取直シ候テも、人情として誰トも古郷をハなれ候義不快、別テ一昨年ハ三郎太郎ニわかれ候儀何寄迷惑ニ存候義ニテ、今般ハ留守ニ病人*も有之儀一入《ひとしお》快からざる筈之処、兼テ存極候故欤、又ハ事ニ馴候故欤一昨年程ニハ無之、一合より不足之酒ニテ床へ入候より早く熟睡、翌暁七時前小便ニ起候迄一睡、夫ヨリ直ニ近習等をも呼起シ七半時頃起出ル、正一郎*歯ギシリを案候処、今夜ハ更ニ歯キシリ不致不審ニ存翌朝尋候処、江戸をはなれ際故欤其上蚊屋を下ケ不申夜中一向不睡由、左すれハ事ニ馴候ト不馴候ト之違ひも可有之哉トも被存候

○**左伝次**　祐明の家老塚越左伝次。

○**文政二卯年**　勘定頭格として祐明は西国に出張した。

○**一昨年佐州**　天保十一年十二月佐渡奉行に任ぜられた。

○**病人**　祐明の妻かめ、のちの常証院。

○**正一郎**　祐明の次男祐義の長子誠、大坂に同行した唯一の家族、当時十七歳、のち杉浦氏をつぐ。

大宮宿出発、上尾・鴻巣をへて熊谷宿着

○遠山美濃守　美濃苗木藩主遠山友禄。

○建場　宿場の出入口にあって、旅人などが休止した茶屋、立場とも書く。

古稀を越候ても未健にて

○三里　灸穴の一つ、手と足にあり、灸をすると万病にきくという。

十七日晴　道法九リ　七十六度

一今朝六半時頃大宮宿出立但家来共妻子ハ挑灯(提燈)引ニテ出立為致、右相済候上猶予いたし自分出立、以後定式ニ付略して不記之宿外れヨリ正一郎同道ニテ歩行○上尾宿手前ニテ遠山美濃守*参府旅行ニ行逢候故、互ニ片道を譲り通行、同宿茶屋佐五右衛門宅ニテ小休、同所より駕籠ニ乗、但弐里程歩行○四ツ半時頃鴻巣宿へ着、兼テハ同所茶屋松屋清左衛門方にテ昼食之積りニ候処、差支之儀有之由ニテ本陣小池与太夫宅へ案内いたす故、同人方へ罷越弁当認ル玉子焼を申付候処焼立ニして大根おろし醤油を付候故至極塩梅よく正一郎ト両人分七拾弐（百）銅之由　○九時過吹上建場*ニテ小休、夫より久下村建場茶屋中島屋藤次郎宅ニテ小休、佐州往返ニも立寄鮎を菜にして小弁当を用候故、今日も鮎煮ひたしを申付正一郎一同食事飯も為出候、両人分百五拾銅いたす○夕七時頃熊谷宿へ着、本陣竹井新右衛門宅へ止宿○文政二卯年二月晦日当本陣へ止宿之儀存出候義ニテ、其頃之亭主ニハ無之様子ニ付左五郎へ申付為尋候処、当新右衛門ハ弐拾六歳ニ相成自分止宿之節ハ纔二歳之由、七歳之節父新右衛門ハ四拾弐歳ニテ相果候由、左候得ハ自分ニ一廻り下夕之卯年生れニ候処弐拾ヶ年以前病死之由、扨々不幸短命不便成事ニ候、（世間ニハ貴賤共右様之もの多く有之候処）自分ハ夫ニ引替身分も結構、古稀を越候テも未健ニテ、今日も足様し試ニ二里余歩行いたし候処、却テ足も軽く相成候様ニ覚、此分ニテハ峠をも歩行可相成哉ニ付、如例丈助へ申付三里*へ灸治、且一帖(錠)ツヽ腹(服)薬もいたし、飯ノ菜ニテ一盞を用熟睡○正一郎も今晩ハ熟睡、歯ギシリも不致、翌暁自分ニ被呼起漸目を覚し起出ル○今暁七時頃熊谷宿出火、存外之大火ニテ家数百五十軒程も焼候由、右之風聞今朝大宮宿ニテ及聞案候処、本陣其外旅籠屋等類焼

〇左五郎　祐明の家老平井左五郎。

熊谷宿出発、本庄をへて倉賀野宿着

〇八ハいとふふ　八盃豆腐、細く切った豆腐を、醤酒一盃・水八盃の割合に酒塩を加えた汁で煮た料理。

不致止宿差支無之、素り人馬継立等も無差支由、途中迄宿役人届出候趣左五郎*申聞安心、纔一日違ニテ泊り之節ニ無之仕合成事也、旅中火事之用心夫々申付候事ニハ候得共、第一不案内之場所ニ付、立退方等宿役人等へ入念申付候様ニト猶又申付置〇今夕ハ入湯

十八日曇　道法九リ九丁　六十八度

一今朝六半時頃出立〇宿外レヨリ歩行、加護（籠）原を過深谷宿ニ至、同所宿外れ菱屋伝右衛門方ニテ小休、同所ヨリ乗輿三リ程歩行〇四半時頃牧西建場ニ至八幡社前ニテ野立〇九時前本庄宿へ着、同所宿外れ小松屋利八方ニテ昼食飯もよく、塩梅よし、いんげん玉子とぢ香物沢庵至極よし正一郎ト両人分百五拾銅之由、持参之弁当ハ用心ニ為持候事、夫ヨリ石神村建場ニ至あさりや伊太夫方ニテ小休〇神ン奈川水かれニテ歩行ニテ罷越、新町宿を過八半時頃倉賀野宿へ着、本陣勅使河原八左衛門宅へ止宿、日記等認〇今日も入湯、有合之品ニテ一盞を用候儀ハ定式ニ付以後略之〇横川御関所手形左五郎へ渡

十九日朝細雨昼頃止猶又小雨　道法九里　六十八度

朝飯　八ハいとふふ*煮豆　汁あしく不用

昼食　弁当　煎豆腐　茶屋出来合大田楽四本喰正一郎一本

夜食　酒　茶わんむしうなき玉子とぢ　長いも是ハ吸物代り　大盆へさらヤマメ焼立　大ひらうなき焼立

丼玉子やき　かんひやう　長いもふき　しゐたけ　本膳鱠キウリ坪豆腐　こくせう　香物ならつけ　飯焼とふふ汁しゐたけ　引テ

倉賀野宿出発、高崎・板鼻・安中・松井田をへて坂本宿着

平 玉子やき 大しゐたけ　猪口 ひたし物

一今朝ハ挑灯引出立但御関所改等手間取可申哉ニ付早メニいたし候事家来共妻子等ハ正六時出立、朝之内歩行之心得ニ候処細雨ニ付乗輿、五時頃高崎宿へ至、同所宿外れ茶屋恵比寿屋七郎次宅ニテ小休、夫ヨリ猶乗輿ニテ四時頃板鼻へ着、同所宿外れ寿屋五郎次宅小休○正一郎儀も駕籠ニ乗候処、桐油を掛簾をおろし気籠り候上、聊居睡り候由ニテ少シ酔候気味に付、同所ヨリ股引・はんてん・鞋ニ成歩行、夫ヨリ安中宿ニ至領主ヨリ先払之足軽或ハ使者等罷出会釈いたし候得共煩敷無益之儀ニ付以後略之同宿小松《山田》屋文次郎宅ニテ小休、夫ヨリ八本木村建場ニテ昼食、雨も止候故自分も歩行、松井田宿ニ至いつミや吉五郎宅ニテ小休、薄着ニ成猶歩行いたし候処、又候細雨頻りニ降出候故無拠乗輿、尤重羽織ニテ凌、八時頃梨子木村建場大野屋文吉小休之節、猶綿入を下着ニいたし、八半時頃横川村御関所*手前茶屋雁金屋与市方ニテ暫く休息、家来共妻娘御関所手判ハ松下古助御関所へ持参、無滞通行相済御関所番頭番士惣中へ金弐《三》百疋、改ばゝ*へ金弐百疋遣ス是ハ大屋図書*通行之振合なり右世話いたし候雁金屋へも金弐百疋遣ス、女子六人振袖損料ハ壱人前百銅ツヽ、銘々ヨリ遣候由○右相済鉄炮并証文ハ杉山与市持参、改済之上供揃ニテ御関所通行、番頭ト相見平服ニテ御番所前へ罷出下座平伏いたし候故及会釈○七時前坂本宿へ着、本陣金井三郎左衛門宅へ止宿○当本陣ハ山内達蔵由緒も有之、昨年佐州ヨリ帰府道中小休之節、目通り申付、目録等遣候儀も有之別段之訳ニ候処、当人も自分仕向を忝承伏もいたし候哉左五郎迄申出候ハ、先番之もの馳走ヶ間敷儀致間敷旨断も有之候得共、養父以来蒙懇命候儀、殊格別結構御

○**横川村関所**　木曽福島とともに中山道の関所、碓氷関所とも称した。
○**改ばゝ**　関所で女性の身体を改める女のこと。
○**大屋図書**　佐渡奉行大屋明啓。

○うなぎ　豆腐とともに祐明の大好物、以降日記に頻出する。

道中にて疱瘡除の張札を見る

一向宗は日本之キリシタン同様

役被蒙　仰候恐悦、旁態ト酒差出度旨申聞候由ニ付、左五郎へも達蔵由緒之訳申聞差出候テも不苦段為及挨拶候、然共家来共ハ下々迄旅中禁酒之儀取締ニも拘候間、家来へハ決テ無用可致旨堅《カタ》く為申断候、玉子一箱并挽物欤柏餅様之品出ス、是も申請茶料トも之外金三《五》百疋も遣候様左伝次へ申付ル文政之度止宿之節ハ上巳宵節句ニテ品々差出候故金弐百疋遣ス、其節之分限ニ見合候テハ三百疋ニテハ不相当、殊ニ馳走等存外宜候故再考之上五百疋遣ス○うなき*ハ甚珍敷、此辺ハ谷川而已中々うなき抔取レ可申様無之候故為尋候処、安中辺ヨリ折々売ニ来候由、存外和らかにて至極よく候故正一郎へ壱弐本遣、残ハ壱人ニテ酒食ニ用、旅うなき之類ニハ無之然共あぶらハ薄シ、右故一盞過し候故床へ入より早く熟睡、翌暁七時前迄一睡りニテ目覚候事○今日安中宿ト八本木ト之間ニ町場体並家之所あり原村ト云よし、駕中ヨリ及見候処赤キ紙ニ何欤認有之、あま酒・から酒或ハ家内一同つんぼうト認候ハ老眼なから見分り候得共、其余分り兼候処、右原村ヨリ先ハ家毎ニ張有之故歩行之節見候得ハ、あまさけ・からざけなし家内一同つんほうト認有之、右ハ全く疱瘡除ニ可有之、家毎悉く張有之候内ニ邂逅張無之所も有之、是ハ推察するニ一向宗なるべし、自分ハ仏道不信仰之上、就中先祖以来之宗門なから一向宗ハ日本之キリシタン同様之趣意ニテ甚可憎宗旨なから、今日及見所ニテハ又よろしき事も有之哉ニ候

廿日晴昼後曇ル　道法十リ十二丁　昼六十二度

朝飯　汁　しゐたけ　ふき
　　　皿　ヤマメ
　　　平　八はい豆腐
　　　飯

坂本宿出発、碓氷峠・軽井沢・小田井をへて望月宿着

歩行と乗輿をくりかえし碓氷峠を越える

○牧野遠江守　信濃小諸藩主牧野康哉。

昼食　弁当金井三郎左衛門方ニテ申付ル　玉子焼　うなき　かんひやう　しゐたけ　ふき

夜食　鱠　平　竹ノ子　ふき　ふ　玉子　椎茸　香物　飯汁

一今朝も挑灯引出立、股引・はんてん・草鞋ニテ歩行、碓氷峠へ登坂字のぞきト云茶屋迄二十四町歩行、足ハ痛等更ニ無之候得共、難所山坂故息切レいたし、折々休候テ右茶屋迄茶屋小池小左衛門罷越、余り息切れ等いたし候も養生ニ不相成哉ニ付、同所ヨリ中ノ茶屋迄三十町乗輿、中ノ茶屋松屋元太夫方ニテ小休小豆餅を一同へ出ス、持参之砂糖ニテ自分ハ三ツ、正一郎ハ余程喰ス、昨年之振合も有之ゆへ金百疋遣ス　○同所ヨリ熊野権現社前迄登りなから道もよく候故猶又歩行神主水沢河内・曽根大隅中ノ茶屋迄出迎、昨年も参詣いたし札守等呉候故両人へ別段及挨拶初穂金百疋包弐ツ備ル、両人ニテ分ケ候様ト之心得なり参詣拝礼相済、夫ヨリ下り坂ニ付軽井沢宿迄歩行、同所茶屋沢潟屋武右衛門方ニテ小休、猶歩行いたし候心得之処余り多く歩行も宜ヶ間敷趣正一郎申聞ルニ付、任其意同所ニテ着替乗輿但小桜革之小袴昨日ヨリ用候処寸尺間違候哉甚長く候故股立を取候事、碓氷峠を越候テハ余程之寒サにテ綿入ニ単物・袷羽織を着ス　○八時過沓掛を過小田井宿へ着、同所茶屋ニテ小休、夫ヨリ岩村田・塩灘(名田)*・八幡之三宿を過夕七半時過望月宿へ着、本陣大森久左衛門宅へ止宿当宿ハ牧野遠江守領分ニテ、文政之度も止宿いたし候処家作等甚見苦敷候処、近年普請いたし候様子ニテ家作も新敷奇麗なり

廿一日暁ヨリ強雨昼ヨリ止　道法十里　七十度

朝飯　鱠　平　八はい豆腐　飯汁菜　引テ　玉子葛煮　椎茸　竹ノ子

昼食　弁当　持参香物梅干斗り

夜食　鱠　平　玉子　椎茸　竹ノ子　ふき　是ハ此辺定例、塩梅あしく候故鱠ハ勿論都テ不喰、依テ以後略ス

望月宿出発、和田峠をへて下諏訪宿着、入湯

○**諏訪因幡守** 信濃高島藩主諏訪忠誠。

○**跡部能州** 勘定奉行跡部良弼、水野忠邦実弟、大坂西町奉行より転任。

○**所猶人** 祐明の公用人。

一今朝六半時前望月出立、雨中ニ付正一郎昼迄歩行○下和田を過上和田にて弁当認ル○和田峠へ至り候頃雨ハ止候得共、峠ハ雲掛り全く雲中へ入候故駕籠之障子を建ル、折節空腹ニ成候故梅干を菜ニして小丸弁当を認ル、是迄度々旅行せしが雲中之食事ハ今日初テなり、畢竟湯茶なしニ食事仕馴候故之儀、是ハ不及余人事ト独催一笑○夕七半時過下諏訪宿へ着、本陣岩波唯右衛門方へ止宿○望候テ温泉へ入湯、正一郎并熊次郎も一所ニ入ル熊次郎大歓なり、今日ハ新キニ温泉を入替候故欤、先年ヨリあつき方ニテにほひもあり、樋より滝の如く流れ込候所ニテ肩ヨリ背へ掛為打候処至極よき心持なり○領主諏訪因幡守*ヨリ旅中為見廻うなき一折使者を以相贈うなきを十本長キまゝさき候テ肴台へならべ有之いまたうごき候、も有之、右ハ定例ニテ跡部能州*通行之節ハ御精進日《故》ニテかんぴやうを贈候趣書留有之ニ付受納、早速為焼酒食之節試候処大ひら二ツへ入、出ス、うなきハ相応なれとも焼方不宜、長キ侭焼候テ跡ニテ切候様子、漸壱寸五分斗りニ切串一本ツ、さし有之、然共珍敷素り好物ニ付、余之品ハ不用うなきニテ一盞を過ス、正一郎も十分ニ喰、残ハ近習へ遣ス○江戸留守ニ可罷在中間只平請人音吉を頼、同人ヨリ雇頭を頼、所猶人*雇鑓持ニ成是迄来り候儀今日始テ承、以之外不相済儀ニ付、暇遣早々追帰シ候様左伝次へ申付ル但路銀用為手当金壱分遣候様申付ル、雇頭も手当遣候由右ハ全く音吉取斗不宜哉ニ被存候

廿二日曇 道法拾り二十四丁 七十二度

下諏訪宿出発、塩尻・

一今朝六半時頃下諏訪出立塩尻峠へ至、湖水之辺を遠望せしが雲掛り候テ冨士山ハ素り

奈良井をへて藪原宿着

○久留島伊予守　豊後森藩主久留島通嘉。

高島ノ城も聢ト見へず、正一郎大ニ望を失ふ○塩尻宿にて弁当、但昨日迄朝夕之食物記候得共日々着遅く日記認候間合も無之故、不廉立儀ハ略之○夕七時過奈良井宿ニテ久留島伊予守*参府之旅中自分通行を待合候様子ニテ本陣ニ被扣居候故、自分ハ宿外れ鎮明神社前ニテ野立、然処使者を以安否を被尋候故相答《当》《と》之答ニおよふ○七ツ半時過数《ヤブ》(藪)原宿へ着、本陣寺島重右衛門方へ止宿○明日福島御関所通行ニ付、家来共妻娘通手形弐通本紙左伝次へ渡

藪原宿出発、福島関所をへて須原宿着

廿三日晴　道法九里九丁　七十八度

一今朝六半時過出立○四時過福島御関所手前八丁程新町村へ着、茶屋嘉茂七方ニ扣居候処、女共通行ハ改も相済無滞通り候得共給人松下古助罷越鉄炮改不相済、右ハ付添給人杉山与市不束ニテ武器長持ト外長持を取違先へ遣候故、呼戻候儀ニ殊之外手間取候故、御関所木戸外迄自分も罷越、御番所番へ猶人ヨリ及掛合持筒斗り改相済、自分通、残り鉄炮ハ長持取戻候上改相済、右ニ付御関所番并問屋等へも手数掛候故、問屋之取斗ニテ番人へハ菓子一折代金百疋、問屋へも別段百疋遣候由猶人申聞ル○右待合候内九時前ニ成空腹ニ付、嘉茂七方ニテ弁当認ル○暮合頃須原宿へ着、本陣木村平左衛門方へ止宿○与市取斗ハ不束ニ候得共、懐胎女*無別条御関所通行安心

○懐胎女　祐明家臣横田地巌の妻は妊婦。

須原宿出発、三留野

廿四日曇昼ヨリ雨　道法十里四丁　七十二度

一今朝六半時前須原宿出立○四半時頃三留野宿へ至、茶屋小松屋民右衛門方ニテ弁当

をへて中津川宿着

○**藤之進** 祐明の三男、豊田氏を嗣ぐ、天保十一～弘化二年の間、飛騨郡代として高山に在勤した。

中津川宿出発、細久手宿着

持参之香物類○夕七半時過中津川宿へ着、本陣○（ママ）市岡長右衛門方へ止宿○本陣向ニうなぎや有之由丈助申聞ルニ付弐朱分申付為焼試候処、うなぎハ諏訪ヨリ宜敷方ニ候得共焼方ハ同様なり、しかれ共好物故酒食ニ用一盞を過ス、正一郎も十分ニ用残りハ近習へ遣ス、一昨年佐州在勤中北海ニ珍敷鰹のさしみ日々之様給候処、今般ハ坂本を始トして最早三ヶ度うなきを用ひ候も、佐州之鰹同様天ヨリ給り候哉ト一笑を催ス○当本陣も文政之度止宿ニ付左五郎へ申付為尋候処、当長右衛門ハ弐拾弐歳ニテ未生以前之由、先ン長右衛門ハ実父之由弐拾ヶ年以前病死、近頃迄叔父後見いたし候事之由、去ル子年藤之進*も止宿いたし候由、其節ハ叔父後見中ニテ自分之噂サ抔いたし候事之由左五郎申聞ル、玉子弐拾五差出ス、右様之因縁も有之故申請、金百疋為土産遣ス

廿五日昨夜ヨリ雨昼ヨリ晴夕曇　道法七里三十丁　七十六度

一今朝六半時前中津川宿出立○四時過建場牧金村ニ至り、茶屋水戸屋只七方ニテ弁当持参之品斗り○八半時頃細久手宿へ着、本陣小栗八郎左衛門方へ止宿○明日太田宿ニテ藤之進へ可遣品等包置候様申付ル

癸卯五月

廿六日晴　道法六里五町　七十三度

一今暁六時前細久手出立但今日ハ家来共妻子等ハ左伝次守護いたし跡ヨリ出立、左五郎ハ藤之進へ之料理等之手続も有之候故七半時出立為致先へ差遣ス○四半時

細久手宿出発、太田宿着

○布衣　江戸城内の礼服の一つで御目見以上の身分を指す。

○公方様　第十二代将軍徳川家慶。

○右大将様　のちの第十三代将軍徳川家定。

過太田宿本陣福田太郎八方へ着下川辺陣屋詰手付秋山太郎輔儀、染帷子麻上下着用伏見宿迄出迎候間、同所茶屋亀屋吉兵衛方ニテ小休之節逢候テ藤之進口上等承り、病人之儀案申越候間出立之頃之様子等申聞早々立戻申聞候様ニト申付遣ス　○藤之進ハ今朝下川辺陣屋出立いたし、自分ヨリ先キニ太田宿脇本陣同家ニテ隣家之由福田常助方ニ罷在、自分方都合次第可罷越旨申越川島奥六も太田川渡船場迄麻上下ニテ出迎藤之進も染帷子麻上下ニ着替候趣ニ候得共、自分ハ野服之侭逢候積り一旦申遣候処、与風《ふと》心付候ハ、藤之進儀御直支配ニハ無之候トも布衣*以上ニ被　仰付候儀、自分ハ素り結構被　仰付候儀ニ付、以前トハ事替り先ツ御機嫌を相伺可然筋ニ付、其段左五郎を以申遣、自分も麻上下ニ着替居間取片付上座ニ着座、藤之進儀謹テ入側ヨリ入下モ座へ着座、公方様*　右大将様*益御機嫌克《よく》恐悦之旨申述ニ付、両御所様益御機嫌宜趣申述、夫ヨリ対座ニ居直自分追々結構被　仰付候吹聴歓等互ニ申述、第一病人之儀委敷申述、一通談話畢テ夫ヨリ入湯いたし、藤之進ニも入湯為致直ニ着替、寛談ニおよふ

○藤之進ヨリ土産

蜂屋柿一折　蒲《ガマ》円座丸くして和らかニテ居り心よし（地脱）　自分へ

取置机一位ノ木箱入

袴地一反

口薬入一ツ　　正一郎へ

玉入一ツ

金弐百疋ツ、　左伝次左五郎へ　金三百疋　用人両人へ

金五百疋　給人四人へ　金弐百疋　納戸両人へ

○越前守殿　老中水野忠邦。

太田宿にて藤之進と寛談

○硯蓋物　取肴などを祝儀の席で盛った肴。

○鰻鱺　うなぎ。

金三百疋　近習五人へ　金三百疋　中小性并格五人へ
〆金五両也
○此方ヨリ　拝領熨斗目　藤之進へ　菓子一折子供へ
葛袴地一反（是ハ越前守殿*餞別之内 飛州ニハ葛袴無之由）
是ハ三井組ヨリ至来物、飛州ニテ払底ニ付
金弐百疋ツ、　川島奥六　永原謙助へ
秋山太郎輔
金百疋ツ、　近習中小性四人へ　是ハ地役人悴等也
〆弐両弐分なり
○藤之進儀当宿ニ止宿之由ニ付長日之儀、互ニ積ル咄ニ候得共、扨一度ニハ胸ニうかみ兼無益之雑談ニもおよひ、正一郎も武術之咄等ニテ漸申ノ下刻ニ相成候故、兼テ申付置候料理左之通
一　味噌吸物　硯蓋物*　鰻鱺*蒲焼（是ハ当所ニ有之趣に付申付置候処藤之進土産ニも申付候由、同人土産ハ江戸風之焼方、此方ニテ申付候分ハやはり跡ニテ切候得共風味ハ能方なり）
右うなぎハ焼立ニテ至極宜敷 秋山太郎輔世話いたし候事之由
本膳　膾 坪　香物　汁 飯　二ノ膳　平 猪口　すまし汁
但魚類払底之場所故焼物ハなし うなぎを用
今晩之本陣ハ家作もよく料理等も相応之塩梅にテ吸物抔もヶ成ニ候得共、うなぎを重

○**御城代** 大坂城代丹波篠山藩主青山忠良。

○**川路** 前任の佐渡奉行川路聖謨。

太田宿出発、岩屋観音で藤之進と別れ、鵜沼をへて赤坂宿着

○**入歯** 祐明の歯は七十一歳の時にすべて抜けたことが「抜歯之年月」に記されている。

○**美濃郡代** 元禄十二年以降、断続的に置かれ、陣屋は美濃笠松にあった。

○**戸田釆女正** 美濃大垣藩主戸田氏正。

モニ用ひ〔ひ〕候故残りハ近習等へ遣ス○奥六ヨリ自分へ飛騨細工シュンケイ（春慶）ぬり之田楽入候箱五重組一組呉候間、厚く及挨拶是ハ格別之細工ニテ、当時之御城代*ハ右様之品好候哉之趣兼テ次郎助ヨリ及承候儀も有之、食物拵方等至テ功者之由、川路*咄之様子ニテも是ハ何方の細工抔ト目利功者之由ニ付、近日様子次第御城代へ可遣哉ト存候、尤馴染付候上様子次第勘弁ものなり太郎輔も枝〔枝〕柿一折持参、同様及挨拶○藤之進義、明朝勝山岩屋〔窟〕観音迄同道見送候筈ニ約候テ五時頃帰宿、直ニ床ニ入今晩早く、殊一盞を過候故直ニ熟睡、翌暁七時過目覚候事

廿七日昨夜ヨリ今暁迄雨朝辰ノ刻頃止　道法十一り七丁　七十五度

一今朝ハ不手廻シニテ藤之進来候頃漸入歯*之掃除最中ニ付、早々ニ仕廻候テ支度いたし六半時過出立、尤歩行之積りニ候処いまた雨降候故無拠駕籠ニテ罷越、勝山迄罷越同所神明社前ニテ野立拝殿へ上り休息、幸ひ雨止候故久々ニテ藤之進ト同道ニテ岩屋〔窟〕観音へ参詣是ハ木曽名所図絵ニも有之通り川左、右トも一面之岩ニテ眺望絶景なり、景色宜所ニテ暫く物語等いたし観音へ参詣、同所ニ立戻、夫ヨリ立別れ藤之進ハ太田宿へ立戻下川辺へ帰陣、自分ハ鵜沼宿之方へ旅行○右様久々ニテ不存寄父子面会、殊自分ハ不及申藤之進も相応之供立ニテ願済之上及面談候儀、万端御高恩故之儀難有大慶之至ニ候事○四半時過坪内左京知行所加納村建場ニ至、昼食但弁当なり○美濃郡代*柴田善之丞手付久保友蔵義、善之丞ヨリ之書状并濃州養老酒一陶・尾州忍冬酒一陶箱入持参ニ付、及面会厚く挨拶申遣ス○夕七半時過戸田*釆女正御預り所赤坂駅へ着、本陣矢部廣助宅へ止宿○今日駕籠之内ヨリ及見

候得ハ金生石細工所ト云看板有之故、旅宿へ取寄玉三ツ、肉入一ツ、朱硯ニいたし候
積り小硯一ツ為買調候料銀三品ニテ、拾四匁右玉ハ三郎太郎へ二ツ、敬之助*へ一ツ遣候積り
○本陣ヨリ凱歌扇ト号扇二本出ス、右ハ関ヶ原御陣場元岡山、当時御勝山ト云よしへ生シ候竹ニテ製
候由、依之申請相応ニ手当を遣候様申付ル

廿八日昨夜ヨリ折々雨　道法九里三十町

一今朝六半時頃赤坂宿出立○四半時過松平甲斐守*領分江州坂田郡柏原宿へ至、同所亀屋
左兵衛方ニテ弁当○夕七時過井伊掃部頭殿*領分同国蒲生郡高宮宿へ着、本陣小林太右
衛門方へ止宿○掃部頭殿ヨリ旅中為尋鮒鮓一桶以使者被相贈、及直答○今朝勇吾儀寒
暖斗を損ざし候故以後不能記事、追テ江戸表へ申遣飛脚屋便りニテ取寄可申事

廿九日折々雨　道法四里弐拾六丁

一今朝六半時過高宮宿出立○五半時過松平甲斐守領分同郡清水ヶ鼻ト云建場ニテ弁当○
四半時頃井上河内守*領分同郡武佐宿へ着、本陣下川七左衛門宅へ止宿○当所宿外レへ
組与力内山彦次郎・同心島田栄次郎《太郎》并用達山城屋与兵衛出ルニ付、夫々及会釈但当宿へ出張之儀
□越候由○着之上彦次郎へ面談、同人披露ニテ栄次郎《太》并与兵衛へも始テ目通申付ル銘々扇子箱出
ス、彦次郎へハ紋付絽羽織、栄太郎へハ麻上下金弐百疋、与兵衛へハ金百疋遣ス、尤彦次郎へハ江戸表ニテ麻上下遣候故既今日着用いたし出ル○文政二卯年三月十一日当
本陣へ止宿之節ハ下川和吾次ト号候故為尋候処、同人ハ先年病死、弟七左衛門跡相続

○**敬之助**　祐明の三男藤之進の息子友文。

赤坂宿出発、柏原をへて高宮宿着
○**松平甲斐守**　大和郡山藩主柳沢保興。
○**井伊掃部頭**　彦根藩主井伊直亮。

高宮宿出発、武佐宿着、与力内山彦次郎ら迎えに出る
○**井上河内守**　上野館林藩主井上正春。

七十を古稀と云も尤之事

○おか持　岡持、ふたと手のついた桶。

いたし候事之由、是迄一ツ《同シ》本陣へ此度卜も両度泊り候分為尋候処、弐拾五年以前之ものハ壱人も無之、不残代替り候儀ニテ、七十を古稀卜云も尤之事也○大鮒二ツ（生たる鮒ニテ*おか持ニ入出ス）兼テ用意いたし候由ニテ出ス間、夕刻酒肴ニ為拵別段手当いた《遣》し候用様付ル○明暁七半時出立卜申付ル

武佐宿出発、大津宿着

餅やにおゐては日本一

晦日　折々雨　道法八里二十四丁

一今暁七半時過武佐宿出立○四時頃草津宿へ着、兼テ申付置本陣田中九蔵方ニテ昼食○うばが餅へも立寄（金沢四郎右衛門卜云麻上下着用出迎候事）家作至テ手広殊ニ奇麗なり、火入又ハ茶わん抔ニ

千世の春契るや尉《ぜう》とうばが餅

東海道第一の建場茶屋之由棟頭申聞候得とも凡(およそ)餅やニおゐてハ日本一なるべし○八時過大津へ着、本陣大塚嘉右衛門宅へ止宿、よき本陣なれども庭先囲ひ外町家ニテ騒々敷、文政之度止宿之節三味線を右町家ニテ弾キ候を存出候義ニテ亭主を為尋候処、□(是カ)も親代之由、尤自分止宿之儀留記ハ有之候由○今日進物□(差カ)出、目通申付候ものへ目録等遣候儀ハ先格ニテ、用部屋日記*へ為認置候間、爰ニ略ス○明暁ハ八時供揃之積り申付置

○用部屋日記→補注1参照。

大津宿出発、粟田口茶屋にて着替、京都町奉行に面会、その後同道の上、京都所司代に挨拶、のち伏見着

○西町奉行　京都西町奉行田村顕彰。

○所司代　京都所司代越後長岡藩主牧野忠雅。

○末姫　家斉息女で広島藩主浅野斉粛室。

○伏見奉行　信濃岩村田藩主内藤正縄。

○大御番頭　二条城在番大番頭常陸下妻藩主井上正健と旗本久貝正典。

六月小

朔日昨夜ヨリ強雨　道法京廻り六里

一今暁八時出立野服、払暁之頃粟田口蹴上へ至、同所茶屋弓屋八郎右衛門宅ニテ麻上下《かみしも》ニ着替文政之度も着替いたし候茶屋にテ、庭前自然之山ニテ細キ滝三間程も落庭ハ椽先迄泉水ニテ真鯉・ヒ鯉等あり差急キ罷越、五時前西町奉行*田村伊勢守方へ罷越、用人ニ逢申込候処別間へ通シ面談、素り《もとよ》知人ニ付懇ニ今日之手続等伝達有之○朝飯掛合之料理出ル膾香物汁平飯引テ焼物、厚く及挨拶為土産葛袴地一反・枝柿一折、今朝以使者相贈ル○五半時伊勢守同道ニテ所司代*牧野備前守殿御役宅へ罷越○公用人池田小右衛門へ面談、相応ニ申請置○今日ハ末姫*君様御安産之恐悦、所司代謁有之由ニテ伏見奉行*始一同ニ出勤有之、夫々及面会右恐悦謁相済○田村勢州指揮ニテ大書院備前守殿着座向へ着座候ト御同人被進出御機嫌被相伺候間、　公方様　右大将様益御機嫌克被成御座旨申述、御同人恐悦ト被申聞元之所へ御着座、自分三尺程下モ之方へ筋違ひニ進出候テ、御老中方御伝言先格之通ト被仰聞候趣申述、且御役替御暇拝領物蒙　上意候御礼、其後不存寄蒙御加恩候御礼をも申述、且時候安否をも伺候処、相応□（之カ）御挨拶有之ニ付、元之席へ居直り候得ハ、御機嫌伺之面々可差出旨被仰聞及会釈候得ハ、大御番頭*井上遠江守・久貝因幡守両人同間へ入、御機嫌被相伺候間御機嫌宜趣申述ル、右両人所司代へ向恐悦之旨被申述、猶自分之方へ向候節御老中方御伝言先格之通ト申述ル、右両人退去、町奉行田村伊勢守松平兵庫頭ハ被為召出府被出候、手続同断、夫ヨリ御付（目脱）明楽大隅守・渡辺筑後守、御目付代蒔田八郎左衛門、大津御代官石原

伏見に川方与力・同心ら出迎、正一郎夜舟出発

○竹垣・築山　大坂代官の竹垣三右衛門と築山茂左衛門。

清左衛門迄一役ツ、同様相済、右ハ敷居外へ出ル、二条御門番松平孫十郎、三輪清右衛門両人ハ余程引下り罷出、平伏ニ付関東御機嫌之旨申述、右両人退去候得ハ自分も直ニ退座、扣所へ罷越扣所ニハ伏見奉行・大御番頭・自分・京都、町奉行ト御役順ニ着座、石原清左衛門迄也布衣以下之分ハ次ノ間ニ一同扣居候様子なり三輪清右衛門始地役人等も追々面談、清右衛門之忰を順三郎鎗術門入之趣申聞ル○備前守殿小書院ニおゐて別段御逢有之、江戸表之儀等御尋、相応ニ及答、暫く物語有之、右相済詰合一同へ及挨拶退散、立帰りニ京地出立御届取次へ申置○用人池田小右衛門へ面談○大仏前北川近江薬種商ひ西国大名用達之由方同ニテ野服ニ改弁当認ル、夫ヨリ伏見奉行へ罷越用人ニ逢候処、いまた帰宅無之候得共兼テ被申付置候由、別間へ通シ吸物・酒・取肴二種ニテ酒差出料理も出ル膾香物汁引テ焼物猪口、平飯いまた空腹ニ無之候得共、態《わざ》ト酒喰共用候上直ニ退散○八時過本陣宇野新右衛門方へ着、止宿○今日出迎ニ出候与力川方掛田坂源左衛門并同心へ面談、其外町惣代等大勢罷出夫々進物差出仕来ニ付受用、夫々目録等遣ス但今日差出候目録〆金五両壱分、左伝次・左五郎へ申付都テ入之分ハ帳面へ記、金子ハ封候テ自分方へ差出候様、出之分・入之分別段ニ分置候得ハ勘定いたし能趣申諭為封候テ預り置、目録金之外ハ下緒・柄糸・奉書紙・熨斗之類なり

○船之都合も有之由ニ付、正一郎儀ハ今晩夜通ニ罷越候積り、夕七半時過乗船同船へ左五郎・仙之助・国蔵・熊次郎等乗組○家来妻子ハ左伝次一同夜五時頃乗船○横田地巌妻ハ臨月ニ付同人夫婦ハ陸地を遣ス、馬も同様也○内山彦次郎儀、伏見ニテうなき見当り候由ニテ小サキ折へ入蒲焼を呉候間、夜食之節記(試)候処、焼方ハやハり是迄之通ニ候得共、風味ハ宜敷和らかニテ油(脂)も有之、至極よき方也江戸屋よりよき方なり○竹垣・＊築山ヨリ手代差越○同役

ヨリも明日之心得方使者差越、逢候テ及直答○明日八時過着船ニ無之候テハ明後日之御城入ニ難相成不都合ニ付、明日ハ五時過乗船之積り申付置、尤両三日之雨ニテ淀川水勢強く、下り船ハ至テ早キ方ニ付ゆる〳〵出船可然旨、源左衛門申聞ル

伏見出発、川船にて大坂八軒屋着、役宅に入る

○御役所　西町奉行所は本町橋東側に位置した。

○稲葉丹後守　淀藩主稲葉正誼。

○永井遠江守　高槻藩主永井直輝。

○阿部遠州　先任の西町奉行阿部正蔵。

○留守宅→解題参照。

二日晴　川筋拾里

一今朝五時過伏見出立、但本陣前河岸ヨリ乗船、此節淀川増水ニテ淀ノ城下之橋大船ニテハ通兼候故、右川上迄陸地罷越呉候様川方之もの申聞候得共、組之もの共乗参り候船ニ乗橋下ニテ乗替候積り申付、右小船之方へ乗、右橋下モ迄五拾町余下り、五半時過御役所*付役之船へ乗積(移ヵ)ル、此船ハ上ノ間長サ十三間程有之由七九尺四方も有之五畳敷ニテ床・雪隠も有之、紫幕を張至テ奇麗成船ニテ、次ノ間へ用人猶人・給人古助乗船近習丈助・十蔵、勇吾乗船茶も用意有之有合之菓子等田坂源左衛門を乗船為致候故遣ス、彼是咄等いたしなから罷越○四半時頃牧方(枚方)辺迄来五り来(カ)り候由中程なり○此辺にテ弁当認ル、香物斗り○淀辺ハ稲葉丹後守*、高槻《ツキ》辺ハ永井遠江守*ヨリ船ニテ使者差越、及直答、川端堤通りを先払之足軽差出、其外用聞之家来等も出ル、格別重キ取扱也○昼頃より南風強く、向ひ風故水主共骨折候得共埒明兼候事阿部遠州*初入之節ハ南風強く夜ニ入着船之由　○船中閑暇ニ付、昨今之日記等認ル、去月廿一日中間只平暇遣候義留守宅*へ可申遣書状、同夜認候を藤之進へ談遣候ハヽ、早く届可申処忘れ候故、着坂之上遣候積り見改船中ニテ封置○正七時八軒家へ着船但具足を始供方其外不残上陸之上自分上陸、右揚り場へ使者其外与力・同心・町年寄・用達町人・出入医師等往還左右へ罷出目通りいたし候儀、多人数之儀ニテ悉不能記事　御役所門前ニテ

下乗、出迎候ものへ夫々及会釈、同役若狭守*玄関式台へ被出迎候間及挨拶小書院へ通り及談話、夫ヨリ直ニ与力・同心引渡有之、右相済小書院ヨリ奥座敷へ通り茶・多葉粉出シ、自分ハ勝手へ入麻上下ニ着替、夫ヨリ冷酒三献・吸物・取肴二種ニテ酒差出掛合料理出ス、右相済引送物請取明日之手続等談有之、七半時過同役退散○竹垣三右衛門自分着以前入来待請、同役帰宅後長物語、夜五半時過帰宅、深切ニハ候得共実ハ当惑之次第也、夜四時過床ニ入熟睡、今日ハ混雑意外之事共、扨又御役宅奥向等之手広存外之儀ニテ兼テ絵図*ニテ及見候ヨリも間数多く、正一郎ト差向ニテハ余り広過、出宅前私宅之手狭之裏《ニ引替》ニテ当分こまり候程之事也

三日晴

一今暁七時揃ニテ組与力・同心*へ初テ逢候処、壱人別与力ハ扇子箱、同心ハ扇子弐本進物差出名披露、初テト声掛候事故、甚手間取六半時過ニ漸相済○五半時供揃ニテ同役御役宅へ罷越、吸物・酒・取肴二種盃事相済、四時同道ニテ御城入、無程御目付阿部隠岐守*出勤、引続御定番米倉丹後守・酒井右京亮にも出勤知人ニ成、御城代腫《腫》物ニテ着座被致兼候由ニテ、御定番名代ニテ御下知状・御奉書等被請取相済○御城代ニテも吸物・取肴二種ニテ酒被差出、右相済自分ハ廻勤有之故弁当認退散○御城定番・加番・大御番頭等廻勤、高井但馬守*面談、八時過帰宅○昨今至来物品々有之、金子ハ拾四両三分、右勘定等正一郎手伝候事○退出後東組与力一同初テ面会、但壱人ツヽ、扇子

○若狭守　東町奉行水野若狭守忠一、天保十三年八月堺奉行より転任。

○絵図→補注2。

西町奉行所与力・同心と初めて会う、その後大坂城に入り城代・定番・大番頭と面談、退出後東町奉行所与力・同心と面会

○阿部隠岐守　阿部正徳。

○与力・同心→補注3。

○高井但馬守　東小屋大番頭高井式房。

箱差出ス○金井伊太夫*被為　召、来ル六日当地出立之由、当人ハ吟味役欤御納戸頭之
心得ニテ大悦之由竹垣内話、甚以無心許《元事なり》、金井被為　召当地ニ不罷在ハ幸ひ之儀安堵
之至ニ候○魚類も多く至来、右ハ答礼其外ニ所々へ遣ス、右之内ハモを付焼・塩焼両
様ニ為仕立試候処至極之風味ニテ、正一郎も始テにテ歓ひ候事也

四日曇

一今日ハ御城代出勤無之故御城入不致、夫故珍敷夜明候テ起出ル、今日ハ朝組与力・同
心等之内誓詞、九時ヨリ町礼請候筈、七時頃迄も出席いたす事之由、其余ハ広間限ニ
テ自分七時限之由○今晩一名之呈書留守宅へ向差遣ニ付、宅状朝之内認置

五日晴

一今日御用日*ニ付六半時出宅平服、東御役所*へ罷越訴訟相済、夫ヨリ公事之分ハ下夕調
ニ手間取候由ニ付夫々相談もの共申談、九時前同役方ニテ一汁三菜之支度、且始テ故
吸物・二種肴ニテ態ト酒出ス、九時過両人共評席へ出席、同役公事四口相糺候内列
座、但同役ハ御目付ヨリ堺奉行、夫ヨリ当御役被　仰付候事ゆへ不事馴、筋違之糺方
有之候得共、新役之身分ニテ功者振口出シいたし候も如何ニ付、閉口慎罷在候得共、
末之一口ハ余り筋違之聞糺方ニテ、畢竟下夕方申立を承違ひ候様子ニ付、不得止事心
添いたし候儀ニテ、今日程難成日ニ逢候事ハ無之、当時分御用日之毎度(度毎)如斯ニテハ
扱々難渋成事ニ候、八時頃帰宅○暮合過金井伊太夫入来面会、土産ニ用意之小倉袴地

○**金井伊太夫**　大坂破損奉行。

ハモを付焼・塩焼両様に

西組与力・同心より誓詞、大坂町役人より町礼を請ける

御用日につき月番東町奉行所へ出勤

○**御用日**　訴訟を受け審理する日で、二・五・七・十三・十八・二十一・二十五・二十七の八日。

○**東役所**　東町奉行所は大坂城京橋口近くに谷町代官所と並んであった。

を餞別ニ遣ス御城代より今般ハ格別結構ニ可有之、吟味役欤御納戸頭ニ可有之哉之趣内意有之候由ニテ殊之外大悦之様子ニ付、自分察も同様之旨程能及挨拶置候得共、出立前西下御口振或ハ跡部噂候趣ニテハ甚不審成事ニ候得共、井上之本役位ニテ多人数之内ニハ間違も有之哉ニ候○昨日之町礼昼揃、殊天気も能候故近来無之多人数出候由ニテ、九半時頃始七百人程之人数壱人別名披露、殊進物近習・中小性之内ニテ持出ル、呼次給人、披露家老差置事故手間取、漸七半時頃相済度々中座、前々ヨリ仕来夜子ノ刻揃ニテ七時頃ヨリ始、夜明候得ハ奉行ハ退座いたし、進物ハ玄関ニテ請取取次のもの謁候迄ニ付、夜明残り之分ハ甚残多く無本意存候義之由、然処夜分ニテハ第一挑灯持・草り取等召連候事故乍聊入用も掛り、其上前宵ヨリ之騒キニテ町人共及難儀、奉行所ニテも入用掛り候上初入之町礼ハ旅つかれも有之家来共も甚難儀いたし候事之由、右ニ付内山彦次郎昼揃ニいたし七時限ニテ退座可然趣申聞、尤之儀ニ付其通りニいたし、七時ニハ退座候様再応申聞候得共、夜明ト違ひ七時限りト申境ひも無之事故其段申聞、壱人も不残礼を請候故、町人共殊之外難有狩り候由、是迄壮年之奉行も不残請候ものハ無之候処、老年*およひ候（カ）我等始テ壱人も不残（礼）相済請いたし候儀ニ付、町役人共始一同難有存評判いたし候ト之儀、跡ニテ追々及承候由左伝次申聞ル、今日之進物中々早急之調ニハ難行届、来ル十日頃用達与兵衛罷越、家老共立合取調候事之由○此節鰹節ハ勿論鮮鯛・交肴等日々至来、鰹節ハ江戸へも遣候積りニ候得共鮮魚ハいたし方無之、同役始竹垣、杉浦*、其外内山彦次郎或ハ同役家来等へ追々ニ遣、夫ニテも残り候故家来共へも追々遣、又ハ煮付候テ下々迄も遣ス

昨日の町礼は従来と違い昼に開始し、午後四時に終了、町人らに好評

○**老年**　祐明はこの年七十三歳。

○**杉浦**　破損奉行杉浦重郎兵衛。

大坂蔵屋敷留守居より初入の礼を請ける

○青さし　青く染めた麻綿で作った銭さし、又は銭。

○野々村次平　祐明の公用人野々村治平→補注4。

六日昨夜ヨリ雨

一今朝六時揃ニテ諸家留守居共初入之礼を請ルニ付、暁七ツ半時起出支度いたし七ツ時頃大書院へ出席麻上下礼を請ル、但雨天ニ付出人数無数由、前々仕来ニテ青さし*壱貫文ツ、進物、名披露家老、始テト及挨拶、右相済掟書調印ニ付五時過同役入来、奉書之間(カ)迄出迎談所へ通御用談済、公事ノ間へ両人共出席、佐渡守着坂ニ付掟書読聞ル趣同役申渡、掟書野々村次平*読之、畢テ壱両人調印見届両人共退座○同役ハ御用有之御城入○自分ハ品々一覧物有之、夕七時頃迄談所ニ罷在ル○御城代御快方ニ付、明日御城入候ハヽ、御逢可被成由ニ付、明日同道可致段同役ヨリ申来ル、承知之返書遣ス

東町奉行と同道して城入り

○御城代　丹波篠山藩主青山下野守忠良。

七日晴

一今朝五半時過東御役所ヨリ案内有之、夫ヨリ供揃申付出宅、追手前ニテ同役ト落合御城入、例席へ通り御逢ニ付罷出候趣公用人服部源左衛門へ申述、暫く差扣罷在候処、同人案内ニテ大書院次ノ間ニテ辞儀いたし下モヨリ三畳目へ着座いたし、御城代*ハ床ノ間前へ着座ニ付益御勇健ト申述相応之御挨拶、夫ヨリ入側へ被出候故自分も下ヨリ入側へ出面談、一通り相済一旦例席へ引取、猶源左衛門案内ニテ自分・同役両人一同最初之手続ニ罷出候処、同役へ御渡もの有之御徒目付旅宿之儀、江戸表ヨリ申来ル、夫ヨリ入側ニおゐて暫く御用談等相済、直ニ退散○今日御用日ニ付、同役同道ニテ東御役所へ表門ヨリ罷越、一汁一菜之支度出ル、右相済公事札之節立合、其外御用談済裏門ヨリ退出如例中ノ口(カ)ヨリ、乗輿

東町奉行と同道して市中北組町々を巡見

○巡見　大坂市中図参照。

○傾城町　新町遊郭のこと、瓢箪町ほか五曲輪があり、曲輪年寄の支配をうけた。

○牢屋敷　西町奉行所の西北に位置し、東西奉行所扱の囚人らを収監した。

江都に准し候大都会

○佐州　天保十二年～十三年の間、祐明は佐渡奉行として在勤した。

武家之往来は甚稀にて町人斗也

祐明書状（1）

八時頃帰宅○如例談所ニおゐて組之ものヨリ御用向承ル

八日晴

一今朝五時出宅野羽織小袴、高麗橋ニテ同役ト落合、自分先へ立但同役先へ立候先格有之趣ニ付一旦ハ右之通申談候得共、御城入など、違ひ市中之もの及見候儀不順ニテハ如何ニ付、自分先へ立候様昨夜申越、尤之儀ニ付任其意候事同役ハ跡ヨリ同道ニテ、兼テ組之方ものヨリ差出候道書之通巡見、*和光寺ト云浄土宗之寺院ニテ昼食、用意之弁当認香物斗り但同役悴共も巡見之節先番一同遣候由ニ付、正一郎も遣可然由ニ付先番丈助一同差遣所々見物、正一郎弁当ハこんにやくを入遣ス西本願寺掛所ニテハ菓子を出ス○*傾城町ト唱候遊女町をも巡見、遊女共見世を張罷在候を及見候処、吉原町遊女ト強テ替候儀も無之○東本願寺ニテハ菓子料千疋ツヽ、出ス、先格之由ニテ受用○座摩社ニテ宝物品々古書等也見物○*牢屋敷見分牢屋敷ハ存之外宜方也、右相済八時頃帰宅、今日市中巡見之節、先払も有之事故町方之もの共老若男女傍ニ蹲踞して見物する事夥敷《おびただしく》、しかれ共不敬之儀ハ決テ無之、江都ニ准し候大都会之地ニおゐて右様之儀ハ実ニ御威光故之儀難有事ニ候、一昨年ハ《と》*佐州ニおゐて銀山其外見廻り之節、老若男女道之傍ニ蹲踞して見物せしを存出候義ニテ、人物其外都テ雲泥之相違にテ、当所ハ凡江戸之通なり、尤武家之往来ハ甚稀ニテ町人斗也○帰宅後日記并書状をも認、吉平へ相渡候様左五郎へ渡ス、但江戸へ遣候品凡左之通　○道明寺ほしゐ《乾飯》十袋○鰹節弐百本入一箱、五十本入二箱○縮緬三巻○押掛三掛○小倉野一折、太平糖一曲○下緒・柄糸九箱○玉石其外石類一箱

内寄合のため東町奉行所に出勤

東町奉行と同道して城入、江戸への宿次呈書に連判

○**風聞書**↓補注5。

○**酒井右京亮**　玉造口定番越前鞠山藩主酒井忠毗。

○**三町人**　「大坂補鑑」（天保七年）に御城出入由緒之町人として、山村与助・尼崎又右衛門・寺島三八を載せる。

九日曇巳ノ刻ヨリ折々雨

一今日内寄合ニ付四時出宅平服、東御役所表門ヨリ罷越、調役始掛り々両組之もの罷出、申立候儀無之旨申聞ル、夫ヨリ古例之書物為読聴聞、畢テ昼食いたし、御用談済ニテ九時過退散○竹垣へ立寄、隠居始久々ニテ面談○帰宅後評席へ出ル、軽キ盗いたし候無宿九人直糺内四人無宿女ニテ、途中之盗其外戸明或ハ手元之盗ニテ、江戸ニハ余り無之類ひ多く、人気風俗之不宜儀を思ふへし、歎ケ敷ハ若キ女之盗なり、夫故左伝次始下女等油断不致様申聞置○明日五半時登　城之積りニ付、五時弐寸廻り供揃ニテ可然旨同役ヨリ申来、承知之旨答遣ス

十日折々雨

一今朝五半時弐寸廻り出宅、大手前ニテ同役ト落合御城入、如例大書院ニおゐて両人へ御逢入側ニテ御用談、同役ハ退座後兼テ公用人を以別段申上候儀有之趣達置居残、東組与力田中左馬五郎儀ニ付越前守殿御下ケ之風聞書*并自分存寄申上之書面并当地ニおゐて相糺候風聞書共御城代へ入披見候上、明日吟味取掛候趣申述置○右相済一旦退座、扣所ニおゐて小弁当認ル○宿次を以差出候呈書書判認候ニ付猶又大書院へ出ル、御奉書を公用人持出、御定番酒井右京亮*前へ置、同人一覧之上自分へ渡候間自分一覧之上同役へ渡、同役一覧済ニテ公用人持之引、夫ヨリ三町人*尼崎又右衛門呈書を持出入側へならべ置但今日ハ米倉丹後守*不快ニテ出勤無之、夫々自《身》分書判認ル、右畢テ御城代ハ退座、自分共ハ退散、帰宅九時過○席之様子左之通

○米倉丹後守　京橋口定番武蔵金沢藩米倉昌寿。

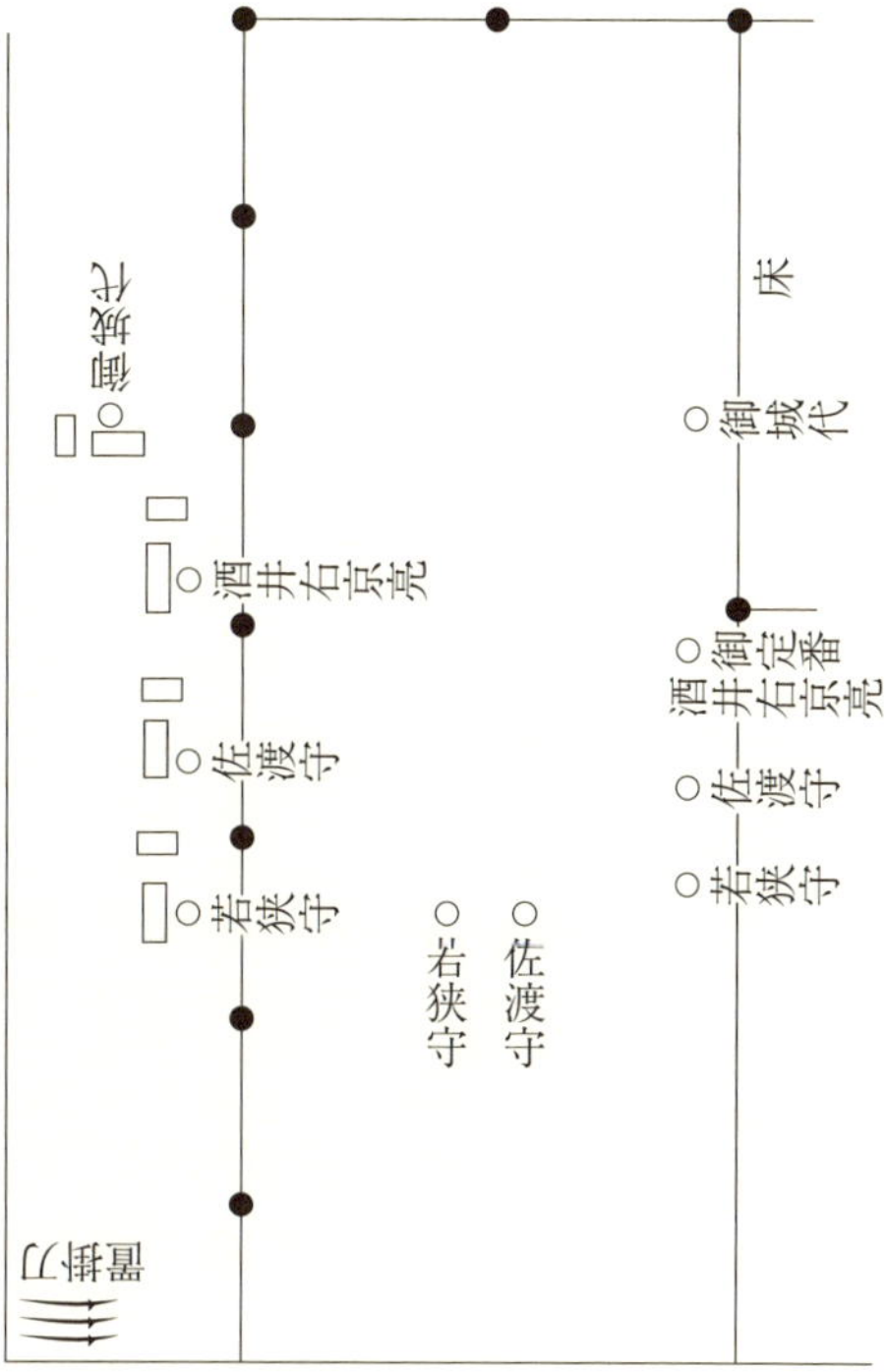

右呈書ハ御城代・御定番・町奉行連名ニテ、今日ハ三通故、銘々前へ壱通ツヽ、有之候を書判認、段々ニ入替認候事故、御城代先へ被認候も有之、右京亮・自分先へ認御城代へ廻シ候も有之、打込ニテ自分書判ハ六ケ敷無之候故直ニ認終候事故、手明之ものト世事之咄抔いたし候儀ニテ、御城代ト打込ニ認もの等いたし候儀、御取立之身分ニテハ実ニ冥加ニ叶候事故、あらましを記留守宅へ廻ス○帰宅後食事いたし候処へ去月廿八日付之宅状至来之由、左伝次持来不取敢披封一覧、病人始一同無別条安堵之至候○昼食を仕廻、夫ヨリ談所へ罷越、七半時頃迄御用談調物いたし候事、存外御用多ニテ休息いたす間も無之候、右様御用繁故草臥《くたびれ》候テ夜食ト一盞を用候得ハ、直ニ熟睡、

翌朝迄一睡

十一日今暁強雨其後も折々雨夕刻雷鳴

東町奉行同道にて市中天満組町々を巡見

○天満組巡見→大阪市中図参照。

一今日市中天満組之辺巡見*ニ付六半時出宅之申合ニ候得共、今暁より強雨ニ付見合罷在、五時頃天気ニ可相成様子ニ付同役打合五半時前出宅巡見、但道書も差出候得共、今日ハ町数も多く小休も度々ニ付道順等ハ略之、昼食ハ北野村真言宗太融寺ニテ弁当香物、斗り　尤曽根崎村・北野村等三郷入市中へ組入ニ可相成分なり可相成分及見候処全く町並ニテ、殊入組候場所も有之、三郷入ニ相成相当ニ相見候事○東西与力・同心組屋敷見分、西組ニテ田坂源左衛門・内山彦次郎、東組ニテ浅岡(朝)助之丞・萩野勘左衛門宅へ通ル、但源左衛門・彦次郎・勘左衛門方ニテハ菓子を出ス、其余ハ茶・多葉粉斗り也菓子出候ハ迎ひ与力ニテ、前々ハ吸物・酒等出候由、御改革以来省略いたし候由、夕七時前帰宅川崎囲穀御蔵并御材木蔵をも見廻ル、寺《と》宮寺五平次*出役

○宮寺五平次　破損奉行。

○同役若狭守組与力田中左馬五郎儀、一旦吟味ニ相成候女を執心ニ存、妾ニいたし囲置候儀、当地ニおゐて再応聞糺為相糺候処、御下ケ之風聞書ト大同小異ニテ事実無相違候間、御城代へも昨日申達置(カ)、今日帰宅後急呼出遣ス、夜五半時過差添人一同罷出候間、一通り糺之上差添人へ預申付ル、右相手之女曽根崎村住吉屋とく娘たけをも糺之上預ケ申付ル○右一件ニ付手間取、夜四時過床へ入

十二日折々雨

東町奉行同道にて専

一今朝五時過出宅、専念寺*浄土宗

念寺御霊屋拝礼

○専念寺　四天王寺と並ぶ将軍家菩提所、浄土宗寺院、六月十二日は九代将軍家重の祥月命日。

○伊奈遠江守　堺奉行伊奈忠告。

城入り後、御用日につき東町奉行所へ出勤、公事糺

終日役宅にて町礼及び諸家贈物の金銭を精算する

御霊屋へ拝礼ニ付出ル染帷子麻上下御香奠百疋先番貢出シ、尤天満橋ニテ同役落合同道、但御城代ハ雨天ニ付参詣無之高井但州ニ落合四時前帰宅、夫ヨリ品々調物○明日御用日ニハ候得共、御談之儀有之候間御城入いたし候様、御城代公用人中ヨリ奉札至来但家来宛、承知之返書自分名前ニテ遣ス、右之趣為心得同役へも申遣ス○伊達(奈)遠江守*暇乞ニ入来面談

十三日昨夜迄雨今朝晴

一例刻御城入○御普請役桑田歳兵衛被差遣候道中方助郷御救上金御用筋之儀、当御城御普請御入用御用金等為差出候差障ニ可相成趣之御談、且同役相伺候御仕置筋之儀居り兼候間、見込之趣申上候様書取を以御談有之、右相済直ニ退散、九時頃東御役所へ罷越同役之方ニテ昼食公事七口同役相糺候内立合、其後御用談済ニテ帰宅、八時頃○去ル四日付之宅状為替便りニテ来ル、病人始一同無異之趣申越安心○夕刻竹垣入来、五時過帰ル○今日軽キ盗悪事等いたし候もの拾三人、夫々《それぞれ》直糺之上入牢申付ル○今朝ねたり事いたし候無宿もの御仕置落着申渡入墨之上重追放○身代限願人へ可相渡もの如何之取斗相聞候ニ付、直糺之上預ケ申付ル○田中左馬五郎仮口書相済

十四日晴

一在宿但川筋可見廻処増水ニ付延引○町礼収納もの昨日両替之上為取調候処、金ニ〆七拾八両弐分・銀弐匁六分、諸家贈物当着以来伏見以来也〆四拾両弐分、諸家之家来進物青ざし〆六拾四貫文、都合百拾八(九)両三分・銭六拾四貫文此分凡拾両、外ニ金五両臨時紀伊殿至来物、惣五両自分用立金有之

初入につき寺院・神社より礼を請ける

○迎与力　新任奉行を近江辺に出迎え、奉行在勤中は特別な間柄であった。

○竹垣父子→補注6。

正一郎、役宅内にて鉄砲稽古

御城入、宿次呈書に連判、その後修復中の加番小屋を見分

〆百三百拾四両余○飛脚便宅状差出ニ付、夫々取調左五郎へ相渡○今日も盗賊又ハ取逃いたし候もの五人、直糺之上入牢申付ル○身体限済方も一口申渡

十五日曇夕雨

一今暁七時揃ニテ寺社之礼を請ルニ付是ハ初入ニ付テ也、七半時頃起出支度いたし、六時頃大書院へ出席礼を請ル凡弐百三拾人余六半時頃相済、右ハ染帷子麻上下○右相済平服ニ着替、談所ニおゐて家老・用人・給人共迄月次之礼相済、*迎与力内山彦次郎父子礼を請、夫ヨリ小書院ニおゐて当番与力共月次之礼を請、夫々目出度旨及挨拶、右ハ当人共も平服なり○五半時出宅御城入平服、但地役人ハ今朝麻上下ニテ御城代へ月次出仕謁有之候事之由、町奉行ハ御定番同様候得共、御城代ト連名ニ付謁等ハ無之儀ト相聞、平服なり　○正一郎儀御役宅内鉄砲矢場にテ弓鉄共稽古相始、*竹垣父子も入来之処、自分御用多ニテ見物も不致、昨日始テ正一郎・巌・鹿太夫鉄砲稽古一覧、今日も夕刻稽古場へ罷越、正一郎始拾匁筒を打四放シ皆中《あたる》、巌ハ四《五》ツ打三ツ中り、鹿太夫ハ五ツ打四ツ中り之由、鹿太夫ハ骨太ニテ人品鉄砲打ニハ至極見体宜敷見へ候事、右両人共鉄砲相応ニ出来候故、正一郎修行ニも相成一段之事也○白石吉郎入来面談、能人物なり

十六日晴折々雲立

一今朝五半時出宅平ふく御城入、御城代ニおゐて御用談相済、一旦溜りへ引取、無程大書院へ再席、宿次呈書之書判如例相済○今日ハ御加番*京極右京亮《近将監》・前田大和守御役宅御修復皆出来ニ付御城代為見分御越有之、自分共も罷越候ニ付テ御城代ニテ切飯

○御加番　大坂定番を補佐して大坂城を守衛する大名、一年交替、四家あり京極高景は青屋口、前田利豁は雁木坂を担当した。

○かるた札　博奕の道具。

○建国寺御宮　九昌院と称し東照神君を祀る。与力屋敷に近接してあったため、天保八年二月の大塩事件で焼出され、再建された。

煮〆并香物出ル、御定番酒井右京亮米倉ハ不快自分共両人也、右相済御城代同道ニテ御城代ト御定番先へ連立、自分共并御目付都合三人引続連立罷越、尤御城内故一同歩行笠不用故、今日ハ炎天ニテ大ニ暑気強キ方也、家来ハ跡ヨリ引続順々ニ来ル罷越、夫々見分相済九時過帰宅○今日献上ニ相成候団扇差立ニ付一通り見改ル但初テ故同役家来書翰方其外用達等来ルニ付、掛合之料理出ス然処前々仕来ニテ都テ金銀之水引相用候故、当年も其通用意有之候得共、御老中方其外配り之分金銀ハ如何ニ付紅白ニ引直シ、献上之分ハ来年ヨリ紅白ニ相直シ候積り、同役申付候趣ニ候得共、金銀水引不相用間敷趣之御触も有之儀、献上ニテも相用候ハ如何之儀、既佐渡奉行献上之かたくりへ添候のし包ハ御賄所へ頼出来候得共、金銀之水引ニハ無之やはり紅白ニ付、献上物奥向之手続ハ不弁候得共、入　上覧候節万々一御察度有之候テハ一言之申訳無之儀ニテ以之外成義ニ付、同役へ申談紅白之水引ニ引替候積り相決、尤当所ニハ紅白ニテよき水引ハ無之由ニ付江戸表ニテ紅白水引相用候積り、銘々留守宅へ申遣候筈申合候事○右之外差向申遣度儀も有之候間、明日飛脚便りニテ宅状差遣候積り、夫々調置○献上物入候筈猶予有之、藁を多く詰候故、同役も江戸へ遣候品詰ニかひ入遣候由ニ付、至来之紗綾九巻・さらし三反・杉原紙等詰ニかひ遣ス○築山茂左衛門入来面談、同人長座ニハ毎度奉行もこまり候ト之噂ニ候処、果テ右之通也○唐物抜荷買取候もの両人始テ吟味○かるた札*売候もの口書申付ル○明日六半時出宅ニテ建国寺御宮*へ拝礼ニ罷出、夫ヨリ川筋巡見之積、同役同道ニ付夫々手筈申合置

東町奉行と同道、東照宮へ参拝、建国寺にて休憩

○松平下総守　武蔵忍藩主松平忠国。

○織田有楽　織田信長弟長益、茶人として知られた。

十七日朝雨夫ヨリ晴昼頃小雨

一今朝六半時頃出宅染帷子麻上下、天満橋ニテ同役ト落合同道建国寺　御宮へ参詣、拝殿下(カ)モヨリ三畳目ニテ拝礼、御別当建国寺御鳥居内迄出迎惣門外ニ番所有之御紋付幕張有之、右ハ松平下総守*家来足軽等勤番いたし候由、存外立派成事ニテ惣門内御鳥居外迄乗、輿、右番所門番所ニテ下座いたす故及会釈拝礼相済建国寺へ立寄書院ニテ休息、住持次之間へ罷出候故相応ニ及挨拶、薄茶・菓子を出ス、御宮ハ桧皮葺ニテ存之外立派成事ニテ、大塩平八郎騒動之節類焼、其後如元形御普請出来之由、　御宮・拝殿等ハ不及申、建国寺も不残新規ニ出来、いまた間も無之木品等も宜候故至テ奇麗なり○書院之庭ハ往古織田有楽*好ニテ出来候侭之由ニテ、築山から堀之泉水等有之、松木立之様子石之古ヒ等如何サマ古く風流なり、住持案内ニテ庭へ下り見候処茶室有之、是も古形之通出来候由、間取之様子等茶道ハ不案内なから一ト際よき様ニ被思、石ノ古キ手水鉢あり、右ハ往古織田有楽屋敷之節以前ハ建国寺ニ隣り有楽屋敷有之、右庭も建国寺へ囲込ニ相成、其余ハ組やしきニ相成候との申伝之由、右屋敷へ　神君度々被為　成、右手水鉢ハ　御手を被為洗候ト之申伝之由住持物語りなり住僧ハ老僧ニテ当卯七拾壱歳ニ相成候由、殊勝貞実ニ相見随分健之由ニ候得共耳ハ余程遠く、大声ニ無之候テハ咄も成兼候様子なり、以前ヨリ与風鶴を飼候処よく馴染候由ニテ、我等庭へ出候節も鶴一羽庭前ニ居ル、住持左右之手を羽根之様ニいたし辞義の真似いたし候得ハ、鶴も羽根を広ケあたまを上ケ下いたし住持の傍へ来ル、よく馴候様子ニテ我等通り候を見候テも逃も不致、首を度々上ケ下ケいたし候ハ辞義之由住持申聞ル、今日始テ鶴を至テ間近ニ見候処存外大キ成ものニテ、首を延候得ハ人之丈ケヨリハ余程大イ也、右ニ付同役相咄候ハ、右老僧先年金魚鉢へ金魚を飼置候処右之鶴一ツ二ツ喰候故、秘蔵いたし候魚殊清僧地ニテ殺生いたし候テハ不相成間、以来無用ニいたし候様申含候処、人語を弁候哉其後ハ更ニ喰不申、扨又其後草花之類を植置候処是をも喰候処、花を賞し候ため植置候を喰候ハ不宜無用之由申

○目印山　天保初年、安治川浚の土砂を盛り上げて作らた丘、天保山とも称す。

天満橋から乗船、安治川・木津川筋見分

○貞享之度　貞享元年、河村瑞賢が九条島を開削、新川を通した際に土砂を積み上げ小丘となした。瑞賢山と称す。

○新見伊賀守→補注7。

含候処、其後ハ庭之草も喰不申、元来鶴ハ生ヱ之処右之、鶴ハ生キヱハ更ニ不用由、しかれ共羽色其外至テ奇麗なり　右住持ハ七十一歳之由、丈夫之由ニ
ハ候得共耳も遠く、自分抔ヨリ格別之老人ト心得、年齢を承り候処ニツ下タニテ巳ノ
年ノよし、同人抔ニ見合候テハ自分ハ格別堅固なる義ニテ、今日も目印山*俗ニ天保山ト云
抔歩行、勿論木曽路之峠ニ見競候テハ聊之山ニ候得共、組之もの抔ハ無覚束存候哉、
御遠見ニ可被成哉之旨意外之儀申聞ル故、不苦旨及挨拶歩行いたし候得共、息切レも
不致素り草臥も不致、却テ同役ハ太義之様子なり○建国寺ニテ羽織袴ニ着替天満橋へ
戻り、同所河岸ヨリ乗船、同役も一同一ツ船へ乗川筋巡村(カ)、人足寄場可取建地所上陸
之上及見、猶又乗船今日ハ度々之雨ニテ弐尺三寸増水、夫を差引平水之水丈を量り候処、至テ浅キ所有之　四半時頃船中ニテ弁当自分ハ如例香
物斗、度々同役之菜を貰候故、今日ハ精進之煮〆を菓子入之引出へ為詰持参、同役へも振廻　○安治川通りを下り、貞享之度*川村瑞賢目論見
ニテ沖手遠見、又ハ風波高汐等之難を逃候ため築立候由之目印山へ上陸罷越、山上へ
上り及見候処、貞享之頃ハ海岸最寄ニ可有之処追々新田出来、当時ハ一円ニ田畑ニテ
海面ハ不相見、壱里半程も田畑ニ相成、木立も有之故少シも海岸浜辺之景色ニハ無
之、右目印山ハ古木之松有之迄ニテ当時ハ不用之地なり、夫ヨリ猶乗船、壱里余下り
当時之目印山へ上陸是ハ天保之始、新見伊賀守*殿大坂町奉行之節発起ニテ安治川筋其外川口海辺大浚有之、浚の土砂を以築立候山ニテ、瑞賢山よりも格別広く高サも余程高く一面松
林ニテ、其余三郷惣年寄補理候茶屋体之所も弐ヶ所有之、右ハ新田ニ引続築立候義ニテ一万坪余有之由之処、三方共高四五尺之石垣ニテ石の性もよく立派成事也、右築立候節ハ市中ヨリ夫々手伝候由ニテ、人足
を出スもあり、石垣を築立ルもあり、入堀を拵ルもあり、松木を植付ルも有之由、当時右広場所々ニ茶屋有之、春先キ抔ハよき遊山所ニテ市中ヨリ多く出候由、右目印山へ上り見候処是ハ海面を見下しよき景色

也、四国・淡路の山々或ハ紀州・泉州の辺又ハ播州の山々も見ゆる、右目印山の脇ニ沖を渡海いたし候もの目印之常夜燈も近来出来、高サ三間程石ニテ築立其上へ大キ成火ノ見やくらの様成もの拵、さし渡壱尺五寸も有之
油皿あり

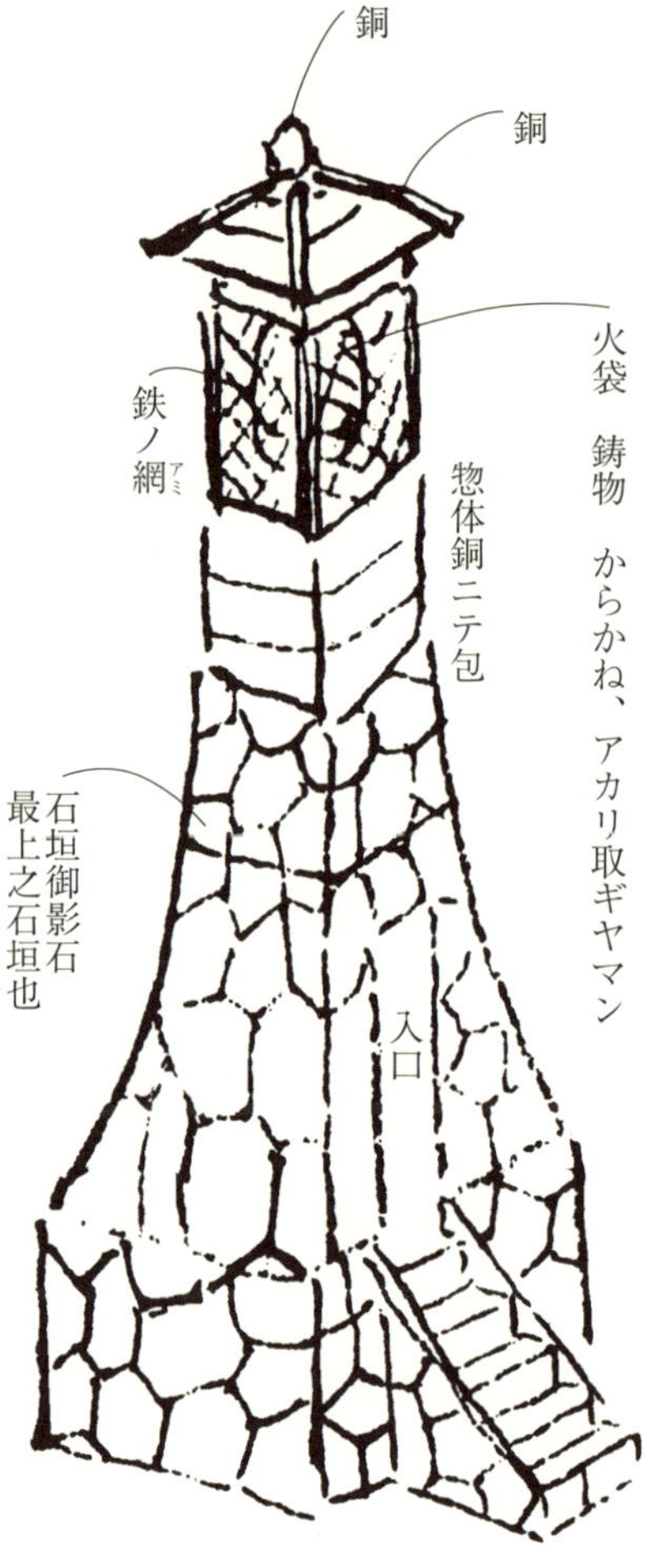

大坂町人共富家多き事

右燈明台へも上り見候処、小サキ火ノ見にテ殊之外立派成ものなり、火袋高七尺六角ノからかね鋳物にテ六方共開キ候様ニいたし形、あかり取ハびゐどろニテサハリ、さし渡壱尺四五寸の油皿なり、大坂町人共富家多キ事をおもふべし、夫ヨリ猶乗船いたし木津川口の方へ沖手を廻り候積り、海船ニ乗替水尾杭一番杭迄罷越候得共、西南の風強く相成高波ニテ何分難罷越、元ノ安治川筋へ上り川船屋形船へ移ル、同川筋ヨリ道頓堀川堀へ通り、暮合頃門前河岸へ着船、同役ト立別れ帰宅〇空腹ニ付行

○銅座　銅の専売などの業務を管轄する施設。過書町にあり、江戸参府するオランダ使節の宿所となった。

○ぴいとるあるへるとびつき　オランダ商館長ピーテル・アルベルト・ビック。

水を遣、早々酒食を用玉子煎豆腐、夫ヨリ御用向承ル○当春阿蘭陀人名代を以献上物いたし候節、当四月中大坂町奉行へも如例進物持参、自分ハ着坂以前ニ付銅山座役人預り置候由ニテ、今日右進物目録相添*銅座役人為川住之助○持参請取請取書遣候由、左五郎ヨリ差出ス

本書奉書紙
進上

一　藍鼠色大羅紗　壱間三合

一　新織奥島　壱端

一　更紗　弐端

以上

卯三月　ぴいとるあるへるとびつき*

家老両人へも更紗一端ツヽ贈候間、右ハ定例之由ニ付受納候様左五郎へ申付ル、羅紗ハ奇麗成色合ニテ出立前万平へ申談為拵候鼻紙袋ニ少シ薄キ色也奥島ハ不目立縞ニテ地合も厚キ方ニテ、着用之袴ニハ至極之品なり、さらさハ花やか成方ニテ、是も蠟引之様ニハ候得共地合厚キ様と被存候、追日幸便も候ハヽ、江戸へ遣候積り当着早々差越候得ハ吉平帰府之節可遣処、当地のものハ都テ気なか成方ニテ、江戸もの殊ニ自分抔ハ世話敷方故万端せり立候様いたし候得共埒明兼候儀ニテ、右ハ生質且ハ所之風義に付随分勘弁いた格別之事無之候テハ差支候事ハ格別、其外ハ、厳敷催促不致様心掛候事　○毎度認置候通、自分ハ

オランダ商館長からの贈物につき奉行の要職たるを知る

全く奉行職重き御役人に相成

御用日につき東町奉行所へ出勤（この日以降、三度の食事メニューを書き始める）

祐明書状(2)

市中南組町々を巡見

○巡見→大坂市中図参照。

御目見以下ヨリ御取立之身分ニ候処、全く奉行職重キ御役人ニ相成候故、今日建国寺ニテ取扱仕向天台宗之坊主ハ都テ手高大づら成ものニ候処、同間、へ入不申出迎等いたし、帰りニも御鳥居内迄見送ル且異国人ヨリ表向進物等請候儀ハ偏《ひとえに》御威光故之儀、難有冥加之至候但進物之品能キ故ニ歓候訳ニハ無之、右ハ金銭有之候得ハ何程も被買調候事ニ候、実ハ懇望ニも無之候得共、紅毛人或ハ老僧寺住持より贈物抔ハ全く御役威故、夫を難有存候故記置

十八日晴

朝飯　カマス干物 香物沢庵 相応なり　汁茄子　飯三椀
昼飯　八はいどふふ　香物沢庵　麦飯四椀
夜食　ゆで候ヤツコ豆腐　うなぎ　酒一合　麦飯三椀

一昨日留守宅へ之書状差出候心得ニテ朝之内認掛置候処、帰宅遅く其上昨日ハ御霊宮祭礼ニテ飛脚も休之由ニ付今夕差出候積り、此日記も今朝認ル○今日ハ御用日に候得共訴訟ハ立合ニ不及故、早昼食ニテ九時頃ヨリ東御役所へ罷越、右相済八時前帰宅○品々御用談○宅状認、左五郎へ渡○明日南組市中巡見之積り同役申合置

十九日曇昼後折々小雨

一朝　ゆば 香物沢庵 飯四　昼　弁当香物斗 ミそ漬　夕　ハモ焼立 〆とふふ 酒一合ヨ 麦飯三

一今朝六半時頃出宅羽織袴、同役同道巡見*ニ出ル、御塩噌御春屋是ハ御城内へ年々詰替ニ相成ミそ製場なり見分、引続市中籾蔵二ヶ所見分、玉造御蔵是ハ多分籾蔵也御修復所見分、御蔵奉行比留間

兵三郎出役、久々ニテ面会比留間兵三郎ハ元ノ勘定吟味役棋本兵五郎弟ニテ、御代官比留間助左衛門養子ニ相成、一旦小普請ニ成御勘定相勤、其後大坂御蔵奉行被 仰付当年迄十一年在勤之由、兵五郎噂等申出候事ニテ、兵五郎ハ自分ニ一ツ上ニテ寅年之由、しかれハ存命ニ候得ハ七十四歳ニ相成極老ト申ニも無之、吟味役之頃ハ一旦勢ひを得候ものニテ素り能筆一廉御用立候ものニ候得共、賞誉すへき人物ニハ無之夫故欤、漸吟味役ニテ相果、候を兵三郎も残多く存候様子ニテ、自分昇進をうらやみ候様子也 夫より玉造稲荷へ参詣御石場見分、南組惣会所へ立寄休息、夫ヨリ高原溜*見分相済植木屋喜知助*方へ立寄御役所用達、同人宅床ノ間ニ珍敷鉢物あり、岩へ付候ものニテ蘭ノ花ニテ、葉ハおもとの如くちいさく花多く香気あり、ナゴ蘭ト云よし、三郎太郎ニ為見度品なり小休、余程手広ニテ庭続キニ木戸あり、右木戸外ハ高津社*なり、夫ヨリ同社へ参詣、仁徳天皇高きやにのほりてノ御製之旧跡ありしめをはり有之、大坂市中を見はらし能景色なり、同社を過中寺町を通り生玉の社へ参詣神主・社僧出迎其外、社人・出家大勢出ル 南之坊ニテ昼食弁当自分ハ江戸ヨリ持参之香物斗りニ候得共、いつも同役之菜を振廻候故今日ハ別ニ煮〆を少シ持参、同役へも振廻 南之坊ニテ菓子を出ス、先格之由、庭前ニ茶屋あり、見晴よく庭も大木多く自然の山ニテ桜ノ大樹等ありてよき庭也、同所を立出高津新地等及見、道頓堀芝居之側を通行此節芝居両三軒も有之《興行之》趣ニ候得共、今日ハ巡見ニ付不残相休候様子なり 千日ト云御仕置場見分、夫ヨリ松の尾登加久*二軒茶屋へ立寄是ハ在領ニテ今度市中入之積り、家作大造成分ハ夫々為直候内含ニテ及見候事ニ候処、亭主ハ江戸ものへ白慢ニ為見候哉ニテ、麻上下着用委敷案内いたし候を察候得ハおかしくもあり、又、不便ニも被存候事也 同所を立出難波之御蔵へ罷越見分、此御蔵ハ御切米等相渡候御米蔵ニテ余程広キ事なり、御蔵奉行池田庄太夫出役御役所へ立寄久々ニテ面談、汁構(講)之咄抔いたし悴共之噂をも申出ル、江戸ヨリ罷越候地役人之内庄太夫第一之高年ニ候処自分罷越大慶ト之事故、年齢を尋候処辰ノ年ニテ七十二歳之由、自分ニ一ツ下タニ

○**高原溜** 城修復用瓦の土取場近くにあった囚人収容所。

○**植木屋喜知助** 高津の吉助として知られた植木屋、「摂津名所図会」「同大成」「近世風俗志」などに載る。牡丹菊の花壇がとくに有名。

○**ナゴ蘭** 名護蘭、伊豆諸島、本州中部以西〜沖縄に分布。

○**松の尾・登加久** 「摂津名所図会」「浪華名所独案内」に載せる茶屋。河堀口にあり、松尾は広い園池と築山が有名。

○**銅吹所**　東横堀川に面し、住友邸と隣接してあった。

テ若やき候由及笑話、同所立出御津《ミツ》八幡へ参詣、夫ヨリ銅吹所*見分、住友甚兵衛宅へ立寄、同人ハ富家ニテ銅山之儀引請罷在、家作も手広ニテ、自分共通り候座敷もよき家作ニテ九尺床ニ探幽三幅対表具等格別之儀ニテ、薄茶・煎茶・干菓子・金玉糖角(隅)切角之折へ入八寸へのせ出スいつれも杉ノマサメ、甚兵衛ハ久々病気ニテ引込罷在、忰万太郎万端引請罷在召仕等ハ不出自身給仕ス、右相済八半時頃帰宅○御城代明朝六半時供揃ニテ天王寺　御霊屋へ参詣ニ付、挑灯引出宅之積り同役ヨリ申来ル

廿日今暁ヨリ雨　朝香物飯二　五半時頃汁とふふ飯三　昼八盃とふふ麦飯四　夕至来鯛さしみ　鮑煮付うしほ　〆とふふ　酒一合ヨ　飯三

四天王寺参詣、将軍家御霊屋参拝

一今暁七時起出支度いたし挑灯引出宅染帷子縮横麻上下着用、天王寺へ罷越　御霊屋へ拝礼、休息所ニ扣居候内同役も罷越拝礼相済候処、御城代参詣延引ニ付以後之義同役ヨリ伝達請直ニ退散、席之様子凡左之通

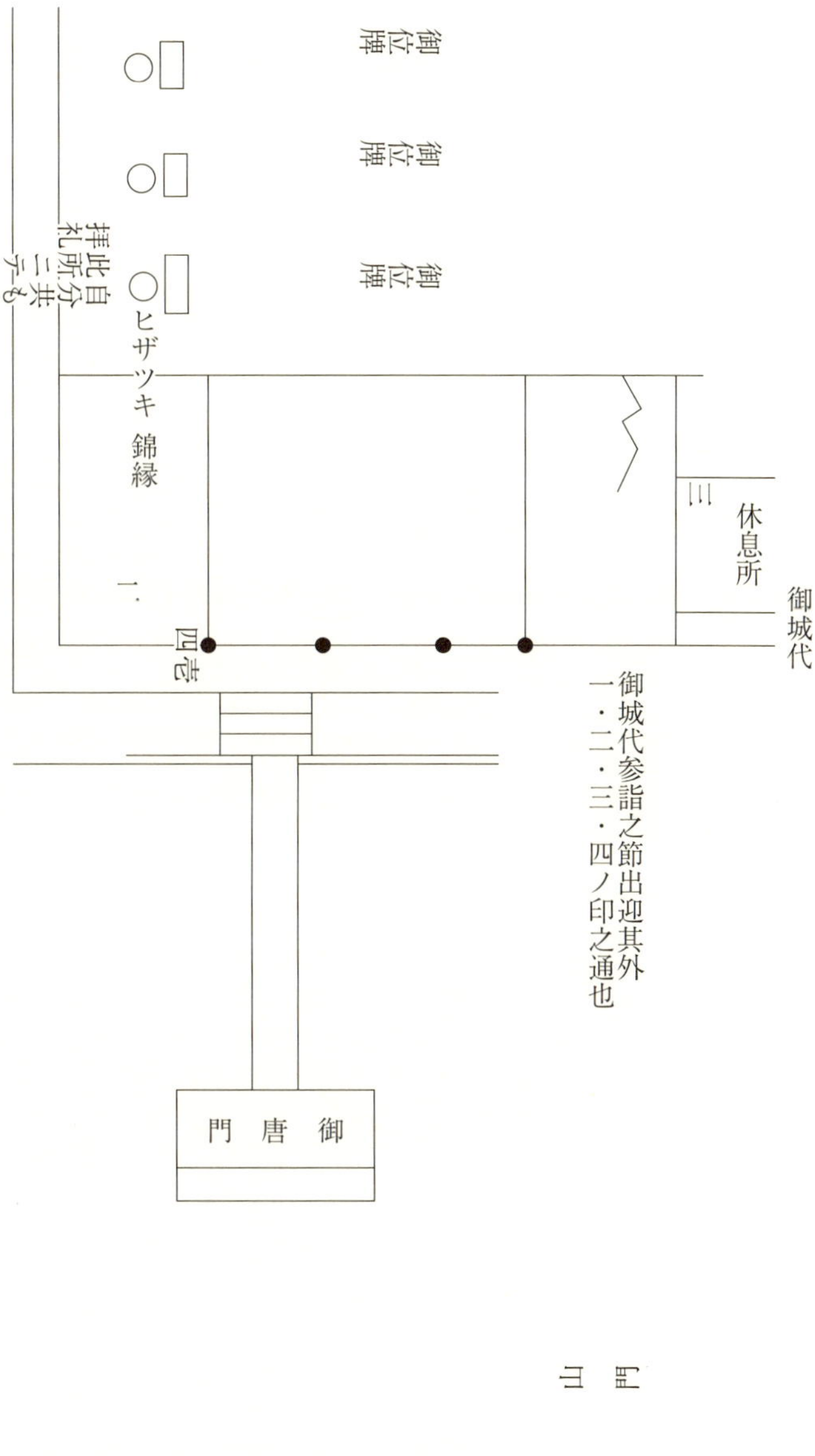

○昨日茶屋松の尾吉兵衛方ニテ大石内蔵助良雄自画を見分、富士横ものニテ絵も相応ニ見ゆる、大石氏良雄之印ト云文字自分ニも見分り候印押有之、右吉兵衛ハ義士之内岡島八十右衛門子孫之由、八十右衛門所持之由茶室待合ニ用ル板木《バンキ》持伝、大石父子之手紙もあり、しかれとも右ハ富士之掛物一同去ル未年播州華嶽寺*十七世ノ住持鉄心ト

○華嶽寺　正保二年赤穂藩浅野長直により創建、元禄事件以後は歴代藩主の菩提寺となる。花岳寺とも表記する。

御用日につき東町奉行所へ出勤

○羽倉外記→補注8。

与力阿部幾之助一件につき目付立会いの上、吟味

云ものヨリ譲受候由ニテ同人譲状も有之、華嶽寺ハ大石ノ菩提所ト被思、松の尾吉兵衛達テ之所望ニ付譲候趣認有之候得共、実ハ大金を出シ候事ト被察、やはり右華嶽寺ニ持伝候方可然事也○終日調物、阿部幾之助一件明後廿二日吟味取掛候積夫々談置

廿一日晴

一朝 汁とふふ 飯三 香沢庵(物脱)　昼 煮豆 麦飯四 香物沢庵　夕 玉子焼 煎豆腐 酒一合 飯三

一御用日ニ候処、御城代出席ハ無之由ニ付九時前早昼飯ニテ東御役所へ罷越、公事九ツ其外御用談相済八半時過帰宅○同役ヨリ近習使を以て京都細工春慶硯箱・松ノ鉢植・冠台等被相贈、右ハ先達テ土産遣候挨拶之趣ニ付、右使へ逢厚く挨拶および置○羽倉外記*義去ル十八日京着之由、当表へハ廿六七日頃之着ニ可相成哉ニ付彦次郎を立帰りニ差越呉候様ニト申越候間、同人罷越候筈ニ申渡ス 返書ハ不遣、彦次郎京都与力間柄之ものへ承知之趣申遣ス ○明日阿部幾之助一件吟味いたし候趣手覚以使者所猶人御城代へ差出ス 公用人山室弥兵衛 ○同断ニ付御目付阿部隠岐守明日四時被参候様及文通、承知之返書来ル

廿二日晴　朝 汁十六さゝぎ 飯四　昼 平 ハモ 椎たけ 冬瓜 汁とふふ 飯三 香物沢庵ミそ漬　夕 うなぎ あんかけ豆腐 酒一合 飯二

一阿部幾之助一件吟味ニ付、御目付阿部隠岐守四時頃ヨリ入来、幾之助一通り相糺、但徳山石見守*儀幾之助を頼金子入《三》百両借入候ト之儀風聞書之趣、先役ヨリ糺無之引送り候得共、畢竟石見守右様不取締故幾之助不埒も増長いたし候次第ニ被察、然を石見守

○徳山石見守　徳山秀起　天保十年九月～十三年八月の間東町奉行。

○郷宿　代官所や町奉行所に出廷する農民に宿泊の便宜を提供した施設。郷宿は一面、領主役所に出入する用達でもあった。

土用入につき城入、御機嫌伺宿次呈書差出す

不束之次第ハ差置、幾之助之不埒而已相糺候テハ当人屈伏不致筋、第一不正路之筋ニ付、石見守借用金之儀相尋候処、同人借用金ハ右三百両之外口々有之得ト相考申立度由ニ付、一旦下ケ遣御徒目付為立合下糺為致候処、都合六口ニテ金三千五百両余之内銀百貫目此金千五百両余石見守参府之節東御役所闕所金を幾之助へ申談盗賊吟味役進退ニテ幾之助掛りなり勘定方へ相廻シ是ハ御貸付等之儀をも取斗相廻（ママ）、朝岡助之丞へも申談助之丞ハ古役ニテ、よき人物ニ見ゆる表向ハ幾之助方へ懇意ニ立入候郷宿*亀屋喜兵衛拝借之積りニいたし、右銀百貫目不残石見守勝手入用ニいたし候事之由、以之外不届之次第歎息之至ニ候石見守出立之節入用ニ差支候由ニテ、是迄先例ハ無之由之処、阿部遠江守ヨリ御城代へも申立聞済之上、御貸付銀弐拾貫目此金三百両余拝借いたし候趣ハ兼テ同役ヨリ及承候故、右百貫目之内ニ可有之哉ト懸念いたし其筋へ聞糺候処、右ハ表向拝借にテ全く別段之儀ニテ、弐拾貫目之内両御役所ヨリ拾貫目ツ、御貸付ニ相成候義ニテ、百貫目之儀、ハ東御役所限之差略ニテ今日始テ承候儀之旨申聞ル　右口々之内ニハ返金いたし候分も可有之哉、いつれ金主共をも呼出証文等相糺候筈隠岐守へも申談、夫々掛り与力共へ申付置

○内山彦次郎儀外記へ内談之積り、今晩夜船ニテ出京之積り申聞ル○御目付へ昼食一汁一菜、昼後有合菓子を出ス○御徒目付・御小人昼後ヨリ来ル

廿三日晴冷気　朝汁冬瓜飯三　昼八盃豆腐麦飯五　夜うなき手前焼　〆とふふ酒一合ヨ　飯三

一今暁卯ノ六刻土用ニ入、然共今朝ハ冷気ニテ木綿単物ニテ聊涼キ方なり○例刻出宅平ふく御城入、土用入に付御機嫌伺如例御城代・御定番・自分共連名之呈書書判認宿次差出ス但御城代ヨリ御目付へ渡被差立候○久留島伊予守申立候豊後国大浦村一件直糺、入牢・預

蒲焼は谷町江戸風之うなきなり

市中の品物に江戸を喝る物多く、大坂衰退と推察

等中付ル〇当時抱置候料理人清七儀鰻鱺蒲焼江戸風ニ拵候由ニ付、今日生鰻鱺弐朱分但両ニ弐〆貫目弐朱分弐百五十目之由為買上夕刻為拵用達山城屋与兵衛より暑中為見廻らく焼様之うなき入を呉候間、夫へ焼立を入させ候、右ハ下夕へ湯を入候様ニいたし、うなき入ハかけごニテ外箱も溜塗にて蓋ハはねぶたにして至極よき箱也、先年緑雲寺ヨリ至来之品ト大同小異にて、かけごゆへうなぎ入方ハ無数方ニ候得共、あつきゆハ下夕ニ斗りあるゆへこぼれ不申あぶらけもぬけずよきあんばい也正一郎ハ飯、自分ハ酒ノ肴ニ試候処、一体うなきの性合宜敷余程あぶらありて和らかなり、第一焼立ゆへ至極の風味にテ、且蒲焼にて調候より下料にてよろしきゆへ、以後ハ生にて買置候積り勇吾へ申付、右食事中宮寺五平次ヨリ蒲焼一重并水玉ト云菓子を差越金玉糖之類ト相見候家来迄手紙添差越故、自書ニテ返書遣ス、右蒲焼ハ谷町江戸風之うなきなり、是をも試候得共、手前焼之分正一郎ト両人ニテハ不残喰候儀成兼多分残り候故近習共へ遣ス、三郎ニ為喰度事ト存出候義ニテ、右水玉ト云菓子ハ丸く長き菓子を竹の皮へ包青竹を割其内へ入候、形チ左之通、江戸玉屋の華火下駄ト

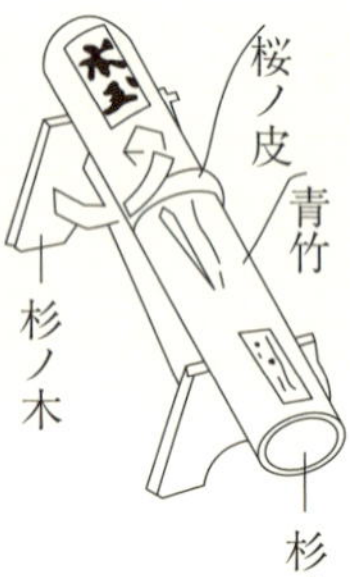

云ニ左も似たり、ふさ■(さカ)包を解候節自分も華火欤ト存候程の事にテ、熊次郎儀若様へ上度と噂申候も尤之事にテ、佐州の如く宿次ニ候て遣度候得共賃銭を掛候程の品ニも無之、むなしく自分ハ詠メ候斗りニテ正一郎へ遣ス〇竹垣鮎至来、うなきを不用ものへ遣ス松五郎或ハ与兵衛の風なり、因ニ云、市中を及見所江戸ひんつけ油・江戸足袋・江戸鮎・江戸角■(明カ)立股引・江戸たばこ等其外江戸を唱ル品余多あり、宜様ニテ実ハ奢侈ニ慕り候ゆへ之儀ニテ、夫故大坂表追々衰へ候哉ニ

被察候、蒲焼など大坂風ニ腹より裂候もあるよしなれども、むかしの如く銅串《カナ》ニさし
大平抔へ入候儀ハ絶て無之由うなき入出来合あるにてしるべし

廿四日晴　朝汁冬瓜 飯三　昼八盃とふふ 麦飯四　夕うなき玉子とち 茄子しぎ焼 酒一合ヨ 飯三

一在宿調物、但今日ハ内寄合日ニ候得共外御用多ニ付テ寄合延引○昨夕当所御鉄砲奉行西井源次郎入来面談地役ノ間ニおゐて面談、地役ノ間ハ大書院ノ手前小座敷なり、今日始テ面談之処、同人ハ安太郎事西井孫太夫実子之由ニテ、同人ハ旧来之馴染筋ニ付長物語ニおよぶ西井安太郎事孫太夫ハ元来市ヶ谷合羽坂最寄ニ罷在、自■分十七歳之節塚原先生へ稽古ニ罷越候節、右孫太夫ハ先生之甥ノ弟子にテ、其頃三十歳位ニテ知人ニ相成其後中絶之処、坂井其之助ト同日ニ富士見御宝蔵番ヨリ御勘定方被　仰付久々ニテ面会、夫ヨリ暫く相勤大坂御鉄砲奉行、夫ヨリ二条御門番纔相勤病気ニ付出府いたし、病死之趣ハ承り罷在候処、源次郎咄之趣ニテハ病気出府之上十六ヶ年以前文政十一子年六拾九歳ニテ病死之由、しかれハ辰年生れにテ我等ニハ十一歳上ニ有之、源次郎ハ父より小男ニテ色も黒く候得共面体ハよく似候哉ニテ、五十年余之事共存出彼是むかし語ニおよふ、同人忰拾歳之由正一郎方へ稽古ニ差越度趣申聞ル○諸向へ之暑気見廻書状端書認入四十七通、江戸へ遣候分ハ明後日差立候積、長崎・京都ハ序次《ついで》第遣候様次平へ申付ル

廿五日晴　朝汁豆腐 飯三　昼とろゝ汁 麦飯五　夕玉子焼 あんかけ豆腐 酒一合ヨ 飯三

一在宿調物、天神祭ニ付御用無之ものハ休○家中ハ一統他行留＊○築山茂左衛門入来面談、用談相済候テも無益之内話長く及迷惑○池田庄太夫来面会

廿六日晴　昼(朝)汁とふふ 干物カマス 飯三　昼うなき蒲焼 麦飯四　夕

内寄合延引、暑中見舞状を認る、鉄砲奉行西井源次郎と面談

天神祭につき休日、家中は他行留、鈴木町代官築山茂左衛門と面談

○**他行留**　外出禁止のこと、城内では入退出用の鑑札使用を禁じた。

妹靏友死去につき忌服請届出す

○堀田土州　日光奉行堀田正路。

仏説之通極楽へ往生いたし

一例刻御城入之積り五半時過支度ニ取掛り候節急便ニテ宅状至来封上ニ町野家、凶訃ト有之早速披見之処、靏友義自分妹、六十三歳兼テ病気之処、去ル十一日夜変症相発シ卒中風、之由種々療養差加候得共不相叶同十三日暁七時死去之由、扨々不存寄義驚入候、御届之儀ハ十五日午ノ刻病死之積り、翌十六日同席詰番堀田土州*を頼、仮御届差出候趣委細権兵衛ヨリ申越、靏友儀ハ自分十一歳之節天明元辛丑年五月朔日出生ニテ、幼年ヨリ娘同様世話いたし、縁組を始隠居後も内外厚く世話いたし、右ニ付テハ不一通心配いたし候儀之処一紙之法号ト相成至来、今更夢の如く愁涙を催トいへとも、及老年蒙大任候大切之身分養生専一之儀ニ付、愛情之念慮を思ひ返し涙一滴も不流、靏友儀生得不運トハ云なから元来心掛不宜故、一家不治りにテ生涯辛労いたし身を終り候儀ニ付、仏説之通極楽へ往生いたし候方当人も安楽ニ消滅いたし候義、夫ハ兎も角も同人不罷在方町野家之治り方ニハ可然儀ト被存候○右ニ付御城代へ之御届、扣相添用人所猶人使者を以同役へ頼遣ス

忌服之儀御届申上候書付　久須美佐渡守

忌服之儀御届申上候書付　久須美佐渡守

小普請組

○深谷遠江守　小普請支配深谷盛房。

○移り　贈物の返礼として与える物品。

七十を越候ては父母祥忌日之外は都て精進は不致

深谷遠江守支配*
町野捨三郎
養父隠居松山
妻

妹死

忌二十日　卯六月十五日ヨリ
同七月五日迄

服九十日　卯六月十五日ヨリ
同九月十六日迄

右妹儀、去ル十五日死去仕候段従江戸表申越候、依之定式之忌服残日数請申候、此段御届申上候、以上

卯六月廿六日　久須美佐渡守

御定番・御目付等へも同役ヨリ為知候事之由、しかれ共今日阿部幾之助一件再糺之積り昨日阿部隠岐守へ申達置候間、同人へハ今日流シ候趣為心得申遣ス○杉浦重郎兵衛方へ至来之寒さらし、正一郎ヨリ見廻として昨日遣候処、右移り*ニ鰻鱺蒲焼差越候間、麦飯ハ夕刻ニいたし白飯ニテ右蒲焼を喰ス御代々様御祥忌日ニハ精進いたし候得共、七十を越候テハ父母祥忌日之外ハ都テ精進ハ不致、元来精進之趣意ハ慎ニ有之儀ニテ、魚類を禁候ハ仏道ヨリ起り候儀ニ付、八十歳ニも相成、候得ハ父母之祥忌日ニテも魚類を用ひ候心得なり、酒ハ養生之一ツニ付更ニ禁候義ハ無之今日ハ右之外にも鯛又ハすゞき等至来之処、自分前へ出候を遠慮可致哉之趣丈助申聞候故、夫ハ世間並ニ可有之、自分ハ更ニ精進ハ不致旨申諭ス○町野捨三郎悔之書状香奠金弐百疋封込遣ス

忌中心得につき指図、羽倉外記と面談

廿七日晴　朝飯三カマス干物 汁とふふ　昼麦飯四八ばい豆腐 汁冬瓜　夕酒一合ヨ 飯三ゆで玉子あんかけ 奴とふふ

一今朝六半時頃羽倉外記着坂、会所罷越候由惣年寄ヨリ申出ル、且同役ヨリも着坂之儀申来ル○自分忌中心得方之儀同役ヨリ伺候処、即日御付札を以御差図相済、左之通

久須美佐渡守儀忌中心得方之儀相伺候書付

水野若狭守

久須美佐渡守儀妹之忌中ニ御座候処、天保十三寅年十二月阿部遠江守叔母忌中之節相減候義有之月代仕公事訴訟立合、内寄合ニも罷出候様申上置罷出候に付、佐渡守儀も日数相立候ニ付公事訴訟・内寄合ニも罷出候様可仕哉、此段相伺申候、以上

六月廿六日　　水野若狭守

（貼紙）可為伺之通候

○四半時過羽倉外記入来御用談所へ通ス久々ニテ面会、御用談済ニテ昼食有合之麦飯を振廻、好物之由ニテ大ニ歓、厚く礼を申述ル○同氏ヨリ土産之由ニテ縮一反自書を以相贈、相当之返書遣ス○御用日ニ候得共外記入来、御用談ニ付申断不罷越○外記実母久々病気之処去ル廿日病死之旨為知来、今日ヨリ忌服請候段夜ニ入申来、御城代へ之御届自

役宅にて江戸宅状を見る

阿部幾之助一件につき目付入来

○つとどふふ　苞豆腐、棒状にした豆腐を藁で包み、塩を入れた湯で煮たもの。

代官竹垣より上知の知らせ届く

○大坂最寄上知→補注9。

分共方ニテ取斗呉候様、尤同役連名宛之手紙同役ヨリ相廻ス、右御届ハ同役取斗候由(カ)

廿八日　晴　朝 汁さゝぎ 飯三　昼 平ばんべん(ママ) 椎たけ ゆば 飯麦四 汁とふふ　夕 つくいもあんかけ 煎豆腐 酒一合ヨ 飯三

一在宿調物○去ル十八日付之宅状今朝四時前至来不取敢披見、病人も少々ツヽ出来不出来ハ有之候得共惣体ハ先快方之由、其余一同無異、三郎太郎別テ健之由大慶安堵之事候○同役御城出ヨリ入来面談、有合之麦飯振廻御用談相済、九半時過退散

廿九日晴　朝 汁冬瓜 飯三　昼 平はんべん つくいも 椎たけ 麦飯四 汁冬瓜丸むき　夕 ゆで玉子 ジュンサイ吸物 つとどふふ* 酒一合ヨ 飯三

一阿部幾之助一件再糺、御目付阿部隠岐守四時過ヨリ入来 御徒目付・御小人目付も来ル ○一同へ昼食出ス○今幾之助申立候博奕一件之儀、東組与力由頃(井)又太郎父隠居彦之丞、当組与力安藤(東)保兵衛養父隠居丈之助事諸芸并与力杉浦音五郎宅ニおゐて相催候趣ニ相聞、既同役へ幾之助仲間を以差出候願書へ証拠之文通三通相添差出候程之儀ニ付 此文通之内音五郎文通ニハ、岩屋杉或ハ岩屋御そんしヨリト認文言も山形并○印之連中も参り候間只今ヨリ催候筈ニ付早々参り候様抔ト有之甚怪敷文通なり、博奕ニ無之候得ハ賭碁欤賭醤碁(将棋)ニ可有之候 聞捨ニハ難相成筋ニ候を、先(せ)ン役遠江守如何之見込ニ候哉更ニ右之廉ハ(申立候テも更ニ不取敢由之処、今日右一条相糺候故当人ニおゐて殊之外難有由ニテ、御前ン之御吟味ニ候得ハ如何様相成候テも聊可申立品無之、思召次第被成下候様申立候も一笑なり、依テ猶夫々へ申諭置○丈之助事諸芸并杉浦音五郎内々糺之義、老分田坂源左衛門立合相糺候様□(彦)次郎へ申談、証拠物渡遣ス、善悪共右申立之上両組トも組預之積り御組(目付)へも申談置○山城・大和・河内・摂津・和泉五ヶ国高合三拾弐万弐千九百石余此度大坂最寄上知被*　仰付候分、築山茂左

衛門・竹垣三右衛門立合当分御預所被　仰付候旨、三右衛門ヨリ為知来ル○同役若狭守組同心村上左伝次ハ、元来大坂町奉行組同心之厄介人ニテ、若狭守先ン代*大坂町奉行之節当地ニおゐて召抱、当若狭守幼年《若》之節付相勤候ものニテ旧来之馴染ニ付、既若狭守堺奉行之節態々《わざわざ》相招内外用向をも申付候由之処、当御役被　仰付候ニ付自然勢ひを得候方ニテ組内ニテも憎ミ候由、殊表横《向》目付《役》申付候故当人ハ元来不宜人物ニテ、既役筋も引下ケ居候処近頃追々被取立候由、彦次郎ヨリ内々申聞ル、右ハ当組与力・同心之儀ニ付風聞書自分為心得同役ヨリ内々差越、同役心得ハ深切尤ニ候得共風聞書之趣甚如何ニテ難取用、全くハ讒訴同様之事故、猶聞探之儀彦次郎へ及内談候処、実ハヶ様之仕義之由ニテ前書之次第及内話ニ付、自分ニ候得ハ、堺奉行迄ハ兎も角も当御役被　仰付組同心ト相成候上ハ、手先へハ寄付不申其段顕《あらわ》ニ申談遠ざけ候テ、組内一統疑念無之様可取斗処、其心付無之段歎ヶ敷趣申聞候処、既先ン役遠州*も自分見込同様ニテ、右之儀ニ付却テ両氏争ひ候意味も有之由彦次郎内々申聞ル、右ハ同役之ためニ不相成事ニ候得共、不取用上ハ無益之儀ニ付程能含置可申旨申談置、同役ハ正直過キ候より却テ右様之了簡違も有之哉ニテ歎息之至ニ候

七月小

朔日晴　朝 精進汁つくいも 飯三　昼 鯛煮付 汁焼とふふ 麦飯五　夕 うしほすゞき しきやき 酒一合ヨ 飯三

○若狭守先ン代　寛政十年～文化三年の間、東町奉行を勤めた水野忠道。

○先ン役遠州　祐明の前任西町奉行阿部正蔵。

終日役宅で過す、暑気払い

一在宿調物○昨日ハ下糺ニ暮合頃迄相掛り、御徒目付・御小人目付も居残候故、自分も暮合頃迄談所ニ罷在候処、同所ハ東南折廻シ切目縁ニテ奇麗成座敷、庭もよろしく候得共、西ノ方床ノ間ニテ風入更ニ無之、寒暖斗(計)無之ゆへ難斗候得共是迄之暑気ニテ凌兼候ゆへ、暑気払を用○幾之助一件下糺御徒目付両人、御小人目付両人来ル、至(到)来鯛煮付・汁焼豆腐昼食出ス

二日曇ル　朝カマス干物 汁冬瓜 飯三 香物沢庵 白瓜塩漬　昼八盃豆腐 麦飯四 香物沢あん 白瓜　夕ふかし玉子あんかけ つとゝふゝ 飯三 酒壱合ヨ

御用日につき東町奉行役所出勤、のち羽倉外記旅宿を訪問

一御用日ニ付早昼飯ニテ東御役所へ罷越御用相済、夫ヨリ羽倉外記旅宿へ罷越御用談相済、八半時過帰宅○明後日幸町三間井路出来形見分ニ相越候趣以使者用人猶人御城代へ相達ス

三日雨昼後強雨　朝汁つくいも 飯三 沢庵 白瓜　昼平ふかし玉子 汁しゞみ 飯但し竹瓜麦四(飯脱) 香物沢あん 白瓜　夕玉子ふわ〳〵* 奴どふふ 酒一合ヨ 飯三

阿部幾之助一件吟味のため目付・徒目付入来

○玉子ふわふわ　小鍋に熱しただし汁に泡立てた卵を流し入れ、蓋をして蒸らした料理。

一阿部幾之助一件吟味ニ付四時過ヨリ御目付阿部隠岐守入来、御徒目付永坂鑑八も来ル御小人目付も両人来ル、昼食一同へ振廻、隠岐守ハ直糺済ニテ八時前退散

四日雨　朝ゆば 汁つくいも 飯三　昼八はいどふふ 飯但麦四　夕

早朝より井路見分のため出宅、帰宅後評席に出る

一幸町三間井路出来形見分ニ付、五時出宅羽織袴幸町へ罷越堀浚出来形見分相済田坂源左衛門・近藤左衛門、同心共も出役加島屋作兵衛*別荘家守之宅へ立寄八畳ノ間弐タ間、十畳、其外ハ勝手、一廉之家作ニテ風雅ニ拵、諸

○**加島屋作兵衛**　十人両替の一人、鴻池と並ぶ大名貸。

候之下屋敷茶屋ト町方之座敷を兼候仕立方也、右ハ屋敷ノ角町、並ニテ抱屋敷之由、右別荘ハ余程手広之由富家之程を思ふへし右小休所へ堀浚御普請御手伝いたし候町人共を呼出及賞誉前々仕来之由、夫ヨリ直ニ退散四時過帰宅○今日内実忌明ニ付鰻鱺蒲焼弐朱分調夕刻酒食ニ用、朦中も精進ハ不致候得共態々生あるものを殺生も如何、且ハ支配向等及見聞候所も不宜哉ニ付遠慮いたし、今日も内々取ニ遣ス○用意金之内三百両三井組へ相渡為替之積り、右手形江戸留守宅へ差遣候ニ付宅状取調左伝次へ相渡○今日ハ見分ニ付未明ヨリ起出見分ニ罷越、帰宅後も両度評席へ罷出、宅状認候内も内山彦次郎・早川安左衛門・勝部与一郎・近藤安太郎・山本善之助其外当番方与力等代り〳〵御用談、夫々及差図、漸《ようよう》七半時過居間へ引取

羽倉外記と面談、三郷惣年寄に御用金につき説諭

○**惣年寄**　北組・南組・天満組に複数の惣年寄がいた。永瀬は北組、薩摩屋は天満組、金谷は南組。

○**御用金之儀**→補注10。

五日晴　朝汁冬瓜 飯三　昼八はいどふふ 麦飯五　夕アカエイニ豆腐ノ汁 冷そうめん 酒一合ヨ 玉子ふわ〳〵 飯三

一御用談有之羽倉外記五半時頃入来、御用談所へ相通緩々面談、御用相済昼前退散○惣年寄*永瀬七郎右衛門・薩摩屋仁兵衛・金谷実□(太)郎へ御用金之儀*内意申聞、御為ニ相成候様一廉骨折候様ニト之儀、得ト諭置

御城入、城代と用談、帰宅後、御用金申渡に同席する

六日朝曇 昼後雨　朝カマス干物 汁豆腐 飯三　昼ゆば 麦飯五　夕奴豆腐 うなぎ蒲焼七 酒一合半 飯三

一忌明ニ付例刻御城入、御城代御逢有之品々御用談、九時過帰宅入湯、御用金申渡ニ付羽倉外記并同役も昼後入来、鴻池屋善右衛門外*十四人一席小書院次ノ間へ差出、自分・同役・外記小書院へ出席、外記申渡御勘定方御普請役両組与力出席、末座後ロ之方へ惣年寄永瀬七郎右衛門・薩摩屋仁兵衛・金谷実太郎も出席

一旦退座、猶又住友甚兵衛外五人同席ニおゐて同様申渡、外記ハ退座御勘定方御普請、役も引候事両度之分弐拾壱人一同ニ次ノ間へ差出自分・同役出席、自分ヨリ利害申諭趣ハ、去々丑年以来御政事向都テ御改革難有御趣意ハ申聞ル迄も無之、一同難有奉感伏可罷在儀、然ハ然ハ今般之御用金ハ恐多くも　御徳儀を奉助候筋ニ■(付カ)格別出精可致趣旨懇ニ申聞、扨又右御用金被　仰付候ニ付テ、諸色取引融通等万一手狭ニ相成候様ニテハ当地一体之為ニ不相成義、尤有之間敷事ニ候得共、奉行之身分ニテハ当地益(ますます)繁栄之様いたし度段勿論之儀に付、若他国・遠国等ニテ御用金之儀を承伝へ取引を危踏候様之儀有之候テハ以之外成義、流石(さすが)ハ大坂程有之、御用金被　仰付候テも聊不融通之儀無之事、■諸国ニおゐて心得候様いたし度、右ハ銘々之心得所置ニ可有之事故、聊も平日ニ不相替様厚く心掛候様、則当地之ためを存申諭候条其旨可相心得旨委細申渡、右相済*公事場ニおゐて茨木屋安右衛門外三十八人へ外記申渡同人退座、自分ヨリ申諭候儀前同様なり○忌明ニ付御城代へ暑中為見廻養老酒ニ陶箱入・交肴一折大鯛一・大鱸一、大鮑三納戸役之もの迄直書ニテ遣ス納戸役迄、返書差越　全体養老酒へ生鰻鱺弐百疋分相添遣候積り申付置候処、今朝*松平肥前守ヨリ暑中為見廻白越後縮ニ端箱入・交肴一折・樽代金五百疋至来ニ付、うなきハ食料ニ預置、交肴ト引替遣ス○杉浦重郎兵衛出勤之由ニテ昼後入来今日ハ折節外記其(カ)外来御用多に付正一郎方へ通置御用済ニテ面会面談、出立前越前守殿噂有之候趣等委細及内話、出精候様申談うなき蒲焼持参、手前ニテも為焼候故、右ニテ酒食振廻、*竜眼肉ノ酒も振廻　夜ニ入帰宅

○**鴻池屋善右衛門**　九代目善右衛門幸実。

奉行之身分にては当地益繁栄之様いたし度

流石は大坂程有之、御用金被仰付候ても聊不融通之儀無之

○**公事場**→西町奉行所図参照。

○**松平肥前守**　肥前佐賀藩主鍋島直正。

○**竜眼肉**　樹木竜眼の実、甘く汁が多く食用となる。

雨天のため御城入延引、役宅にて七夕祝儀

○剣菱　伊丹の銘酒。
○九鬼丹後守　摂津三田藩主九鬼隆徳。

七日雨　朝ゆば飯三　昼平茄子つくいもやきとふふ飯三　汁と□□(ふふカ)　夕うなき不宜ニ串ニテ止酒一合ヨ　飯三　つととふふ　玉子ふは〳〵

一七夕ニ付御城入之上、御本丸へ(カ)参上之積りニ候処、雨天ニ付延引之旨御城代ヨリ申来ル、依之御城代へハ七夕之祝儀取次使者を以申達ス、尤先格なり御本丸へ参上ト之儀、御殿へ罷出候事ト心得候処、御殿へハ不罷出御庭廻りを御城代始御定番・大御番頭・加番・町奉行・御目付等同道ニテ見歩行候事之由、御殿ハ別段相願拝見いたし候由近々相願可申事○七夕ニ付御用談所へ出席、家老・用人礼を請ル目出度ト言葉を掛ル、給人同断家老出席、中小性言葉を不掛用人出席、迎与力内山彦次郎父子言葉を掛ル、右相済小書院へ出席、与力共之内調役礼を請同断、夫ヨリ大書院ニテ与力共一同之礼を請ル同断、公事場ニおゐて同心共一同之礼を請ル同断、猶又大書院へ出席惣年寄始惣代共其外礼を請ル、右相済於溜勝手立入之分礼を請ル此節ハ銘々銀子等進物差出、いつれも相応ニ言葉を掛ル、不残相済候上、御用無之ものハ退散候様用人共ヨリ申達ス○暑中ニ付、至来物之内反物又ハ紙類等ハ直ニ為仕廻候得共、国産之品・食物類ハいたし方も無之候故、今日正一郎へ申付夫々調分、不用之品ハ払候積り左伝次へ申付ル但竹垣ヨリ剣菱*を始名酒壱升ツ、五徳利為試差越候上へ、今日玉泉ト云名酒九鬼丹後守*ヨリ至来五升、凡壱斗も有之候処、自分壱人ニテ壱合余ツ、用ひ候事故中々急ニハ片付兼候処、源蔵・十蔵之進等少シ用ひ候斗りニテ大概下戸故酒之ハけ方無之こまり候事、今日も七夕ニ付銀子目方未知金弐両八弐朱至来○夕刻竹垣入来、夜五時過退散○御城代ヨリ七夕祝儀之使者被差越及直答弓ノ間おゐて

八日晴折々曇ル　朝汁冬瓜飯三　昼八はいとうふ麦めし五　夕ふかし玉子あんかけ　茄子きじ焼酒一合ヨ玉泉至極之上酒也　飯三

御用金につき鴻池屋善右衛門を呼出し直談、羽倉外記同席

○**大坂御陣**　慶長十九年の冬の陣、二十年の夏の陣。

○**御仕置付**　審理ののち相当の刑罰を与えること。

○**池田播磨守**　池田頼方。

○**根岸肥州**　寛政十年～文化十二年、江戸南町奉行を勤めた根岸鎮衛。

一鴻池屋善右衛門儀、芸州旅行先へ伏見罷越候由ニテ一昨日ハ名代差出候処、昨日帰坂ニ付今昼後当人呼出申諭候積リ、羽倉へも昨夕申遣ス○講釈師泰山事伊八外壱人、大坂*御陣之儀当地之人気を量り、恐多儀共講釈之節口外いたし候一件、同役掛りニテ軽追放ト相伺候由之処、右ハ江戸伺ニも相成候儀得ト申談取調候様一昨日御城代ヨリ談有之、同役も相談有之候故、昨日類例をも自身ニ繰出シ遠島ト調直シ今朝同役へ差遣ス、一体ハ死刑ニも被行候様いたし度見込ニ候得共、何ら拠も無之故遠島ト取調候儀ニテ、遠島ハ聊振申間敷見込ニ候、*御仕置付ハ江戸進達ニハ不相成候得共御城代迄ハ取調差出候仕来也因ニ云、奈良奉行*池田播磨守ヨリ入墨重敲ニ相当り候盗賊、十五歳以下ニ付一等軽入墨ニ相成候後、いまた十五歳ニ不相成内猶又死罪ニ相当り候盗いたし候もの御仕置当り之義、此間内々急ニ問合文通ニテ申越候間取調、遠島ト相伺可然旨例書相添答遣ス、且御城代公用人山室弥兵衛も一昨日同役之伺御仕置当り内々取調呉候様相頼候故、無余義持帰り今日取調候積り、自分持前之御用向手廻り兼候所へ右様問合等有之迷惑ニ候得共、畢竟公事方功者ニ可有之ト聞合候儀等閑ニも難相成、今朝も未明ヨリ認物等ニ取掛り候儀ニテ、文化之始*根岸肥州老練ニテ功者ゆへ諸向ヨリ問合等有之候得共、其節ハ自分抔壮年ニテ取調候事ゆへ、肥州ハ左而已骨折候事も無之候処、自分ハ組之もの功者ト申ニハ無之不残手調故肥州ト同日之論ニハ無之、繁多之程を思ふへし○昼後羽倉外記入来、鴻池屋善右衛門儀表向申渡ハ一昨日名代ニテ相済候儀、同人ハ町人筆頭ニテ善右衛門差はまり取斗候得ハ惣体之励ニも相成候筋ニ付、別段内談之積り呼寄候儀ニ付、平服ニテ罷出候様申遣継上下浅黄、縮帷子、外記示談之上御用談所次へ呼出、自分・外記列座ニテ同人ヨリ得ト及内談、右相済自分ヨリも厚く利害申諭ス、善右衛門ハいまた若輩ニ候得共才子之由彦次郎物語之趣ニテハ惣領ニテも人物不宜候得ハ家督人ニ不致仕来ニテ当善右衛門も末子之由、夫故代々人物宜事《こと》之由、如何サマ頼母敷人物ニテ、既退座後彦次郎迄及内談候ハ、御趣意之次第難有奉承伏候、併格別之

金高ニ付百拾万両一時ニ調達之程難斗、割合上納仕候テも不苦筋ニ可有御座哉、右ハ善右衛門内含迄ニ奉伺候ト之儀ニ付尤之儀、不足之分ハ一両年ニ割合相納候テも不苦旨為及挨拶候、即座ニ右様申聞候段頼母敷儀ニテ自分ニおゐて安心之筋ニ候、外記退散後善右衛門儀彦次郎へ存意之趣及内談引取候事之由

東町奉行所にて内寄合

九日晴　朝汁とふふ 飯三　昼平茄子 椎たけ玉子とぢ 汁芹ニ焼豆腐 飯三　夕蒲焼 つとどふふ 酒一合ヨ 飯三

一内寄合、殊御用談有之五半時供揃ニテ東御役所へ罷越九時頃帰宅、同役方ニテ昼食○夕刻竹垣ヨリうなき蒲焼差越谷町二丁目加賀屋重助、江戸流にて至極よし、自分・正一郎十分ニ喰し残りハ近習へ遣ス、三郎太郎へ為喰度事なり○羽倉外記忌中ニハ候得共、御用先ニ付御城入不苦段御城代ヨリ御差図相済、明日五半時御城入之積り自分同道同役ヨリ申越

羽倉外記同道にて御城入、城代と用談

十日晴　朝汁冬瓜 飯三　昼茄子ごま汁 麦飯五　夕ゆで玉子あんかけ 煎とうふ 酒一合ヨ 飯三

一今朝五時羽倉外記入来、早過候故御用談所へ通シ暫く及雑談、五半時を打供揃ニテ出宅、同道いたし御城入○自分共御城代御逢御用談相済、引続外記罷出御用談、余り手間取候故自分ハ先へ退散、但同役ハ外記へ外御用有之居残、自分ハ九時前帰宅○去月廿八日付留守宅ヨリ之書状今四半時頃留守中至来、正一郎披封、帰宅之上熟覧、病人も先ツ平安、其余一同無異之趣委敷申越安堵之至ニ候権兵衛・順三郎・藤之進六月十二日書状、江戸・高山日記雑録、新井清介書状等なり○加藤遠江守*足軽参勤先供之もの船ニテ当表へ罷越、右之内壱人内々鉄砲所持罷在、過《あやま》チにテ火移筒音を発シ候由之一件、同役掛りニテ吟味詰伺書御城代へ差出候

○加藤遠江守　伊予大洲藩主加藤泰幹。

○吟味書　刑事事件の被疑者への取調書、相当の刑罰を付し上級役所へ伺うので吟味伺書ともいう。

○雷ぼし　シロウリの種を抜き取り、長く連なるように切り、塩につけて乾したもの。一説に雷神の太鼓に似るによると言う。

大洲藩足軽鉄砲一件につき吟味書を作成

処、取拵候吟味書*之様ニテ如何ニ付、今一応自分へも申談取調候様御談有之候由ニテ、右吟味書へ懸紙いたしヶ様ニテハ如何可有之哉之旨昨相談ニ差越、暮合過之事故得ト熟覧之上可及挨拶旨申遣預り置

十一日晴　朝カマス干物　汁とうふ　飯三　雷ぼし*　昼八はいとうふ　麦飯　同断　夕

一在宿調物○明日宅状出候積り、明日ハ御用多ニ付今日認置○昨夜相談ニ差越候吟味書、今暁七時目覚候節熟覧之上、今朝飯前ニ左之通書取、五時前同役へ遣ス

佐渡守

加藤遠江守足軽鉄砲一件御吟味書一覧仕候処、用心之ためニ候トも参勤之先■《供》ニ罷越候もの内々鉄砲持越候段ハ御法度を背候筋ニ付、過チにテ筒音発シ候儀ニ不拘、元来不届之儀ニ有之、殊何程小筒ニ候トも、事ニ不臨以前兼テ玉込《込》ニ可致置道理無之、小子ニおゐてハ過チト之申分ハ信用難致候得共、併過チ之趣ニ御吟味詰之上ハ、掛紙之通煙草吹がら落散り風ニテ火移り候ト直り候方可然哉ニ候、吹がら之積り相成候義も、いつれ今一応御糺之上ニ無之候テハ治定致間敷、再御糺之上ハ一向ニ御組掛り之もの御引替、事実之所得ト再御吟味之方ニハ有之間敷哉、猶御勘弁之様奉存候

但右申述候通之次第ニ付申紛候ハヽ、入牢をも被仰付、厳重御吟味之方可然哉

元来西国筋大坂より関東へ持込候鉄砲

○**日光御参詣**　四月将軍家慶は日光に参詣した。

ニ候処、御伺書朱書ニ同船之足軽箱崎茂平次外弐人ハ不束之筋も相聞不申候ニ付云々ト有之候得共、持越間敷鉄砲持来候趣承候ハヽ、当表蔵屋敷詰役人へ申立差図請可申処、仕廻置候様心付候迄ニテ等閑ニいたし置候段箱崎茂平次心付ケ候通ニテも内々江戸表迄鉄砲可持越筋ニテ甚如何ニ被存候不埒之儀ニ付、不束之筋無之トハ難申、然処一旦奉行所ヨリ引渡、勝手ニ出府可致旨申渡候もの猶又呼出候儀ハ何共失体之儀、此一条何分不能愚慮当惑いたし候、右ハ任御内談愚意之趣渕底を払申述候条、得ト御勘考御取捨可被下候

卯七月

右ハ御城代ヨリ兼テ内話も有之候得共、如何之事欤弁別いたし兼居候処、吟味書之趣ニテハ以之外見込違ニテ御城代心配り之所尤至極ニテ、元来西国筋大坂辺ヨリ関東へ持込候鉄砲ハ、陸地ニ候得ハ御関所ハ御老中方御証文ニ無之候テハ不相通程之儀ニテ、尤内々船廻シ等ニいたし候儀ハ是迄も有之候哉難斗候得共、顕露ニ相成候節ハ相当之御咎可被　仰付ハ勿論之儀ニテ、尤右様之例ハ覚不申御咎当りも容易ニハ決兼候儀之処、右之意味ハ更ニ書加無之、殊右鉄砲打《発シ》候ハ日光*御参詣御留守中之儀、旁不届至極之事ニ候処、取拵候申立方を其侭吟味詰候趣ニテ、剰一件ニ引合候足軽を不束之筋無之候迚家来へ引渡、勝手ニ出府候様抔申渡候段、如何之見込存寄ニ候哉、畢竟右様之取斗外様大名之家来勝手よき様取斗遣候故賄賂請候趣風説をも請候儀、組之ものハ兎も角も、奉行たるへきもの右様之儀心付無之段歎息之至ニ候、畢竟御城代心付ニテ再調之儀談有之候故、自分も承知いたし愚意をも申述候事故何ト欤筋能可相成候得共、御城代其侭江戸表へ進達ニ相成一座へ評議ニ御下有之候ハヽ、第一朱書之廉不束無之トハ難申事ニ付、同役へ御沙汰有

之候様ニも可相成哉、扨々危キ事ニ候
○去ル朔日付之宅状至来
十二日晴　朝汁冬瓜飯三　昼八はいとうふ麦飯五　夕玉子とうふあんかけ　つくいも煮付酒一合ヨ　飯三

御城入り、吟味伺書を城代へ進達

一例刻御城入○吟味伺書七冊御城代へ直ニ進達、九時過帰宅○行水を遣御用談所へ出席、品々御用談中宅状認ル、夕七半時過居間へ引取○今日ハ別テ暑気強く暑気払を折々用○御役所向へも出ス、御徒目付も来ル、面談
十三日晴　朝カマス干物　汁つくいも飯三　昼煮豆麦飯五　夕冬瓜千六本之通切　椎茸玉子とぢ酒一合ヨ　酒一合ヨ（ママ）

御用日につき東町奉行所出勤

一御用日ニ付昼ヨリ東御役所へ罷越公事一ツ、御用談相済九半時過帰宅○明十四日六半時供揃ニテ御城代天王寺・専念寺御霊屋へ参詣之旨、同役方へ申来候段通達有之、右ニ付案内として天王寺へ上野方、自分　専念寺へ芝方、同役罷越候筈打合置
十四日晴五半時頃天王寺辺強雨　朝平ゆば飯三　昼冬瓜薄くず麦飯五　昼《夕》

天王寺・専念寺御霊屋へ参拝

一今《暁》朝七時起出支度いたしバセウフ麻上下挑灯引出宅、天王寺へ罷越先番佐藤貢麻上下御香でん金百疋備ル　拝礼相済例席ニ扣居、無程同役も罷越拝礼相済、同役ハ専念寺へ直ニ罷越、暫く扣居候内御定番酒井右京亮・御目付阿部隠岐守・蒔田八郎左衛門等罷越　五時御城代被参候故縁頬（えんがわ）へ出迎、拝礼相済休息所へ被参候節跡ヨリ罷越同間へ入、煙草盆・茶・菓子等出ル、煙草用候様ニト之儀ニ付一二ふく相用、無程供揃宜由ニ付先へ立縁頬へ着座、退散掛挨拶有之此節強雨ニ付門内ニテ、暫く被待合候様子なり　少シ

猶予いたし退散、直ニ専念寺へ罷越、同所へも貢先番ニ罷越御香奠金百疋備ル、拝礼相済いまた御城代休息中ニ付同間へ入及挨拶同役も其以前ヨリ罷在、無程供揃退散、玄関へ自分・同役両人共出ル、御城代退散後少シ猶予いたし退散、帰宅四時前

十五日晴　朝汁とふふ 飯三　昼八盃豆腐 蓮飯三　夕すゝき煮付 酒一合ヨ 飯三　吸物煎豆腐 そうめん一盃

阿部幾之助一件につき伺書を作成

一在宿調物、但阿部幾之助仮口上書下書取調差出候間、左之通自身ニ下書取調候事

水野若狭守組与力
阿部幾之助品々不届之取斗いたし候一件之儀ニ付奉伺候書付

久須美佐渡守
阿部隠岐守

右ハ徳山石見守町人共ヨリ口々金子借受、剰《(あますさへ)》拝《借》借人を拵、御役所付之銀子借入其外不正御後闇《(うしろぐらき)》取斗いたし、殊当組与力博奕之儀をも幾之助申立、右様両組へ引合、当地ハ吟味難仕町奉行へ可引渡哉ト之伺書へ、左之帳面添候積りなり

阿部幾之助一通吟味仕候趣申上候書付　両名

十六日晴　朝カマス干物 飯三　汁冬瓜　昼御城代ニテ切飯 煮〆　夕奴豆腐 うなき

御城入、城代方にて昼食、食後、大御番頭小屋など見分

一今朝五半時前出宅御城入、御用談相済書院ニおゐて御定番両人米倉 酒井自分共両人一席ニテ切飯出ル　切飯ハ十四五菓子盆へのせ、但こまを少シ付候切飯也、煮〆ハ小串蒲ぼこ・椎茸氷とうふ《氷豆腐》・干瓢・茄子とらにを小皿へ付、香物なら漬・沢庵小皿へ付、しら箸を付八寸へのせ四人前出

○酒井隠岐守　酒井忠大。

出宅、東大御番頭小屋にて用談

○備中守　下総佐倉藩主堀田正篤、老中。

シ、代りも其通りニして出ル、自分ハ空腹ニ付一盆半喰ス、御目付両人ハ阿部隠岐守・蒔田八郎右(左)衛門表ニテ切飯出候様子なり○右相済、大御番頭酒井隠岐守*御小屋・両組御番方御小屋御修復出来栄見分として御城代・御定番・自分共・御目付同道ニテ罷越、番頭御小屋門内へ酒井隠岐守・高井但馬守出迎夫々及挨拶、御破損奉行宮寺五平次案内ニテ見分相済座敷ニテ休息、茶・たばこ盆御目付迄出ル、一同多葉粉も用ル夫ヨリ御番方御小屋見分両組与頭小屋ニテ小休と相済、八半時過帰宅○御城代ヨリ兼テ噂有之候酒一陶・在所之麦一籠、納戸役ヨリ納戸迄手紙添差越請取書遣置、明日及答礼候積り、大御番借財済方之儀、高井但馬守伺之趣を以同人へ御差図之次第相心得、町人共へも申諭候様自分・同役両人へ越前守殿ヨリ之御用状御城代より請取、右ニ付明五半時但馬守御小屋へ寄合候積り、御城代へも公用人を以申達被聞置候趣、夕刻同役迄申来候段通達有之

十七日晴　朝 汁豆腐 飯三　昼 平 切身 椎茸 青み 焼玉子 麩 汁 玉子 冬瓜 香物 茄子 当座漬 飯三　夕 むし玉子あんかけ そは切どうふ 酒一合ヨ 飯三

一今朝五半時出宅、高井但馬守御小屋へ罷越御用談相済、八ツ時頃帰宅○御城代へ昨日之為答礼飛州高山ノ産田楽通箱一組納戸役迄直書添遣ス但土産ニ可遣ト心得候処、同役に度々音物有之事うるさき方ニテ、素より音信等ハ成丈不致方可然儀ニ付見合罷在候処、先キ方ヨリ、右様被差越候上ハ何欤不及挨拶候テハ如何ニ付本文之通取斗候事但高井ニテ昼食出ル○去ル十二日付之宅状今夜五時頃至来、病人始一同無異之由、近キ便り承り大慶安堵之至候、献上物無滞相済、備中守*殿・信濃守*殿献上済之御奉書も来ル下総守殿*御病気欤、且去ル四日三

井組へ為替ニ相渡候金三百両之手形も十一日ニ着、請取候趣も申来ル○御沙汰書も至来、佐々木近江守御普請奉行次席二千石高ニ被　仰付候由、右歓状之儀次平へ申付置

十八日晴　朝汁冬瓜 飯三　昼八はいとうふ 麦飯四　夕平鯛切身 椎たけ 冬瓜丸むき 汁豆腐 鯛さしみ わさび 香物ミソ漬 沢あん 飯三 中酒一合ヨ

一朝調物○昨夜之宅状ニ大屋図書へ相譲候善輔事小倉伝内儀、越後出雲崎近辺之由荒磯ト欤云所妻之里ニテ療養中養生不相叶病死之由可憐事ニ候、為心得左伝次其外へも申聞置、図書も無人ニテこまり候事ト被察候○昼食後東御役所へ罷越、最樹院*十三回御忌御法事之御赦ニ　御免之もの自分掛 両人、同役立合夫々申渡、右相済直ニ退散帰宅○八時過ヨリ羽倉外記・同役も入来、堺表并兵庫津之もの共へ御用金之儀外記申渡、同人退座後同役立合自分ヨリ一通り申諭、七半時過ニ相成候故夜食を出ス○夜ニ入竹垣三右衛門入来

十九日晴　朝汁 飯三　昼煮豆■ 麦飯五　夕うなき 〆とうふ 酒一合ヨ 飯三

一内寄合日之処、外御用多ニ付不罷越在宿調物○初入以来収納もの之内扇子箱并扇子片木払代金ハ手長勤候ものへ遣候仕来に付、其通可取斗哉之旨左伝次申聞、調書付一覧之処、右払代金三両三分余九人へ割合文助・貢・十蔵・勇吾・仙之助・、国蔵・熊次郎・鎌吉・謙蔵九人也、壱人分金壱分弐朱・銀弐匁五分余ニ相当ル、然処右之外不用之鰹節熨を始諸家より賦り之品払代金四両壱分弐朱余有之、惣〆八両余有之、中小性彦助・信平・巌・鹿太夫等手長ハ不相

○信濃守　信濃松代藩主真田幸貫、老中。

○下総守　越前鯖江藩主間部詮勝、老中。

午前在宅、午後東町奉行所へ出勤、帰宅後、羽倉同席にて御用金申渡

○最樹院　一橋治済。

初入以来の収納物を分配する

長崎奉行所与力安藤小左衛門と面談、むかし今の物語に及ぶ

勤、彦助ハ書物、信平ハ帳付ニテ用繁、巌・鹿太夫ハ供方ニテいつれも世話敷相勤、殊右四人ハ妻子持ニテ宛行而已ニテハ取続難渋、困窮ヨリ自然心得違も出来候事故、惣払代金之内ヨリ丈助始鹿太夫迄拾三人へ金弐百疋ツヽ、〆六両弐分差遣、残り之分勘定仕上、正一郎へ引渡候様申付ル、但同役家来等へハ前々仕来之趣ニ取斗候姿ニいたし、其段銘々心得違無之様可申含旨申付置○今朝正一郎儀酒井右京亮家来儒者徳増緩次郎方へ学問門入扇子箱持参、跡ヨリ入門済為挨拶金弐百疋奉札ニテ遣ス緩次郎ハ下屋敷住居なり○夕七時過長崎奉行組与力安藤小左衛門罷越、今般御呼下シニ付当所へ着いたし候由、着御届ハ御月番東御役所へ申上候得共、当方之儀ハ旧来蒙懇命候事故罷出候趣申聞候由次平申聞ルニ付、地役ノ間へ通シ他組与力抔来候節ハ弓鉄等差置候弓ノ間ニテ逢候儀定例ニ候得共、小左衛門ハ年来馴染筋之儀ニ付大書院ノ脇地役人へ逢候座敷拾弐畳敷へ通ス及面会候処、小左衛門ハ当卯七拾四歳ニ相成候由、歯ハ壱本も無之殊之外及疲労候様子見違ひ候程ニ及老衰、むかし今之物語ニおよふ、三十七ヶ年以前文化卯年(四)二月、自分義町方調役被　仰付候節ハ三拾七歳之時ニ候得共、余人ヨリ年齢も多く見へ第一無骨不男ニ候処、小左衛門ハ三拾八歳之時ニテ男振もよく、第一金持ゆへ腰物身之廻りも立派、其上利口ものニテ調子を合候ゆへ、さすがの根岸肥州*も一盃喰候テ自分抔よりも取用候故、弥《いよいよ》勢ひを得専ら不正を働如何敷取沙汰及承其頃之同役高木幸次郎ト申合肥州へ諌言いたし候得共不取用故、既奉行を出し抜大番与力へ御抱替被　仰付、其節ニ至り肥州後悔之様子ニテ、自分抔へハ何とも不被申聞候得共、年老之与力共へハ小左衛門義を内々心付呉不申ト之沙汰有之候故、小原惣右衛門ト云与力抔ハ自分共へ其噂いたし舌を出し笑ひ候儀も有之候得共大御番与力へ御抱替ニ相成、其後隠居いたし候処、素々御用立候も

○伊沢作州　長崎奉行伊沢政義。天保十三年三月～弘化二年十二月在任。

自分におゐては古郷へ錦之趣意に逢候

御城入、用談、帰宅後、東町奉行・羽倉外記らと御用金につき協議、申渡す

のゆへ一ツ橋へ御雇ニ出候処、是も不被行浪人ニいたし候を伊沢作州*存付ニテ長崎与力ト相成候得共、差急キ罷下り候様御呼返シ之上ハ今般之儀も吉事ニハ有之間敷ト推察いたし候得共、旧来之馴染筋故及面談候処、むかしニ引替我等ハ奉行職之事故頭支配同様之挨拶、尤自分ハむかしを存候故並ヨリ少シ叮嚀ニ及挨拶候処、御前様ニハ追々結構被為蒙　仰恐悦至極、殊御年齢より御健《すこやか》、猶無程結構御帰府を奉祈願候儀、此上無御見捨御引立之程奉願候抔任利口申述候儀、実ハ歎ヶ敷次第也、旧来之馴染トハ乍言素り難見届人物故面会も好マしき事ニハ無之候得とも、自分ニおゐてハ古郷へ錦之趣意ニ逢候儀之処、恥ヶ敷共不存為体七十四才ニ相成、此上御引立を願ひ候も心おかしく、右様之志ゆへ七十有余ニおよひ長崎之果迄恥をさらしニ行しも同前、歎息之至ニ候同役若州ハ正直ものゆへ、小左衛門届ニ来候得共素り面会ハ不致実ハ首を切度人物之由を申候

廿日晴　朝汁豆腐飯三　昼八盃とうふ麦飯五　夕平玉子やき椎たけ葛煮冬瓜　酒一合ヨ飯三　高井ヨリ至来うなき

一今暁ハ八時過ヨリ内山彦次郎を呼寄御用談、但御用金之儀ニ付羽倉外記我意強情之儀申越候儀《事》ニ付テなり、彦次郎儀払暁之頃羽倉手付支配勘定逸見市太郎方へ罷越内談およひ《と》、漸穏ニ熟談可相成体ニ相聞候得共、委細ハ後刻外記へ直談之積り也彦次郎へ朝飯振廻
○昨夕高井但州ヨリ申来候義ニ付例刻ヨリ御城入、御城代宅ニおゐて同役一同但州へ内談、大御番借財済方之儀ニ付テ也○御城代へ御用談相済九時過帰宅○八時頃ヨリ羽

自分共は当所之奉行にて町人共を差配

○西宮　明和六年の上知により、兵庫・西宮も尼崎藩から幕府領に変った。

倉外記并同役も入来、御用金出金高之儀ニ付外記申聞候通取斗候テハ当表融通へ響キ、其上軽キ両替屋渡世ニ差支騒々敷可相成哉ニ付、差略之取斗いたし候儀を外ヨリ承り委細之訳も不弁、以之外憤り様子ニテ手強キ談ニ付、自分ヨリ委細之訳合申述、いつれニも百拾万両之御用金調達いたし候ハヽ、子細も有之間敷、外記見込之通銘々へ出金高申渡候テハ惣金高三百万両余ニも相当り、自然及惑乱騒々敷も可相成、自分共ハ当所之奉行にテ町人共を差配いたし候儀ニ付、出金高等之儀ハ自分へ被為任候テ可然筋之旨申談候得共、一応ニテハ何分承引不致再応申談、彦次郎も罷出事実之所申述候処漸得心いたし候儀ニテ、右ニ付当所残り町人共七十人并西丸〔宮〕*町人共へ御用金之儀外記申渡、自分共も申諭ス○鴻池屋善右衛門始重立候町人共へ出金高之儀、兼テ調置員数ニテ外記も存寄無之、右ハ明後廿二日申渡候積り及示談○右様熟談およひ候ニ付テハ、外記義最初憤りを発シ手強之事共申述候を後悔慙愧之体ニテ、恐入候趣頻りニ申聞候故、畢竟御用向ニ差はまり宜故之儀納得被致大慶安堵之趣程能及挨拶置○高井但州ヨリ今朝内談之掛合書差越、蒲焼一折差越、返書遣ス○今日ハ無益之論判ニテ手間取、暮合頃外記退散○去ル廿〔十〕一日付之書状今巳ノ刻頃至来、御城出帰宅之上披見、一同無別条安心

廿一日晴　朝 雷ぼし香物 茶漬飯四　昼 煮豆 麦飯五　夕 そば切とうふ 酒一合ヨ 飯三 とう瓜 延玉子 椎たけ

御城入後、破損奉行

一今朝兼約ニテ五時前出宅御城入、御城代ニテ同役ト落合、夫ヨリ御殿へ罷越桜ノ御門

の案内にて御殿内拝見

祐明書状(3)

羽倉外記入来、同席にて鴻池屋善右衛門らに御用金引受高の提出を求む

獄門など御仕置もの実施、羽倉入来、同席にて御用金引受高提出を求む

ヨリ入(此御門ヨリ侍両人・草り取斗り)、御玄関前ニ御破損奉行罷在案内(御殿内も御畳無之ゆへ、上草りを用)、御玄関ヨリ上り殿上ノ間・御鷹ノ間・大広間・御白書院・御黒書院・御寝所之間・御勝手向・御台所迄拝見、大概《と》金張付いにしへ之御普請ゆへ(寛永年中之由)金色等格別ニテ結構なり、毎月九ノ日御掃除之節明候斗りニテ平日ハ〆切ゆへ湿気強くむれ候故、御張付等虫喰多く可惜事也、右相済四時頃帰宅○献上済御奉書之御請呈書差立候ニ付、帰宅後宅状等認ル

廿二日晴(昼後小雨)　朝(汁つくいも 飯三)　昼(冷そうめん三 麦飯二 八はいどうふ)　夕(うなき 煎とうふ 酒一合 飯三)

一在宿調物○八時過ヨリ羽倉外記入来、鴻池屋善右衛門外弐拾人小書院次ノ間へ呼出自分・外記床前へ着座、御用金銘々出金高之儀、来ル廿五日朝迄ニ封書ニいたし差出候様外記申渡、右出金高ハ端紙へ認銘々へ御勘定方両組与力立合相渡

廿三日晴　朝(汁さといも 飯 カマス干物)　昼

一在宿調物○今日御仕置もの口々有之、獄門(盗賊)壱人・死罪(同断)壱人・入墨之上重敲(盗賊)弐人・入墨之上過怠牢(盗)女壱人・入墨入直大坂三郷払(入墨消紛)壱人・中追放(御構場立入)壱人・敲(盗三人かるた七人)・幼年もの非人手下壱人・死罪可申付処取逃金親類償ひ候ニ付主人願之通助命申付大坂三郷払壱人○先役在勤以来追々取締方厳重ニ相成、近来盗賊之類相減候由ニ候得共、一体人気不宜ゆへ欤江戸表ニ見合候テハ盗賊之類多く、別テ女之無宿盗

金銀多き土地にて人気不宜

○人足寄場　寛政二年、幕府が江戸石川島に設けた浮浪人収容所。

鴻池善右衛門は日本之金持

羽倉外記の強要ぶりに歎息

賊・拾五歳以下之盗人等多く扨々歎ヶ敷事共也、金銀多キ土地ニテ人気不宜、其上戸〆等不宜不締故欤日々之様被盗物之訴有之、取逃等も別テ多キ方ニ付、人足寄場*等之仕法相立、無宿もの減候様いたし度事ニ候○今八半時過羽倉外記入来、公事ノ間ニおゐて茨木屋安兵衛外拾五人へ御用金銘々出金高之儀自分立合外記申渡、尤明後廿五日朝迄ニ封書を以否申出候様申渡、銘々出金高ハ端紙ニ認支配向ヨリ相渡○明後朝善右衛門始否申出候筈ニ候処、同人ハ日本之金持ニ付同人《御趣》意之趣を難有屈伏いたし拾万両差出候得ハ外町人共励ニも相成候筋ニ付、いまた否不申出内今夕ニも呼出猶難有御趣意申諭候ハヽ、承伏も可致、且ハ外々出金高等を斟酌不致様ニト之意味も申諭候ハヽ、速ニ御請も可致哉之趣、内山彦次郎心付之趣尤之儀ニ付其段外記へ申談、同人も尤ニ同意いたし候間、同人退散後御勘定福田所左衛門并彦次郎ヨリ善右衛門代之ものへ為申諭候儀之処、所左衛門義御威光を以押テ金子為差出候趣意之利害ニテ、拾万両を聊不足ニテも不相成、若速ニ御請不致ニおゐてハ存寄を以取斗方有之抔申聞候故、彦次郎義外ヨリ申宣候様御仁徳之御趣意等申述候事ニハ候得共、右手代ハ勿論、立合罷在候惣年寄等、御勘定方申分を甚不得其意事ニ心得以之外気請を損さし候様子ニ付、此上如何成行可申哉心配之旨、彦次郎并惣年寄薩摩屋仁兵衛等内々申聞、自分ヨリ外記へ談有之様いたし度趣次平へ昨夜申聞候由、翌朝ニ至り同人ヨリ内々承り、以之外成義却テ妨ケニ相成候筋、素り外記義我意強情もの異見等用候義ハ無之、今般之御用金調達無覚束甚歎息之至也元来金子才覚いたし候ニハ下々ニテも老練功者気請宜ものニ無之候テハ出来兼候処、金子才覚ニハ不相当之人物トハ最初ヨリ見込候事ニ候得共、元来外記存付ニ付余人へ可被　仰付様も無之無是非事共歎息之至なり、此上明日之様子ニ寄内々当時之模様越前守殿へ早便を以入御聴置候様可致事

廿四日晴　朝 汁とうふ 飯三　昼 いも煮付 麦飯五　夕 はんべん めうがノ子 そは切とうふ 酒一合 飯三

一内寄合外御用ニ付延引、在宿調物

廿五日晴　朝 汁冬瓜 飯三　昼 平 はんぺん 椎茸 めうが 麦飯三　夕 〆とうふ うなき 酒一合 飯

御用金につき羽倉入来、同席にて鴻池・加島屋などに申諭す

一御用日ニ候得共御用金之儀ニ付難罷越、出席之姿ニ取斗呉候様同役へ申遣ス○五時頃ヨリ羽倉外記入来、鴻池屋善右衛門外三拾六人封書を以追々申出ル、右之内金高不相当并猶予願之分ハ利害申聞差戻、上納金可致旨申立候四人之願書ハ預り置、追テ可及沙汰旨申渡、鴻池屋善右衛門・加島久右衛門ハ別段談所次へ呼出申諭置

廿六日晴　朝 汁冬瓜 飯三　昼 御城代ニテ 焼玉子 干瓢 すだれぶ 切飯十　夕 そは切どうふ ふかし玉子あんかけ 酒一合竜眼肉酒一ツ 飯三

目付阿部・蒔田入来、のち城入、城代と面談

一今朝六半時御目付阿部隠岐守・蒔田八郎左衛門入来、田中左馬五郎一件口合相済○例刻御城入○左馬五郎一件伺書御目付立合御城代へ直ニ進達、越前守殿御渡候風聞書も返上○盗いたし候惣兵衛御仕置当ニ付御城代書取を以尋有之、猶取調可申上旨答置○東組与《と》同心松浦市蔵不埒之取斗いたし候一件吟味いたし可申上旨同役申立之書面、御城代直ニ御渡、帰宅之上吉田勝《と》覚之丞・山本善之助へ掛り申渡、右一件之内金子反物

○**二階火ノ見**→西町奉行所図参照。

大御番頭暇乞のため入来、その後、東町奉行所へ出勤。帰宅後、羽倉面談

○**かくや**　古漬けの漬け物を刻み、みりんなどを加えて混ぜたもの。

○**ゆもち**　柚餅。

○**所預**　軽犯罪者への処分の一つ、居住地の町役人・村役人などの下に身柄を預け教誡する。

横取いたし候与三兵衛捕方、其外明日呼出之儀両人へ談、与（三脱）兵衛ハ直ニ捕来ニ付仮牢へ入置○御殿向御張付損し出来候一件吟味之儀ニ付、御城代書取を以自分・同役両人へ談有之、明日呼出候筈申上置○今日ハ品々御用有之八半時頃帰宅○帰宅後も品々御用有之、夜ニ入行水いたし、二階火ノ見*修復昨日迄ニ出来ニ付、右火ノ見へ上り酒食を用但二畳敷程ニテ風も相応ニ来ル

廿七日晴　朝汁いも飯三　昼鯰蒲焼東ニテ　汁つミ入飯三　香物かくや*　夕せん玉子　めうが　吸物塩梅　煎豆腐酒一合竜眼肉酒一ツ　飯三

一今朝五時過高井但州為暇乞談所へ通面会、有合之唐蜜柑・ゆもち*等出ス、居間其外奥向迄も一覧いたし度由ニ付為見候事、正一郎も知人ニ為致、今日ハ稽古日故稽古場をも為見、直ニ退散帰宅○四半時頃東御役所へ罷越、御目付蒔田八郎左衛門立合ニ来ル、公事一ツ相済同人ハ退散○御殿向御張付損所出来候一件ニ付大御番与力・同心、番頭家来両人、大御番仮御破損奉行両人之家来等同役立合一通相糺、右相済退散八半時頃○羽倉外記来、御用金之儀ニ付テなり、自分御用多ニ付内山彦次郎へ応対為致候、尤一通りハ及面談○東組同心松浦市蔵不埒之取斗いたし候一件但当卯弐拾三歳ニ相成物書役相勤男振も宜敷候処、昨年中より茶立女ニ相馴染不慎之上、金子ニ差支町人養子不熟および候実父ニ被頼養母等を会所へ呼寄、不筋之利害申聞無体ニ熟縁為致、右実父より金十三両借受候儀風聞ニ相成、同役ヨリ封書を以尋候処右次第申立難捨置、自分へも相談之上吟味之義申立、昨日御城代ヨリ吟味之儀御達有之今夕ヨリ吟味取掛ル、若年もの之儀不便之至歎ヶ敷事ニ候得共不及是非事共ニ候　直糺之上市蔵ハ組預、引合之ものハ所預*・他参留等申付ル、七半時過相済、但横取いたし候趣ニ相

聞候与三兵衛ハ風聞之趣間違ニテ横取いたし候ニハ無之間預申付ル

廿八日晴　朝（カマス干物 汁とうふ 飯三）　昼麦飯　夕

一在宿調物○御腰物方土屋四郎次郎儀、金井伊太夫跡御破損奉行被　仰付候由吹聴申越、馴染筋之儀返書遣候積り、本文為認候様次平へ申付置○八半時過羽倉外記入来、去ル廿五日猶予等聞届遣候鴻池屋善右衛門外弐拾人、茨木屋安右衛門外拾五人、猶又夫々封書を以申出候ニ付、取調之上追テ可及沙汰旨支配向ヨリ談置、且去ル廿五日御用金之儀申渡置候島屋市太郎外九拾七人へ出金高申渡、端紙へ金高認支配向ヨリ渡遣ス○外記へ夜食出ス、有合之蒲焼、竹垣ヨリ至来鯉ノ汁等振廻、夜ニ入帰宅

羽倉外記と御用金につき面談

廿九日（昨夜ヨリ今朝迄雨）　朝（平ゆば 飯三）　昼（八はいとうふ 麦飯五）　夕（鯰蒲焼 〆とうふ煮付 酒一合ヨ 飯三）

一今朝五時前出宅、門前ヨリ乗船いたし内川通見廻り、四時前帰宅○帰宅後品々調物

市中川通見廻り

八月大

朔日晴*　朝（平はんぺん 椎茸 ゆば 飯三 汁冬瓜）　昼（平茄子 いも 焼玉子 小角豆飯三）　夕

一今暁八半時前起出、白帷子麻上下ニ着用（当所ニテ申付候ハセウフ）八時過御用談所へ出席、家老・用人礼を請四人共引、迎与力内山彦次郎礼を請、同人引候テ家老出席、給人共礼を請、右相済用人共出席、納戸役・近習・中小性迄礼を請、小書院へ出席家老出席調役

役宅にて八朔の礼を請け、のち城入り、本丸御殿を回り、帰宅

○朔日　八月一日は幕府にとって重要な式日のひとつとして祝われた。神君家康の江戸入城が八月一日であった由来による。

与力礼を請、夫ヨリ大書院ニおゐて与力共一同之礼を請家老出席、公事ノ間ニおゐて同心共礼を請、右相済大書院ニおゐて惣年寄・三町人を始町人共礼を請ル、但夜明迄ニテ退座夜明後ハ広間ニテ取次役、調、進物請取、右相済朝飯を喰ス、五半時前供揃ニテ御城入、御定番・大御番頭・加番・町奉行・御目付追々罷出大広間ニ扣居ル、大広間席之様子平日トも左之通

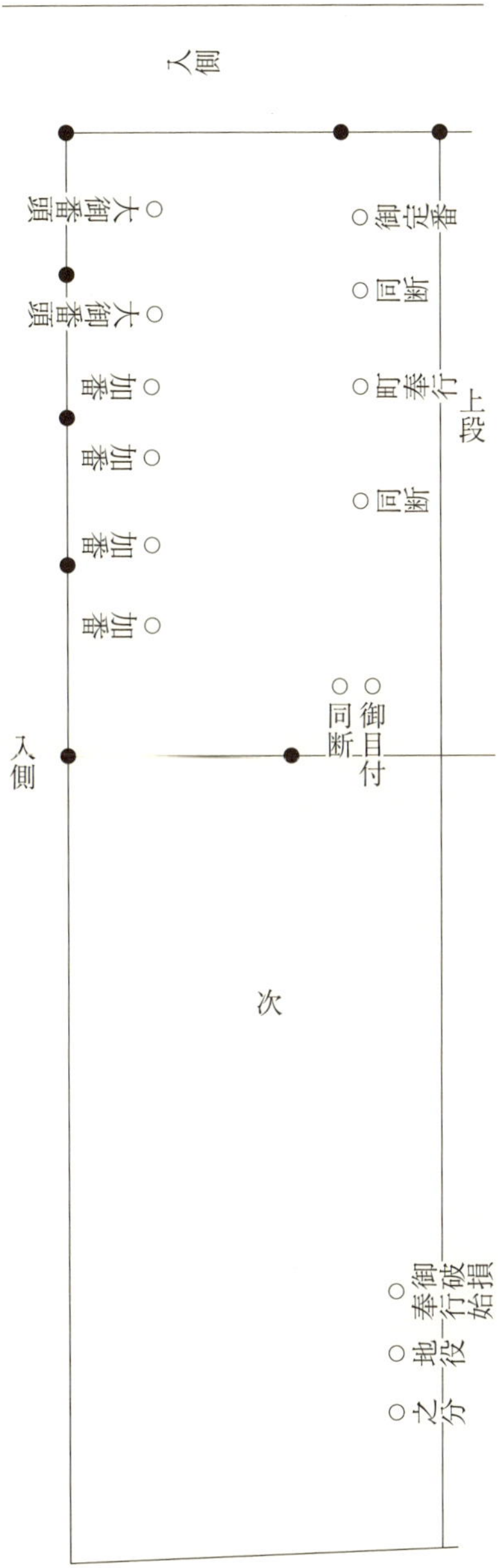

夫ヨリ公用人案内ニて御定番始町奉行・御目付左之通大書院へ出席

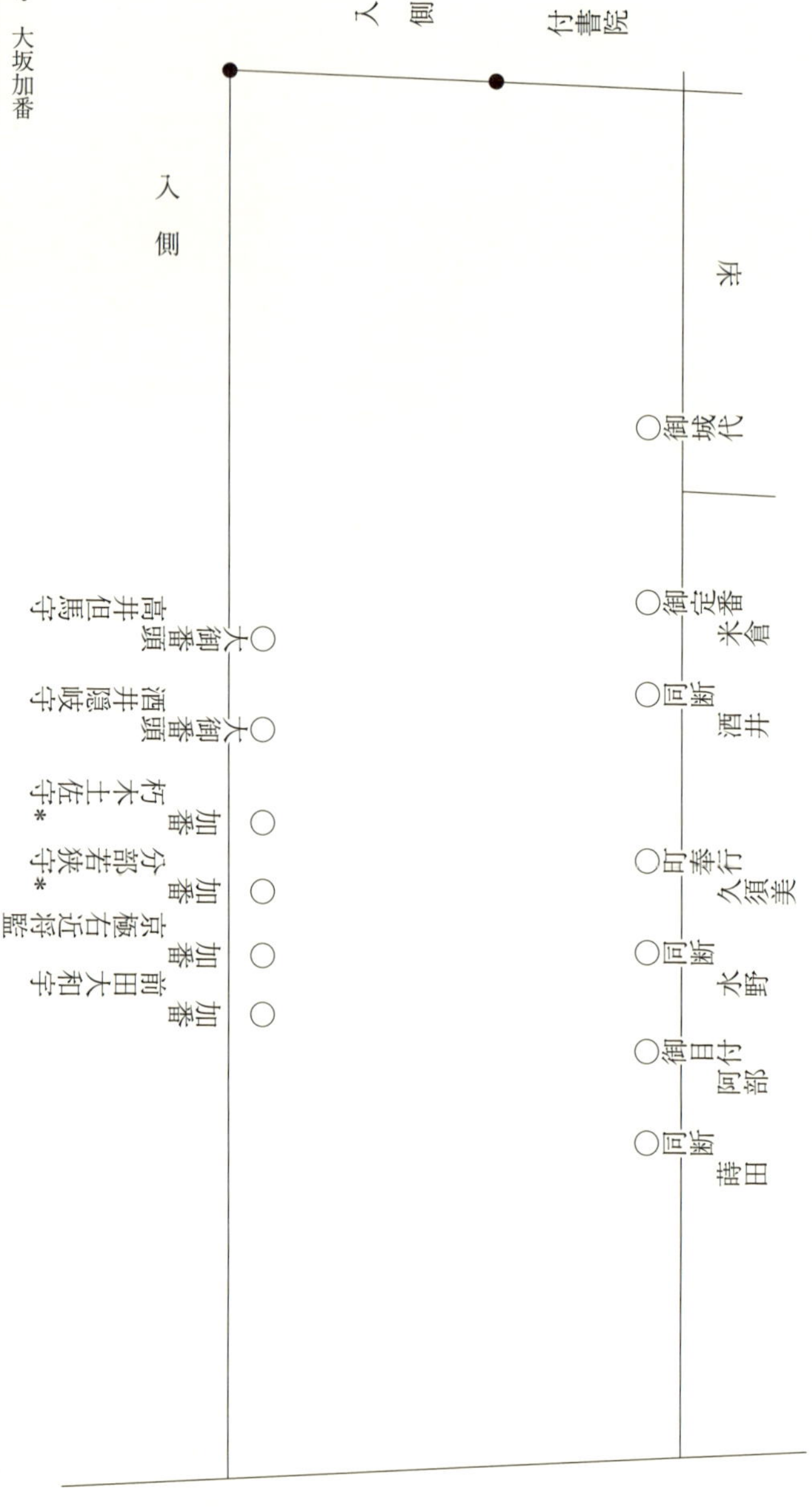

※「○」は朱筆

夫ヨリ大御番頭・加番順々出席、一役限当日之祝儀申述安否承ル、御城代相応ニ挨拶、夫ヨリ御本丸へ可罷出旨御城代被申聞、御役順ニ一同御城代屋敷を罷出、桜ノ御門ヨリ入御台所前御門ヨリ入、御殿ノ廻りを相廻り元之御玄関前へ出、一同桜ノ御門を出退散、四半時頃帰宅、御天守台*ノ下ハ余程空地有之、むかしハ大奥御広敷向ニテ

○**分部若狭守**　大坂加番（中小屋）近江大溝藩主分部光貞。
○**朽木土佐守**　大坂加番（山里）丹波福知山藩主朽木綱張。
○**御天守台**　寛文五年の落雷による火災で焼失。→大坂城図参照。

も建つらね候場所ニも可有之哉ト被察候○今日米倉丹州咄之趣ニテハ、御城代住居向・御定番屋敷京橋口之方表書院向等ハ伏見　御殿御取崩ニ相成候節木品ニテ、既丹州書院之杉戸ハ其侭用ひニ相成候事之由、木品其外別段之由、如何サマ御城代大書院等も古キ御普請ニテ、木品ハ結構ニ相見候事也○御材木運送請負人中村屋七兵衛代源八義、大坂御城御修復御材木御買上御用ニ付出坂いたし候由ニテ、藤之進ヨリ之書状封物持参七月十八日付手製之干瓢并墨一梃差越、不取敢披見、無別条安心之至ニ候○左五郎ハ兼テ知人之由ニテ、同人へ(よりカ)為土産縞縮一反・帯地一筋・飛騨細工根付一ツ呉候由ニテ如何可致哉ト承り候故、受納いたし不苦旨申聞ル○明日加番衆仮御城入に付、五時過御城入之儀御城代ヨリ廻状来ル

二日晴　朝汁めうが 飯三　昼蓮ノ根煮付 麦飯五　夕うなき キセイ豆腐* 酒一合ヨ 飯三

一今朝五時過出宅染帷子麻上下御城入、登り下り加番衆交代*之手続相済、夫々手続も有之候得共無益之儀ニ付略之○去月廿一日付之宅状至来、一同無別条安心之事ニ候

三日晴　朝高井但州にて 平玉子ニずいき 汁こま汁 香物かくや はす 飯三　昼蓮ノ根 麦飯五　夕せん玉子吸物 そば切豆腐 めうがノ子 酒一合 飯三

一今朝払暁ニ出宅御城入、高井但州御小屋へ酒井隠岐守・同役落合朝飯被振廻、但州御預り御櫓へ庭前より罷越二重御櫓上迄上り、所々遠望よき景色ニテ太閤時代之儀を存出候義なり○五時頃同所を一同立出、桜ノ御門ヨリ御玄関御殿向御張付損所且這入御

○**伏見御殿**　元和九年に廃城となった伏見城御殿。

○**キセイ豆腐**　擬製豆腐、崩した豆腐に野菜・玉子・調味料をまぜ、整形して加熱した料理。

○**加番衆交代**　加番の交代は二日の仮御城入後、三日に山里、四日に青屋口、五日に中小屋、六日に雁木坂の順で交代が行われた。

早朝より城入り、本丸御殿内など見物後、帰宅

場所等見およひ、其外入込候場所等足跡等有之候由之所御破損奉行案内にテ見改、且組之ものハ外廻りより為及見候事但組之ものも御殿へ上為見候心得之処、大御番頭之方ニ例無之併非常之義ニ付為見候テ不苦旨御城代より差図有之候ハ、為見可申旨、昨日用人を以御城代へ伺候得共容易ニ差図難相成由、然共自分共へハ組之もの召連見届候筈聞届有之候事故、甚当惑被致候趣尼崎又右衛門を以内談有之候故、外廻りヨリ及見候テも御張付ハ自分共見届候事故差支無之候ニ付御殿向へハ上不申筈番頭へ申談、其趣又右衛門ヨリ申立安心被致候由、人足さへ上り候儀、御用向ニテ与力・同心上ヶ候迚番頭不調法ニも相成間敷、然を御城代容易ニ差図難相成も如何に付、右之通即座ニ申談事済候儀笑ふニ絶たり○右相済、御台所脇番頭泊所*ト申へ罷越一同休息宝暦之頃迄ハ毎夜大御番頭泊り候由、其後泊りハ相止候事之由、右場所ハ奇怪之儀有之由ニテ但馬・隠岐*ヨリ種々咄有之、右ハ畢竟狐抔之仕業ニ可有之取ニたらず○御台所前ニ有之井戸を銀水*ト唱清水之由平日呑水ニ用に付汲立ニして二盃呑候処、冷水ニテよき水也金水ト云ハ寛政年中埋立ニ成候由、可惜事也黄金水ト云ハ御天守台之中腹ニ有之清水之由なれとも平日〆切ニ相成居候由、是ハ定テ天《大》閣時分より之《井》事ト被存候○右見分相済四時前退散、直ニ御城代へ罷越○羽倉外記昨夜ヨリ中暑*ニテ今日押テも難罷出及断候旨、且支配勘定逸見市太郎・吟味方下役榎本定右衛門ハ明日但州へ出立為致候間、右御証文三通御城代へ預ケ候分下ケ呉候様留守宅へ頼来候由ニテ、野々村次平御城代へ罷越申聞候間、公用人河野五郎左衛門へ申談右人馬御証文等三通請取直ニ外記方へ次平方へ為（ママ）持遣ス、御城代逢有之品々御用談、自分ハ残組同心組頭横山弥次右衛門御後闇取斗いたし候一件京地之出生之ものを二男ト偽り、去寅年同組同心林十郎左衛門跡番代ニ差出、其上品々如何之取斗有之、殊右次男之趣ニいたし候林十右衛門も行跡不宜、兄嫁ニ当り候後家ト密通之上町家を借受出産為致、或ハ十右衛門伯父ニ当り候林幸右衛門不届之所業も相聞、旁難捨置次第なり吟味願書面口上添進達、但組之善悪故ニハ候得共、東組ハ与力阿部幾之助・

○**番頭泊所**　かつて大御番頭の宿泊所であったが、化物が出るとして宿泊を中止、のち化物屋敷とも称された。
○**但馬・隠岐**　大御番頭東小屋高井但馬守と西小屋酒井隠岐守。
○**銀水**　本丸の五基の井戸の一つ。金蔵近くの金水井戸に対し、台所前を銀水と言う。→大坂城図参照。
○**中暑**　暑気あたり。

阿部幾之助はじめ東組与力・同心の不正

が続き、西組に対し遺恨を含むか

田中左馬五郎・同心久米甚左衛門・松浦市蔵等追々四口吟味ニ相成候処、当組ニハ壱人も無之儀を東組ニテ殊之外残念ニ存、遺恨を含候之意味も有之哉、聊之儀も彼是風聞いたし却テ治り方不宜ゆへ、今般之一件同役方ニテ吟味ニ相成候方治り方ニも可然哉ニ付、其段も無急度御城代へ申聞候処、至極尤之取斗之由被申聞候、九時前帰宅○堺表ニテ召捕元虚無僧立山事安兵衛外壱人、不届之取斗いたし候一件、組与力岸一九郎*差添罷出候間直糺、一体之取斗振申含遣ス

○岸一九郎　堺奉行所与力。

四日晴　朝 汁とうふ カマス干物 飯三　昼 とう揚立 八盃豆腐 麦飯　夕 うなき 奴豆腐 酒一合 飯三

御用金の進捗につき老中水野忠邦に内密書を送る

一寄合日之処、外御用有之同役不来○御用金之儀、羽倉外記取斗不宜、此上如何可成行哉難斗ニ付、越前守殿へも是迄之様子凡之所申上置候積り下書調置候処、昨日御城代も同意之趣被申聞候故今日宅状へ封込遣ス、左之通

祐明書状（4）

御用金之儀ニ付内々申上置候書付

久須美佐渡守

今般被　仰出候御用金之儀、兼テ被仰含候趣も御座候間、羽倉外記申談同人重立可取斗ハ勿論之儀ニ付、御新政難有御趣意申諭御用金被　仰出候趣ハ私共立合、外記より申渡候トも、町人共ヨリ出金為致候取斗向ハ私共へ相談之上取斗可申儀ト心得罷在、

当地之人気を量り取斗候は、下た方気請も宜穏に整可申哉

御用金を威光をもって出させようとする羽倉に対し、町人の気請を重視する祐明と内山彦次郎の対立

尤私ハ不案内ニ候得共、右掛り申付置候組与力内山彦次郎并惣年寄薩摩屋仁兵衛等ハ当地町人共之儀得ト弁罷在、彦次郎ハ不及申仁兵衛儀も一廉之人物ニテ、対　御為聊麁略之取斗等いたし候ものニハ決テ無之、其段ハ外記も弁罷在候間、右之もの共存意をも取用、当地之人気を量り取斗候ハ、下タ方気請も宜穏ニ整可申哉ニ付、存意之趣申談候得共、取用不申御威光を以押テ可為差出趣之取斗ニテ、既鴻池屋善右衛門始身元宜町人共へ外記見込を以夫々金高を割付、日限を極封書を以可申出、猶予ハ難相成旨趣申渡候故、右様厳重之取斗ニテハ第一御新政之御趣意ニも振、且ハ町人共気請ニ拘《と》、調達無覚束儀ト心配罷在候処、果テ案外少分之儀封書を以申立、或ハ猶予等相願候ものも有之

「(朱筆)一外記手ニ付罷越候支配勘定逸見一太郎儀、可御用立人物ニハ候得共、いまた若年ニテ一体気嵩成生質ニ相見、其上御代官手付相勤候哉、村役人共を取扱候振合を以大坂町人共を申威、出金可為致見込之様被察、我察之利害等申聞、或ハ内探等いたし候儀響候哉、最初御新政難有御趣意申諭、御用金申渡候節ハ一統気請も宜趣ニ相聞候処、追々厳重之取斗ニ恐怖いたし、此節ニ至り候テハ風聞も不宜、右ハ全く一太郎所為より事起り候哉ニ被察候儀ニ御座候」

外記も甚心配当惑之体ニ付、いつれ早急之取斗ニハ行届間敷間、御用金之儀ハ私共へ任置、同人ハ吉野・但馬御用之方へ出立いたし候方可然旨申談候処、外記も一太郎取斗不宜儀ニ心付、後悔慙愧之様子ニテ、御普請役北村亮三郎斗り残置出立可致間、但

羽倉らが生野銀山に行っている間、自分たちに御用金取立を任せてくれれば相当な御用金が整うはず

州之御用相済帰坂迄ニ御用金之儀取斗呉候様、尤当金五拾万両調達いたし候得ハ御差支も有之間敷旨申聞候得共、一旦気先を損さし候事故、当金之所如何可有之哉無覚束候得共、御用金之儀ニ付テハ兼テ被仰含候趣も有之、既私共も立合申渡候儀、更ニ不相整候テハ恐入候儀ニ付彦次郎等へも種々及内談候処、外記并一太郎等不罷在方却テ可然、被　仰出之金高ハ無覚束候得共ヶ成ニハ整可申哉之趣申聞、私共見込も同様ニ付、外記出立後私共取斗候筈同人へ示談仕、其段御城代へも一通り申達候上出立いたし候積り之処、外記中暑ニ付いまた出立不仕候、右ハ取斗方手続迄之儀、外記不取斗之次第等入御聴候も不本意之至恐入候得共、前書之通一旦仕損候上之儀、調達之程如何可有御座哉難斗甚心配仕候間、是迄之手続御含迄ニ内々申上置候、尤模様次第猶申上候様可仕候、以上

卯八月　　久須美佐渡守

右之外着坂後取斗向相改候ヶ条、其外及見聞候次第取締筋等之儀書取共、弐通一封ニいたし裏印を封〆へ押、権兵衛方へ着次第届候様申遣ス、尤他見他言無用之旨も申遣ス○堺表ニテ召捕候盗賊六人口書申付ル

五日晴　朝 平ゆば 茶漬三　昼 小鯛吸物 二種肴 平 鯛切身 長いも 椎たけ 汁つミ入 酢之もの 硯ふた物 合 さより 小くいゑび 香物かくや 飯三　夕 ゆで玉子あんかけ そは切とうふ 酒一合 飯三

大坂町奉行として最初の月番、御用日

一初御用日ニ付今朝六半時同役入来○五半時頃訴訟相済○品々御用談○公事数口一同申

○小笠原豊後守　東大御番頭小笠原信名。大御番頭の交代は東小屋、西小屋の順に行われた。

渡是ハ預銀出入・給銀出入等一同入置申渡○始テニ付態ト吸物・二種肴ニテ酒を出昼食○九時過御城入、大御番頭小笠原豊後守*仮御城入久々ニテ面談、御城代逢有之此席へハ不出○仮御金奉行河村主水・下枝兵三郎・同御蔵奉行杉浦東馬・小野整三郎誓詞此節ハ町奉行も出席、右相済七時過帰宅○高井但馬守明後七日出立ニ付、権兵衛儀をも頼置○帰宅、着替不致直ニ公事糺之分為繰入、揃候上直ニ出席、公事六口直糺、夫ヨリ穢多之公事弐口申渡、退座暮合頃○行水を遣ひ着替いたし、夫ヨリ今日之御用向与力共ヨリ追々承、家老・用人共ヨリも用談相済、夜六半時過二階火ノ見へ上り休息之内、今日之公事一口願相止候趣申立候ニ付、猶又評席へ出席申立之趣聞届ル是ハ播（摂）州吹田村七兵衛相手同村茂吉立替銀并預銀之出入ニテ、今夕相糺候処茂吉返答之趣ニテハ、七兵衛ハ茂吉姉聟ニテ当卯四歳之女子も有之、尤不熟ニテ姉ハ茂吉方へ逗留之趣ニハ候得共、近キ縁者之所纔之銀子奉行所へ申立候ハ、不人情不実之仕方歎ヶ敷次第ニ付利害申聞候処、屈伏いたし候哉願下ケ候事　右聞届候上猶及教諭候事、○夫ヨリ食事酒も用、五時過床へ入

六日朝曇　朝汁めうか飯三　昼八盃とうふ麦飯五　夕うなぎ〆豆腐煮付酒一合 飯三

在宿調物、夕刻、火の見で食事

一在宿調物○阿部幾之助一件一通吟味之儀申上書面案再調○今日も直糺もの申渡等有之、昼後公事場へ三度出席○暮合頃御用談相済、如例火ノ見ニテ食事○八朔収納もの今日調候趣、左伝次申聞ル○夜ニ入長崎ヨリ宿次至来

七日晴　朝汁つくいも飯三　昼平むし玉子めうが麦飯三 汁しゞみ　夕そは切豆腐うなき酒一合 飯三

御用日につき公事場へ出席

一御用日ニ付五時公事場へ出席訴訟百二十内六口未決候分直糺寺社作事願四口○宿次定日例刻ヨリ御城入○

今朝訴訟之内津島屋勇次郎ト云もの廻船造立之儀并銀札之儀ニ付願書差出候処、勝手侭之申立而已ならす聊奉行所之所置ニ拘候筋ニテ、町人共身分ニ不預事共ニ付厳敷利害申聞候処、赤面いたし恐入候趣申立ニ付、猶掛りヨリ利害申諭候様役所へ下遣ス、初テ月番之節ハ奉行を様しニ種々之儀申出候趣之申伝有之、尤当時ハ右様之事も無之由ニ候得共、勇次郎ハ右類之ものニも可有之哉○御城代御用談済、如例宿次呈書書判いたし九時前帰宅○公事聞*ニ付同役も同道入来、昼食出ス○昼食後同役一同出席公事数五十内七口之分ハ直糺もの、其外ハ夫々済方申渡、右相済同役退散○泉州八（鉢）ケ峯山閑谷院地中塔之坊住持女犯一件落着申渡是ハ堺奉行在府中ニ付右組与力囚人其外引合之もの共召連罷越、自分月番之廉ニテ申渡○羽倉外記中暑快方ニ付、来ル十二日但州生野銀山*へ出立ニ付、十日ニ御城代へ同道之儀、且明日差向御用無之御城入以使者野々村次平御城代へ間合候処、十日差支無之、明日不及御城入旨ニ付、其段同役并外記へ申遣ス

八日晴　朝汁めうが　かくや飯三　昼干切麦冷麦之仕立三飯二　夕ハモ焼立　きせい豆腐酒一合ヨ　飯三

一在宿調物○昨日阿州*之家老賀島出雲ヨリ至来之干切麦ハ大麦之由ニ付、今昼冷麦同様ニ為仕立試候処、冷麦ヨリも軽く病人抔用候テ宜敷哉ニ付、此程松平大膳大夫*ヨリ至来之広紙新折紙多分之義ニテ、此方ニテハ強《しい》テ遣ひ方も無之、江戸留守宅にテハ油障子其外障子紙ニハ可然品ニ付、来月ニも相成候ハ、船相廻シにテ両様共江戸へ遣候様左伝次・左五郎へ申付置、但右干切麦ハ年々至来いたし候由、当地ニテ召抱候料理方

○**公事聞**　奉行による公事糺を城代らが傍聴すること、公事場隣の次の間か御透見が使われたと思われる。

○**生野銀山**　但馬朝来郡の生野銀山管理のため陣屋がおかれ、代官（奉行）が常駐した。

○**阿州**　阿波徳島藩。

○**松平大膳大夫**　長門萩藩主毛利敬親。

到来物の切麦を昼食に試す

心得居候清（ママ）ハ、右切麦拵方も弁罷在候由、若《もし》江戸表被遣候ハヽ、右切麦ハ大麦ニテ余塩からき品ニ付素麺之取扱ニハ難相成、煮立候湯へ入五ツ吹も為吹候を冷水へ漬暫く差置（今朝五半時頃ゆで上水へ漬候を九時前ニ給候間、一時半も水へつけ置候由）不申候テハ不宜由、一ト吹位ニテ引上候テハ切々ニ相成、長キ侭ニハ難成事之由、左すれハ大麦にてねばりなき塩ニテたもち候様製候もの欤、纔ニ三把ゆで候得共大ニふへ候テ、自分・正一郎両人喰残シ近習共給候由（丈助義五把相渡候処夫ハ余慶之由ニテ二把残シ三把ゆで候テ右之通也、足付候折へ入三十把程あり、追テ江戸へ可遣、少シハ残置冬分用候も可然欤ニ候、料理人申聞候趣ニテも大病人給候テも不苦品之由、左もあるべし）○銅座詰支配勘定石川定之丞今朝伏見より着坂之由、五半時頃留守宅ヨリ之届物・封物持参之由、猶又申聞ルニ付地役之間ニおゐて面談、定之丞ハ知人ニも無之候得共、同人ハ元支配勘定格石川勘太夫悴之由、勘太夫ハ旧来馴染筋ニ付其段申聞、懇ニ物語ニおよひ候処、出立前権兵衛へ面談病人之様子等申聞安心、尤封物ハ兼テ申遣置候祐光院様*御画像ニ付、違棚上御先祖御画像ト一所ニ差置、且書状も在中披見、匆論去ル二日至来廿一日付以前之書状也○今日も両度公事場へ出席

江戸留守宅より祐光院様画像届く

○祐光院様→解題参照。

九日晴　朝（汁とうふ　飯三　かくや）　昼（煮豆　かくや　麦飯四）　夕（ふかし玉子　めうが（三郎ヨリ差越）　干瓢　〆豆腐煮付　酒一合　飯三）

一内寄合在宿○昼後より同役入来○御用金之儀、残り町人共へ同役立合自分申渡（平野屋甚右衛門外五拾壱人一席、鉄屋庄左衛門、外五拾八人一席、都（合脱ヵ）百拾壱人なり）、但申渡之趣外記取調候書取之趣意ニ相違いたし候テハ如何ニ付、申渡書ハ外記認候通ニ為認候得共、右申渡書を其侭申渡候テハ解兼可申儀ニ

在宿、町人に対し御用金を申し渡す

テ、是迄右様之申渡ハ不及見聞甚如何ニ付（去々丑年幕政一新 格別御倹素抔之類也）、自分ハ下々ニも解易キ様右申渡書を見なから平常之言葉ニ取直し、去々丑年御政事向*新タニ被為遊御改格別ニ云々之類也、誰ニも分り候様申渡○

見聞甚如何ニ付（去々丑年、幕政一新格別ニ御倹素ニ被遊之類也）、右申渡書を見なから平常之言葉ニ取直し誰ニも分り候様申渡○去月廿八日付之宅状今巳ノ上刻頃至来、不取敢披見、病人も先順快ニテ其余一同無事之由、近キ様子承り安心之至ニ候、三郎手製之干瓢差越、夕刻煮付候テ試候処至極和らかにてよき風味なり

十日晴　朝（汁かんひやう 飯三 かくや 雷ぼし）　昼（至来 ひしき豆 麦飯四）　夕（うなき そは切とうふ しゞみ汁 酒一合 飯三）

一例刻御城入、同役并羽倉外記も御城代へ罷越、自分共如例御逢御用談相済外記へ　御朱印御渡（是ハ着坂之節逗留中御城代へ預置候処、明後十二日但州へ出立ニ付テなり）○右相済自分共も罷出、御用金之儀当金五十万両を目当ニいたし、外記出立後自分共引請取斗候筈、外記へ示談いたし候趣同人倶々御城代へ委細申述置○石川定之丞持参之御証文（長持壱通 人馬同断）都合弐通昨日請取候間、今日持出、公用人山室弥兵衛を以御城代へ預置○白石吉郎来ル十四日出立に付、同人御証文弐通弥兵衛ヨリ請取持帰ル○白石吉郎へ届物三包頼遣候ニ付、為餞別有合袴地一反遣ス、且御証文可相渡候間入来候様ニト申遣ス、使者（杉山与市右衛門）相勤ル○先役阿部遠州勤役中、裏門通り東長屋ト庭前練塀ト之往来塀之方へ寄用心水ニ掘抜之

○丑年御政事向　天保十二年五月に幕政改革が始った。

御城入後帰宅、庭内泉水堀抜き工事を指示する

井戸*御役所御入用を以新規出来候処、清水ニテ井戸ヶ輪（側）ヨリ吹流候程ニ涌出候得共、惜しひ哉鉄気《（かなけ）》有之何分呑水ニ相成兼候故、空敷溝掘へ流れ捨ニいたし有之無益之儀ニ付、庭前之泉水へたゝき土の泉水ニテ雨無之節ハくされ水也箱桶（樋カ）ニテ取候得ハ岩組之間ヨリ流込候様ニ相成、夫ヨリ書院之泉水へ流し候得ハ年中清水潤沢ニテ、第一非常之用心水ニも相成候儀ニ有之、殊書院之泉水ハ溜り水故、此節ハ水一滴も無之かうほね*等もかれいたみ、広き庭灰ノ如くかわき候得共、井戸ハ手遠故打水も成兼、炎暑之時節泉水ニ清水一盃ニ有之候得ハ、暑サ凌キ之一端ニも可相成ハ保養ニも可相成哉ニ付、右之趣ニいたし度勘弁いたし候処、元来右掘抜呑水ニも相成候得共、右注文ニいたし書院泉水*ヨリ表御用書物蔵等之脇へ水溜りを補理、夫ヨリ呼井戸をも拵、流末ハ表長屋どぶへ流れ候様仕候様積りも出来居候処、凡金四拾両余も掛り候趣（候由）、用心水迄ニ右様入用掛ケ候も如何但御役所宅向ハ都テ三郷入用ニ相成候事之由、全く御入用ニハ無之候トも無益ニ多分之入用掛ケ候儀如何ニ付見合候事に付見合罷在候得共、書院庭前之山稲荷并裏門内稲荷*是ハ市中之もの初午之節参詣為致、馬場之辺迄も入込候事之由、来初午ハ稲荷社参詣限ニテ直ニ帰り候様〆切ニいたし候積り也右両社へ石燈籠一対ツ、代々之奉行寄付有之候趣ニ付、石屋へ為積候処、一対金五両位ニテ出来候由、左候得ハ両社へ寄付之分金拾両も掛り候事故、自分ハ神仏へへつらい候儀ハ嫌ひニテ素り名聞ハ不好事故、右石燈籠寄進ハ相止、右入用を以ヶ成ニ書院泉水迄前書之注文ニテ水引入候積り、松下古助へ申含入用為積候処、拾弐両余掛り候を古助吟味之上拾両弐分ニテ出来之積り、但右掘抜之井戸ニテ家中之もの共洗濯もの等いたし候得共、

○**掘抜之井戸**→西町奉行所図参照。

○**かうほね**　河骨、スイレン科の多年生水草。

○**書院泉水**→西町奉行所図参照。

○**稲荷**→西町奉行所図参照。

自分は神仏へへつらい候儀は嫌ひ

○いくじもなく　だらしがない。

○御役所付土蔵→西町奉行所図参照。

亀ノ子も無之とふ之端ゆへ往来へ水流れ、甚いくじもなき*為体、右往来ハ屋敷内ニ候得共、御城代公事聞ニ被参候節通行も被致候場所ニ付、井戸南之方へ壱尺《間》ニ五尺程切石ニテへりを取、内をたゝき石いたし、弐尺七八寸四方底無之箱ノ古石を居（据）へ、底ハたゝきニテ水もれ不申様ニいたし、井戸ヨリ一旦右石中へ水を溜此水を洗（濯）家中ニテ遣ひ候積り其外之雑水ニ、右溜ノ石へ穴を明、夫ヨリ箱樋ニテ練塀を通築山之中段へ通シ、夫ヨリ庭前之泉水へ流れ込候様いたし、右泉水之水飛石石組之間を流れ、雪隠之脇ヨリ埋桶樋ニテ書院庭へ取、夫ヨリ屈曲之石組溝を付、右溝より大泉水へ流れ込候迄ハ自分入用を以仕立候筈、組与力内山彦次郎へ申談候処至極尤之由ニテ、右大泉水ヨリ御役所付土蔵*火ノ用心溜池之儀ハ御役所入用を以仕立候得ハ、往々非常之ため可然旨申聞ルニ付、其通取極昨九日ヨリ取掛り、書院庭之方并庭前ヨリ石組飛石之水流れ下タたゝき土ハ今日迄ニ出来たゝき土之上へ、砂利を敷候積り水十分ニ入候得ハ鯉ヒゴイ之類を入候積り、三郎太郎ニ為見申度模様也但両所之泉水も火ノ用心ニも相成候事故、右を名として御役所入用ニテ仕立候テも兎口を申ものも有之間敷候得共、用水之意味も有之候得共自分心底ニハ保養第一之事故、夫を御役所入用ニいたし市中割入へ加へ候儀ハ甚不本意、恥ル所ニして快からす、依之本文之通取極候処、与力御普請掛り之もの共申聞候趣ニテハ、先ン役迄ハ聊之事ニテも御勝手入用ニ相成候義ハ無之候処、今般之儀ハ案外格別成事之由、古助へ噂サいたし候趣同人申聞ル

十一日晴　朝汁つくいも飯三　昼

一在宿調物○今朝飯前ニ築山茂左衛門入来、差掛り面談いたし度由ニ付居間へ通喰事い

在宿、大坂代官築山茂左衛門と面談

○**大炊頭** 老中下総古河藩主土井利位。

○**支配国** 摂津・河内・和泉・播磨を大坂町奉行の支配国とよんだ。

祐明書状(5)

御城入後、大坂目付阿部隠岐守と面談

たしなから面談、御貸付取斗向之儀ハ差向候儀ニハ無之以書面申聞ルニ付請取置、差向候儀ハ大炊頭*殿領分摂州平野村陣屋有之町場ニテ天王寺村ヨリ一り程も有之、尤今般上知ニ相成ル百姓共、領主用金済方等之儀ニ付同所惣年寄取斗を相疑ひ騒々敷寺院へ寄合、江戸表へ大勢可及出訴抔之風聞有之、外御用序之姿ニテ茂左衛門手代差遣候処、果テ大勢集り騒立一段ニ付、利害申聞候処承伏いたし、追テ郷村引渡相済、御代官へ申立候ハ格別、右願ハ当時相止静ニいたし候筈書付取之帰坂いたし候由、委細申聞ル、右ハ支配国*内之儀ニハ候得共差向候程之儀ニも無之、何事欤ト心得早速面談之処、無益之雑談例之長座、喰事を仕廻入歯之掃除をいたしなから及雑話、五半時過漸退散

○宅状を出ス

十二日晴　朝汁かんひやう 飯三 香物雷ほし　昼八盃とうふ 汁さといも 飯三 香物かくや 雷ほし　夕そは切豆腐 うなき 酒一合ヨ 飯三

一例刻御城入、御用談済ニテ如例宿次呈書書判認、九時頃帰宅○昼後御目付阿部幾之助(隠岐守の誤カ)入来、阿部幾之助仮口上書相済但引合ト申口符合不致廉之内、御影村嘉左衛門悴幸左衛門より相贈候金百両亀屋喜兵衛ト相対ニテ借用之積り相渡候証文ニも天保十二丑年二月ト有之、幸左衛門・喜兵衛も二月之旨申立候を、右ハ書損ニテ同年七月ニ無相違旨幾之助申張罷在候義、余り如何ニ付今日直ニ利害申聞候処、恐入候旨申立二月ニ無相違由ニ付、其通り為認直仮口上書取置○隠岐守へ昼食振廻候積りうなき蒲焼申付置候処、支度いたし候由ニ付、同人被帰候節其侭為持遣ス○幾之助申口ニ寄名前噂サニ出候両組与力五人へ之尋書案、隠岐守へも為見候上、本紙封書ニいたし夫々へ相達ス

御用日につき公事場出席、飛脚にて嫡男権兵衛役替の知らせ届く

十三日晴　朝カマス干物 香物雷ぼし 汁さといも 飯三　昼麦飯四 香物

一御用日ニ付朝五時公事場へ出席、訴訟百四十口内十二口糺もの是ハ訴状を悉く目安方与力読候上承糺候事故、存外手間取候事也五半時頃相済○九時過同役入来、公事四十五口内十二口直糺相済○九半時頃、左之書付只今飛脚屋ヨリ出候由ニテ猶人持参ニ付、披見之処

御役替　大坂町御奉行 久須美佐渡守様御惣領

石川大隅守様御組ヨリ 久須美権兵衛様

御目付

右之通被　仰付候

八月十三日午ノ刻入　津国屋 十右衛門

実以不存寄儀、同役ト御用向対話中、其座へ持参ニ付直ニ同役へも内見為致候処、若州も驚入候程之事ニテ厚く歓被申述候、同役へ及挨拶退座、居間へ罷越正一郎へも申聞、御先祖且祐光院様御画像へ拝いたし、夫ヨリ猶御用談相済同役退散、家来共一同追々内々祝儀申述ル、飛脚屋より申出候義ハ、江戸表飛脚屋ヨリ即日申越候故存之外早く相知れ候儀、殊今日之御役替当所奉行之忰結構被　仰付候ト之儀ニ付、不取敢申出候事之由、右書付ニ日限ハ無之候得共多分八日ニ可有之哉、しかれハ表向宅状ニテ申来候義ハ明後日頃ニも可有之哉トいつれも一日千秋之思ひニテ相待候事也○飛州ヨ

リ罷越候御材木運送請負人中村七兵衛代源八ヨリ飛州へ便り有之由ニ付、藤之進へ之
一封認置候所へ右吉左右申出候故、端書へ委敷認入且干瓢差越候移りなから敬之助へ
大平糖一折遣ス

十四日晴　朝汁冬瓜 飯三 雷ぼし　昼豆腐揚出シ 麦飯四 かくや　夕玉子あんかけ 酒一合 飯三 かくや　そは切豆腐 うなき 杉浦土産

権兵衛役替の朗報のため眠れず、思いつくまま記す

自分は短才文盲にて文もなく武もなく毎度恥入

はからす御新政に付諸向格別之御人撰

一内寄合日ニ候得共外御用有之同役不来、調物○今暁八半時頃与風目覚候より、昨日飛
脚屋申出候権兵衛結構被　仰付候ト之儀ニ付越方行末之事共胸ニうかみ、再度睡り兼
候儀ニテ、毎度日記ニも認置候通、自分ハ短才文盲にテ文もなく武もなく毎度恥入候
事故、忰共ハ何卒何御奉公被　仰付候テも人並ニハ無差支相勤り候様教育いたし候儀、
則御奉公之一端ト心得○権兵衛始○幼年ヨリ及教諭候処、幸ひニいつれも律義堅固ニテ文武共出
精いたし候故、自分家督後忰ハ御勘定方へ被　召出候様いたし度、既筆算吟味ニも差
出候処、調役ニテも御勘定組頭格ニテハ小十人組へ被　召出候筋之由ニテ空敷打過候
内、布衣被　仰付、不存寄両御番へ被　召出候段本望至極ニ候処、自分義数年来之勤
功を以去ル巳年十二月西丸御納戸頭、去ル未年四月御納戸頭被　仰付候得共、格別之
御見出シニも不相成生涯布衣御役ニテ終り候事ト心得罷在、然れとも身分ニ取候テハ
莫太之昇進ニ候処、はからす御新政ニ付諸向格別之御人撰故ニ可有之、去ル子十二月
佐渡奉行被　仰付、纔一在勤ニテ去寅八月小普請奉行、引続諸太夫被　仰付、当三月
猶又当御役被　仰付、剰御加増被下置候段及老年本望至極之処、今般権兵衛結構被

仰付候ト之義ハ出格之御人撰共冥加ニ叶候ト可申欤、筆紙ニも難申述程之儀、近頃進物番ヨリ被　仰付候儀ハ有之候得共、寝番之御番方ヨリ被　仰付候例ハ不覚儀ニテ、七十三歳ニテ《およひ》大坂町奉行被　仰付候ものも元和以来我等斗りニテ珍敷事ニ候処、昨日沙汰之趣ニテハ是又珍敷結構、父子打揃斯迄蒙　御高恩候儀可奉報様も有之間敷哉ト空怖敷覚候程之儀、弥被　仰出之御趣意を守父子共精勤ハ申迄も無之、万端可相慎事ニ候、扨又荊妻義及老年昨年以来長病之処、極暑をも相凌、右様忰結構被　仰付候を及見聞候儀ハ此上もなき大悦ニテ、自然気力も相増候道理、昨日も同役若州も忰之吉左右を承り《被聞》、御病人様へ何寄之御薬、急度御全快可有之ト被申候義ニテ、自分支配勘定見習書物方之節、先ン々曲渕甲斐守*公事方御勘定奉行、子息勝次郎ハ当甲斐守事和泉守養父なり御目付にテ、父子御城内ニテ行逢候を及見候処、父なから甲斐守ハ脇へひらき子息勝次郎ハ真中を罷通互ニ及会釈候儀、親之身分ニテハ嘸本望ニ可有之ト推察いたし候儀ニテ、素り其節ハおよひもなき事ゆへ敢テ浦山敷ハ不存候得共、父子之愛情を察候義余所事ト覚候処、今ハ我身ニ引当り候様相成候段、生れ替り候も同様之事ニテ、彼是考合候得ハ爰ニテこそ感涙を流シ候筈之処、生得気強故欤又ハ薄情故欤、何程難有事共考合候テも、祐光院様以上ニ被為成候節之様（カ）感涙ハ流不申催候迄ニ候得共、畢竟及老年候得ハ心気衰、聊之事ニも涙もろく相成候哉ニ付、自分ハ壮年之もの同様ゆへニさすが感涙を流し候程ニハ不至哉ト却テ頼母敷候儀ニテ、是等之趣ハ無益之事ニ候得共、我等健堅固成義を江戸表へ申遣候意味ニテ、殊表向留守宅ヨリ申越候得ハ品々用

○**先ン々曲渕甲斐守**　曲渕景漸。明和二年十二月～六年八月の間、大坂西町奉行。

畢竟及老年候得は心気衰聊之事にも涙もろく

知己の破損奉行杉浦重郎兵衛の養子の不行跡を歎く

○**瘡毒**　梅毒。

○**遠国**　江戸の近国に対し、京・大坂・長崎などを指し、遠国奉行と一括して言うことがある。

二階火ノ見に上り、月を眺めながら酒食

向も有之、返書ニハ委敷も認取兼候故、今暁睡り兼思ひ続候事共を其侭ニ記置○夕刻杉浦重郎兵衛入来蒲焼持参面会、権兵衛結構被　仰付候ト之儀、地役人衆へも飛脚屋ヨリ申出候由ニテ内々歓被申聞候、且養子身分之儀ニ付内話有之、一通りニ候得ハ勘弁候様ニト可申述筈ニ候得共、兼テ竹垣ヨリ及承候趣も有之、迚も家督ニハ難為致人物ト自分抔ハ見込罷在候故、見切候方ニ可有之ト及挨拶置、築山茂左衛門ハ随分御用立候人物ニテ万事不分りト申ニハ無之処、家事ニおゐてハ案外之不始末、歎ヶ敷事共ニ候子供いつれも行跡不宜、末子抔ハ瘡毒*にテ廃人同様之由、中々稽古所ニハ無之人交りも六ヶ敷由、成人之娘役所小遣部屋抔へ遊ひニ参り候由、男子ハいつれも細帯を〆中間ト一所ニ相成酒抔呑候由、杉浦養子右之内ニテ人柄宜由之処平日袴を不着出歩行候由、家事ニおゐてハ流弊中場末極窮不人柄之御籏本・御家人同様之趣也　右之始末故、江戸勤ニ候ハヽ、家事不取締之廉ニテ勤ニも拘可申哉、遠国*故右様之次第江戸迄ハ不相聞哉ニ候得共、地役人ハ誰不知ものも無之由、此節ハ御徒目付両人・御小人目付四人在坂之儀、甚懸念成事ニ付、余之義ニ候ハヽ、異見もいたし度候得共、右ハ一朝一夕之事ニハ無之従来家事之仕癖不宜ゆへ之儀、瘡毒之骨からみ同様に付療治ニテ可相直道理無之、容易之儀発言いたし、若哉此後御沙汰等有之節ハ却テ疑念いたし恨《うらみ》を請候儀《筋》ニ付、不実之様ニハ候得共更ニしらぬ顔ニいたし密ニ及歎息自分着坂後七十日余ニ成候得共いまた杉浦養子ニ不及面会○今宵も例ノ火ノ見へ上り、月もよく候故涼なから酒食後、正一郎を相手ニ及雑談候節、杉浦養子不宜、甚心配之趣正一郎へも及内話、自分抔ハ子供いつれも宜敷仕合之由噂およひ候由ニテ、正一郎ハいまた若輩、其味ひハ不弁候得共、人之親たるもの子ノあしき程歎ヶ敷

人の親たるもの子のあしき程歎ヶ敷事は有之間違

日記は他見可為致品に無之

江戸より権兵衛役替の書付届く

○駒木根甲斐守　駒木根忠敏。

○石河土佐守　石河政平。

○井戸大内蔵　井戸覚弘。

事ハ有之間敷、杉浦之心中相察、扨々気之毒之由、築山ハ御用立候人物之由ニ候処、竹垣抔ニテ及承候趣ニテハ家事不取締、子供・娘抔之行跡以之外成事之由、何卒無難ニ候得ハ宜との噂正一郎申聞候故、存意之趣品々及教諭候儀ニテ、正一郎が貞実人情を弁候申分、末頼母敷大慶不過之安心之事ニ付、宅状へ可申遣事ニ候得共、日記ハ他見可為致品ニ無之、跡へも残り候ものゆへ記置○井水を泉水へ引取候儀、書院之泉水迄出来、昼夜水音いたしおのつから涼気を催候哉ニテ、夜中抔目覚候節も却テ快キ方ニ覚候

十五日晴　朝汁干瓢　カマス干物　飯三　かくや　昼ひじきあふらけ　麦飯四　夕すまし吸物ひらめ切身　キノメ　硯蓋かまぼこ　あかゞい　長いも　玉子焼　ギセイドウフ　鯛浜焼　鮓　酒二合程　飯三

一在宿調物○如例月次之礼を請ル、但平服○今日も御役替之義外飛脚屋ヨリ書付出ス、左之通

新番頭　駒木根甲斐守様*

御目付　久須美権兵衛様

御作事奉行　石河土佐守様*

御目付　井戸大内蔵様*

右ハ大坂御城御修復御用掛り被　仰付候

右書付之趣ニテハ弥無相違相聞候、宅状ハいまた間合可有之哉、少シも早く来着を相

権兵衛の目付就任にともない本丸・西丸の目付着任者順を記す

待候事ニ候、一昨日之書付ハ、当所之奉行悴之事故権兵衛壱人之儀を早々申越候哉ニテ、右四人同日ト被察候○御徒目付永坂鑑八・御小人目付芦名啓蔵・武井左源太明日京都へ出立之由、暇乞届旁罷越候ニ付、鑑八ハ談所、御小人目付ハ弓ノ間ニおゐて面談、飛脚屋ヨリ内々申出候歟内々申聞ルニ付、相応ニ及挨拶置○以後為心得、左之趣認置

御目付衆名順

天保十一子年七月
同十四卯年七月再勤ヨリ　高七百石　小石川御門外 新番頭席　榊原主斗(計)頭

同十二丑年五月ヨリ　高五百石　赤坂中ノ丁　桜井庄兵衛

同十二丑年七月ヨリ　高千石　するが台　中川勘三郎

同年十一月ヨリ　高二千石　小日向大曲　松平四郎

同十三寅年四月ヨリ　高四百俵　するが台　平賀三四(五)郎

同年十一月ヨリ　高二千五百四十八石　うら六ばん丁　井戸大内蔵

同十四卯年二月ヨリ　高二千五百石　下谷七けん丁　松平式部少輔

同日　高五百石　駒込片町　戸田寛十郎

同十四卯年五月ヨリ　高八百石　浅草堀田ばら　坂井右近
同年八月八日　久須美権兵衛

西丸御目付衆

天保九戌年閏四月ヨリ　高千石　駿河台袋町　永井真之丞
一子
同十二丑年九月ヨリ　高七百五十石　小日向大曲　佐々隼之助
同十二丑年五月ヨリ　高五百石　市ヶ谷たかぜう町　林　内蔵頭
同年五月ヨリ　高二千二百石　するがたい　河野権右衛門
同十三寅年十二月ヨリ　高五百石　小石竹しま町　三宅市右衛門
天保十四卯年二月ヨリ　高八百石　遠山半左衛門

月見につき二階にて家老給人らと祝い、火ノ見にて代官竹垣と面談

○月見ニ付、御城代へ進物等ハ止ニ相成候故、団子等為拵候義も更ニ相止候得共、前々仕来之由ニテ鮮鯛或ハ小鯛之鮓等贈候向も有之、暑気之時節貯置候義も成兼候故、硯蓋・鯛之浜焼・吸物等為拵、二階ニおゐて家老始給人迄八人へ態ト盃遣シ、且多分酒ハ不用ゆへ、有合之そうめんを冷又ハ湯ニして一同へ振廻、自分も冷素麺少シ用○夜ニ入竹垣入来、月清明ニ付例之火ノ見ニテ涼なから面談、飛脚屋申出候歓申述、格別成事之由ニテ竹垣奥方抔ハ涙を催寒く成様覚候ト之儀相咄及一笑、夜五時過迄相咄床へ入○夜四ツ半時頃熟睡之処、左伝次ニ被呼起江戸ヨリ書状至来之由ニ付、

先ツ小用を達、蚊屋之内ニテ披封一覧いたし候処、権兵衛儀去ル八日被為　召登　城いたし候処、御目付遠藤鐘次郎跡被　仰付候旨委細申越、兼テ存設候事ニハ候得共如何可有之哉ト片心ニ掛り居候処、右之通申越冥加至極難有仕合安心之至候、正一郎ハ不及申左伝次始一同大悦ニテ祝儀申聞ルニ付、委細ハ明朝可申談申聞、猶又床へ入暁七時頃迄熟睡

十六日晴　朝汁長いも飯三　かくや　昼ゆば麦飯四　夕

老中はじめ上役への御礼呈書の準備にかかる

一今朝直ニ御城代へも御礼ニ罷出候心得ニテ未明ニ起出、御老中方始御側御用人・若年寄衆・御側衆へ之呈書之儀左伝次へ相尋候処、下書□(ハカ)調有之候得共清書ハ一通も出来無之、其上先例之由御連名宛ニいたし御老中方始夫々一通ツ、之積り下書認有之候得共、右ハ御用向トハ訳違ひ、夫々御宅へ使者を以可差出筋ニ付格(各)通ニ可有之旨申聞候得共、先例之由ニテ留帳をも島田其右衛門持参為見候故、書留之趣ニテハ御連名宛ニ無相違候得共、御用番欤御筆頭誰殿へ以使者差出候ト之儀ハ書留も無之、御連名ニ認有之候段ハ略候テ記置候哉も難斗、いつれニも右之趣ニテハ呈書之儀今明日抔之間ニハ合不申但同役若狭守*文化二丑年十月十三日御小納戸被　仰付候節、父若狭守大坂町奉行勤役中ニテ、同月廿三日宅状至来候得共十四日目ニ至来之積りニいたし、同月廿六日御城代等へ御礼廻勤いたし候趣書留有之候間、今般も八日ヨリ十四日目至来之積りニいたし候得ハ廿一日ニ候得共、同日ハ御用日にテ御用多ニ付品ニ寄廿日至来之積りニ可致哉、いつれニもいまた日合有之儀ニ付、呈書出来之次第ニ寄日限、取極候筈申付置依之御城代始廻勤ハ廿日欤廿一日之積り、夫迄ニ格通ニいたし呈書認

○同役若狭守　東町奉行水野忠一の父忠通は寛政十年〜文化二年の間、東町奉行であった。

候様申付ル、右之通ニ付御城代等へ御礼廻勤等ハ延いたし候得共、同役へハ内々吹聴申遣ス○例刻御城入、御用談済ニテ九時頃帰宅○帰宅、食事後落着申渡死罪両人内壱人女、引廻之上死罪壱人、此分ハ今朝検使遣申渡存命ニ候得ハ獄門壱人、入墨之上重敲壱人、入墨之上敲壱人、重敲壱人、過料拾貫文弐人、同三貫文壱人直糺もの弐口、済口聞聞（衍）弐口○堺奉行掛り盗賊直糺一口、落着もの遠島壱人、入墨之上重敲壱人、重敲壱人、敲三人、非人手下両人、中追放壱人○権兵衛結構被　仰付候御礼之呈書ハ、右之通手間取候儀ニ付、返書余り及延引候テハ留守宅ニテ安心も致間敷哉ニ付、呈書并表向吹聴之書状ハ来ル廿一日差出候積り、右ニ不拘宅へ之返書而已明日差遣候筈、左伝次へ申付ル

留守宅へ返書・日記写など送る

十七日今暁ヨリ雨　朝汁めうが かくや 飯三　昼冬瓜葛煮 麦飯四　夕ふかし玉子 めうが きせい豆腐 酒一合 飯三

一在宿調物○留守宅へ之返書認左伝次へ渡、但権兵衛・順三郎へ之書状、正一郎ヨリ同断、杉浦ヨリ之二封、都合日記写共六封壱綴○今日ハ剣術稽古日ニテ、杉浦養子此節ハ稽古日之度毎出席いたし候由ニ候○今日ハ雨故大ニ凌能、汗ハ出不申候得共ちゝみ帷子一ツニテ聊すゞしき事ハ無之、食事いたし候得ハやはり汗出申候

御用日につき公事場出席後、鴻池ら重立町人に御用金につき申諭す

十八日昨夜ヨリ朝迄雨 五半時ヨリ晴　朝汁いも かくや 飯三　昼平はんぺんあんかけ 汁冬瓜 麦飯四　夕

一今朝五時公事場へ出席、訴訟数百二十六内寺社三口 糺もの十口○御用金之儀、鴻池屋善右衛門外弐拾人へ内談同様申談ニ付、同役四半時頃より入来、小書院次へ呼出同役一同出席、左之趣自分ヨリ申諭

御用金之儀、自分共も立合申渡候儀ニ付、外記申渡之趣不同意ト申筋ニハ無之候得

御用金の主役は羽倉であるが、但馬出張中の間、我ら町奉行が引受け示談したいので出精してほしいと内談

共、元来外記儀蒙　台命候事故同人重立可取斗ハ勿論之儀ニ候得共、出金取斗向ハ当所之進退ニも拘候儀ニ付、自分共存意ニ任セ候テも不苦筋ニ可有之処、内談居り合兼候意味も有之、出金高割合封書を以日限を極申出候様申渡候次第等ニ付テハ、自分共ニおゐて彼是心配いたし候得共、外記主役之儀ニ付、無拠同人取斗ニ任置候儀ニテ、既日限通り整兼候ニ付再応内談之上、御用都合も有之、御用金之儀ハ自分共引請取斗候筈示談いたし、外記ハ但州表へ出立いたし候儀も有之、然処其方共始末々之もの共迄追々封書を以申立候次第、実ニ出精いたし候向も有之哉ニ候得共、中ニハ不相当ニ相聞候分も有之ニ付テハ、猶支配向ヨリ夫々可申諭候得共、外記但州表之御用向も左迄手間取候御用筋ニも無之、来月初旬迄ニハ帰坂可致、同人帰坂迄ニ御用金不相整候テハ第一自分共等閑之取斗ニ相当、外記帰坂之上如何様之取斗可致も難斗、尤外記但州御用中、御用金之儀自分共引請取斗候趣ハ無急度申上置候儀ニ付、外記帰坂迄ニ不整候テハ、同人申立之次第ニ寄如何様之御沙汰可有之哉も難斗、進退止り候儀心痛至極候、依之右之次第打明申聞ル条、其方共ハ重立候もの之儀、右之趣得ト熟慮勘弁之上、末々之もの共迄格別出精いたし、外記帰坂以前ニ相整候様いたし度、今日ハ内談之筋ニ付外記支配向ハ出席不為致、申サハ他人を交ず申聞候間、厚く勘弁工夫有之度、いつれニも整候様出精可取斗候、猶委細之儀ハ支配向掛り之ものより可及内談事

右ハ書取を以申諭候ニハ無之候得共、外記噂を悪様《あしざま》ニ申候様相聞候テも如何、左候迚

嫡男権兵衛、六郎左衛門と改名

同人ト同意ニ無之次第不申諭候テハ気請も不立直道理ニテ、且ハ同役へ申談候ニも書取之方早分りもいたし候事故、今朝書取候テ彦次郎へ内見為致、同人至極可然由ニ付同役へも右を以申談、素り同意ニ付書取ハ不持出、右之趣意を以申諭候事○去ル十二日出之宅状今巳ノ刻頃至来、権兵衛儀伺之通与《六》郎左衛門ト改名いたし候旨申越、尤病人始一同無事、六郎左衛門も精勤之趣安堵大慶之至、改名之儀ハ明後廿日宅状至来之姿ニ御城代等へ御礼済後、翌日ニも猶又申来候積り及吹聴候筈、家老・用人共へも申付置○今日も都合四度公事場へ出席

十九日晴冷風　朝汁干瓢 飯三　昼ひじき 油揚 麦飯四　夕竹垣ヨリ至来 うなぎ 其外玉子とぢ きせいとうふ 酒一合ヨ 飯三

在宅、権兵衛役替吹聴の書状を認める

一内寄合日ニ候得共外御用多ニ付延引○品々調物、吹聴之書状等手廻シニ認ル○今日も公事場へ四度出席

廿日晴冷気　朝汁いも 飯三　昼煮〆たこ 玉子焼 長いも しゐ椎(茸) かんひやう 汁たい めうが 香物かくや 赤飯一 飯二　夕うなき 〆どふふ 酒一合ヨ 飯三

権兵衛役替御礼のため城代はじめ廻勤、その後役宅にて内祝

一今暁至来之積り、尤今般之慶事始テ承り候姿ニいたし、所々へ吹聴奉札出ス○今朝五時出宅染帷子 横麻上下、御定番酒井右京亮・米倉丹後守へ為吹聴罷越用人ニ逢 口上申述ル、夫ヨリ御目付阿部隠岐守方へ罷越御目付ハ申置ニ候得共刻限早過 候故罷通面会いたし吹聴いたす、蒔田八郎右(左)衛門ハ在京ニ付不能罷越、夫ヨリ御城代へ罷越、取次へ名札を以申述、悴権兵衛儀去ル八日御目付 被仰付難有仕合奉存候右御礼久須美佐渡

守、如此名札取次へ渡罷通り、公用人服部源左衛門へ面談御礼申述、御同人《役》へも宜ト相頼○大御番頭小笠原豊後守・酒井隠岐守、加番大久保佐渡守*・土井主膳正*・柳沢伊勢守*も詰合ニ付及吹聴○夫ヨリ平服ニ着替、御用談之節御城代へも御礼申述ル、御用済九時帰宅○今日内祝ニ付赤飯、煮〆たこ焼玉子干瓢 いも椎茸、吸物鯛切身 ミそめうが、一種肴ひらめさしみ きうり かまぼこ いわたけ はんへん玉子やき 右七十人前申付、家老・用人始中小性格迄、其外参り合候もの共へ振廻候事

○大久保佐渡守　下野烏山藩主大久保忠保。○土井主膳正　三河刈谷藩主土井利祐。○柳沢伊勢守　越後黒川藩主柳沢光昭。

御用日、公事糺の後、東町奉行・代官らに料理振舞う

廿一日細雨 冷気　朝汁いも 飯三　昼鱠 坪　香物汁 飯三　引テ焼物　平猪口　夕吸物小鯛 飯三　酒二合　中皿もの昼之通

一御用日ニ付今朝五時前公事場へ出席、訴訟百十口内寺社三口 糺物十四口○行倒死人三日晒相済、主不知ニ付、片付之儀直ニ申渡○不正之唐物売買一件・軽賭之博奕一件落着申渡○公事四十口内六口直糺

○内祝ニ付同役へ料理左之通

吸物笹小物 ゆり　中皿青かまぼこ 車ゑび 巻玉子　香たけ ぎんなん　中皿ひらめ 海そうめん わさび

本膳　鱠あらいすゞき 赤貝 糸木くらけ うどしる　坪松露 薄くず　香物花丸（カ）南瓜 大根　汁ふかしはんべん但ハモへ山のいもを入候ものの由、軽く至極のあんばい也 浅草のり　飯

引テ　御平松笠鯛 青せんまい しゐたけ　焼物中鯛

自分相伴○御徒目付壱人・御小人目付両人・池田庄太夫・竹垣右之分同様振廻○右吸物・二種肴・赤飯・煮〆斗出シ候分五拾人前なり、但同役家来侍以上赤飯・煮〆、中間赤飯斗り○忠義奇特ものへ左之通誉置、鳥目為取遣ス

小倉町
炭屋源兵衛
代判 半兵衛
別家手代
同町 炭《スミ》屋
幸助
同人女房
きく

其方共儀、亡主源兵衛存生中より奉公ニ罷越、主人申付候儀を不相背、幸助儀ハ使者等ニテ貰請候銀銭等猥ニ不遣捨溜置、親元へ相貢、其身ハ麁服を着し、平日主家渡世向ニ心を用ひ、きく諸とも実体ニ相勤、主人源兵衛病死後ハ幼主源兵衛を守立弥出精いたし、家事取締万端為行届候ゆへ、主家身上向追々宜相成儀ハ全く其方共忠勤を竭故之儀ト相聞、奇特ニ付誉置、幸助へハ鳥目拾五貫文、きくへハ同拾貫文取らせ遣ス

忠義奇特者への称誉を公事人の前で行う

右幸助并きく両人共幼年ヨリ奉公いたし、書面之奇特ものニ付、主人後家世話いたし夫婦ニいたし候儀も達テ辞退いたし候を申諭、近来別家為致婚礼いたし夫婦ニ相成候得共、やはり両人共主家へ日々通ひ勤ニいたし、幸助ハ商売向世話いたし、きくハ家

内取賄向深切ニ引請世話いたし候故、身上勝手向追々宜敷相成候由、当地ハ人気不宜取逃等多く、殊傍輩密通等ハ世間一統之様心得候場所柄ニテ、両人共貞実成義実ニ可賞儀ニテ、今日申渡*之節見請候処、両人ハいまた若年ニ候得共人柄能貞実ニ相見、申渡之趣承り両人共感涙を催候様子、今日ハ幸ひ御用日ニテ、公事人*多く列居いたし候前へ右両人を置、同役立合ニテ自分申渡候故、多人数之公事人も一統承り罷在候儀、おのつから勧善之趣意ニ相当り大慶之至ニ候事

廿二日雨　朝汁かんひやう 飯三　昼煮〆巻玉子 かまぼこ 長いも 干瓢 めうが しゐたけ 飯四　夕至来物 ハモ付焼 すましハモト山芋 あわ雪 酒一合 飯三

御用多につき在宿調物

一御用多ニ付御城入不致、在宿調物〇今般之祝儀として、如先格御城代へ鮮鯛一折給人使者を以進上但目ノ下弐尺二ツにテ 代銀五十目江戸ニ見合候テ下直也〇今般之内祝ニ付赤飯、煮〆巻玉子 長いも しゐたけ かまほこ めうが 干瓢、吸物ミそ吸物 鯛 ほうく切身、中皿物ひらめさしみ、木瓜 岩たけ 同大かまほこ イセゑひ 小串 香茸 申付、与力・同心一統へ振廻、但与力ハ溜ノ間ニおゐて振廻、依テ吸物出候所ニテ一寸罷出及挨拶、同心共へハ食籠切溜*等へ入、御役所夫々詰所へ差遣ス、今日赤飯百人前、煮〆其外吸物・二種肴ハ七十人前申付ル、昨日以来都合赤飯弐百弐十人前、煮〆・吸物・二種肴ハ百九十人前なり、毎度日記ニも認置候通、支配勘定見習へ御扶持方拾人扶持ニ被　召出候節ハ、銚子其外不有合山高へ酒器等借受ニ遣候節、叔父君右返書ニ、追々結構ニも可被

○今日申渡　炭屋幸助夫妻への褒美は九月朔日、奉行所より達せられている（「大阪市史」四）。

○公事人　奉行所の扱う民事裁判の原告と被告の総称。

○食籠切溜　食物を入れる漆器と切った野菜調理品などを入れる木箱。

二日にわたる役替内祝につき所感を記す

仰付儀成丈手軽ニいたし候様ニト被仰越候義覚罷在、厚意之段ハ深く忝も心得候得共自分心底ニハ不慮、其訳ハ平日之客来等ハいかニも節倹を守り質素ニ可致事ニ候得共、御奉公ニ被　召出候を始トして結構転役等被　仰付候趣（節）内祝をいたし候儀ハ御高恩之程を難有奉存候を表し候趣意も有之儀ニ付、身分相応にハ祝し可申儀ニテ、夫故自分ニおゐてハ是迄転役等被　仰付候節、格別省略いたし候儀ハ無之、然処追々結構被　仰付、悴御役被　仰付候ニ付テハ留守宅ニおゐても定テ客来等有之、内祝ひ賑々敷可有之、当地ニおゐても是迄ニ無之弐百人余之赤飯等申付候段、此上もなき目出度事ニテ、是も奢侈之筋ニハ無之　御高恩を難有奉存候儀を表し候趣意ニ候事

当地におゐて是迄に無之弐百人余之赤飯等申付

廿三日晴　朝（汁めうが 飯）　昼（御城代ニテ 鱠 坪 香物 汁 飯三 吸物 引テ平・焼物鯛 肴一種）　夕（吸物 肴品々）　帰宅後（あんかけ豆腐 飯三）

与力の役替を命じる

一今朝五時公事場へ出席、かたり事いたし候一件落着（死罪壱人・入墨中追放壱人 其外引合急度叱り）○与力役掛り申渡（二十二人、是ハ吉田勝右衛門病気ニ付 諸掛り差免ニ付追繰上ニテ役替申付ル）○五時過同役入来○小書院ニおゐて内山彦次郎へ諸御用調役本役申付ル、但同役立合申渡、御城代へも公用人迄文通ニテ申遣ス、且先格之通為歓交肴一折（鯛一ツ大ゑひ三ツ ぼら三ツ）家老共ヨリ文通ニテ遣ス○御用金之儀、善右衛門等へ差続候ものへ公事場ニおゐて同役立合自分ヨリ申渡（但今日迄ニ七十五万両余ニ相成、堺・西宮・兵庫を加八十万両余）○四時頃同役同道ニテ御城入（但今日ハ兼テ約束ニテ、御定番一同と相扣候）御定番米倉・酒井ハ先刻入来之由ニテ、公用人案内ニテ表居間へ通料理出ル、右相済御城代一同肩衣を取庭前へ出、御櫓

○**坂本鉉之助**　玉造城方与力。大塩軍鎮圧の功により譜代に取立てられ、大坂鉄砲方に就任、荻野流砲術師範でもあった。

城入り、城代屋敷の鉄砲矢場で砲術一覧

慶事吹聴の書状を認める

祐明書状（6）

御用日、公事紗ののち天王寺屋五兵衛らに御用金説諭

へ上り遠見、夫ヨリ鉄砲矢場へ罷越砲術一覧、坂本弦(鉱)之助*も来ル但三匁五分筒も両人有之候得共其余ハ拾匁筒ニテ、御城代并酒井右京亮も家来一通り相済候上拾匁筒ニテ膝台立共都合八放し、御城代ハ皆中内星六ツ・角二ツ、酒井ハ一ツ外シ星三ツ・角四ツ、其余も中り能し、いつれも上手也、御城代家来之内ニも師南(指)いたし候もの有之、就中中り宜敷皆中不残星、弦之助へも所望いたし二放シ皆中星一ツ角一ツ、七時頃相済、茶室同様之小座敷酒出ル、品々馳走有之、御子息十・御娘子十一之由知人ニ相成、暮前帰宅○帰宅後夜食軽く喰ス、但(酒脱カ)ハ不用○去ル十五日出之宅状昨廿二日夕七時頃至来、病人始一同無異之由、近キ便り承り安心之至大慶ニ候

廿四日雨　朝汁山ノいも 飯三 かくや　昼八ハい豆腐 麦飯四　夕〆豆腐干瓢煮付 酒一合ヨ 飯三 うなぎ あしく

一内寄合日ニ候得共御用多ニ付延引○明日宅状差出候積りニ付、御勘定奉行始山中壱岐守等へ之書状認ル是ハ慶事吹聴之書状、先日ハ先格ニテ連名宛ニテ端書も不書入故別段ニ忰之義頼候趣申遣ス、跡部へハ別ニ用向あり○明日阿部幾之助一件之内博奕を銭勘定ニいたし候ト之廉、手合之町人共呼出候積り、阿部隠岐守へ立合之儀申遣ス、右ハ凡調出来ニ付此ヶ条ニテ皆不残調済ニ相成候故ニ候○博奕其外捕もの直紏

廿五日　朝精進ゆは煮付 茶つけ　昼平煮もの 飯三 汁冬瓜　夕ふかし玉子 酒一合ヨ 飯三 めうが きせい豆腐

一御用日ニ付五時公事場へ出席、訴訟百弐十口内寺社訴訟四口 直紏もの十六口○公事数四十壱口内直紏もの十八口○御用金之儀、出金高割(合)金高之通不残速ニ請いたし候、但二千両ヨリ五千両迄十一人ニテ弐万七千両請ル近江屋熊蔵外拾人

之もの共今日呼出、外励之ため賞誉之趣同役立合自分ヨリ申聞ル○御用金之儀いまた不申渡分、桜井屋八郎兵衛外七拾四人へ是迄之振合ニ申渡○天王寺屋五兵衛外五人、当表草分同様古キ町人共ニテ、前々一廉御用金相勤候家筋ニ候得共、当時身上不手繰之趣ニ付御用金之儀相除置候処、甚以残念ニ存候趣ニ付今日呼出、其方共ハ年古キ町人共ニテ前々一廉御用をも相勤候由ニ付、今般も御用可被　仰付候処、若哉身上立直り方之障りニ相成候テハ　御仁慈之御趣意ニ振候筋ニ付不申付候得共、併　御国恩を相弁前々御用相勤候儀を存、相応之御用相勤度候ハヽ、無遠慮申立候様ニト之趣意を直ニ申諭候処、殊之外難有存候趣ニ相聞候事○阿部幾之助一件之内博奕を銭勘定ニいたし候ト之町人共呼出、阿部隠岐守立合自分直糺利害申聞候処、速ニ博奕いたし候段無相違旨申立ルニ付、所預申付ル○右ニ付、東組与力由井又太郎養父隠居由井喜左衛門、親類預被申付置候様ニト之儀、同役へ表向掛合書遣ス、承知之返書来ル右喜左衛門宅ニテ去々丑九月廿七日町人共集り博奕いたし、喜左衛門も手合ニ加り候趣ニ付、本文之通及掛合○今日御城代ヨリ六郎左衛門御役被　仰付候為歓、交肴一折以使者被相贈鯛一ツ・ほら三ツ・大ゑび三ツ○今日ハ早朝ヨリ夜ニ入候迄公事場へ五度出席、六半時過酒用ひなから与力共ヨリ御用向承ル○酒食後日記等認五時頃床へ入、翌暁迄一睡○御太鼓坊主*ヨリ今般之為祝儀、交肴一折差越八人ニテ、先格ニハ無之候得共、今般之儀ハ格別之恐悦ニ付相贈候ト之儀受納、壱人へ金百疋ツヽ遣ス、扨々高料成魚類ト及一笑但自分存寄ニハ、今般之祝儀ハ格別之事故坊主衆へハ百疋ツヽ遣候テも可然候得共、以後之例ニも相成候事故兼テ立入候坊主三人へ而已遣候処、本文通肴等差越候故先例等ニ

○**御太鼓坊主**　大坂城内で時を告げる役職の坊主衆、天保七年「大坂袖鑑」には久米正斎ほか九名を載せる。

不拘遣候事○御城代ヨリ至来ノ鯛鮮魚ニ付うしほ・さしみ等ニして酒肴ニ用

廿六日 昨夜ヨリ強雨　朝 汁小いも 飯三 風味よし　昼 ひしき 油揚 麦飯四　夕 うなき きせいとうふ 小いも 酒一合ヨ 飯三

一在宿調物○種柿ニテ忍ひ打いたし候一件、（賭事□）箔忍ひ打いたし候一件、右弐口直紀○飛州ヨリ去ル十九日付之書状至来、一同無異安心ニ候、今般之慶事も承知之由ニテ歓申越

廿七日 朝曇 晴　朝 汁めうが 飯三　昼 平 はんぺん ふ 塩わらび 汁 切身 菜 香物かくや 飯三　夕 はんぺん めうが すまし 玉子入煎豆腐 酒一合ヨ 飯三

御用日、公事糺ののち御城入

一御用日ニ付今朝五時前公事場へ出席、訴訟九十六口内十三口直紀もの○右相済例刻御城入、御用談済ニテ如例宿次書判相済、九時頃同役同道ニテ帰宅○今日大久保紀伊守へも面談○月番済に付態ト吸物 すまし こち 、二種肴、中皿 かすてら玉子・ゑび、せうが・さしみみる 、三献跡ニテ昼食、同役家来へも同断○公事数六十八口内十四口直紀もの相済同役ハ退散○直紀もの済口等数口有之、夕刻公事場へ出席○阿部幾之助一件之内大和屋次助、明日今一応吟味之積り、御目付阿部隠岐守へも談置

廿八日 曇　朝 汁長いも 飯三 香物　昼 皿 平 玉子 長いも しゐたけ 煮〆 汁小いも 香物 なら漬 ミそ漬 飯三　夕 あんかけとうふ うなき 酒一合ヨ 飯三

一阿部幾之助一件引合、内淡路町大和屋次助再吟味ニ付、御目付阿部隠岐守五半時入来 御徒目付森澄太郎作・、御小人目付両人も来ル 糺之上入牢申付ル、但仮口書取置○去ル十九日出宅状今巳ノ下刻

御用金総額八十五万両となる

至来、一同無別条安心之至ニ候○今日も公事場へ四度出席○御用金今日迄ニ八拾五万両余ト相成但堺等ハ別段、今日も御用金被　仰付候様いたし度呼出、相待罷在候得共沙汰無之候故、全く小分之儀故ニ可有之候得共、身分相応被　仰付候様いたし度段、惣年寄迄内々申出候もの両三人有之由ニテ、薩摩屋仁兵衛内々彦次郎へ聞合候故、身元糺之上如何之儀も無之候ハヽ、明日表向申立可然旨及挨拶置候由ニテ、此節ハ一統気請宜敷、一ト頃之様子トハ格別之相違、安心難有旨彦次郎申聞候故、畢竟同人指揮宜《行届》と骨折候故之儀ト厚く及賞誉置、彦次郎骨折出精之段不一通義大慶之至ニ候

此節は一統気請宜敷一と頃之様子とは格別之相違

廿九日晴　朝汁めうが 飯三　昼ハモ付焼 汁豆腐 香物ならつけ ミそつけ 飯四　夕

羽倉外記、但馬より帰坂

一内寄合ニ付四時頃より同役入来、定例之御用済候テ昼前退散○大坂御城内外御普請御用大工之儀ニ付、先役伺之趣未御差図不相済候ニ付、荒井甚之丞へ再文通認置○羽倉外記明日帰坂之由惣年寄申出ル、今少シゆる〳〵帰坂候得ハ至極都合宜敷候処、扨々不差略成事ニ候、併御用金も明夕迄ニハ多分極り可申哉ニ候事

晦日晴折々曇　朝汁大根せん 香物ミそつけ 飯三　昼八盃とうふ 麦飯四 かくや　夕ふかし玉子あんかけ 湯とふふ 酒一合ヨ 飯三

外記不在でも御用金徴収は進んでいると自信

一例刻御城入、御用済九時頃帰宅○堺表之御用其外御用多く無寸暇、悉く不能認事○羽倉外記但州ヨリ帰坂、但当表ニ残置候御普請役北村亮三郎義、外記帰坂早過一体之気請ニ拘り可申哉ト相察、同人へ申勧候様子ニテ、外記義但州ヨリ直ニ和州へ可相廻

今更外記加り候様にては下タ方気分も動き不可然哉

○印は美の陰刻丸印

処、少々風邪ニ付先ツ当所へ立戻候得共、快候ハヽ、直ニ和州へ出立之積り之由、右ニテ可然哉之趣外記より及内談候趣亮三郎罷越申聞候故、右之趣ニテ至極可然、尤外記当地ニ不被罷在候テも御用金之儀今少シニテ善悪共相済候義、今更外記加り候様ニテハ下タ方気分も動キ不可然哉ニ付、金高之多少ニ不拘、全備迄ハ自分共引請取斗候心得ニ付、其段御城代へも無急度申述置候儀ニ付、旁外記出立被致可然間、右之趣ニ相心得外記へ程能申談候様委細申含遣ス、㊞＊妻密夫《いたし候》之趣申立願出候もの怪敷相聞候一件、本夫并妻トも召捕夜ニ入差越ニ付、直糺之上夫婦共入牢申付ル

江戸留守宅へ書状出す

○とうふせうろ　松露豆腐、さいの目に切った

九月小

朔日細雨　朝汁冬瓜 香物ならつけ 飯三　昼やきとふふ かくや 飯三　夕うなぎ あんかけ豆腐 酒一合ヨ 飯三

一在宿調物○宅状認今夕差出候様左伝次へ渡○御用金少分ニテも為冥加相勤度旨申立候もの両《三》人、御用金割付金高之通不残可相勤旨申立候もの五人三千両ヨリ五千両迄也、右ハ外々響キニも相成候儀ニ付直ニ申渡誉置、彦次郎申聞候趣ニテハ惣体之気請格別宜敷相成候儀、北村亮三郎ハ町宿ニ罷在、おのつから風聞之趣及承、最初外記取扱候節ト相違いたし候儀を一旦ハ恥入、一旦ハ悦ひ候体真実面部ニ顕れ、此節外記帰坂を心配之様子ニ候得共、最早宜敷趣彦次郎申聞置候由ニテ同人及一笑

二日折々雨　朝汁めうが 香物茄子からし漬 飯三　昼平とうふせうろ＊ 香物なら漬 飯三 汁ゑひ　夕ふか《せん》し玉子 めうが かまぼこ かんひやう 酒一合ヨ 飯三

豆腐をざるに入れて角が丸くなるまでふり、油で揚げた料理。

阿部幾之助一件進達書を城代へ提出

明け方目覚め、かつて御勘定へ同時に取立てられた他家の来し方を記す

一阿部幾之助一件進達書、昨夜五時頃ニ清書并御城代扣出来ニ付、今朝髪月（代脱）中ヨリ読合
取掛ル猶人御城代之分扣ル、其右衛門元帳を扣ル、五時過ニ相済、書損之分為直候様松井与五右衛門へ直談○
右相済朝飯○例刻迄ニ直等出来、夫ヨリ御城入、昨日打合置阿部隠岐守も御城代へ罷
越候間、同人立合御城代へ口上添左之通進達、尤御城代扣之分も進達

水野若狭守組与力
阿部幾之助品々不届之取斗いたし候一件
吟味之儀ニ付奉伺候書付

久須美佐渡守
阿部隠岐守

阿部幾之助一通吟味仕候趣申上候書付

久須美佐渡守
阿部隠岐守

右一袋へ入

水野若狭守組同心
久米甚左衛門吟味之儀ニ付申上候書付

連名

○右相済、九時過東御役所へ罷越食事相済、町役人之内奇特もの褒美申渡、公事六口
相済八時過帰宅○明三日御城代伊丹辺巡見天気合ニ付延引、明後四日之積申来ル○荒
井甚之丞へ御用書物入一封、昨日取落候ニ付今日別段差立ル、柳こりへ入候方取締宜
敷ニ付松平大膳太夫ヨリ至来広紙少シ遣ス○今般悴格別結構被　仰付候ニ付儀今暁与風《ふと》目

覚越方をおもひ続るに、祖父君御同日ニ吟味方改役並へ被　召出候横山七右衛門ハ、子息鍋五郎自分同日ニテ御広敷番之頭迄被　仰付候得共先年病死、其子ハ御勘定出役当時相勤候哉ニテ、谷左中ハ其身番之頭迄御取立ニ相成候得共、其子孫ハ如何相成候哉不相分、篠山十兵衛ハ佐渡奉行迄御取立ニ相成、養子十兵衛も当時小普請奉行相勤子孫繁栄ニ候得共実子相続ニハ無之、尊父御同日石尾喜左衛門ハ素り　御目見以上ニテ、子息も御賄頭迄被　仰付、其子も奥御右筆相勤候処近頃御天守番之頭へ転役、しかれ共是等ハ先ツ結構ト云べき欤、村山栄蔵ハ御普請方下奉行ニテ終り候哉ニテ子孫も如何相成候哉不弁、飯田清馬ハ間もなく小普請ニ入、其子孫ハ与力相勤候哉ニ候、扨又我等同日之御勘定・支配勘定見習之成行左之通

　寛政五丑年九月六日部屋住より御勘定へ被　召出候分

御賄頭ニテ終ル　喜左衛門総領　石尾彦四郎　死　此子　当時御天守番之頭

御勘定ニテ終ル　五郎八養子　椎名助右衛門　死　此子　当時御勘定欤

御勘定ニテ終ル　又三郎総領　服部亀之助　死　此子孫　不知

小普請ニ入　忠右衛門養子　石井忠四郎　死　此子　当時御代官

小十人組頭ニテ終ル　作兵衛惣領　太田重右衛門　死　此子　当時大御番欤

奥御右筆ニテ終ル　貞五郎養子　中山源之助　死　此養子当時　御書物奉行

奥御右筆ニテ終ル　善左衛門養子　長谷部周助　死　此子孫　不知

御勘定ニテ終ル　庄左衛門惣領　市川平八郎　死　右同断

奥御右筆ニテ終ル　惣兵衛養子　加藤久三郎　死　此子　当時奥御右筆

御勘定ニテ終ル　左太夫惣領　太田垣浜之進　死　此子　当時御勘定出役欤

御勘定ニテ終ル 藤兵衛物領 堀田内市太郎 死 此子孫不知
小普請ニ入 八郎左衛門養子 高橋平作 死 此孫当時御徒目付歟
御勘定ニテ終ル 孫太郎物領 間宮彦太郎 死 此子孫不知

〆拾六人不残病死

同日支配勘定見習へ被　召出候分

御広敷番之頭にテ終ル 七右衛門悴鍋五郎事 横山七左衛門 死 此子御勘定出役歟
御勘定ニテ終ル 八郎左衛門養子 池田要人 死 此子孫不知
御勘定吟味役にテ終ル 久蔵悴 柑本音五郎 死 此子当時両御番

漆奉行ニテ終ル 十郎左衛門惣領 河合内蔵助 死 此子御宝蔵番
御代官ニテ終ル 次郎兵衛総領 平岩右膳 死 此子孫不知
御勘定ニテ終ル 市兵衛物領 岡田岩五郎 死 此子孫不知

自分

御勘定吟味役にテ終ル 元三郎悴徳之進事 秋月勇之進 死 此孫当時小普請

右之通御勘定へ被　召出候拾六人之内ニハ布衣被　仰付候もの壱人も無之、当時存命之ものも無之、御加増頂戴いたし候ものも無之、却テ支配勘定見習被　仰付候五人之内ニハ勇之進・音五郎儀布衣被　仰付、御加増も頂戴いたし、七左衛門も布衣ニハ不至候得共御広敷番之頭迄ニハ被　仰付候儀ニテ、要人ハ不幸短命にして御勘定留役被　仰付候迄ニテ三拾歳位ニテ其年ニ病死、夫故子ハ以下(如何)ニ相成其子孫如何成行候哉不弁、右要人ハ就中才子ニテ手跡も山本流之能筆、中々以自分抔之およふ所ニあらす、

中々以自分抔之およふ所にあらす

自分は無芸無能短才にて
唯々御奉公を正路に

其天命は仁徳を積候故之
儀に付偏に御先祖之御余
徳なり

誕生日を迎え、延期
していた初入の祝儀
として酒振舞う

勇之進・音五郎も才機■有之、御勘定方之内ニも長谷部周助抔ハ抜群之人物、彦四郎・右膳抔も才物ニテ、源之助・久三郎もよき人物、いつれも手跡達者差働も有之候ゆへ間もなく追々御右筆或ハ御代官等被　仰付候儀ニテ、右之人々ニ引競候テハ自分ハ無芸無能短才ニテ、唯々御奉公を正路ニ年来無懈怠相勤候迄ニ候処、斯迄結構蒙御取立、剰今般倅義抜群之御役被　仰付候段不思義之至、是併人作ニあらす天ノ命する所にして、其天命ハ仁徳を積候故之儀ニ付偏ニ御先祖之御余徳なり、盛なるものハかならす衰といふハ不遁道理ニテ、当時当家之繁栄盛なるい《りト》ふへし、しかれハ甚おそれ慎むへき儀ニテ朝暮聊も忘るへからす、我力ラニテ斯なりたるとおもふへからず、護（謹カ）慎第一ハいふニおよばす、養生を専らニ心掛、此　御高恩を少シたりとも可奉報、外ハあるまじき事と、寝られぬま丶ニおもひ続候事共記置

三日晴折々曇　朝汁長いも香物かくや　飯三　昼

一在宿調物○今日ハ我等誕生日ニ付、右内祝を兼いまた初入之祝儀組与力・同心へ酒振廻不申候故、昨日俄ニ存付左伝次へ申談、差支も無之由ニ付右料理申付ル○九時頃服紗袷麻上下着用談所へ出席、迎与力内山彦次郎父子へ盃遣ス但内曇り土器三組冷酒なり、取肴巻寿留女結こんふ挟遣ス、右相済小書院ニおゐて調役同断、夫ヨリ大書院ニおゐて与力一統へ同断、右相済公事ノ間ニおゐて同心一同へ初入ニ付態ト一献給り候様申述引、奉書ノ間ニおゐて迎同心へ同断○右相済与力ハ大書院、同心ハ公事ノ間ニおゐてかん（燗）酒を振

○台引　宴会の膳などに敷く紙。

此節天気合不宜、魚類払底

廻、左之通

一　吸物ミそ 鯛ノ切身　引盃　出揃候テ家老・用人挨拶ニ出ル

一　銚子　　一献相済右同断

一　中皿

一　銚子　　二献済テ同断

一　台引*　家老・用人罷出取分引

一　銚子　　三献済自分挨拶出ル

但同心ハ用人取次挨拶、取肴も同断、三献済家老・用人挨拶

○迎与力・同心へハ一汁一菜料理振廻、与力父子ハ家老詰所ニテ家老相伴、同心ハ役所へ遣ス○今日ハ自分誕生日ニ付別段肴ニテも遣、一献過候様ニト可取斗哉トも存候得共、過酒ハ不可然、其上此節天気合不宜故欤魚類払底之様子ニ付、多人数へ鯛之浜焼抔差出候ニハ入用も掛り候儀ニ付、左伝次へ申談、赤飯・煮〆ニいたし候得ハ却テ入用も減、同心共抔弁当替りニも相成候故、赤飯弐百人前申付、煮〆も至テ手軽ニいたし蒲鉾・椎茸・焼豆腐、組与力・同心家来共一統へ振廻、勿論定式ニ誕生日祝ひ候ニハ無之、今日ハ初入之内祝ニ付旁《かたがた》態ト中付候趣、左伝次ヨリ彦次郎へ無急度為及演説候事

○当組之分不残済切東組与力入来、是ハ冷酒盃遣候義ハ無之、東調役ハ小書院、其外ハ一同大書院ニおゐて初入ニ付一献給り候様ニト相拶およひ候迄ニテ、かん酒前書之通出ス○家来共も侍以上へハ吸物・二種肴、徒士以下ハ酒代百五拾銅ツヽ遣ス、右ハ

○酒井左衛門尉　出羽庄内藩酒井忠発。蔵屋敷は上中之島町にあった。

御用金額百万両となる

東町奉行水野より正一郎に招きあり、帰宅後正一郎と対談

近頃改革之振合なり○昨日酒井左衛門尉*ヨリ当所蔵屋敷へ家来罷越候ニ付、差図相頼候趣直宛之封書へ添蠟燭百挺入一箱相贈候ニ付、昨夜灯シ試候処、生蠟ニテ会津ヨリ灯火宜敷至極調(重)宝之品、毎夜酒食之節用ひ候積りなり但弐拾目掛少シ大ふりなり、是も御役柄故之儀、麁末ニハすへからす○御用金今日迄ニ百万両ニ至ル当納増方申談置

四日昨夜嵐雲　朝汁めうが香物かくや飯三　昼八盃豆腐香物ミそつけ麦飯四　夕〆豆腐長いもうなき酒一合ヨ飯三

一例刻御城入可致処内寄合日、尤外御用有之延引之旨昨夕同役ヨリ申越候得共、差向御城代可申上程之儀も無之候故御城入延引、在宿調物○来ル十三日ハ御用も手透ニ付、同役弟大御番組頭之由、名前忘失相招候由、兼テ武術を好候生質ニ付、剣術・砲術・馬術等相催候積りニ付、正一郎儀朝四時頃ヨリ入来候様いたし度趣一昨日談ニ付、帰宅之上正一郎へ申聞置候処剣術・馬術之先生も来候趣、昨夜酒食之節正一郎ト雑談およひ候節同人申聞候ハ、来ル十三日水野へ被招候儀子息達稽古修行之為メト申儀ニ候得ハ快く候得共、舎弟武芸を好候故馳走のため武術者を集、剣術仕合或ハ鉄砲を為打、或ハ乗馬等を被為見候ハ畢竟慰ニ為見候趣意、しかれハ此程高井但州を被招候節、奇童を招キ又ハ老夫指ノ絵も同日之談ニテ、翫ものニ被致候段不快儀、しかれ共兎口を可申筋ニハ無之候間被申聞候通可罷越候得共、一体之趣意如何之旨申聞候故、正一郎が見識至極尤之儀、慰ものニ被致候段不快事ニ候得共、若年之節ハ右様之弁別ハ腹之内ニテ腑分ケいたし置、他人へハ口外不致様心掛可然、夫を見識張猥ニ口外いたし候より高慢もの、或ハ甚敷ニ

○無兎口　とやかくいわずに。

日記写は留守宅之ものへ之文通に付手元之日記よりも委敷書記

朔日より毎朝、同心数人と会う

与力吉田勝右衛門引退につき忰覚之丞に跡番代を申渡す

至り候テハ我意もの抔ト諸人ニ被憎、愛敬薄く相成候間可慎事ニテ、先キ方ニテハ慰ものニいたし候トも、此方ハやはり稽古修行ニ相成候義ニ付、被招候を歓ひ候体ニテ無兎口*参り候テ可然、併右様之儀ニ心付候段ハ至極宜敷一段之儀(之旨)称誉いたし置、日記写ハ留守宅之ものへ文通同様ニ付、手元之日記よりも委敷書記候儀ニテ、此一条も順三郎ハ勿論六郎左衛門始一同安心之ため、無益之事なからおもひ出るまゝ今朝認置○右認中博奕を催候もの四人昨夜召捕候趣次平申聞ルニ付、直ニ為繰入直紮、入牢申付ル○同心共之内町目付捕方等ハ度々御用向ニテ及面談候得共、其余ハ遠々敷面体も不見程候間、此程支配与力へ申談、朝々五六人程ツヽ逢候筈ニいたし、去ル朔日朝ヨリ始ル

○朔日朝組頭森山権一郎筆頭横河米次郎寺社役藤野織衛門同小野八郎番方寺内真十郎同吉井勘輔○三日朝組頭宇野良右衛門川浚役衣笠才右衛門筆頭浦上章次川浚役二俣孫助同松浦豊次郎番頭(筆カ)野口藤太郎○今朝組頭佐川甚五左衛門筆頭香川尉左衛門地方役松浦助左衛門同中村衛門八番方衣笠敬次郎同清水辰三郎○御目付帰府ニ付御老中方へ之御伝言立合ニ付、明日四時過寄合候様御城代ヨリ廻状来ル

五日晴　朝汁大根せん　香物かくや　飯三　昼

一今朝四時御城入○御城入前、小書院ニおゐて与力吉田勝右衛門病気願之通御暇、忰跡番代申渡、左之通

吉田勝右衛門
名代 吉田筧十郎
病気ニ付願之通御暇申付候
九月　吉田覚之丞
父勝右衛門病気ニ付願之通跡番代申付候
九月

御城入、城代に会い、その後東役所出勤の取計いにて帰宅

右之趣、月番方与力へも書取相渡○今朝面談之同心共筆頭役銅座掛青木官兵衛捕方市川茂久右衛門勘定方仮役小野十郎盗賊方佐川豊左衛門番方二俣為次郎・横井磯四郎○御貸付金其外為取調為御用罷越候御勘定方吉川銚七郎、昨日着坂之由為届入来ニ付、地役之間ニおゐて面談、同断御普請役見習西村覚内へハ弓ノ間ニおゐて面談○御城代へ罷出如例御逢有之、御用談済ニテ一旦例席へ引取、夫ヨリ御定番衆書院へ被出　御黒印御下知状等改有之由、右相済公用人案内ニテ自分共罷出、例之通御定番衆次へ着座、御目付衆出席御渡物有之、御老中方へ之御伝言御城代被仰述候節御目付衆へ一同黙礼いたし御目付衆退去、御定番衆ハ被居残候間、自分共ハ例之畳目入口ヨリ三畳目罷出、御用も無御座候ハヽ、退散可仕旨申述、御城代御挨拶有之、御定番衆へも致時宜(辞儀)直ニ退散、但今日ハ御用日ニ付東御役所へ可罷越候処、差向候御用有之候故出席之姿ニ取斗呉候様申談帰宅、九時過○当地御城惣体御殿向御修復ニ付自分共之内壱人見廻り、組之ものハ付

○庭前之柿→西町奉行所図参照。

目付衆交代につき城入

○本多大膳　船奉行本多成孚。

切之積り人数減少いたし可取斗旨御書付を以被仰渡候ニ付、右之趣取調候趣《ここ》申上候書付同役連名ニいたし今日御城代へ進達、但自分ハ筆頭なから新役ニ付、同役見廻り取扱之積りニ可致筈之処、兼テ玉薬御蔵御修復御用同役掛りニ付、此度之儀ハ自分見廻り之積り取調、尤組与力ハ両組ヨリ両人ツヽ、同心ハ三人ツヽ、付切之積り申上ル、右ハ明日之宿次ニテ江戸表へ進達ニ相成候筋ニ付、手廻シいたし為取調今日進達いたし候事○庭前之柿*大樹実も多く付候故、烏集りうるさく候ゆへ丈助へ申付、凡不残為取調候処、小サキ柿ニテ数ハ多く有之、家中之子供へも遣ス、自分も少シ試候処風味不宜

六日雨

朝　同役方ニテ　平　玉子　長いも　椎茸　汁冬瓜　香物なら漬　飯三

昼　御城代ニテ　平　切身　ゑび　ふ　椎たけ　青み　香物同断　飯三

夕　あんかけとふふ　うなき玉子むし　酒一合ヨ　飯

一御目付交代ニ付今朝六半時前ニ東御役所へ罷越、御船手本多大膳*も来ル、御目付本使山岡十兵衛・相士揖斐与右衛門四時頃入来供船後レ候由ニテ例ヨリ遅刻之由面会、右両人御城入後麻上下ニ着替同道ニテ御城入、其以前御定番衆・番頭衆・加番衆ニも被出候故夫々及挨拶○帰府被致候御目付衆出立御届ニ被来面会、次迄送ル○御目付衆両人被見候趣之注進ニテ町奉行ハ玄関式台迄、御城代ハ使者ノ間上迄、御定番衆ハ掛板迄被出迎候番頭衆・加番衆・御船手ハ、溜迄被出迎候御城代御案内ニテ書院へ被通候ト、御定番衆始一ト役ツヽ、罷出　上意有之、御城代へ向御礼を申述ル、御老中方并所司代ヨリ之御伝言も被伝候○

右御目付衆退散之節、最初之通御城代始送り有之、都《すべ》テ　上使之取扱なり○宿次呈書
如例相済○退散之節御城代へ上意之御礼、立帰り御目付衆両人へも罷越、八時過帰宅

七日晴　朝汁かんひやう 香物 飯二　昼煮豆 香物ミそ漬 茶漬飯四　夕

一今朝同心共川浚役島田音右衛門遠国極印役清水亮輔勘定役森秋左衛門物書役井上市次郎番方嘉来《カコ》力之助へ面談○柳生伊勢守山田奉行被　仰付候由、飛脚屋ヨリ申出ル○明八日四時天王寺へ参詣被致候間、例之通心得候様御城代より申来ル

八日晴　朝煮豆 香物斗 茶づけ飯三　昼汁小いも 香物ミそつけ 飯三　夕うなぎ きせいどふふ 酒一合ヨ 飯三

一今朝五時過供揃出宅袷のしめ下単物 横麻上下、天王寺へ罷越浚明院様*御霊前へ拝礼御香でん金百疋、暫く相待罷在、四時過御城代被参、如例拝礼相済休息所ニテ暫く咄 有之菓子等出ル 九時過帰宅今日ハ南風 ニテ袷単物之重ねニテ汗をか きこまり候程なり○御用金人数ニ加へ呉候様惣年寄迄相願、又ハ為冥加金何程銀何程相勤度旨願出候もの、追々四五人或ハ六七人ツヽ、申出候得ハ、金銀之高を極相願候ものハ奇特之趣誉候テ承届、人数ニ加り度趣惣年寄迄内願いたし候ものハ調洩れ之姿ニテ外記へ不申談ニテ、表向此方ヨリ御用金申渡候事ニ候処、昨今両日ニ惣年寄迄御用金之人数ニ加り度趣内願いたし候もの百人余有之由ニテ、名前書を以惣年寄ヨリ彦次郎へ申聞候得共、纔之人数ト違ひ百人余ニテハ調洩れト申筋ニも無之候間、主役たる外記へ無沙汰ニも難取斗候間、右ハやはり　御国恩冥加之程を存、金何程ト欤銀何程ト

四天王寺参詣、浚明院霊前へ拝礼

○浚明院　第十代将軍徳川家治。

御用金に加わりたいと惣年寄に願い出る者一〇〇人を超える

大坂は江戸と違ひ盆暮の二季には無之

欤銘々金銀之高を極相勤度趣、表向為申立候ハヽ、無兎口聞届ニテ可然哉之趣彦次郎申聞、尤ニ付其通取斗候様ニト申付ル、最初御用金高を割付封書を以、早々否申出候様外記申渡候節ハ、重立候町人共も尻込而已いたし、分限不相応之少金を書出案外之事ニ候処、外記出立後、鴻池屋善右衛門始一統へ改テ自分ヨリ利害申渡候後追々気請立直り、此節ハ意味〔気〕張づく相成、御用金不相勤を恥辱ト心得我勝ニ申出、又ハ少シもよき顔よき株ニ相成度より最初之請高ヨリ追々増金等いたし候〔申出候〕ものも有之、右ハ大坂町人共之風〔気〕之由、聊之儀より格別気請を取直候得ハ我劣らしト進候事〔義〕、中々以　御国恩之冥加之ト云場合ニハ無之由を〔名聞ニ拘候事之由申聞も〕申彦次郎及一笑候義ニテ、右百余人之町人共ハ彦次郎抔名前も不覚ものゝ由、然トも願出候程ニ候得ハ壱人三百欤四五百両ハ可差出、左候得ハ四五万両之進ミニ相成候義ニ付、いつれ百万両ヨリ余程相増可申哉ニテ大慶安心之事ニ候、当地町人共富家多く豊饒なる事をおもふへし〇大坂ハ江戸ト違ひ盆暮ノ二季ニハ無之、節句々を節季ト唱、今日ハ節季前ニ付諸払等もいたし候事之由、然ニ今日町人両人甚軽少ニ候得共　御国恩冥加之為メ金百両ツヽ献金いたし度旨願出候ニ付、彦次郎儀明日ハ節句ニ候を今日右様之儀願出候ハ不審之旨申聞候処、されば節句前節季ニ付諸勘定いたし候処、百両献金いたし候テも無差支候故早々除置申出候義ニテ、節句過迄見合候内ニハ、又無拠入用等有之上兼候様可相成哉ニ付、今日不取敢願出候事之由、金高ハ纔ニ候得共志殊勝ニテ、此御用取扱候身分ニテハ心嬉しく存候故入聴候ト之儀、尤之儀ニテ多少ニ拘候儀ニハ無之、神妙奇特之旨誉遣候様ニト申聞

当地町人共之気分は一向宗之俗門徒共本願寺門跡へ寄付金いたし候心持

買取った戸棚から見つかった金子を町人二名に等分に与える

置、右様人気進ミ候儀、扨々難有事ニ付あらましを記置

但御用金掛り与力ハ彦次郎ト成瀬九郎左衛門両人なり、九郎左衛門もよき人物ニテ随分御用立候ものニ有之、此節当地町人共之気分ハ、一向宗之俗門徒共本願寺門跡へ奇《寄》付金いたし候心持ニテ、後世之義ハ兎も角も差当り名聞ニ拘り、我勝ニ勤たがり候哉ニテ、至極宜敷気配ニ相成候趣を申笑ひ候間、夫ハよきたとへ右様相成候も其許方之法談《義之解キ方》宜敷故ト申大笑ひいたし候

○今日帰宅後、左之通申渡

伏見両替町三丁目
大和屋
清助
南農人町三丁目
井筒屋藤七
死跡女房
しか

其方共之内清助儀、しかより買取ル重戸棚内ニ金百九両三分有之、早速訴出ニ付相糺処、右戸棚ハしか夫藤七前々ヨリ年古ク所持いたす品之由ニテ、全く藤七存生中貯置金子ニも可有之哉、外ニ心当之儀も無之由申立、申口之趣紛敷筋も不相聞間、右金子当《等》分ニ分ケ其方共両人へ半分ツヽ取らせ遣ス

右藤七ハ切花商ひいたし、平日質素節倹を用勝手も相応之処、女房しかハ七ヶ年以前嫁参り出生も無之、然処藤七儀近頃急病ニテ相果、家内相改候得共貯金も無之、兼テ

○風聞をも為聞探→補注5参照。

重陽の節句、役宅にて礼を請ける

船奉行屋敷に行き難波丸など見物

○船蔵　安治川と木津川の分流地点に船番所・船奉行所と並んであった。

之様子ト違ひ親類等へ預金も無之候故、身上仕廻候心得ニテ持伝候戸棚其外古道具売払候事之由、清助ハ買取候上掃除可致ト戸棚内を見改候処切込候板有之、夫を明候得ハ隠シ引出同様ニいたし其内ニ財布へ入、通用弐朱金五拾両包弐ツト別ニ紙ニ包九両三分有之候故、不取敢其侭町役人へ申聞訴出候事之由、風聞をも為聞探*候得共怪敷儀も無之候故、糺之上前書之通申渡、是迄右様之義咄ニハ及承候事も有之候得共、眼前手掛候ハ始テ之義珍敷事故日記写へしるし置○今未ノ下刻、所猶人産穢届出ス男子出生之由

九日晴　朝鯛干物　汁長いも　香物ミそつけ　飯三　昼平　香物　汁豆腐　小角豆飯三　夕

一重陽ニ付今朝六半時過御用談所へ出席、家老・用人礼ヲ請、夫ヨリ給人共四人一同礼を請、夫ヨリ家老・用人退散、迎与力内山彦次郎父子礼を請、両人引候後家老・用人出席、納戸始近習・中小性同格迄拾三人一同ニ罷出礼を請ル、夫ヨリ小書院へ出席調役助田坂源左衛門礼を請、相済テ大書院へ出席与力共礼を請、夫ヨリ公事ノ間ニおゐて同心共一同之礼を請、右畢テ一旦引○表揃ひ候上猶又大書院へ出席惣年寄始夫々礼を請、引掛溜ノ間ニおゐて出入町人共礼を請ル但惣年寄迄ハ目出度旨言葉掛ル○五半時過出宅御城入、御城代・御定番・番頭・加番衆・御目付同道ニテ御本丸へ罷出候手続等八朔之通ニ付略之、九時前帰宅○御船手本多大膳、願之上来ル十三日為参府出立之由ニ付、昼後ヨリ為暇乞罷越有合之紗綾一巻・鰹節一箱持参寛々面談吸物・酒・蜆ふた・さしみ・菓子等出ス、兼テ頼置候通御船蔵*へ水主同心案内ニテ罷越御役宅裏口ヨリ入堀を三四十間小船ニテ罷越御船拝見与力案内、難波丸ハ寛永年中出来之由長

拾三間之由、物体真ノ呂色塗ニテ御屋形　御上段を始金之蒔絵ニテ結構ニ候得共、就中紀伊国丸*ハ目を驚かし候儀ニテ、紀伊国丸ハ寛永十一戌年大猷院様*　御上洛之節紀伊殿*ヨリ御献上ニ相成候由長拾四間 横三間之由、物体船底迄真之呂色塗ニテ御屋形向彫物を始実ニ善尽シ美尽したるト云へき欤、御座所向ハ惣体金之梨子地　御紋散シにテ合(格)天井も悉く極さいしき之細画、御床其外御襖ハ惣金張付ニいろ〳〵之絵認有之、寛永之侭御手入も無之由ニ候得共御金物御塗之分聊も御損無之、御畳も御縁ノ錦虫喰候迄ニテ其侭有之、御雪隠迄も御柱其外金梨子地結構成事、中々筆紙ニ難述事なり、朝鮮人江戸迄来候節ハ大坂ヨリ伏見迄御貸船ニ相成候由、日本之美目ト云へき欤、其外関船等不残拝見いたし、猶又御役宅へ立戻、大膳へ厚く挨拶申述、夕七時過帰宅今日ハ秋暑強く単物にて汗はみ候程之事なり

十日晴　朝 至来塩鯛 汁めうが 香物かくや 飯三　昼 八ハいとふふ 香物かくや 麦飯四　夕 〆とふふ いも うなき 酒一合ヨ 香物ミそつけ 飯三

一在宿調物○今朝同心組頭宇野良右衛門御普請役野口鹿三郎同高橋一作御石役清原佐一郎番方松田光之丞・河合菊次郎へ面談○去ル四日付之宅状今巳ノ上刻至来、一同無別条安心ニ候○今日も御用金之儀ニ付度々公事ノ間へ出席申渡○今日ハ別テ秋暑強く単物ニテ凌兼汗出候程也、夕刻行水を遣ふ、右ニ付御役所限薄もの着用不苦旨組之ものへ申付ル、尤先例も有之趣なり

十一日 昨夜ヨリ強雨 今日も雨　朝 汁つくいも 香物ミそつけ 飯三　昼 ゆば 麦飯四　夕 ゆどふふ うなき玉子とぢ 香物かくや 飯三

○**紀伊国丸**　「摂津名所図会」に「例年暑中虫干あり」として難波丸、土佐丸、紀伊国丸、鳳凰丸等を紹介する。

○**大猷院**　第三代将軍徳川家光。

○**紀伊殿**　紀伊和歌山藩主徳川頼宣。

秋暑強く夕刻、行水を遣う

羽倉外記帰府につき与力内山彦次郎と御用金のことで面談

一在宿調物○去月晦日付之宅書状今巳ノ上刻至来、無別条、四日出ト前後ニ相届候○昨日羽倉外記ヨリ今早朝参り呉候様内山彦次郎方へ申越、今朝五時頃外記旅宿へ彦次郎罷出及面会候処、委細顕ニハ不申聞候得共、差急キ帰府いたし候様江戸表ヨリ被仰越候由ニテ、和州表へ相廻り候儀も相企《止》早々帰府いたし候心得之由、右ニ付御用金之儀いまた不残相済候ト申ニハ無之候得共過半相済候事故、下夕方ヨリ献金之儀申立候分ハ勿論之儀、下夕方ニテ銘々御用金可相勤金銀高を取極相勤度旨申立候分ハ、御用金被　仰付候筋ニハ無之候間、右ハ相除キ全く御用金被　仰付候もの共へ斗り請書申付引払候様いたし度、右之通ニテ差支有之間敷哉、いつれ一両日中自分方へ罷越、是迄之挨拶も申述いさゐ直談も可致候得共、彦次郎心得之処承度由之談ニ付、右之趣ニテ差支ハ有之間敷哉ニ候得共、何卒御用金被　仰付候様仕度段惣年寄迄申出候分もいまた追々有之儀ニ付、被　仰付候分不残請書取置候様ニトハ難相成趣答置候由ニテ、右ハ畢竟自分より越前守殿へ内々申上置候趣も有之候故、早々引払候様御沙汰有之候哉ニ被察候趣彦次郎申聞、同人推察之通相違も有之間敷、尤当御城御修復之儀羽倉外記見分いたし候儀表向之御用筋ニテ、殊御勘定組頭ハ掛り有之候得共、御勘定吟味役之儀ハ御沙汰無之候間、右御用筋旁早々帰府之様被仰汰《御沙》有之候哉難斗、右ハ*兎も角も外記身分ニ取候テハ請書申付、引払度ト之儀ハ尤之筋ニ候得共、併御用金被　仰付候様ニト内願いたし候ものいまた不済切、既今日も拾三人程有之儀、しかれハいまた何程残り有之欤難斗、不済切内請書申付候も如何之義、夫ヨリも跡之儀ハ自分共へ任置、

○御用金被仰付　この日御用金や上金を希望する者は十七日まで申出るようにとの通達が出ている（「大阪市史」四）。

羽倉在坂中ニ何程出来候ト之義書付ニいたし、帰府之上申上候ハ、可事済、半分残り候も二三分或ハ一分残り候も皆済ニ無之趣意ハ同様ニ付、其訳面談いたし候ハ、一応可申談候得共、強テ請書持帰り度ト之儀ニ候ハ、其趣ニ取斗候テも格別差支も有之間敷哉之趣、彦次郎へ申談候処、差支ハ無之由、文化之度*肥田豊後守上坂御用金申付候節も半分迄ニ不至、跡ハ当所之奉行へ任セ候テ引払候事之由、肥田侯ハ格別之御人物ニテ、先々迄之儀御見切候テ被引払候趣彦次郎申聞、外記も《ハ》肥田ニ不及《事遠キ》ト申儀《を》ハ兼テ解罷在候儀自分見込ト同様之儀、天晴之人物ニ候

○今朝同心小買物役盗賊掛方河合善八郎御塩噌役盗賊方定詰松浦一太郎欠所掛本間久五郎番方野上丹右衛門同松岡竹之助へ面談

十二日曇　朝汁ゆり塩鯛 香物茄子塩押ミそつけ 飯三　昼焼豆腐煮付 香物かくや 飯四　夕鮎きせいとうふ 酒一合ヨ 飯三 香物ミそつけ

一今朝同心御蔵目付松岡義之助物書役捕方清原滝五郎同同中村仙左衛門物書役市川五郎兵衛同捕方小森邑次郎同同仮役島田栄太郎番方市川滝右衛門へ面談○例刻御城入、御用談済九時過帰宅

○当御城内御殿大広間御床金張付切取候もの之儀、御鉄砲《具足》奉行祖父江孫輔元侍中間之仕業ト相聞候処、暇差遣候由ニテ行衛不相知、風聞之趣ニテハ多分江戸表へ罷越候趣ニ付捕方之儀町奉行へ掛合置候処、三人共召捕糺之上及白状候由ニテ、引合之もの共吟味之儀阿部遠江守より掛合申越候間、取斗方相談之上、今日同役一同罷出御城代へ

○文化之度　文化七年三月東西町奉行立会で鴻池はじめ富商十二軒に御用金が命じられ、十年七月には勘定奉行肥田頼常が上坂、十四軒に御用金が命じられた。

同心と面談後、城入り

正一郎、東町奉行水野宅へ武術見分に行く

○元来若州ハ文事之心掛
→補注11。

御金奉行安食善之丞と初めて面談

も申立、調元之儀ニ付明日ヨリ同役方ニテ取斗候筈相決ス○今日も願之上御用金申付候もの四拾七人有之、如例申渡○谷町うなきやより鮎七ツ至来、当所ニテハ珍敷殊鮮魚ニテ、塩焼又ハ付焼にして酒ノ肴ニ試候処風味よく、別テ塩焼之方風味よし○冷気始テ小袖を着

十三日曇　朝 汁大こんせん 香物ミそつけ 飯三　昼 八盃豆腐 香物かくや 麦飯五　夕 そば切豆腐 うなき 香物かくや 酒一合ヨ 飯三

一今朝同心筆頭役横河米次郎川浚役衣笠才右衛門同島田音右衛門番方市川銀之助同青木房之助へ面談○兼約ニテ正一郎儀四時頃ヨリ同役若州方へ罷越、是ハ小笠原豊後守組与頭飯田大学ハ高九百俵若州弟ニテ在番ニ付相招、武芸を好候故、砲術或ハ剣術・乗馬等為見候ト之事ニ候、右ハ武術之儀ニ付不苦筋ニハ候得共、在番ニ罷越候与頭之儀ニ付番頭へも申立、近親之訳を以面会もいたし候儀ニ可有之哉、然ニ遊興ヶ敷武芸ニ候トも寄合候テ慰ニいたし候儀、自分心底ニハ不応候得共、正一郎ハ修行之一端ニも相成候義、素り厄介人之事故同役招ニ応し差遣候事ニテ、元来若州ハ文事之心掛*も有之、武芸をも相嗜風雅を好歌をもよみ多芸ニ候得共、右故遊ひ好キ成癖有之哉ニ候、奉行職たるものハ可慎事ト存候○御金奉行安食善之丞入来面会、御金蔵役所入用之儀ニ付申立度次第及相談候由申聞、進退書案為見候間、得ト一覧之上可及挨拶旨談置、同人ハ今日始テ得ト及対話存寄申述候次第等承り候処、御用立可申人物ニテ存寄等尤ニ相聞頼母敷事ニ候善之丞養方曽祖父御勘定安食勝之丞ハ元文之頃より五十年余も相勤、元牛込南御徒町西ノ方木戸外ニ住居いたし、自分拾五歳之節南御徒町御徒方佐藤喜三郎地面へ引移候頃も、

右勝之丞日々門前を朝夕往来いたし候を及見罷在、勝之丞悴勝五郎、其子沖之進、其養子今之善之丞なり、天明五六之頃ハ　祐光院様吟味方改役並御勤素白俵ニテ極御困窮之時節、右勝之丞ハ父子勤、素り御目見以上之儀、扱々うら山敷事ニ覚候処、子孫ニ至り善之丞も結構ニハ候得共自分ト同日之論ニハ無之、懐旧候得ハ生れ替り候も同様難有事ニ候、其元を不忘様因ニ記置○御用日ニ付昼後東御役所へ罷越○天満弐丁目年寄樋屋忠兵衛役義出精ニ付褒美銀壱枚之儀、立合申渡○公事七口

十四日晴　朝塩鯛　汁めうが　香物ミそつけ　飯三　昼干瓢　長いも煮付　香物ミそつけ　飯四　夕そは切豆腐　玉子焼　めうが煮付　酒一合ヨ　香物ミそつけ　飯三

一内寄合日ニ候得共御用多ニ付延引、在宿調物○今朝同心共之内寺社役小野八郎番方寺内真十郎同宇野勝之丞同松岡竹之助へ面会○夕刻羽倉外記入来面会、御用金之儀請高極り候分来ル十七日請書取候テ引払度旨申聞、彦次郎へも申談、無差支趣ニ付其通取極ル、右ニ付今日より掛り彦次郎・九郎左衛門・同心両人・町年寄等居残取調候ニ付、夜食・菓子等出候様左伝次・次平へ申付ル、夜四時頃迄取調候由

夕刻羽倉外記入来、面会

十五日晴　朝塩鯛　汁冬瓜　香物ミそつけ　飯三　昼冬瓜くず煮　香物ミそつけ　飯四　夕ハモノ付焼　あんかけ豆腐　酒一合ヨ　香物ミそつけ　飯三

一今日御定番米倉丹州方へ御城代招請ニ付、自分も可罷越処、今暁ヨリ腹痛水瀉ニ付申断、但同役へハ直文通、丹州へハ家来奉札、実ハ遊興ヶ間敷寄合候儀不可然、素り今日ハ馬《乗》術を催候趣ニ付牽引馬ハ貸遣候得共、自分ハ不得手之儀之儀旁申断、在宿調物○御用金掛り之もの今日も居残取調候ニ付夜食振廻、うなき蒲焼金弐分弐朱分、但壱人分、壱朱之積り十人分、平へハ煮物玉子やき　椎たけ、干瓢　長いも、惣年寄薩摩屋仁兵衛ハ酒好之由ニ付中酒差遣候様申付ル、

腹痛水瀉のため定番米倉の招きを断る

御用金掛りの者居残り取調べ、夜食を振舞う

今晩も四時頃迄居残り候由

十六日晴　朝汁かんぴやう 香物ミそつけ 飯三　昼ゆばすまし 香物ミそ漬 大根 冬瓜 麦飯四　夕そば切豆腐 至来 鯛煮付 酒一合ヨ香物ミそ漬 冬瓜大根 飯三

腹痛水瀉のため御城入せず

一宿次差立ニ付御城入可致処、腹痛水瀉ニ付難罷出段以使者所猶人書付御城代へ出ス、但実ハ昨日申断候儀、其上差向候御用品々有之候故申断○去ル四日御徒目付・御小人目付牢内見廻り之節、在牢囚人立慶町河内屋甚七ト申もの密訴いたし候申立之内不容易義も有之、組与力為立合一通り承度段永坂鑑八申聞、組与力勝部与一郎為立合密ニ承候趣、右両人ヨリ銘々書取ニいたし自分為心得差出一覧いたし候処、当四月廿八日本牢ニ罷在候囚人之内無宿新蔵外九人申合、夜分入牢もの有之戸前明候節駈出、同心共帯剣を奪取切散し可逃去ト相企候を、相牢囚人無宿金兵衛儀、翌廿九日朝出牢之もの有之紛飛出密訴いたし及露顕、牢番人共右拾人を後ロ縄手鎖ニいたし置、同五月二日掛り与力出役之上牢問いたし銘々及白状帰牢之節、番人共牢鞘へ括上荷棒を以及打擲、間もなく相果候ものも有之、或ハ夜ニ入相果候ものも有之、全く番人共非道ニ打殺候趣ニ候得共、右甚七も囚人之儀、申立之趣悉く信用も難成、候得共《併》纔之内多人数牢死いたし候段ハ無相違相聞不容易儀ニ付、盗賊方掛り与力へ其節之手続書取ニいたし差出候様申談、組与力ヨリ東類役へ申談取調差出候趣ニテハ、四月廿九日及露顕候節同役へ取斗方伺之上出役いたし、其節ハ日光　御参詣いまた　還御之御沙汰無之、

囚人十名出牢の企てありとして牢番人らに打殺された事件に言及

痛候テ吟味難相成ニ付、一通糺之上両手を括置候様申付置、翌朔日ニハ　還御済之通達有之候ニ付、同二日猶又吟味之積り同役へ伺之上差図を請出役いたし、厳重牢問いたし大概白状およひ候処、右囚人之内四人ハ二日夜、四人ハ三日朝、壱人ハ同五日暁病死いたし、当時無宿吉蔵壱人存命之旨申聞、右書面之趣ニテハ二日牢問後追々相果候趣ニ候得共、何程厳敷責問いたし候トも痛吟味*ニテ死候ト申儀ハ決テ無之筋ニテ甚不審敷、幸ひ吉蔵存命之事故同役へ申談今夕吉蔵を呼出、牢番等ハ不付置、御役所人足を番ニ付置一通直ニ糺候処、四月廿九日及露顕牢屋敷ニテ吟味之節、銘々覚無之趣申立候得共、吉蔵ハ所詮難申陳事ト心得有体申立帰牢之節、牢鞘之間*ニおゐて番人共新蔵外八人を暫く釣上置、吉蔵始一同牢内ニテ被括付、同二日痛吟味之上銘々帰及白状帰牢之節、番人共鞘之間ニテ釣上置、荷ひ棒を以強く及打擲或ハ突候故、両人ハ即死、六人ハ夜中追々絶命いたし、新蔵ハ翌三日猶又牢問之上、帰牢之節前同様打擲請即死いたし、吉蔵ハ最初ヨリ有体申立候故打擲請不申旨申之、全く番人共打殺候ニ無相違、片時も忽セニ難相成候間、捕方同心夜ニ入呼寄、番人重立候もの共名前書取早々召捕候様申付ル、但捕方同人《心》佐川豊左衛門見込之趣ニテハ、多人数故聊手間取可申哉ニ候得共出奔等ハ致間敷、中々以番人共之了簡ニテ打殺候儀ハ有之間敷趣申聞、然上ハ打殺候テも不苦敷旨掛り与力共申聞候義ニも可有之哉、過日甚七這出之趣鑑八申聞候節、同役取斗ニも響キ候筋ニ付委敷ハ不申聞候得共、一通荒増を及演説候処、不軽義企候義ニ付牢問之節打殺候テも不苦、旨或ハ格子へ縛り付置候義ハ可然旨ハ及

○痛吟味　拷問を加えて取調べること。

○鞘之間　牢屋の二重格子の外にある土間。

同役は自分抔と違ひ相応に文事の心掛

天下之囚人を私に殺し候

○松平遠江守　摂津尼崎藩主松平忠栄。

牢番人一件・御用金取調のため多忙

当所之奉行職たる上は大坂は身内と心得

差図候得共、打殺候様ニトハ不申聞、全く番人共之仕業ニ可有之由ニテ平気ニ挨拶有之候故、内心甚歎息いたし候儀ニ候、同役ハ自分抔ト違ひ相応ニ文事之心掛も有之候処如何成心得ニ候哉、縦令何程之重罪ものニテも食事ハ勿論煩ひ候得ハ薬之手当等有之、暑寒気も凌候様仕着も被下候義ハ則　御仁政ニテ、右様於牢内不軽義企候ものハ猶更明白ニ吟味之上、其始末科書へ書加罪科ニ被行、扨又神妙ニ注進いたし候ものハ奇特之訳を以御仕置を被宥《なだめ》候得ハ、賞罰正敷以後牢内取締ニも相成、　御仁恵も行届候儀ニ候処、右様非業ニ打殺候テハ御仕置之詮も無之、第一天下之囚人を私ニ殺し候趣意ニテ、右ハ自分着坂以前之儀ニテ不弁事ニ候得共、甚七密訴迄更ニ不弁存罷在候奉行職之身分ニテハ段赤面之至恐入候儀心配いたし候事ニ候○今晩も御用金調ニ付組与力同心五人・惣年寄三人・下役九人、且前書之一件吉蔵仮口書も取置候ニ付掛り与力同心両人・御徒目付壱人・御小人目付弐人、都合弐拾弐人へ夜食を出ス、今日ハ幸ひ松平遠江守*ヨリ時候為見廻鮮鯛一折差越候得共、不足ニ付ハモを買足シ夫々差出候由、古助申聞ル、さつま屋仁兵衛ハ酒好ニ付、夜食之節少々遣候様左伝次へ申付ル、老人大ニ歓ひ候由也○今日ハ牢番人之一件・御用金調両様ニテ別テ御用繁ニ候○今日与風左伝次申聞候趣ニテハ、御用金之儀外記出立後我等より申諭候節、今日ハ他人を交へず申サバ内輪之儀ニ付云々ト申聞候儀を一統殊之外難有《ありがたが》り、夫より気請立直り候事之由仁兵衛義先頃噂いたし、御奉行之御一言ハ大切成事之由申候ト之儀、右ハ自分手段ニ申聞候言葉之釆配ニハ無之、当所之奉行職たる上ハ大坂ハ身内ト心得候真実より出たる義ニ付、

自然感通もいたし候哉ニテ、大慶之至ニ候

十七日晴　朝精進 煮豆 なめ物* 香物ミそつけ 飯四但茶漬　昼香物ミそつけ 汁いも 飯三　夕ハモ付焼 汁小いも 香物ミそつけ 飯三　中酒 巻玉子 ゆば 長いも

一在宿調物○御用金請書申付ルニ付羽倉外記并同役も入来、当地并西宮・兵庫・堺惣人数七百三人、惣金高百八万四千九百六拾六両三分

内　金九拾六八万拾四両三分　大坂
　　金弐万八千七四百弐拾七両壱分　兵庫
　　金五千四百拾六両弐分　西宮
　　金七万八百八両壱分　堺

多人数之儀、殊全くニ御用金被　仰付候もの、願之上加り候もの、其外御用金被　仰付候処願之上上金いたし候もの、又ハ為冥加上金相願候もの口々有之儀ニ付、大坂・西宮・兵庫・堺四ヶ所ニテ都合十二度ニ申渡請印取置候事故存外ニ手間取、夜四時過相済、右ニ付外記并同役ハ勿論両組与力・同心、惣年寄并下役、外記手付・支配勘定御普請役迄一同夜食を出ス但弐拾弐人、右請印取置候分ハ去ル十三日迄ニ請金高極り候分ニテ、其余ハいまた治定いたし兼候間、是ハ跡ヨリ京地へ向外記旅行先へ遣候筈、及示談置○外記義廿一日出立之由ニ付、有合之白縮緬一端(反)為餞別、今朝奉札ニテ遣ス

○明十八日御城代伊丹辺巡見ニ付為案内自分可罷越処御用ニ付難罷越、同役ハ御用日ニ付、町奉行ハ不罷越積り御城代より同役迄申来ル

○なめ物　嘗味噌・ひしおなど半固形状の食品。

羽倉外記・東町奉行・惣年寄ら同席の上、御用金請書申渡す

御用日に出席せず役宅にて調物

十八日曇　朝 塩鯛 汁大こんせん 香物ミそつけ 飯三　昼 平焼豆腐 香物ミそつけ 飯四　夕 そハ切豆腐 鰹さしみ 酒一合ヨ 飯三

一御用日ニ候得共御用多ニ付、不快之積り申断不罷越、在宿調物○牢番人拾三人召捕来ニ付一通り直糺之上牢舎格溜預申付ル、右ニ付左之通伺書案取調其右衛門へ清書■《中》付ル

大坂立慶町河内屋甚七儀牢番人共私曲非道之取斗いたし候趣密訴《申立》いたし候一件吟味之儀ニ付御内慮奉伺候書付　久須美佐渡守

○松平四郎　目付松平近直。

○御目付松平四郎、*長崎表御用相済帰府今日着坂之由入来、大書院へ通し面談、但先例吸物・二種肴ニテ酒差出候仕来之由ニ候得共、自分一己ノ存寄ニテ相企（止カ）、其段四郎へも申談、尤熨斗ハ出ス

代官竹垣三右衛門宅へ参り、当年暮入用不足につき二〇〇〇両立替の相談

十九日晴曇　朝 汁長いも 香物ミそつけ 大根 飯三　昼 八はい豆腐 香物ミそつけ 冬瓜 麦飯四　夕 〆とふ かんひやう煮〆 うなき つくいも 酒一合ヨ 香物ミそつけ 飯二

一内寄合候得共御用多延引、在宿調物○御用金之儀ニ付、越前守殿へ内々申上置候書付清書認ル○博奕・盗賊等四口口合相済、但是迄ハ奉行出席いたし与力共口書読聞候を承り候得共、無益ニ手間取御用弁ニも拘候間、同役へ申談御城代へも無急度申達、江戸表三奉行之振合ニ相改、今日ヨリ口合ニいたし候事○当冬御足高米・御合力米等請取方心得違いたし当暮入用不足ニ付、竹垣三右衛門へ申談、来二月迄金弐百両立替貰、今日正一郎へ証書為持遣請取来、自分及老年候得共御用向ハ心頭ニ掛候故、聊忘失等不致間違等も不致候得共、勝手賄向等之儀ハ心ニ掛不申故、右様之覚違勘定違も

いたし候儀ニテ、心之用ひ方ニテ差別ある事なれハ、弥以御奉公筋ニハ精を入可申事ニ候

廿日晴　朝 汁めうが 香物ミそつけ大根冬瓜 飯三　昼 ゆばすまし 香物ミそ漬大根 飯四　夕 そは切豆腐 酒一合ヨ 杉浦ヨリ至来 うなき 香物ならつけ 飯三

松平四郎を同伴、城代屋敷へ行く

牢番人一件につき老中水野宛て内密書面認める

一今朝四時前松平四郎入来、小書院へ通面会、四時頃同道ニテ御城代下屋敷へ罷越、御定番米倉丹後守・御目付山岡十兵衛・揖斐与右衛門も来ル、無程御城代も被参、書院ニおゐて御定番・自分・御目付面会、例之振合ニ壁之方へ順之着座、松平四郎障子之方へ出席、御城代へ向　公方様　右大将様御機嫌被相伺御城代挨拶有之、夫ヨリ御城代退座、いつれも少シ座を進ミ候ト菓子椀盛・薄茶盛替迄相済、煙草盆・煎茶出、暫く過不残給仕之もの引之、猶御城代出座、御目付・自分・御定番ト順々下ヨリ引次ノ間ニ扣居、松平四郎御用談済ニテ退散之節次ノ間ニおゐて暇乞いたし、夫ヨリ御定番・自分・御目付猶又一同書院へ出、御用無之候ハ、退散可致、且菓子之挨拶申述、御定番・御目付ハ退座直ニ退散、自分ハ居残入側ニおゐて如例御用談、大坂立慶町甚七牢番人非道之取斗いたし候趣申立候一件御内慮伺委細口上添進達、相済九半時過帰宅○牢番人一件ニ付越前守殿へ内密申上之書面取調、直ニ清書認ル○牢屋敷之儀、是迄ハ取締役同心共斗り詰切、与力ハ見廻候迄ニ候得共、以後為取締掛り与力壱人ツ、昼夜詰切之積り、且目付役老分之与力共も刻限を不極不時ニ折々見廻り心付候様同役

へも申談、夫々申渡
○御用金之儀、今日迄ニ左之通
　請印相済候分
　　合金九拾八万拾四両三分余
　請印相済候後増候分
　　合金三万弐千八拾四両余
大坂之分弐口
　〆百壱万弐千九拾八両三分余
堺・兵庫・西宮分を加
　惣高百拾壱万七千五拾両三分余

廿一日晴　朝 汁干瓢 香物なら漬 飯三　昼 同役方ニテ 平 さハら切身 松だけ 青ミ 香物ならつけ 飯三　昼（夕）〆とうふ ハモ付焼 酒一合ヨ 飯三

御用日、東町奉行所に出勤、城代公事聞に

公用人所猶人に男子出生、名付親となる

祐明書状（7）

一御用日、殊御城代公事聞ニ被参候ニ付、給仕為見習同役方へ丈助・国蔵両人朝五時ヨリ遣ス○自分ハ五半時供揃ニテ東御役所へ罷越、四半時頃御城代御越、公事四ツ相済休息所ニテ菓子等出退散○右相済食事いたし八時前帰宅○去ル八日中ノ上刻、所猶人妻安産男子出生ニ付、同十四日七夜之節、自分が高運ニテ及老年壮健成ニあやかり候様ニト大高檀紙へ猶人悴所慎吉ト認遣候処、殊之外歓候由、肴代金百疋添遣ス、是迄八人ト欤出生有之候得共女子斗りにテ、今般初テ男子出生之由、老父も嘸歓可申ト之儀ニ付、右ハ自分が勢ひニあやかり大丈夫之男子出生いたし候事ト一笑いたし候事ニ

候所慎吉ト名付候ハ、猶人が為ニハ酒を慎候様、扨又所ハ大坂なれハ大坂之もの自分教諭を用慎でよしト之心也

廿二日曇　朝汁香物ミそつけ飯三　昼東御役所ニテ鯛ミそ漬八盃豆腐とろゝ掛香物新沢庵麦挽割四　夕そは切豆腐酒一合半香物ミそつけ飯三所猶人差出うなき

城入り後、東役所出勤、金持町人番付出版について協議

一例刻御城入○御仕置伺四口御城代へ直達、御用済ヨリ東御役所へ罷越○旅籠屋共定法相背候一件、立合落着同役申渡○本屋掛り惣年寄共迄願出候由、大阪金持町人共を番付ニいたし候摺物売出度由候得共、右ハ金高等ハ書載無之候トも、全く今般御用金相勤候もの共鴻池屋善右衛門を初筆ニいたし金高順ニ記候ものニテ如何ニ付、売出差留可申哉之旨、月番ニ付同役之方へ伺出候ニ付、差留候上、板木も惣年寄へ取上可然哉之旨相談申越候趣彦次郎申聞、右摺物一覧之処、御用金ニ付テ存付候品ニ無相違如何ニ付、同役ヨリ申越候通取斗可然旨申遣ス、売買可差留ハ勿論ニ候得共、市中静謐ニテ右様摺物等拵翫ひ候段ハ、よき株之町人ニ可相成ト互ニ励合候より之儀ニテ人気も進ミ候故之儀、今般御用金取扱候場合ニテハ大慶之至、畢竟骨折故之事ト及賞誉、目出度安堵之事ト申聞候処、同人も大ニ安心、右様人気進候も御差図・御利害等行届候故之儀、難有仕合之旨申付《聞》ル、摺物等之故ニ候哉、請印相済候後も中ヨリ下之分増金願出候ものも有之、別段請印取置候筈申談置○今日御用有之、江戸表へ御城代一名之宿次被差立候旨廻状来ル、右ハ牢番人一件之儀ト被察候○天満高島町播磨屋徳兵衛、同居父伊兵衛夫婦極老之親を麁略之取斗いたし候一件口合○所猶人出生へ名付遣候為

礼、夕刻うなき百疋分欤差出ス、谷町加賀屋ニテ例ヨリ小ぶりにテ和らかニ風味よく、正一郎両人ニテ十分ニ喰、残少シなから近習へ遣ス

廿三日雨 夕晴　朝 汁さといも 香物ミそつけ 大こん 飯三　昼 佐州のあらめ 油揚 香物ミそつけ 麦飯四　夕 むし玉子あんかけ キセイ豆腐 香物ミそつけ 酒一合ヨ 飯三

一在宿調物○昨夜強雨今朝細雨ニ成○銀高を極御用金相願候もの、備後町弐丁目錫屋次郎吉外三人へ願之趣聞届ル、別テ奇特之儀ニ付猶取調之趣上追テ請書申付ル趣、例之通申渡 四人ニテ惣銀高七拾貫目 金ニ直シ千両余なり ○御城代来月上旬西宮辺巡見ニ付、御船ニテ海岸見分なから被参候積り、右ニ付御船通船差支之場所為見分、明日同役同船ニテ尻無シ川辺へ罷越、浚場所并追テ差支等無之様掘割目論見場所及見、夫ヨリ同役ハ引取、自分ハ川々定例見廻り之積り川方役へ申談置

廿四日晴　朝 汁干瓢 香物ミそつけ 飯　昼 船中ニテ弁当 玉子やき ぎせい とうふ 干瓢 香物ミそ漬　*㋡以後入湯之印、ツハ爪を取　夕 そは切豆腐 ハモ骨切付焼 酒一合ト二勺 香物ミそつけ 飯三

一今朝五時前門前迄同役船ニテ被参、自分も直乗船 小紋野羽織* 小袴着用、門前通東横堀川を下り、長堀川ヨリ木津川筋を登り、尻無川ヨリ上陸、浚場所及見、夫ヨリ御船蔵へ立寄御船及見、御船出入無差支様岩崎新田堀〔割〕切可申場所見分いたし木津川ヨリ乗船 船中ニテ弁当、土佐堀川を登り、大川通り東横堀川へ入門前ニテ上陸帰宅 九半時過、同般〔役〕ハ猶乗船ニテ帰宅○今日も品々御用有之、夜ニ入候迄調物○留守宅順三郎ヨリ正一郎へ封物

来月上旬、城代船にて西宮辺巡見

○㋡　この印は入湯の上、爪を切ったことを示す。

東町奉行同船にて尻無川浚場所見分

○**野羽織**　武士が乗馬・旅行などに用いた羽織、背縫いの下半分が割れ帯刀しやすい。

しなゐの■つば并日光とうからし等来ル　中村屋七兵衛方ヨリ届来ル、右ハ去ル五日付之由

廿五日 昨夜雨 今朝止 其後晴　朝 汁めうが 香物きうり塩漬 大根ミそ漬 日光とうからし 飯三　昼 こんにやく煮付 香物ミそつけ 日光とうからし 飯四　夕 さワらあんかけ 煎豆腐 酒一合ヨ 飯三

御用日、東町奉行所へ出勤

一今朝ヨリ昼迄調物○御用日ニ付昼後ヨリ東御役所へ罷越 公事十三口、八半時頃帰宅○品々調物

廿六日晴　朝 汁豆腐 香物ミそつけ 飯三　昼 茶わんむし ハモ 松たけ 汁冬瓜丸むき 香物ミそつけ ならつけ 飯四　夕 田楽 ハモ付焼 酒一合ヨ 飯三

城入り後、西町奉行所にて御用金出精町人を称誉

一例刻御城入御仕置伺 不孝もの一件例書共 偽り之往来手形一件同断 弐口進達、御用談相済、宿次呈書書判相済退散○御城出より同道ニテ同役も入来○御用金相勤候もの共之内、鴻池屋善右衛門始重立候町人共、格別出精いたし御用惣金高も十分ニ整候事故、重立候もの共小書院次へ呼出、同役列座ニテ出精骨折之趣厚く及賞誉、右人数左之通

鴻池屋善右衛門　鴻池屋善五郎　島屋市兵衛　近江屋半左衛門
加島屋久右衛門　辰巳屋弥吉　米屋喜兵衛　鴻池屋庄兵衛
加島屋作兵衛　近江屋休兵衛　天王寺屋忠次郎　炭屋彦五郎
米屋平太郎　炭屋安兵衛　千草屋宗十郎　米屋長兵衛
鴻池屋新十郎　平野屋五兵衛　泉屋甚次郎

○右相済、公事ノ間ニおゐて御用金へ願之上加り候もの伊丹屋佐助外百五人へ、賞誉之上請書申付ル○右畢テ、上納金いたし候もの布屋武助外百七十九人へ、両度ニ同断請書申付ル、同役七時過退散○明廿七日松平遠江守へ御城代下屋敷ニおゐて対話被致候間、自分共も壱人罷出候様申来、非番ニ付自分罷出候積り及返書候由

廿七日晴　朝 汁むかご 香ミそつけ(物脱) 飯三　昼 平ゆば 香物ミそつけ 飯四但麦　夕 そは切豆腐うなき松だけ玉子むし 酒一合ヨ 香物ミそつけ 飯三

一今朝五半時供揃出宅御城代下屋敷へ罷越 平服黒縮緬下白上桟留袴 刻限早過候事 *、御定番酒井右京亮・御目付両人共追々被罷越、四時過松平遠江守麻上下被参、溜ノ間へ一同着座 御定番・自分・御目付 両人ハ障子之方、松平遠江守ハ壁之方へ着座 無程御城代も被罷越書院へ出座、用人案内ニテ右京亮・自分・御目付ト一役ツヽ、罷出、如例御城代へ及挨拶壁之方へ着座、夫ヨリ遠江守被出、障子之方御定番向へ着座、公方様 右大将様 御機嫌被相伺御城代御機嫌之旨被答、互ニ安否之応対済、御城代ハ勝手へ被引候ト一同座を少シ進ミ候、椀盛菓子 うば玉*紅白二ツ ねりよふかん三切、煮〆 蒲鉾 長いも 椎茸 玉子焼 干瓢、香物 ならし漬 沢庵 盛替済薄茶出ル、右相済吸物 鯛切身 ミそ、二種肴 鯛小串中皿 酢之もの猪口、酒三献銚子引、夫ヨリ煙草盆・煎茶出ル、暫過給仕不残引之候ト御城代出座、御目付・町奉行・御定番ト末より引、次ノ間ニ入口を上ニして列座、遠江守退散之節及挨拶、御城代ハ書院へ居付ニ付御定番・町奉行・御目付一同罷出、御用も無之候ハヽ、退散いたし候旨、且菓子・酒・吸物之挨拶申述一同退散 但右京亮ハ御用有之居残、帰宅九時過○去ル十七日付 同十八日出候由 宅状封物今申ノ刻至来、暫く便り無之案居候故不取敢披封一覧之処、

御城代下屋敷に出向き、尼崎藩主松平忠栄らと面会、挨拶に及ぶ

○**桟留**　サントメ、もともとインドのサントメから渡来した縦縞の綿布。日本で盛んに模造された。桟留縞。

○**うば玉**　烏羽玉、求肥で餡を丸く包み砂糖をまぶした菓子。

江戸宅状便到来、六郎左衛門の御用勤向日記披見

○**御三卿**　徳川将軍家の一族、田安・一橋・清水の三家。

○**あめノ魚**　雨の魚、あまごの別称。

最早御用金物高十分整い候

代官所支配の百姓、市中借屋に住み一人

病人も少々ツ、之出来不出来ハ有之候得共強テ相替儀も無之、其余一同無別条安堵いたし候事先頃申遣候紫蘇之実・七色とうからし等至来、其余所々ヨリ之書状届来、多分返書ニ付不及再報、六郎左衛門も追々勤馴候由、御用勤向略日記写も至来早速披見、御成先御用等別段之儀ニテ、むかし御三卿*方館へ　御立寄之節郡代付留役ニテ出役いたし候節之儀等存出、御目付衆之御威光格別之事ト心得候得共、悴が右様重キ御役義可相勤トハ夢ニも不存、役義呉々も冥加至極成事共ニ候○酒井右京亮ヨリ在所越前敦賀《ツルカ》之産あめノ魚*至来、鮭ノ取扱ニテよろしき由ニ付焼立ニして醤油を掛記(試カ)候処、色ハ白く候得共油(脂)有之、鮭之味ひ至極美味なり

廿八日晴　朝　鯛干物　汁大根　七色とふからし用　香物ミそつけ キウリ　飯三　昼　至来あめノ魚塩焼　むかご煮付　香物ミそつけ きうり 大根　飯四　夕　むし玉子あんかけ　〆豆腐　松茸　酒一合ヨ　飯二

一在宿調物○明後朔日宅状差出候積り、今日聊手透ニ付認掛置○鴻池屋善右衛門へ別廉ニ出金為致候儀彦次郎ヨリ申諭候処、来ル酉年ニ至り御請銀高上納済切候上、文化度御下銀残之分へ足銀いたし可相納、右之外ハ不及力段之書面差出候ニ付、右之趣ニテ請書可申付哉、併愚意ニハ最早御用惣金高も十分整候義、別廉之分ハ御用捨ニテ可然趣羽倉外記へ之文通認、納方年割受書其外共京地へ向外記方へ遣ス

廿九日晴　朝　汁から　煮豆　香物ミそつけ　飯三　昼　からニ油揚を煎　香物ミそつけ　梅つけ　飯四　夕　○(入湯の印)　そは切豆腐　自分斗うなき　酒一合四勺　飯二

一内寄合日ニ候得共御用多ニ付申断、在宿調物○築山茂左衛門御代官所之もの市中ニ住

両名を名乗る者につき糺させる

○四国巡拝　四国八十八カ所札所巡礼。

当表従来之仕癖にて兎角吟味物御仕置筋等

居いたし候もの之儀ニ付茂左衛門ヨリ掛合有之、但摂州加島村百姓元三郎ト云もの当表小倉町山城屋卯兵衛借屋ニ罷在候趣ニテ（由ニ付）、右元三郎を茂左衛門ヨリ為差出相糺候処、右卯兵衛借屋紅屋清助方ニ逗留いたし候儀ニテ、両給人別之筋ニハ無之由申立、右清助呼出候処、病身ニ相成近頃往来手形を申請（往来手形ト云ハ、此誰義ハ何国何村何宗何寺檀家ニ無相違間、若何国ニテ相果候トも不及進達取片付、其段追テ序之節申越候様認候手形ニテ、菩提所ヨリ申請候事ニ候）四国巡拝*ニ罷出候趣家主ヨリ申出、然上ハ全く壱人両名を名乗、両給人別ニ相成居候得共、吟味ニ成候故清助ト云もの有之姿ニ申成候儀ト相聞、市中取締ニも拘候間、右之心得ニテ得ト相糺候様掛り与力松井与五右衛門へ申付、為念風聞をも為聞探候処、清助ト云もの前々ヨリ住居罷在候段無相違趣之風聞ニテ、与五右衛門下糺之趣ニテも清助ト云もの有之候段無相違旨申聞候得共、縦令《たとい》清助ト云もの従来卯兵衛店ニ住居いたし候トも、往来手形申請立出行衛不知ニ相成、外ニ親族家内も無之上ハ元三郎を可差置道理無之、家主之申立甚不当之儀、町方取締ニ拘候儀忽セニハ不相成儀、然を右様之察度も不申聞段如何之心得ニ付、元三郎并家主卯兵衛をも直ニ可相糺旨申聞、今日昼後呼出直ニ察度申聞相尋候処、当人ハ勿論卯兵衛も恐入候由ニテ、実ハ壱人両名之趣速ニ有体申立候間、右申立之趣を以得ト相糺候様与五右衛門へ申付候処、同人も甚恐入赤面之様子なり、右与五右衛門ハ柔弱ものニテ余り不御用立ものニ候得共、一体ハ貞実ニ相見候故厳敷も不申聞候得共、一体吟味筋等為取扱可申人物ニハ無之、追テハ勘弁ものなり、当表従来之仕癖ニテ、兎角吟味物御仕置筋等成丈軽く相済候様取斗候を是ト心得候気風、右ニ付テハ不正之筋も有

○関東在々之長脇差　天明飢饉後荒廃の進んだ関東農村では無宿・悪党がはびこり、文化二年、関東取締出役がおかれた。

○ぎをんどうふ　祇園豆腐。葛田楽の別名、祇園社前の茶屋で売出したことに由来する。

目付佐々木隼之助と面談

○松平阿波守　阿波徳島藩主蜂須賀斉昌。

祐明書状(8)

之、不正を不致潔白ニいたし候ものも姑息之愛を御仁慈ト心得違ひ候風俗ニテ、夫故小盗《人》賊抔多く、別テ取逃等多く奉公人引負取逃等不絶儀ニテ、右ハ当所之人気風義ニ拘り候事故押直シ候儀容易之事ニハ無之、関東在々之長脇差*ニ等しく増長不致様制候外いたし方有之間敷哉ニテ、歎息およひ候次第ニ候

閏九月大

朔日　昨夜ヨリ雨　朝　汁冬瓜　むかご　香物なら漬ミそ漬　飯三　昼　煮豆　むかご煮付　香物なら漬ミそ漬　飯四　夕　至来物　鯛うしほ　同煮付　ぎをんどうふ*　酒一合ト二勺　ミそつけ大こん　飯三

一如例月次之礼を請ル平服りん御紋着用　○御城代船ニテ西宮へ之巡見天気合ニ付延引、即刻同役へ申遣ス○御目付佐々隼之助入来面談、但同人ハ松平阿波守*国許ニおゐて隠居相願候判元為見届罷越候ニ付テ也、明日御城代対話之儀、可相成ハ隼之助及断候様被致趣、尼崎又右衛門ヨリ同役へ無急度噂之趣も有之候故、其意を差含隼之助へ及内談候得共、御城代ヨリ断被申候ハ格別、隼之助ヨリ及断候儀ハ難相成段同人被申聞候次第尤之儀、無余義事ニ付又右衛門呼寄、右之訳及内談候処、御城代ヨリ被断候儀ハ病気之外難相成由、然上ハ対話被申込候外いたし方無之、依之手覚書を以猶人を使者ニ遣公用人服部源左衛門へ応対、弥明日四時揃対話有之筈相決夕刻御城代ヨリ同役連名宛文通ニテ弥之儀申来ル、右之趣隼之助・同役へも申遣、尤明朝五半時隼之助義同役御役宅へ罷越同道いたし候積り申遣ス○留守宅へ之書状・封物、今夕酉ノ上刻左伝次へ渡差立ル但御用金之儀ニ付越前守殿へ内々申上之書面封候テ甚

之丞へ頼上候様申遣ス、自分本高之分江戸ニテ請取候ニ付印紙拾枚遣ス

二日 昨夜雨 辰ノ刻ヨリ晴　朝 汁さといも かくや 飯三　昼 むかご煮付 とろゝ汁 ミそつけ 大根　夕 和らか豆腐あんかけ 鯛ミそつけ 酒一合四勺 かくや 飯三

御用日、近江三上藩蔵屋敷より、正一郎方に剣術入門

○遠藤但馬守　近江三上藩主遠藤胤統。

○松平和之進　伊勢桑名藩主松平定猷。

一御用日在宿○訴訟七十八口内糺もの十三口○同役ハ御城代中屋敷へ罷越ニ付出席無之○兼テ同役家来ヨリ申込候由、遠藤但馬守殿*当地蔵屋敷ニ罷在候家来神山靭次郎儀、昨（朔）二日正一郎方へ剣術門入いたし候由 交肴一籠持参 鯛一尾・大ゑひ二ツ ○松平和之進*家来内藤忠次郎出坂之由、昨夕来正一郎面会 土産ニ浅草のり持参 ○公事五十二口内糺物十二口○相達候儀有之候間、明日四時罷越候様御城代ヨリ申来ル○月番ニ付、昨日ヨリ御貸付為調御勘定吉川《キツカワ》銚七郎并御普請役其外東組与力・同心等来ル、大書院入側ニテ為取調候事

三日 晴　朝 汁豆腐 のり 沢庵 飯三　昼 八盃豆腐 のり かくや 飯四　夕 竹垣ヨリ至来 鯛うしほ ひらめ 同煮付 かまぼこ 〆とうふ 酒一合ヨ ミそつけ 沢あん 飯三

御用金調達につき組与力・同心・惣年寄らへの褒美願の準備

一例刻御城入○御仕置伺 帳合相場一件 進達○当表御取締向立合為御用罷越候御徒目付・御小人目付、御城内御目付小屋へ罷越候節、是迄御目付代鑑札ニテ通行いたし候処、以来自分断を以、出入いたし度旨申立候ニ付、其通被申（仰）渡候段御老中方ヨリ申来候間、可得其意旨之御書取、御城代直ニ被相渡候○明四日御城代西宮巡見之旨、同役ヨリ申来ル○御用金調達相済候ニ付、組与力・同心・惣年寄等へ御褒美願、文化度之振合を以取調差出候間、内山彦次郎儀ハ別段骨折候儀ニ付、品能御褒美被下候様いたし度趣別

段願書、同役連名ニテ進達之積り、手調ニいたし同役へ相談ニ遣、存寄無之由直ニ返却○今日ハ別テ御用多、夜ニ入迄談所ニ罷在最早蚊も無之、昨日ヨリ談所ニテ御用取扱

四日晴　朝汁長いも沢庵　飯三　昼あらめ油揚沢庵ミそつけ　飯四　夕そは切豆腐　ハモ骨切玉子むし酒一合ヨ　沢庵ミそつけ　飯三

一在宿調物○阿部能登守*・本多中務大輔*御奏者番、御目付戸田寛十郎駿府町奉行被　仰付候由、飛脚屋ヨリ申出ル○御城代船ニテ西宮へ巡見之積り、同役も出役いたし候処、風悪敷当所沖合ヨリ帰船之由、同役ヨリ申来ル○堺奉行永井能登守明日着坂之旨、同役連名宛之書状至来、一覧之上同役へ相廻ス、且御城代へ白木状箱、御目付へ之書状も同様至来、夫々へ相達ス

四(五)日晴　朝ゆば茶漬　同役方ニテ巻玉子平青み初たけ　汁青みゑび沢あんミそつけ　飯三　昼からニ油揚　飯三　夕

一御用日ニ付六半時前公事場へ出席、訴訟八十一口内糺もの五口○六半時過永井能登守八軒家へ着之由注進ニ付、即刻供揃黒ちりめん紋付下白平ふく出宅同役方へ罷越、無程能登守入来、同役ハ弓ノ間、自分ハ小書院次迄出迎同所本間違棚之方へ能登守襖之方へ自分・同役着座着座、直ニ能登守御奉書被相渡候間、自分進出請取覆(復)座拝見、同役へ廻ス、同人拝見畢テ広蓋*へ置、夫ヨリ御老中方御伝言能登守申述、右畢テ同役ヨリ御老中方御欠座有無之御揃之

城代西宮巡見のところ天気悪く中止

○阿部能登守　陸奥白河藩主阿部正備。

○本多中務大輔　三河岡崎藩主本多忠民。

新任堺奉行永井尚徳着坂につき東町奉行所にて面談

○広蓋　引出物などを入れる盆状の容器。

○自在心院宮　輪王寺門跡舜仁准三宮。

永井尚徳同道御城入り、城代と面会、宿次呈書

由西丸御老中方御伝言有無等同役ヨリ聞合、畢テ御役替吹聴歓等相互ニ申述熨斗出ル、夫ヨリ談所へ一同罷通、客座へ自分・能登守着座、堺表御用書物引送手覚帳自分ヨリ能登守へ相渡、委細御組へ組之ものヨリ引合可申趣も及演説○堺掛り両組与力共并同役家来も目通へ出ル○能登守初テ御城入ニ付、先格之通月番ニ付自分家来供頭貸遣ス、依テ久間田十蔵も目通へ出ル○御用金掛り御褒美願之儀も委細能登守へ申談置○吸物・二種肴・酒三献相済、一汁一菜之朝飯出ル○自分ハ御用日ニ付申断先へ退散、帰宅四時頃○公事五十二内糺もの五口○自在心院宮*薨去ニ付鳴物ハ今日ヨリ三日、普請ハ不苦旨、御書付御城代ヨリ御渡但用人共呼出ニ付所猶人罷出請取来ル○右御書付之趣、即刻夫々へ触書差出ス

六日晴　朝 汁からニ油揚　鯛干物　沢あん　飯三　昼 平ハモ　ミつば　松たけ　汁豆腐　香物ならつけ　たくあん　飯三　夕 小鯛　ミつば　松たけ　そは切どうふ　酒一合ヨ　香物たくあん　飯三

一今朝同心共之内御金役寺内彦右衛門物書役井上市次郎番方関馬喜太郎・井上徳次郎御用日見習寺内光太郎へ面談、光太郎ハ拾壱歳之由、至極よき生立ニ見ゆる、手習・学問等精出候様及教諭○例刻御城入、但今朝永井能州入来、今日御城代へ　右大将様為御機嫌伺罷出候事ニ候哉、且上津之御届呈書ニ公方様右大将様御機嫌兄(克)恐悦ト認可然哉之旨聞合候得共、自分も始テニ付取調させ候処、別段御機嫌伺之達ハ無之、平服ニテ御城入いたし候振合ニテ、呈書ニも恐悦之文言有之候先例に付其趣及答、同道ニテ御城入、

御定番衆・自分共・堺奉行ハ平服、番頭・加番衆・御目付ハふくさ麻着用、番頭・加番衆御機嫌伺相済、御定番衆・町奉行例之席ニテ　右大将様御機嫌伺候趣申述、被為替儀無之旨御城代挨拶如例着座、御目付両人罷出御機嫌被相伺、夫ヨリ定例之通呈書書判相済但昨日之御奉書御請同役連名御勘定奉行へ一封、羽倉外記へ御用金之儀ニ付一封、右宿継状箱へ差込之儀公用人へ頼○宿次相済、御城代再席ニテ御用談有之、八時過帰宅甚空腹なり○永井能州ハ先へ退出、自宅ニテ支度被致候約束ニテ被立寄候間、一汁菜（ママ）之昼食出候由、尤自分帰宅前被帰候○自在心院宮薨去ニ付　右大将様へ之御機嫌伺呈書ハ、先格之通留守宅へ廻シ以使者相達候筈、今般ハ同役之分も此方ヨリ留守宅へ遣、同役留守家来へ届候筈申談候由、其右衛門申聞ル

七日晴　朝汁さといも　たくあん　飯三　昼八はいどふふ　ミそつけ　たくあん　飯四　夕きせいどうふ　かんぴやう　うなき玉子むし　酒一合ヨ　ミそつけ　たくあん　飯三

一御用日延引但鳴物停止中ニ*付テ先格之振合也在宿調物、右大将様御機嫌伺之呈書但御老中下総守殿へ斗り差出候儀先格なり、尤御近親等重キ節ハ若年寄衆・御側衆へも呈書差出候先格之由ニ候留守宅へ相廻候ニ付、宅状をも相認封込、日記写共左伝次へ渡、飛脚屋へ遣差立ル○今朝ハ余程寒冷ニテ綿入二ツ羽織を着、四時頃ヨリ談所へ罷越候ニ付テハ羽織を取、胴着を着込上下着用、佐州ニテ為拵手あぶり*を用○尼崎又右衛門来ル、御用金取扱候ニ付自分共御褒美之儀、御城代ヨリ被仰立候積り之処、一体之趣意ハ不弁へ《わきまへざる》ニ付、自分之身分ニ拘り候儀被頼候ハ如何ニ候得共、余人之心得ニテ下書認呉候様内々被頼候ト之儀ニ付、承知之趣答置、右ニ付文化之度平賀

尼崎又右衛門来宅、御用金調達褒美につき面談

○**鳴物停止**　貴顕の喪葬に際し一定の日数、歌舞音曲を禁止すること、閏九月七日に町触として発令された。

○**手あぶり**　手を暖める小さな火鉢。

祐明書状(9)

信濃守*へ被仰渡之趣、彦次郎へ申談為取調候処、其頃《節》ハ信濃壱人勤之御褒美時服三ツ、唐物抜荷一件ト肥田豊後守被遣候御用向骨折候ト之廉ニテ金五枚・時ふく三ツ、御城代被仰渡ニテ当地ニおゐて相済候趣なり都テ御褒美ハ当表ニテ相済候由

八日晴　朝から汁 たくあん 飯三　昼焼豆腐 たくあん 飯四　夕ハモ骨切付焼 そは切豆腐 酒一合ヨ たくあん 飯三

一今朝同心共之内組頭役佐川甚五左衛門当番方小野土岐之助・小野母衣助・松岡元次郎見習寺島権之丞拾壱歳石川新之助拾歳へ面談○例刻御城入いたし候心得之処、同役ハ御用有之御城入、自分ハ為差御用も無之候故、同役へ断申遣ス○品々調物

九日晴　朝汁干瓢 沢庵 飯三　昼うなき蒲焼 平八はい豆腐 汁芋 沢庵 なら漬 飯三　夕〆豆腐 芋 うなき玉子むし 酒一合ヨ 飯三

一内寄合ニ付同役四時頃ヨリ入来○今朝同心共之内御蔵掛松岡儀之助塩噌役松浦一太郎欠所役本間久五郎当番方佐川十代太郎御用日見習清原信太郎へ面談信太郎ハ拾壱歳之由、幼年ものハいつれも生立宜敷別テ此もの抔様子よく相見、手習・学問等精出候様及教諭、佐州地役人抔も幼若之ものハ正直ニテ人物もよろしく頼母敷相見候もの多く有之、夫々及教諭候得共、成人ニ随ひあしき風義ニ流れ候ハ色欲之二ツなり、当地ハ勿論佐州も存外利ニかしこき国風ゆへ利欲ニ流れやすき哉ニ被存候○同役へ昼飯うなき振廻候積り百疋分取寄候処、疝痛*之由ニテ早帰りニ付、右之内弐朱分うなき入へ入納戸迄納戸ヨリ手紙添遣ス○去月廿八日付之宅状、今夜四時過至来不取敢披見、一同無別条候得共病人ハ聊水気*相増候由、且六郎左衛門儀去月廿七日　御系譜調御用取扱候様、新番所前溜ニおゐて主膳正殿侍

○**平賀信濃守**　西町奉行平賀貞愛、在任は文化三年八月～十三年四月。

内寄合につき東町奉行来宅、昼食にうなぎを用意

成人に随ひあしき風義に流れ候は色欲之二つなり

○**疝痛**　疝気は漢方で大腸・小腸・腰部などの痛む病気。

○**水気**　水腫。

東町奉行伊丹辺巡見

○河内屋新五郎　書籍商河内屋系統の書肆の一つ。

城入り後、役宅にて組与力吉田覚之丞を取調べる

○難波戦記　大坂冬の陣・夏の陣を取扱った戦記物で、寛文十二年（一六七二）に万年頼方・二階堂行憲によって著され、講釈本が流布した。

座、越前守殿被仰渡候旨吹聴申越、難有仕合大慶安堵之事ニ候

十日晴　朝 汁大こんせん むかご たくあん 飯三　昼 平つくいも かんひやう 煮付 たくあん 飯四　夕 そは切豆腐 海鰻《ハモ》骨切付焼 酒一合ト四勺 飯三

一在宿調物○同役伊丹辺へ巡見ニ罷越○南綿屋町河内屋新五郎*謀書一件再糺、但同心関馬喜太郎ヨリ兵庫京屋善左衛門へ之似手紙余人へ頼認貰ひ候趣ニ申立罷在候得共、申口紛敷掛り与力下吟味不行届哉ニ付、直ニ利害申諭候処、自身認候趣及白状候間、仮口書取置候様申付ル、右一件ハ先役之取斗ニも拘不容易儀ニテ心配ニ候事

十一日曇　朝 納豆汁四椀 沢庵 飯三　昼 平ゆば たくあん 飯四　夕 くわい・かんひやう煮付 うなき 杉浦持参 酒一合ヨ 飯三

一例刻御城入○御仕置伺三口 盗賊九人内引廻死罪壱人、死罪三人、其余ハ入墨重敲或ハ敲○身分を偽下銀買集一件○箔忍ひ打一件 ○先達テ御城代ヨリ沙汰有之、同役掛り難波戦記*講釈不届之義を称し候もの共御仕置自分へ相談有之、遠島之見込之趣取調遣其通伺候処、江戸伺ニ相成、伺之通遠島ト御差図有之、今日御下知書同役へ御渡 同役調ハ軽追放、夫を遠島ト取直し候儀ハ年来公事方相勤候故ニテ、右ハ当所之取締ニも相成大慶ニ候 掛り与力共へ対しよき心持也○夕刻杉浦重郎兵衛久々ニテ入来、うなき持参、然処今日ハ別テ御用多ニ付、正一郎部屋ニテ一寸及面会候迄ニテ、猶又調物ニ取掛り候事○組与力吟味方・盗賊吟味方掛り吉田覚之丞儀、南綿町河内屋新五郎謀書を以金子かたり取可申トいたし候一件、先役阿部遠江守差図ニ候トも右様不軽悪事相巧候ものを出牢為致、其上右謀

書トハ別段之相対之由ニハ候得共、金子借受候義甚紛敷所業ニ候を、出牢之上右金子返済為致候抔甚如何之取斗ニ付、今日自身調ニテ尋書印封ニいたし、調役之廉ニテ彦次郎を以相渡、右謀書ハ組同心弥次右衛門忰関馬喜太郎ヨリ兵庫津京屋善左衛門へ金子貸呉候様無心之書状を取拵候義ニテ、右書状を以金子かたり取可申ト善左衛門方へ持参り候得共、馬喜太郎ハ知人ニも無之、新五郎も不見知もの故難用立旨及断候故、猶又品を替相対ニテ金拾五両借受取拵之証文渡置候儀ニテ、組同心之名前を偽り候もの故厳敷取斗可申を、右様取斗候段解兼候義ニテ、先ン役之取斗ニ拘り心配之事ニ候○留守宅へ之書状左伝次へ渡○右覚之丞ハ吟味筋ハ当分難為取扱候間、役替之儀彦次郎へ談置

十二日晴　朝 から汁 たくあん飯三　昼 同役手製之由至来 納豆汁三 かくや飯四　夕 きせい豆腐 くわい 巻玉子 蓮ノ根 酒一合ヨ たくあん 飯三

老中水野忠邦よりの封書届く

一在宿調物○御城代西宮巡見時節不宜乗船成兼候ニ付延引、御船も仕廻候様沙汰有之候段同役ヨリ申来ル○越前守殿ヨリ之一封御城代ヨリ以使者被差越、落手之旨及直答、被見之処、八月・九月両度ニ内々申上候趣御承知之旨、且自分着坂以来心配出精之段其外御用金骨折にテ相整候義大慶被致候趣、忰之儀迄深切ニ自書を以被申越、忝次第大慶之至ニ候

十三日晴　朝 納豆汁三 たくあん 飯三　昼 平 海鰻 青み くわい　汁 初たけ とふふ　なら漬 ミそ漬 飯三　夕 そは切豆腐 ハモ骨切 酒一合ヨ 飯三

御用日につき公事糺

一御用日ニ付朝六半時公事場へ出席、訴訟百二十五口内糺もの十二口○米相場移取不正之商ひいたし候一件落着申渡摂州本庄村藤蔵《常吉》所払、当時無宿久兵衛・藤蔵《とゝ》ハ大坂三郷払○四半時頃ヨリ同役并御目付山岡十兵衛・推（揖）斐与右衛門公事聞ニ入来、公事三十六内二ツ糺もの○吉田覚之丞尋之趣答書封書、夕刻彦次郎を以出ス○今日永井能登守為見習入来可有之処、風邪之由ニテ以使者断申来ル

十四日晴　朝汁いも たくあん 飯三　昼煮豆 たくあん 飯三　夕○〆とふふ かれい 酒一合ヨ 飯三

終日役宅で調物

一内寄合外御用多ニ付延引、在宿調物○河内屋新五郎謀書一件ニ付同心見習関馬喜太郎へ之尋書一封、支配与力小川甚五右衛門へ渡、早々答書差出候様申談、即日答書出、右ニ付新五郎再吟味之積り呼出之儀、与一郎へ申付ル

十五日晴　朝カマス干物 汁冬瓜 むかご 沢庵 飯三　昼平ゆば たくあん 飯四　夕きせい豆腐 あわせさより かれい煮付 鯛うしほ 酒一合 飯三

月次の礼を請ける、城代の招きを断り在宅

一月次之礼を請ル平ふく○今日御定番酒井右京亮方へ御城代招請に付、自分共も罷越候様ニト之儀ニ候得共、差向候御用有之候間同役迄自書ニテ断申遣、右京亮へハ奉札ニテ断申遣ス○御目付佐々隼之助阿州徳島表御用相済、今日着坂之旨書状差越○当所蔵屋敷之ものヨリ内々借受候由、彦次郎為見候書付左之通

閏九月七日

土井大炊頭殿申渡覚

上知令撤回の報を蔵屋敷を介して得る

此度御取締之為江戸・大坂　御城最寄一円御料所被　為成置候旨被　仰出候ニ付、上知被　仰付并飛地ニ付テハ相触候趣も有之候処、別段厚き思召も被為在候ニ付右之儀ハ不被及御沙汰候、以前之領知・知行所之通可被成置旨被　仰出候

但上知ニ付御金被下候向ハ、来辰年ヨリ十ヶ年賦上納可致候

右之通可被相触候事

右之趣相触候間、得其意以前ニ復早々取調可被相伺候

摂河両国之私領・小給所等は格別之余歩有之

右ハ相違も有之間敷実事ニ候得ハ恐悦之事ニ候、元来右上知ハ何人之発意ニ候哉不弁候得共、関東江戸近在ハ不知、摂河両国之私領・小給所等ハ格別之余歩有之、夫を御引上打詰ニテ被下候得ハ　公儀ニおゐてハ御徳益ニ相成候得共、上知御引替ニ相成候御籏本ハ及困窮候ハ眼前之儀、しかれハ御家来之弱りニ相成候儀、第一　御為ニ不相成儀、其上罪科無之面々減禄被　仰付候御趣意ニテ、　上之　御徳義を損さし候事共密ニ及歎息トいへとも、被　仰出之上ハ兎口可申様無之、然ニ右様如元ニト被　仰出候段難有大慶之至ニ候、併素々被　仰出無之候得ハ猶更よろしく候得共、一旦上知之蒙御沙汰候御籏本抔ハ大病全快ト同様ニテ、素々病難無之候得ハ猶更宜候得共、大病を煩ひ候故全快之歓も有之、且ハ養生もいたし候心得ニ相成、其上煩ひ抜候得ハ却テ丈夫ニ相成候哉ニ付、今般上知を遁れ候面々嘸歓ひ可申、其上不存寄被下金無利足十ヶ

上知令発布と撤回を病人に喩えて言及

飛脚屋より老中罷免などの速報

年賦返納ハ聊融通ニも可相成、殊御代官へ郷村引渡ニ付テハ、是迄之収納・取箇等夫々取調候儀ニ可有之間、煩ひ抜候同様以後ハ弥丈夫ニ相成候意味ニ可有之哉、しかれハやはり　御仁慈之御趣意ニも当り候哉ニテ、こぼれ幸ひト可申欤ト又密ニ一笑をも催○無益之事なから右様彼是ト思ひ続候折柄、飛脚屋より左之書付を出候由ニテ次平ヨリ出ス

御役御免
溜間被仰付　御老中堀田備中守様
御役御免　井上備前守様*
御役御免
小普請入差扣　根本善左衛門様*

右ハ上知之一件ニ可有之哉、善左衛門ハ当所之御代官相勤候哉《ニ付》同人存付、備前同意いたし候儀ニ可有之欤、右ハ御勝手御掛りニ可有之処備中守殿御役　御免ハ別事ニ可有之欤、扨々難解事ニ候、いつれニも越前守殿御無難之様いたし度候、備中守殿ハ末頼母敷御執政ト心得候処如何之事ニ候哉、身分ニ不預事なから歎ヶ敷及大息候、先ン伊豆*殿事大蔵大輔見切被申候ハ深キ意味有之事欤、掛川侯*ト云今般之佐倉侯ト云、可恐意味を大蔵大輔ニハ察有之候哉、此後之成行如何可有之哉難斗事ニ候○夕刻佐々隼之助入来面会、明日御城代対話之儀被願候由ニ付其段自分ヨリ以使者申達候処、明朝五半時揃ニテ宿次相済、夫ヨリ御修復所見分、八時揃対話之積り申来、其段隼之助へ及

○井上備前守　勘定奉行井上秀栄。
○根本善左衛門　根本玄之。大坂代官から勘定吟味役に転じた。
○先ン伊豆　三河吉田藩主松平信順、天保八年五月から八月の間老中。
○掛川侯　遠江掛川藩主太田資始、天保八年四月から十二年六月まで老中。

城入り後、西丸修復所見分、城代下屋敷にて対話

江戸留守宅より書状到来、妻の重篤を伝える

十六日晴　朝から汁 飯三　昼御城代ニテ 鯛切身 平青み 椎たけ 香物なら漬 汁つミ入 飯三　夕そは切豆腐 酒一合ヨ うなき たくあん 飯三

一今朝五半時出宅御城入、御城代御用談済宿次呈書書判等相済、昼食を被出候故支度いたし、夫ヨリ西丸御土居御修復所見分いたし、大御番御小屋新キ風呂場見分是ハ杉浦重郎兵衛存付ニテ、御番衆入候五右衛門風呂新キ一組ニ一軒五右衛門風呂二ツ宛、右ハ至極よき存付なり相済、御城代ハ一旦帰宅、自分・御目付ハ御定番酒井右京亮一同直ニ御城代下屋敷へ罷越候処、其以前佐々隼之助入来ニ付無程御城代も被参如例対話相済、八半時過帰宅菓子椀盛・吸物・二種、肴・酒三献等如例出ル　但同役不快ニテ出勤無之故自分罷越候事

十七日晴　朝納豆汁 たくあん 飯三　昼平ゆば たくあん 飯三　夕〆とふふ 酒一合ヨ かんひやう煮付 たくあん うなき玉子むし 飯三

一在宿調物○去ル八日付之宅状今巳ノ刻至来、無別条○堀田備中守殿加判之列　御免溜詰格被　仰付候旨、江戸より申来候段御城代ヨリ申来、諸向へ先格之通達ス○夜五時過去ル十一日付之宅状至来、荊婦義追々及疲労差重り候趣、右ニ付六郎左衛門も同日ヨリ看病引之由、時節至来無是非次第ニ候○被相達候義有之候間、明日四時御城入候様御城代ヨリ申来ル

十八日晴　朝汁冬瓜 むかご たくあん 飯三　昼平無之 鯛煮付 汁つミ入 青み とふふ 飯五　夕鯛煮付 酒一合ヨ あんかけ豆腐 たくあん 飯三

御用日、出席後城入り、城代より大坂城内修復につき見廻るよう命ぜられる

一御用日ニ付五時前公事場へ出席、訴訟九十八口内寺社作事願ニ糺もの八口〇昨十七日尼崎又右衛門を以内々御城代ヨリ被聞合候ハ、羽倉外記へ之御奉書至来、同人ハ直ニ東海道帰府ニ候哉又ハ外へ立寄候哉、承知ニ候ハ、申聞候様ニト之儀ニ付、去ル二日京都出立、東海道帰府之趣ニ承居候間、定テ此節帰府ニ可有之趣及答候処、夕刻外記へ之宿次革籠状箱御城代ヨリ被差越即刻差立ル〇四時頃出宅御城入〇左之御書御城代直ニ被相渡候

此地　御城御本丸・御殿向其外惣御修復ニ付、各方見廻り并組之者掛り人数等之儀ニ付各方被差出候書付老衆へ進達いたし候処、右ハ佐渡守見廻相心得、月番之節も御用透見斗一人ニテ相勤候様、且組之者掛り之儀ハ伺之通両組与力二人ツ、、同心三人ツ、付《ツキ》切相勤候様各方へ可申渡段申来候間、可被得其意候

閏九月

安治川口海辺の鉄砲船打稽古につき正一郎見物に行く

右之外、惣御修復見分為御用石河土佐守・井戸大内蔵并右支配向御勘定方供部屋・厩・置(カ)場・用場・湯殿等仮物取建之儀、御老中方ヨリ申来候之趣之書付被相渡候〇上知之儀如以前被　仰出候御書付も相渡候得共、右ハ去ル十五日記置候通ニ付略之〇御用談相済八時前帰宅御城代出座九時過ニテ、御用談交り無益之自慢咄ニテ大ニ手間取甚空腹及難渋、長日之節之通以後ハ弁当用候積り丈助へ申談〇七十四口内糺もの三口〇今日安治川口海辺ニおゐて、御定番酒井右京亮組之もの鉄砲船打稽古有之、坂本鉉之助門人共ニ付正一郎も同船罷越見物、夜ニ入帰宅〇今朝も江戸ヨリ宿次至来十二日出、即刻御城代へ遣ス

○金海鼠　きんこ、なまこの種、煮て干したものを食材に用いる。
○阿部伊勢守　備後福山藩主阿部正弘。

江戸宅状到来、水野忠邦老中罷免を伝える

無益之心労は老人不養生之端

御用日、公事糺前に孝行寄特者を称誉

十九日昨夜雨朝晴　朝納豆汁 たくあん 飯三　昼平冬瓜葛煮 ミそつけ 沢庵 飯四　夕そは切豆腐 海鰻骨切 酒一合ト四勺 ミそつけ たくあん 飯三

一内寄合外御用多ニ付延引、在宿調物○糺もの口合・申渡等ニテ度々公事場へ出席○今晩も江戸ヨリ宿次来ル十三日出、翌朝御城代へ遣ス

廿日晴　朝から汁三 ミそつけ 沢庵 飯三　昼あらめニ油揚 ミそつけ たくあん 飯四　夕そは切豆腐 津軽ヨリ至来 金海鼠* 玉子むし 酒一合ヨ たくあん 飯三

一在宿調物○去ル十一日阿部*伊勢守殿連判之列被　仰付候段江戸ヨリ被仰越候趣、今朝御城代より申来ル○去ル十四日付急使之宅状今午ノ刻過至来、不取敢披見之処、去ル十三日越前守殿御勝手取扱方不行届儀有之、加判之列御免差扣被蒙　仰候段申来ル、案外之儀、且荊婦病気次第ニ差重り及危急候趣ニ候得共いまた絶命ニハ無之由、荊婦之事ハ不便なから至テ之小事、素り兼テ覚悟之義ニ候得共、越前守殿御役　御免、殊差扣被蒙　仰候ト之儀ハ不存寄義、扨々恐入候儀、御政事ニ拘候儀ニテ不容易儀当惑之至、一旦ハ途方を失ひ候心持心気も動揺いたし候得とも、我一身ニ拘候事ニハ無之、無益之心労ハ老人不養生之端に付心気を取直シ勇気を励シ、弥以対　御為精勤可致ト覚悟いたし候事

廿一日晴　朝汁いも たくあん 飯三　昼茶わんむしキンコ玉子 汁松露豆腐青み なら漬 たくあん 飯三　夕ぎせい豆腐 くわい 海鰻骨切 酒一合ヨ 飯三

一御用日ニ付五時前公事場へ出席、訴訟七十三口糺もの八口○例刻御城入○御仕置伺

不仁之取斗いたし候一件進達○御仕置伺五口付札済被相渡候○宿次相済九時過同役同道帰宅○公事

四十四口内糺もの○公事糺前ニ左之通申渡

長町六町目
大和屋藤兵衛娘
ふじ　卯拾七歳
なか　卯拾六歳

其方共儀、父藤兵衛ハ傘轆轤（ろくろ）職渡世いたし居ル処、幼年之砌より右職業精を出し、両親共病気之節も申合大切ニ宥病いたし薬用等行届全快いたし、其後追々職業達者ニ仕覚昼夜無怠相稼、儲ケ候銭ハ不残父藤兵衛へ相渡、其余其方共申合増仕事いたす賃銭溜置、右金子を以祖父年忌ニ当ル節仏壇等調へ、勿論平常麁服を好ミ倹約を専（もっぱら）、平日両両《と》親之意ニ不背様孝心を竭（つくし）、家業出精いたす段、若年ものニハ別テ奇特ニ付誉置鳥目七貫文ツヽ取らせ遣ス

右両人共始終平伏罷在候故聢トハ不見留候得共、大人並之生れニテ先《と》日《と》両人共実ニ難有存候体ニテ感涙を流し候様子、別テ妹之方ハ袖ニテ涙をふきなから引候を見請候得ハ、自分共も倶々感涙を催候儀ニテ、今日ハ公事人多く繰入置、其前へ出シ申渡候事故、市郷勧着（善）之一助*ニも可相成哉ト大慶之至なり、留守宅へ之書状夜ニ入相渡

廿二日晴　朝納豆汁 たくあん　飯三　昼うなき 玉子 茶わんむし 汁冬瓜 むかご 香物 なら漬 ミそつけ　飯三　夕ほうぐ*塩焼 そは切豆腐 猪口むかご煮付 酒一合ヨ　飯三

祐明書状（10）

○**市郷勧善之一助**　ふじ・なか褒美のことは閏九月二十五日、市中に補達された（「大阪市史」四）。
○**ほうぐ**　ほうぼう、ホウボウ科の硬骨魚。

一在宿、但東組同心松浦市蔵一件ニ付御目付立合之儀、昨日御城代へ申立（上）即刻相済候ニ付、今日四半時揃ニテ山岡十兵衛・揖斐与右衛門両人共入来口合相済御徒目付・御小人目付も来ル

江戸宅状、妻おかめ死去を知らせる

○夕七時過御勘定吟味役長崎表御用相済着坂ニ付入来、御用談所へ通シ寛談およふ、有合之品ニテ夜食振廻、御用金之儀委細内談いたし置○今酉ノ刻宅状至来、荊婦義次第ニ差重り養生不相叶、去ル十六日午ノ下刻死去之由申来ル、兼テ覚悟ニ候得共今更愁涙止兼候、六郎左衛門ヨリ申越候趣ニテハ療養手当ハ不及申看病等も行届候儀、実ニ時節至来天之命数終り候儀無是非事ニ候、御届ハ十八日暁寅ノ上刻死去之積り、在府同席を頼差出候積り之由、仮御届書案をも差越

大炊頭殿

久須美佐渡守妻死去之儀申上候書付

同席衆詰番

大坂町奉行
久須美佐渡守

右佐渡守妻病気之処、養生不相叶今暁十八日暁寅ノ上刻死去仕候段留守家来申聞候、忌服日数之儀ハ佐渡守承知之上御届可申上候得共、先此段御届申上候、以上

閏九月十八日

同席衆詰番

廿三日晴折々雲立　朝汁大根せんむかご　なら漬　ミそつけ　飯三　昼焼豆腐ミそつけ　飯四　夕あんかけ豆腐　うなき　ミそつけ　たくあん　酒一合ヨ　飯三

堺奉行永井来宅、公事取計方につき面談

一今朝盗賊其外博奕其外朝鮮産物売買一件口々落着引廻シ死罪壱人、死罪壱人、入墨重敲五人、入墨弐人、敲拾人、非人手下（ママ）人、過料三

○当病之積り　病気を口実に欠勤すること。

忌服届けを東町奉行から提出

○戸川播州　戸川安清。

○国定村忠次郎　博徒、上野国国定村の人、嘉永三年、磔にされた。

〆文壱人、急度叱り弐人○御仕置弐口盗賊無宿喜助一件博奕久兵衛一件封候テ以使者進達○昨夜申来候御届之儀、十八日ヨリ日合も無之、且右落着もの・進達もの等之差支も有之候故明廿四日差出候積り、今日ハ当病之積り*御城入之儀同役へ断申遣ス○昼頃堺奉行永井能州入来、御用談所ニテ面談、有合之品ニテ昼食振廻、公事方取斗向之儀品々問合有之候故、当表取斗向改候趣書取写遣候筈談置

廿四日晴折々曇　朝から汁 ミそつけ たくあん 飯三　昼八盃豆腐 ミそつけ 飯四　夕○そは切豆腐 金海鼠玉子とぢ 酒一合ヨ 飯三

一御勘定奉行跡部能州・戸川播州*ヨリ懸合有之候悪党共、紀州ニテ召捕来候ニ付入牢申付候趣御城代へ無急度申達置候ニ付、手覚書を以用人所猶人使者ニテ書状懸御目置候
右四人ハ関東取締出役御代官手付手代共并町方同心態々出役いたし召捕候処、悪党本人国定村無宿忠*次郎ハ逃去四国辺へ罷越候趣ニ付、当組捕方同心佐川豊左衛門外壱人を右忠次郎為召捕昨日差立候事○右御用向相済候後、左之通御城代へ之御届書扣相添以使者所猶人同役へ頼遣ス

忌服之儀御届申上候書付　久須美佐渡守

忌服之儀御届申上候書付　久須美佐渡守

忌二十日　閏九月十八日ヨリ十月七日迄

堺奉行永井尚徳の話

太平之御奉公故彼是を申もの、戦国に候はば

自分抔は無残所十分之高運

服九十日

私妻儀去十八日死去仕候段（閏九月十八日ヨリ十二月十八日迄）江戸表ヨリ申越候、依之定式之忌服残日数請申候、

此段御届申上候、以上

卯閏九月廿四日　　久須美佐渡守

○江戸表へ之返書昨日認候処、三ノ日ハ飛脚休ニ付今日左伝次へ渡差立ル、正一郎ハ昨日ヨリ精進、自分ハ養生之ため更ニ精進不致保養専一ニ心掛候事、昨日永井能州入来御用談之節内話之趣ニテハ、同氏ハ実子之男女六人有之候由之処、嫡子ハ御番入後二十七歳ニテ病死、嫁も死去之由、其後一女へ養子被致候処右娘も死去、養子ハ離縁、其外之子供も成人之上死去、末子〔女〕二十二歳へ聟養子被致候処産後水気有之、能州出立之頃ハ快方ニテ安堵いたし出立之処、出立後俄ニ変症出死去之由、堺着翌日為知来候仕義、右ニテ子供不残死失、奥方ハ先年病死、妾ハ召連候趣ニ候得共子供壱人も無之由、誠以楽しみ無之由ニテ歎息被致候、然共存外気張よろしく、太平之御奉公故彼是を申もの、戦国ニ候ハヽ、如何可然〔致〕、然を斯結構被　仰付候段冥加至極之儀ニ付、粉骨細（砕）身して出精いたし候心得之由被申聞候、兼テ存候よりハ見識有之、天晴之気性頼母敷覚候、元来同役若州ハ間柄、殊元堺奉行も相〔被〕勤候事故、若州へ万端可被問合筋ニ候得共、聊存寄有之由ニテ自分内実差合之儀を承知ニテ面会を被望候段ハ大ニ意味有之儀ニテ、能州も自分を頼母敷被見込候義ト被察、夫々及答候儀ニ付〔テ〕、同氏ニ見くらへ候得ハ自分抔ハ無残所十分之高運、弥以相慎精勤可致事ニ候、忰結構被　仰付候

○先役曽根日向守　大坂東町奉行曽根次孝、天保元年十一月～三年六月在任。

冬季切米代金、一昨日受取る

○当冬御切米　幕臣の俸禄米は三季に分けて支給され、春借米・夏借米・冬切米と呼ばれた。

段ハ実ニ浦山敷被存候体面色ニあらわれ候儀、扨々不幸成ものも有之事ト密ニ及歎息候事

○左之伺書同役ヨリ御城代へ被差出候処、即刻御付札御渡之由夜ニ入申来ル、尤月番ハ同役へ送り候事

久須美佐渡守公事訴訟立合等之儀ニ付相伺候書付

水野若狭守

久須美佐渡守妻之忌中ニ御座候処、天保二卯年十一月先役曽根日向守*悴忌中之節、七日相立候ハ、月代《さかやき》仕、公事訴訟立合内寄合ニも罷出候様御差図御座候間、佐渡守儀も七日相立候ハ、公事訴訟立合内寄合ニも罷出候様可仕哉、此段相伺申候、以上

卯閏九月廿四日　水野若狭守

可為伺之通候

○当冬御切米*御足高米三百五拾俵、此石百弐拾弐石五斗之内三拾五石来二月迄飯米ニ入米いたし、残八拾七石五斗払代金八拾九両弐分弐朱余（但河州米一石銀六拾七匁 佐州米一石六拾五匁三分）用達町人島屋佐兵衛より一昨日納ル

廿五日　昨夜小雨 今朝晴

朝　汁つくいも 椎茸　ミそつけ たくあん　飯三

昼　平 佐州あらめ あふらけ　たくあん　飯四

夕　きせい豆腐 玉子焼 くわい　酒一合ヨ　ミそつけ たくあん　飯三

一御用日ニ付昼後東御役所へ罷越、公事五拾弐口内紀もの五口○同役ヨリ朦中為見廻伊丹之生酒一陶・野菜物一籠大根 にんしん さつまいも ゆりの根 ゆば ミつば くわゐ以使者被相贈○杉浦重郎兵衛入来

廿六日晴　朝 柚噌味（味噌）汁 大根せん むかご ミそつけ たくあん 飯三　昼 柚ミそ ミそ漬 飯四　夕 湯豆腐 うなぎ ミそつけ たくあん 酒一合ヨ 飯三

東町奉行水野壱人勤出精につき拝領物

一在宿調物○御作事奉行石河土佐守公事方御勘定奉行、西丸御目付遠山半左衛門御目付被　仰付候旨飛脚屋ヨリ申出ル○同役若狭守、去寅十二月以来久々壱人ニテ出精相勤候ニ付、拝領物被　仰付時服三頂戴之旨、以使者吹聴有之○東組与力田中左馬五郎一件御仕置御下知書壱通、右之趣御目付代へ被相達候趣之書付壱通、并此地牢番人共非道之取斗いたし候一件鳥居甲斐守方*へ引渡候様御下知書壱通、右三通被相添〔達〕候趣之添書共、御城代ヨリ印封ニいたし以使者吉原彦助被差越候間、慥ニ落手、取調追テ是ヨリ御請可致旨、弓ノ間ニおゐて及直答

○**鳥居甲斐守**　鳥居忠耀、江戸町奉行。

廿七日強雨　朝 から汁 ミそつけ 飯三　昼 にんじん煮付 たくあん 飯四　夕 あんかけ豆腐 海鰻骨切 酒一合ヨ たくあん 飯三

御用日、出席せず

一御用日ニ候得共差向候御用有之出席不致旨、同役へ申遣ス○極老之親を麁略ニ取扱候一件、金箔忍打一件、相違之往来手形差遣候一件、右三口付札昨日同役へ御渡昨夕至来、今朝与市郎へ渡○御城代より朦中為見廻菓子一折ねりよふかん 青 うば玉 白　用人共迄奉札ニテ被差越候

在宿、目付と面談

○池田筑後守　池田長溥。

○佐々木脩助　佐々木顕発。

在宿、竹垣直道より忌中見舞届く

廿八日晴　朝 カマス干物 汁椎茸 たくあん 飯三　昼 平 うすくず キンコ 青み ゆて玉子 汁青み かまぼこ ならつけ たくあん 飯三　夕 湯豆腐 海鰻 はんぺんあんかけ 酒一合ヨ たくあん 飯

一在宿○東組与力田中左馬五郎一件落着ニ付、四時過ヨリ御目付山岡十兵衛・揖斐与右衛門入来、但田中左馬五郎ハ御切米召放、囲女たけ・同人母とくハ三十日押込、世話いたし候平兵衛外壱人ハ過料三貫文ツヽ、店借受遣候彦右衛門ハ急度叱り○金箔忍ひ打いたし候一件落着○届金横取いたし候善助召捕来ニ付直糺、入牢申付ル○田中左馬五郎一件落着、御届ハ御目付連名ニ付山岡十兵衛へ進達いたし呉候様相頼○飛脚屋ヨリ左之通書付出ス、御役 御免 間部下総守様 下総守殿ハ西丸御勤之儀子細も有之間敷、先便宅状之趣ニテも実病ト相聞候処不審之儀、若哉願之通ト申儀落字ニも可有之哉宅ヨリ之一左右相待、御同人ハ一廉之人物ニテ蒙懇命候儀末頼母敷存居候処、実病ニ候得ハ共不幸短命、外ニ子細有之儀ニ候得ハ不運成義歎息之至ニ候○昼後猶又左之通申出ル

御作事奉行　池田筑後守様*　御勘定吟味役　佐々木脩助様*

廿九日晴　朝 柚ミそ 汁さといも ミそつけ たくあん 飯三　昼 からニ 油揚 たくあん 飯四　夕 湯豆腐 金海鼠玉子むし 酒一合ヨ

一在宿調物○雑候場町平九郎下人源七金子偽取候一件、当時無宿福知山与兵衛初筆盗かたり一件、身分を偽潰銀買取候一件、右御仕置伺三口付札昨日下渡之由同役ヨリ差越、与五右衛門へ渡、来ル二日落着申渡候積り○極老之親を麁略之取斗いたし候天満高島町徳兵衛同居父伊兵衛一件落着伊兵衛ハ重追放、同人女房とくハ中追放、右徳兵衛ハ・同人妹とめハ三十日押込、幼年之妹たつハ急度叱り

○間部下総守殿病気ニ付御願之通御役　御免之旨、去ル廿一日被仰渡候由御城代より中来ル○昼後竹垣ヨリ朦中為見廻、付揚品々一重来ル

晦日曇

朝　汁 大根せん むかご　ミそつけ たくあん　飯三
昼　煮豆　ミそつけ たくあん　飯四
夕　あんかけ豆腐　酒一合ヨ　竹垣ヨリ至来 うなぎ　ミそつけ たくあん　飯三

組与力を通じて時計を入手する

○土圭　時計、個人用として懐中時計、広間に櫓時計、そして寝室用の枕時計の三種が役宅に備っていた。
○土屋紀伊守　土屋廉直、文化六年～十年長崎奉行。

一在宿調物　輪打之枕土圭*兼々望ニ候得共手廻り兼見合、懐中土圭ニテ間を合候処、当時ハ広間ニ櫓土圭有之候外輪打之土圭無之、右ハ手遠故更ニ聞へず不自由ニ付相応之品有之候ハヽ、調度、幸ひ組与力近藤左衛門ハ元土屋紀伊守*へ随身いたし長崎へも罷越土圭功(巧)者之由、素り貞実成老人ニ付同人へ相頼、松平市正家来　土圭之細工いたし候由、同人方ニ相応之品有之、此間中取寄相様し候処よく合候故、買入代金拾弐両弐分今日払遣ス、右ハ紫檀之箱へ入前後共指蓋ニテ四方共ビイドロ張有之、尤輪打ニテ外ヨリ打候仕掛ニ付響キもよく、夜子(干支)ノ刻ヌトも替り、惣体しんちう(真鍮)ニテ手堅キ品なり、箱ニ取手を提ケ候様ニいたし有之候得共、余程重く候故下タへ台を付、夫へ手を掛持歩行候様いたし候儀ニテ、外箱もあり凡左之通

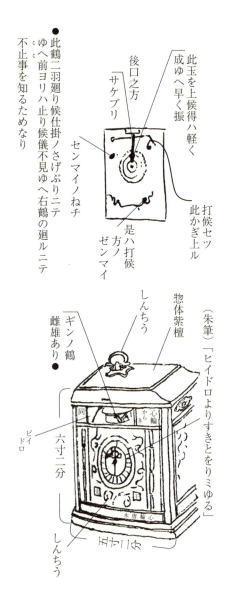

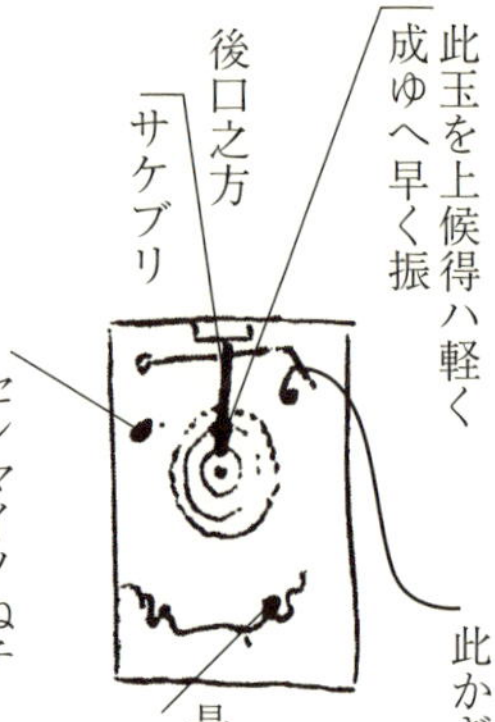

●此鶴二羽廻り候仕掛ノさげぶりニテゆへ前ヨリハ止り候儀不見ゆへ右鶴の廻ルニテ不止事を知るためなり

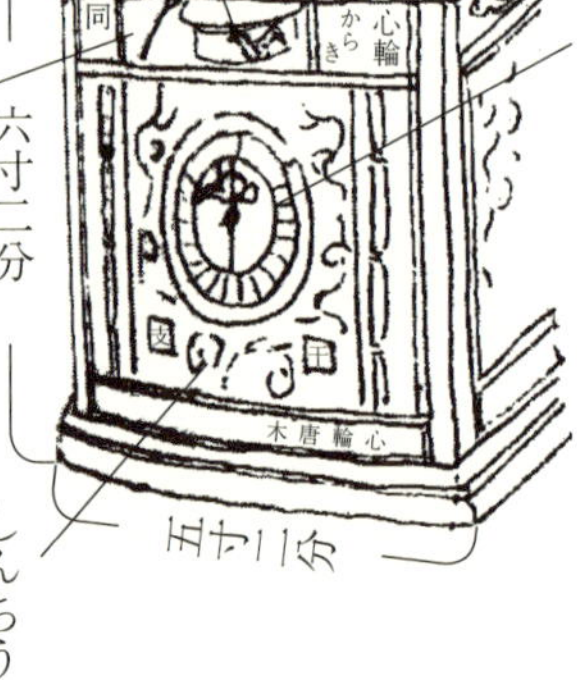

右ハ不益之品驕之様ニ候得共、夜分拆輪打有之候得ハ調宝（重）ニテ、外ニ慰も無之候故保養旁買入候得共、定式之入用金よりハ不出、全く臨時至来物手元金之内ヨリ遣ス、前より下ケ振不見故、止り不申を知るため銀ノ鶴雌雄二羽ぐる〳〵不絶廻り候儀ハ翫之もの同様ニテ、三郎太郎へ為見度おもふ事なり○昼後同役入来有合之菓子を出ス　品々御用談

十月小

朔日雨

朝　から汁　ミそつけ　たくあん　飯三

昼　煮豆　ミそつけ　たくあん　飯四

夕　そは切豆腐　海鰻しんしやう玉子むし　酒一合ヨ　ミそつけ　たくあん　飯三

在宿調物

一在宿調物○去月廿日亡妻葬式相済候得ハ申越候筈、素り法号も可差越儀ト一両日以前

○鷹見十郎左衛門→補注12。

御用日、東町奉行所にて公事糺

○公事人下宿　各地から出廷して来る公事人に対し、休憩宿泊などを提供する施設。十月三日に発令された町触によると、本来役所前の腰掛で待つべきところ、下宿に控えて酒食し呼び出しても不在、あるいは遅刻することがあるので、今後は下宿で弁当を用意させ、腰掛で待つ公事人に届けるようにとある。

ヨリ相待罷在候得共尓今沙汰無之候得共、今日ハ宅状差出候定日、且ハ大炊頭殿へ御用金一条一通り申上置度候間、是迄越前守殿へ内々申上置候書面写へ添書いたし、鷹見十郎左衛門へ*頼遣候積りニ付、旁宅状相認日記写共一封左五郎へ渡○阿部幾之助一件、鳥居甲斐守・御目付遠山半左衛門立合吟味いたし候様被仰渡候間可得其意旨、御老中方ヨリ被仰越候段、御城代ヨリ印封ニいたし以使者被差越、落手いたし候趣及直答○所司代牧野備前守殿御用　召之趣、京都同役ヨリ申来ル、御城代ハ一所ニハ一両日間有之由、何卒同様ニいたし度事ニ候

二日　昨夜強雨 折々曇　朝 カマス干物 汁つくいも ミそつけ たくあん 飯三　昼 煮豆 ミそつけ たくあん 飯四　夕 あんかけ豆腐 ハモ骨切 酒一合ヨ ミそつけ たくあん 飯三

一盗賊召捕訴出候もの四人へ褒美銭弐貫文ツヽ、遣○取逃いたし候もの、盗其外往来手形取拵候もの等品々落着申渡○御用日ニ付、昼後東御役所へ罷越○公事人下宿*取締方改革立合申渡○公事糺物五口相済八半時頃帰宅○今日之公事之内、宗右衛門町大津屋新兵衛借屋堺屋宗右衛門、相手生玉社地成田屋七左衛門、*給金出入之相手方ハ歌舞妓(伎)役者市川海老蔵にテ、先年給金七百両ニテ抱入候砌江戸表へ呼出ニ成、其後江戸払ニ相成、右給金済方を願出候儀ニテ、相手返答之趣ハ、江戸御払(構)ニハ相成候得共歌舞妓(伎)・狂言いたし候儀御差留ニ相成候儀ニハ無之候故、当表ニおゐて抱呉候ハヽ、右給金を以済方可致、左も無之候テハ済方手段無之、宗右衛門へ及掛合候得共、同人義御構ニ相成候義を恐れ候哉抱呉不申当惑之趣相答候段ハ、全く双方馴合候出入ト被察、当表ニ

テ狂言為致度奉行所聞済を相願候哉ニ被察候得共、同役掛り之事故差構候筋無之、右海老蔵事七左衛門ハ六拾余之老人ニテ、寛政之頃団十郎ト号候節自分ハ夢ニ見し事も有之、其頃ハ十八九歳之若ものなりしが今ハ六拾余之老人、其俤《おもかげ》ハ替りたれとも眼之大イ成ハ近頃迄及見たる似顔之通りニテ彼是むかし之事共存出、右狂言*の節松本幸四郎が蛇骨ばゝアニ成りしを荊婦が物真似せしが、其荊婦も此世ニなき人となり、むかし語りも不相成義、懐旧之情胸に迫り与風愁涙を催といへとも、又思ひ返し見るに、海老蔵事七左衛門ハ下賎之ものながら三都ニ名をあけしものなれとも、心掛あしく驕りに長し蒙御咎、今ハ渡世も成兼ルに、自分ハ夫ニ引替、其むかしハ見る影もなき身分の所、今ハ三都ハ不及申、日本国中ニ誰しらぬものもなき様名を揚しハ、偏　御高恩故之儀冥加至極ニ付、小事ニ不拘、弥精勤可致事ト存候得ハ、胸もひらけ気分快然たり

○成田屋七左衛門　歌舞伎役者、五代目市川海老蔵、七代目団十郎。天保十三年に江戸十里四方所払を言渡され、上方などを巡業、嘉永二年に赦免。

○右狂言　蛇骨ばばあは歌舞伎『金門五山桐』（安永七年興行）の登場人物。

自分は夫に引替其むかしは見る影もなき身分の所

三日晴　朝 柚味噌たぬき汁 ミそつけ 飯三　昼 とろゝ汁 ミそつけ 麦飯四わん半　夕 源之進ヨリ差出候品并〆豆腐 酒一合ヨ ミそつけ たくあん 飯三

在宿、朝居合を抜く

一在宿調物○昨日土屋相模守*殿より時候被尋浅草海苔一箱五十枚入家来迄奉札を以被相贈、昨夕試候処風味至極よし○今朝居合一遍抜○源之進手製、玉子へ海鰻之摺味を交、うなき蒲焼へ衣ニ掛切候品トゆりの根へこま味噌を付ゆばを巻玉子之様ニ製たるを重箱へ入差出、酒ノ肴ニ試候処相応也、正一郎へハまんちうを呉候由、右ハ朦中見廻之由

○土屋相模守　常陸土浦藩主土屋彦直。

江戸留守宅から書状・日記写届く、亡妻の石塔に言及

四日折々曇　朝塩引鮭　汁いも　ミそつけ　たくあん　飯三　昼煮豆　海苔へ醤油を付食ス　たくあん　飯四　夕そは切豆腐、うなき　酒一合ヨ　飯三

一内寄合外御用ニ付延引○在宿調物○去月廿三日出之宅状今朝辰ノ下刻至来、朦中一同無事之由安心ニ候、荊妻法号も日記写ニ有之、其余委細日記写ニ有之故爰ニ略ス廿日葬式済ニテ宅状出候義ト心得相待候処今朝迄沙汰無之心障之処、廿三日出ニテ両日後レ候上川支有之候由ニテ延着、○荊婦法号常証院、石塔之儀五輪ニいたし度趣申越、尤ニ候得共余り大キク相成、代々之石塔ト格別ニ相違いたし候テも見体如何、左候迚余り小サクいたし候ハ、保チ方宜ヶ間敷、石工へ得（ト脱カ）申談勘弁之上申付候様、右ニ付当所ニテ申付候ハ、可然趣左伝次申聞、一理有之儀ニ付愚意之趣委細申遣ス、慰之品ト違ひ当所御影石ニテ申付相廻候ハ、下料ニテ石ノ性も宜永久可然哉ニ候得共、常証院石塔而已御影石ニテ結構出来候テハ亡霊之意ニも叶間敷哉ニ付、先祖之石塔之積り二基申付、一基ハ常証院ニ用、一基ハ自分万々歳之後相用候ハ、霊意ニも叶可然哉ト愚意申遣ス此趣正一郎へも申聞候処如何可有之哉ト申聞候、同人も不承知之様ニ被察候得共是程間違無之事ハ無之候故兼テ挌置申度故存意申遣ス、今日直ニ左伝次へ渡

宅状出ス

御用日、東町奉行所出勤、公事糺

○**鶴小十郎**　勘定組頭。

○**都筑金三郎**　大津代官。

五日晴　朝塩引鮭　汁大こん　むかご　たくあん　飯三　昼佐州あらめた　油揚　たくあん　飯四　夕そは切豆腐　海鰻骨切　酒一合ヨ　ミそつけ　飯三

一御用日ニ付、昼ヨリ東御役所へ罷越公事糺物二口○永井能州も為見習被参、陰聞有之御用談、八半時頃帰宅○鶴小十郎*入来、御用談之間へ通面談、同人大津ニおゐて都筑金三郎*ヨリ承り候趣ニテハ羽倉外記儀半高被　召上、小普請入逼塞被仰付候由、兼テ

学問が害を成、いらざる御政事向へ愚意を申述

○浜松侯　水野忠邦、前老中。

○誉田八幡　河内古市郡にある八幡社、別当寺として護国寺があった。

御用日、東役所出勤

忌明につき城入り

相察候通ヨリも烈敷《はげしく》被　仰付候儀、扨々歎ヶ敷事共也外記ハ井上備前抔ト違ひ奸悪之ものニハ無之、所謂学問が害を成いらざる御政事向へ愚意を申述、浜松侯*被取用候ニ付込上知等之発意ハ、全く外記が所為ニ可有之哉ト《と》被察候事ニテ、夫故厳敷御沙汰有之候儀ニも可有之哉、被仰渡を不存事故事実難分○池田筑後当御城御修復御用被　仰付、朔日御暇相済候得ハ来ル十日頃江戸出立之趣、村上与五郎・安西久次郎ヨリ申越

六日晴　朝 柚ミそ 汁から油揚 たくあん 飯三　昼 豆腐揚出し たくあん 飯四　夕 湯豆腐 金海鼠玉子むし 酒一合ヨ たくあん 飯三

一在宿調物○牢番人一件直ニ利害申聞ル○誉田八幡*社僧・社人之出入直糺○夜ニ入川島東八郎来ル、居間ニおゐて寛談、留守宅之儀委敷承り安心之至ニ候

七日晴　朝 柚味噌 汁さといも ミそつけ たくあん 飯三　昼 ゆば たくあん 飯四　夕 あんかけ豆腐 杉浦ヨリ至来 うなき 酒一合ヨ たくあん 飯三

一御用日ニ付、昼より東御役所へ罷越公事糺物四口○今朝小屋場入口番人之儀ニ付、杉浦重郎兵衛来ル

八日晴　朝 から汁 たくあん 飯三　昼 こんにやく煮付 ミそつけ たくあん 飯三　夕 ミそ吸物 さしみ 茶わんむし 硯ふた 酒二合ヨ うなき飯三

一忌明ニ付例刻御城入○東組同心松浦市蔵一件吟味伺書、御目付山岡十兵衛立合進達○今朝飛脚屋ヨリ左之通申出ル

御奏者番へ
岡部内膳正*
脇坂淡路守*
松平若狭守*

御書院番頭へ　西丸御書院番頭　加藤伊予守
同　同御小性組番頭　酒井肥前守
西丸御小姓組番頭へ　町奉行　阿部遠江守

○昼後猶又飛脚屋より申出ル

下田奉行　御書院番頭　土岐丹波守*
御小姓組番頭　下田奉行　小笠原加賀守*

○此セつの義を柳多留の句ニ

なま焼て堀たされたる佐倉炭
大炊なる慈悲と簱本拝んて居
印旛沼堀田ハいひが水ハどふする

付合

をろ〳〵と女かみゆひくしそふし
はりかへにたす稽古三味せん

篠田藤四郎*半高ニ相成、内職にてもせずハなるまいと小サキ箱を背負出るゆへ、跡より付まいり見れハいんばの罪《ツミ》〳〵

○岡部内膳正　和泉岸和田藩主岡部長和。
○脇坂淡路守　播磨竜野藩主脇坂安宅。
○松平若狭守　伊予今治藩主松平勝道。
○土岐丹波守　土岐頼旨。
○小笠原加賀守　小笠原長毅。
今度の政変を詠んだ川柳を写す
○篠田藤四郎　勘定吟味役、印旛沼開拓を担当。

夕刻より鷭小十郎らと用談、御用金一件の次第につき話す

○兼約ニテ夕刻ヨリ鷭小十郎・川島東八郎・鷭見淳助入来、小十郎ハ先ツ御用談ノ間へ通シ御用談此御用談之訳ハ、小十郎江戸出立前戸川播磨内密申聞候ハ、大坂表御用金之儀ハ越前守殿ヨリ羽倉外記へ之御談ニ付余人ハ委細之訳も不相弁儀、外記ハ承知之通我意不法ものゆへ、大坂表ニテ如何様之取斗いたし候哉も難斗、若　御徳義をけがし候様之儀有之候テも不相済儀、且ハ市中気請等如何ニ候哉内々聞探申越候様内談有之候ニ付、任御懇意及御内話候趣去ル五日罷越候節申聞候故、外記我意強情之取斗ニテ一旦仕損候を、同人但馬留守中申諭候より人気立直り金高相整候次第等一通り咄聞、当時ニおゐてハ市中気請も宜穏ニテ聊心障り之儀無之趣、安心之ため委敷及内話、尤外記申渡書ハ同人一己之手調ニテ更ニ相談も無之、右ハ定テ越前守殿被仰含候趣を書取候儀ニ可有之候得共、為心得右写并越前守殿へ封書を以度々申上置候書面写へ書取を添、大炊頭殿御手元へ上置候趣をも内話いたし、小十郎心得迄ニ右書類、写をも熟覧候様相渡右御用談相済居間へ通シ酒肴出ス○ミそ吸物骨抜小鯛　硯蓋蚫　巻玉子　巻さより　長いも　ふきノとう　茶碗むし金海鼠　松たけ　玉子むし　さしみひらめ　うなき蒲焼　飯　香物しんつけ大根　たくあん　なひたし物

酒ハ御城代より至来を用、

上知令にかかわる政変の噂を記す

小十郎へ始テ懇意ニ出会候処、至極之才物《子》ニテ気骨も有之一廉之人物ニテ頼母敷覚候、阿部遠江・土岐丹波御役替之儀与風相咄候処、眉を皺メ甚歎息いたし、右ニ付密《ひそか》ニ及内話候趣ニテハ上知之一条、井上・篠田・羽倉等発意之次第等鳥居甲斐　召出之儀を願之上、御直ニ言上およひ候段ハ無相違、尤甲斐見込ハ、右三人御咎被　仰付、上知之儀御沙汰止ニ相成、越前守殿ハ無難ニ可相済存寄ニテ申上候哉ニ候処、越前守殿御役　御免差扣迄被　仰付候ニ付、甚恐入候哉ニ相聞、右取斗方を遠江ハ難心得存居候趣迄之儀ニハ小十郎出立前及承、無程甲斐ハ自分ト引込不申候テハ不相成場合、定テ同人こそ相勤ル間敷ト内心ニ存含居候処、甲斐ハ無難ニテ却テ遠江守転役、或ハ

土岐丹波迄代遠国御役被　仰付候段ハ意外之儀ニテ、右を以密ニ愚《思》慮いたし候得ハ、甲斐ハ存之外成佞奸ものニテ自分之妨ニ可相成ものを遠さけ候故ニハ有之間敷哉ト申聞、頻りニ歎息ニおよふ 小十郎酒力も有之酔候故多弁ニ相成候哉ニも相見候事

出入町人より到来の牡蠣にて牡蠣飯を賞味

九日 雨 昨夜ヨリ

朝 八はい豆腐 汁 長いも ミそつけ しんつけ 飯三

昼 八はい豆腐のり ミそつけ たくあん 麦飯四

夕 ㋡そは切豆腐 さしみ 煎がき 酒一合ヨ かき飯三

一在宿調物○今朝辰ノ下刻宅状至来 去月廿八日付、一同無別条安心○鶴小十郎ヨリ昨夜土産ニ蒲焼遣候、移りニ鯛之さしみを差越○出入之町人牡蛎を多く贈ルゆへ牡蛎飯を為拵試候処、風味至極よし すましへ大根おろし のりを用

十日 晴

朝 精進から汁 たくあん 飯三

昼 焼豆腐 のり たくあん 飯四

夕 そハ切豆腐 うなき 竹垣ヨリ至来 酒一合ヨ たくあん 飯三

一差向候御用も無之、同役御城入いたし候由ニ付頼遣、在宿調物○夕刻竹垣入来夜食を振廻、夜五時過帰宅

在宿、江戸へ向け宅状認める

十一日 晴

朝 ふきミそ 汁 大こんせん むかご たくあん 飯三

昼 佐州あらめ 油揚 たくあん しんつけ 飯四

夕 あんかけとふふ うなき玉子むし 酒一合ヨ たくあん ふきみそ 飯三

祐明書状(11)

一在宿調物○宅状認ル、西尾父子へ之返書、川路へ之一封、佐々木脩助へ之一封、石河山城守へ之一封、金井伊太夫へ自書一封、小倉十兵衛へ同断、坂井十之助へ一封、日記写トも封入左伝次へ渡○御徒目付へ之一封、去ル二日出之留守家来ヨリ家来迄書状

添為替便りニテ来、無別条趣相分り安心○去ル朔日阿部遠江守御小性組番頭被　仰付候趣も申来ル、土岐丹波守・小笠原加賀守・阿部遠江守へ之歓状為認端書認入遣ス

十二日昨夜ヨリ雨　朝油揚付焼 ミそつけ 汁から 飯三　昼小屋場ニテ弁当　夕そは切豆腐 金海鼠 玉子 薄葛 酒一合ヨ 雑煮餅二椀 飯二

城入り、修復中の出入鑑札につき協議

一例刻御城入、同役も罷越御城代御用談相済、九時過御城出○御勘定方・御作事方・御目付方御城入出鑑札之儀ニ付退散ヨリ小屋場へ立寄、夫々及引合、池田筑後着坂迄ハ御大工頭・御作事下奉行鑑札ニテ通行、御勘定方ハ素り組頭之鑑札之積り取極ル○帰宅後、御定番・大御番頭へも玉造・京橋・桜御門通方之儀及文通、明日否申越候趣申越○右通方否承度由ニテ川島東八郎来ルニ付、明日ニ無之候テハ難相分旨申談○玄猪*ニ付餅弐斗分申付、中小性迄一同へ遣ス、東八郎へも有合之品ニテ酒并雑煮餅をも振廻、夜五時前帰宅

○玄猪　旧暦十月の最初の亥の日、亥の刻に小餅を食べて万病除けを願う。

十三日晴北風　朝ふきミそ ミそつけ 納豆汁 飯三　昼風呂吹大根 こまみそ ミそつけ 飯三　夕そは切豆腐 うなき玉子むし ふろ吹大根 ミそつけ 飯三 酒一合ヨ

御用日、東町奉行所出勤、公事糺

一御用日ニ付昼ヨリ東御役所へ罷越公事糺物六口、其外相談もの有之、八時過帰宅○御徒目付石田欣三郎・桜井又五郎其外御小人目付来ル、弓ノ間ニおゐて面談、御城御門入出之儀、自分断ニいたし度趣申聞ルに付、御城代へ伺之上否可申遣旨談遣ス○夕刻川島東八郎御用有之入来、夜食有合之品ニテ酒食振廻○小屋場入口番人諸組同心出役ニいたし度趣、破損奉行・御大工頭・御作事下奉行ヨリ申越、御城代へ伺之上否可申

遣積り、右伺書取調候様彦次郎へ申談○昨夜ヨリ北風烈敷、今昼後聊雪降寒気強く綿入三ツ羽織を着

十四日晴　朝せうじん こまミそ 香物 茶漬飯三　昼八盃豆腐 汁ゆり ミそつけ 麦飯五　夕○湯豆腐 海鰻骨切 尾張大根風呂吹 ミそつけ 酒一合ヨ 飯三

文照院祥月につき専念寺参詣・拝礼

一文照院様* 御祥月ニ付今朝五時前供揃ニテのしめ半袴出宅、専念寺*へ参詣如例拝礼、御香典金百疋備ル、書院ニおゐて休息薄茶菓子を出ス退散、五半時頃帰宅○御徒目付・御小人目付追手御門斗り自分断出入共御城代へ相届候積りニテ御城代聞済有之候ニ付、桜ノ御門通方之儀大御番頭へ文通ニテ及掛合、明日否申越候筈申来ル○小屋場入口番人伺書御城代へ出候処、右ハ野扶持被下候哉江戸之振合聞合申聞候様ニト公用人を以談有之野々村次平へに付、靏見淳助呼寄申談、明朝否申聞候筈也○淳助へ有合之品ニテ酒食振廻し

○文照院　第六代将軍徳川家宣。

十五日晴　朝畳いわし 汁からニ油揚 ミそつけ 飯三　昼大根ニ油揚 ミそつけ 飯三　夕そは切豆腐 うなき ミそつけ たくあん 酒一合ヨ 飯三

江戸へ召喚の組与力に申渡す

一今朝六半時揃ニテ如例月次之礼を請ル平ふくりんず白重○御用有之靏見淳助来、桜御門鑑札之儀談遣ス○組与力杉浦音五郎・安藤保兵衛養父隠居丈之助事安藤丈兵衛、鳥居甲斐守御役宅ニおゐて御目付遠山半左衛門立合吟味之儀御下知有之候ニ付、江戸表へ差遣候趣月番与力へ申渡、且阿部幾之助差立ニ付為宰領罷越候与力小川甚五右衛門・三宅三郎右衛門・大森隼太へも弓ノ間ニおゐて申渡○同断与力松井与五右衛門へハ談所ニおゐて申渡、同心共へハ爐ノ間*ニおゐて申渡、東組与力由比又太郎養祖父隠居由比

○爐ノ間→西町奉行所図参照。

喜右衛門も、音五郎外壱人同様江戸表へ差遣候趣東組与力月番へ達、同役へも山岡十兵衛連名ニテ申遣ス

十六日晴　朝 雑煮(餅)三椀八ツ たくあん 茶漬二椀　昼 氷豆腐 汁さといも たくあん 飯四　夕 松だけ 氷豆腐玉子とぢ たくあん 酒一合ヨ 飯三

一宿次ニ付例刻御城入○同役不快ニ付御城入断候趣、今朝以使者御城代へも申達候得共可然相頼候由申来ル○御勘定奉行へ相場書*、御城代へ同断并往来書扣共差越、山室弥兵衛を以進達○吉川銚七郎ヨリ御城代へ預置　御朱印御証文并御普請役榎本定右衛門御証文、御城代ヨリ請取持帰、明日相渡候積り預り置、此節ハ阿部幾之助一件近々差立并御城御修復御用ニ付甚御用繁ニ付、御用日記へ斗り御用向ハ認、以来略之

十七日晴　朝 尾張大根ふろふき たくあん 飯三　昼 ひしき油揚 たくあん 飯四　夕 こんにゃく てんぷら 大根ふろふき かれい煮付 酒一合ヨ たくあん 飯三

一在宿調物○今朝飛脚屋ヨリ左之通申出ル

御役　御免　御勘定奉行　梶野土佐守*
御普請奉行へ　小普請奉行　川路左衛門尉
小普請奉行へ　御勘定奉行並　佐々木近江守
町奉行へ　小普請支配　鍋島内匠*
御勘定奉行へ　新番頭次席御目付*　榊原主斗頭

梶野土佐御役　御免ハ印旛沼且上知之相伴歟、佐々木近江ハ解兼候得共、聊ニテも上知ニ携候ものハ難被差置ト之御趣意歟、同人ハ志ニおゐてハ可賞人物ニ候得共文通之

○**相場書**　石代納のため諸国の米相場を書き上げた書面。

超多忙につき御用向は御用日記にのみ記す

在宿調物

○**梶野土佐守**　梶野良材。

○**鍋島内匠**　鍋島直孝。

○**榊原主斗頭**　榊原忠義。

人事異動にコメント

川路はあたり前の繰上、榊原はいよいよ天狗に

代官築山茂左衛門と御料所改革につき面談

○支配所定免村免増等→補注13。

＊岡村丹州　大目付岡村直恒。

早朝より木津川筋巡見

様子ニテハ才力ハ薄キ方ニ被察、御勝手方抔引請十分ニ取斗候力ハ有之間敷故欤難斗、川路ハあたり前之繰上、榊原主斗ハ大出来弥天狗ニ可相成欤、鍋島ハ不存役義覊が推察之通欤、しかれハ甲州ハ可怖ものト被存候○夕刻川島東八郎来、有合之品ニテ酒振

十八日曇　朝畳いわし たくあん　飯　から汁　昼同役方ニテ内祝 料理振廻有之　夕湯豆腐 酒一合ヨ　中ひら 鯛 松たけ　飯三

一今朝五時前築山茂左衛門入来、居間へ通シ入歯之掃除いたしなから面談、支配所定免村免増等*之儀ニ付取斗向内談有之、同人存意尤ニ付可然旨及答置○去ル八日付之宅(状脱カ)今朝辰ノ下刻至来熟覧、一同無別条安心、所々ヨリ之届状来ル、岡村丹州*ヨリ同役へ之届物今日直ニ遣ス○同役壱人勤御褒美内祝之由ニテ吸物・二種肴・鱠付料理出ル、八半時頃帰宅

十九日晴折々雲立　朝ゆば煮付 たくあん　茶漬飯四　昼《ヒル》弁当玉子やき たくあん　きせい豆腐　夕湯豆腐 酒一合ヨ　うなき　飯三　㋡

一今朝挑灯引出宅門前ヨリ乗船、東横堀川通大川、夫より土佐堀川通り木津川海口迄、同所ヨリ同川筋を登り道頓堀川通東横堀川門前迄帰船上陸、帰宅八時過、組与力・同心共も罷越候故菓子一箱重・煮〆玉子焼 きせい豆腐 蒲ぼこ 糸こんにやく かんぴやう 一重持参、家来迄も遣ス

昨日の木津川海口巡見で、房総や佐渡の海辺を想い出す

○遠目鏡　望遠鏡。

長寿なればこそ遠国在勤して珍敷場所及見

在宿、宅状到来

廿日晴　朝 汁大こん むかこ たくあん 飯三　昼 八はい豆腐 のり たくあん 麦飯四　夕 あんかけ豆腐 うなき玉子とぢ たくあん かきめし三

一例刻御城(入脱)○昨日木津川海口波除築出之先迄歩行いたし候処、長八百間余左右石垣ニテ築上松並木植付有之、先キ之方ハ平地迄一面之石ニテ畳詰方角を記シ候石碑有之、正面ニ淡路島、夫ヨリ南之方ニ紀州沖之島二ツ有之、南東へより紀州之山々、西北之方ハ摂州兵庫ノ山々迄見渡シよき気色なり、昨年春佐州春日崎之鼻へ罷越候儀、且四十二ヶ年以前春上総房州へ廻村之節、大東ヶ崎之鼻へ罷越海面を見渡候事共存出候儀ニテ、大東ヶ崎ハ東果ニテ風烈ニ無之候テも高波立、海面ニ聊も目ニさへぎるもの無之、遠目鏡*ニテ東海廻り之船漸ク此位ニ見へ候事、又昨年春日崎ニテハ越後・能登ノ山々眼前ニ見へし気色抔おもひ出るニ、長寿なればこそ遠国在勤して珍敷場所及見、殊健《すこやか》ゆへ今日も歩行之節、西北之風■烈ニテ案内之もの迄難儀之様子、槍持抔別テ迷惑之様子ニ候得共、自分ハ頭巾も不用歩行いたし候儀至極之保養にて、乗船を残多く覚へし事なり、夕刻御用有之、甕見淳助有合之品ニテ酒振廻、且蛎飯も振廻

廿一日晴　朝 から汁 たくあん 飯三　昼 こんにやく たくあん 飯四　夕 かふ こまミそ 蛎吸物 畳いはし 酒一合ヨ たくあん 飯三

一在宿調物○去ル十二日付之宅状今朝巳ノ刻至来、一同無別条安心○本高之分江戸渡御蔵御証文相済候由ニテ写来ル

金田靱負殿*
美濃部庄右衛門殿*

大坂町奉行
久須美佐渡守

覚

御加増百俵

元高弐百俵

都合三百俵之高ニ成

右只今迄取来御足高之内従当卯年如書面御加増ニ被直下、御切米於大坂請取可申処、依願御足高トも千五百俵之内元高之分三百俵当地ニテ被下候間、任引付向後以直判手形可被相渡候、尤此度御加増ニ直り候御足高并元高共当夏之分為支度取越請取候由候間、只今御加増不及相渡、当冬之分ヨリ書面之通可被相渡之候、以上

天保十四卯
五月

信　濃*印
大　炊印

金田靱負殿
美濃部庄右衛門殿

○金田靱負・美濃部庄右衛門　両人とも切米手形改役。

加増により知行高三百俵となる

○信濃・大炊　信州松代藩主真田幸貫と下総古河藩主土井利位、ともに老中。

江戸派遣の与力に対し餞別を渡す

次男順三郎、上坂につき受入れの準備

○**平賀三五郎**　平賀勝足、目付。

○**此地御城御修復御用**　元和～寛永の修築以来二百年を経て、大坂城の各建物は傷みがひどく、御用金を以て修復となった。

城入り、帰宅後夜分に作事奉行らと面談

○阿部幾之助一件明後廿三日差立候ニ付、宰領与力松井与五右衛門へ先格之通為餞別麻上下一具、表ニおゐて左伝次ヨリ相渡遣ス、別段談所へ呼寄面会、右一件最初ヨリ取扱骨折候ニ付、紋付肩衣一具遣ス○飛脚屋便り定日ニ付宅状認、左伝次へ相渡○順三郎儀上坂之積り決心之由申越候ニ付、御届ニテ可相済哉御届書案認、御城代家来へ三町人を以問合候方ニも可有之哉之趣、左伝次を以同役へ及相談候処、至極同意之趣申越候ニ付、明朝尼崎又右衛門呼寄申談候積り左伝次へ申付ル、右否分り次第早々可申遣候間、其上ニテ取極候様留守宅へも申遣ス○長崎へ御用として罷越候御目付平賀三五郎*今夕着坂夜六半時過入来、大書院へ通面談、明後廿三日御城代下屋敷ニおゐて対話可有之趣ニ付、明後朝自分方へ被参候様申談○此地御城御修復御用掛り*御作事奉行池田筑後守・御目付井戸大内蔵、明廿二日着坂之由申来、御城代へも相達ス

廿二日折々曇　朝狸汁 たくあん 飯三　昼氷豆腐 むかご たくあん 飯四　夕大根風呂吹 うなき玉子むし 酒一合ヨ たくあん 飯三

一今朝五時揃ニテ阿部幾之助一件引渡之儀申渡、御目付代山岡十兵衛・御徒目付も来ル○宰領与力松井与五右衛門・東組与力工藤万三郎并両組同心共四人ツヽ八人也へも面談、囚人御証文御城代之証文なり与五右衛門へ直ニ渡、御関所通手形ハ自分・同役連判いたし家来ヨリ渡○例刻御城入、同役ハ此節不快ニテ今日も御城入不致ニ付、明日平賀三五郎へ対話并池田筑後守・井戸大内蔵御城入之儀公用人服部源左衛門へ申談候処、池田筑後守・井戸大内蔵御城入之方を先キへ相済シ、夫ヨリ下屋敷へ被相越対話之方可然哉、

存寄可申聞旨御城代被仰聞候由ニ付、右之通ニテ可然旨相答、御用談之節も右之趣直ニも対談有之、九半時頃帰宅○右之趣為心得平賀三五郎へも為心得及文通、尤旅宿ヨリ直ニ御城代下屋敷へ被参候様申遣ス○夜ニ入池田筑後守・井戸大内蔵入来大書院へ通面談、明朝五時御城入之積りニ付右以前被参候様申談

廿三日晴　朝ゆば煮付　たくあん　飯四　昼汁ゆり　たくあん　飯四　夕そは切豆腐　むし玉子あんかけ　酒一合ヨ　飯三

作事奉行らと同道城入り、のち城代下屋敷で目付と対話

一今暁七半時起出支度いたし、池田・井戸両氏入来を待請、五時同道御城入、自分ハ御用談済ニテ退散、御城代下屋敷へ罷越、平賀三五郎対話、如例相済九半時過帰宅、池田・井戸両氏　御機嫌伺、御朱印を御城代へ差出候儀等《と》之儀ハ御用日記へ認置○夕刻東八郎来、酒食振廻

廿四日曇昼後雨　朝から汁　たくあん　飯三　昼弁当きせい　とふふ　夕○尾張大根風呂吹　うなき　きせい豆腐　酒一合ヨ　飯三

城入り、修復場所見分

一今朝四時揃見分ニ付、四時前野ふくニテ羽織白衣御城入、上場所会所へ罷越、池田・井戸両氏も被参、示談之上一同御殿へ罷越、一通り見分相済八時過会所へ立戻、自分ハ直ニ退散、帰宅八半時過○御用有之淳助来ル、御用談済有合之品ニテ酒食振廻

廿五日晴風立　朝大根風呂吹　汁いも　たくあん　飯三　昼八はい豆腐　たくあん　麦飯四　夕小鯛吸物　そは切豆腐　酒一合ヨ　飯三

御用日、東役所出勤

一御用日ニ付昼ヨリ東御役所へ罷越、公事糺もの拾口○順三郎当地へ呼寄候儀尼ヶ崎又右衛門へ申談為取調候処、大坂町奉行ニハ先例不相見候得共、天明之度堺奉行贄安芸

○贇安芸守　贇正壽、天明四年七月～寛政七年十一月の間、堺奉行。

守*悴并妹を呼寄候節願候例有之、然上ハ御届ニテハ不相済筋ニ付、左之通願書取調左
伝次を以同役へ頼遣、同役ヨリ用人以使者御城代へ進達相済

順三郎呼寄せのため願書作成

> 江戸表ニ差置候次男久須美順三郎儀大坂表へ引取之儀奉願候書付
> 久須美佐渡守

私儀先達テ大坂御役所へ引越候節、妻病気ニ付次男順三郎一同江戸表ニ差置候処、
妻儀病死仕候ニ付、右順三郎儀大坂表へ引取候様仕度奉願候、以上
卯十月　久須美佐渡守
右ニ付為心得願書写・例書共留守宅へ書状相添差遣候積り今日宅状相認、即日飛脚屋
へ渡候様左伝次へ渡、松坂・清水へ之返書も封込遣ス

廿六日晴　朝（汁大根せん・むかご　ふきミそ　飯三）　昼弁当ゆば　夕（そは切豆腐　きんこ玉子むし　酒一合ヨ　飯三）

城入り、櫓多門など見分

一例刻御城入、如例宿次相済御用談、九半時頃野服ニ着替上会所へ罷越弁当認、所々御
櫓御多門見分いたし、七半時過帰宅○去ル十七日出之宅状今朝辰ノ下刻至来、一同無
別条安心、右ハ去ル十六日西丸下土井大炊頭殿屋敷内出火ニ付、定日之便り一日引上
差出候趣申越

廿七日晴　朝（から汁　たくあん　飯三）　昼弁当（煎豆腐　香物ミそ漬）　夕（鴨しつぽく　酒一合ヨ　飯三）

御城修復所見分

一例刻出宅下小屋へ落合御堀端石垣見分、夫ヨリ追手御門始御櫓御多門見分、上会所ニテ弁当認、夫ヨリ所々御櫓御多門見分、夕七時過帰宅○正一郎歯痛ニ付、宇佐美左門呼寄療用

廿八日晴　朝汁いも たくあん 飯三　昼弁当糸こんにやく 香物ミそつけ　夕湯豆腐 うなき玉子むし 酒一合ヨ 飯三

御城修復所見分

祐明書状(12)

一例刻出宅、上会所へ落合、桜ノ御門・御多門始三重御櫓御多門見分、御櫓六ヶ所相済上会所へ戻弁当認、夫ヨリ残五ヶ所見分相済、夕八半時過帰宅○御曲輪内出火御機嫌伺呈書差立ニ付、宅状出ス○川島東八郎来、有合之品ニテ酒食振廻○正一郎儀、左門療治ニテ歯痛快方

廿九日晴　朝から汁 たくあん 飯三　昼八盃豆腐 たくあん 麦飯四　夕あんかけ豆腐 うなき 酒一合ヨ たくあん 飯三

○播州本徳寺　播磨姫路にある本願寺派の寺院。

一在宿調物○同役相談もの播州本徳寺*一件并東組与力黒崎弥四郎風聞一件書物熟覧、存寄之趣書取いたし封候テ返却、請取書来ル

十一月大

朔日晴　朝ふろ吹 汁いも たくあん 飯三　昼弁当ぎせい豆腐 香物ミそ漬　夕至来物 鯛ミそつけ 湯豆腐 酒一合ヨ 飯三

月次の礼を請け、玉造御蔵など見分

一如例月次之礼を請ル○例刻出宅野服下小屋へ罷越、弁当後玉造御蔵其外所々見分、八半時過帰宅○宅状差出候定日に付為差用向ハ無之候得共書状認、庄次郎へ之返書共封候テ左五郎へ渡

御用日につき公事紏

二日曇　朝 柚ミそ　汁大根おろし・油揚　たくあん　飯三　昼 大根煮付　たくあん　飯四　夕 吸物　取肴　しつぽく　酒一合ヨ　雑煮餅三椀　飯二

一御用日ニ付五時前公事場へ出席、訴訟六拾弐内紏もの七口○去月廿一日出之宅状今朝辰ノ下刻至来、一同無別条安心○同役昼後ヨリ入来、公事五十二口内紏もの十二口○同役ヨリ冬至ニ付餅菓子一重・吸物・肴・山取もの一重・鴨其外しつぽく道具一重至来、入物トモ為請取置、明日ニも相応之積(移)り可遣事、至来物も有之故川島ハ《と》東八郎を呼酒食振廻、吸物ハ間部下総守殿ヨリ至来塩鱈を用、和らか成方ニ候得共風味相応なり

城入り

三日晴　朝 柚ミそ　から汁　たくあん　飯三　昼 氷豆腐煮付　たくあん　飯四　夕 鱈・こんふ吸物　鯛塩焼　湯豆腐　酒一合ヨ　たくあん　飯三

一例刻御城入、御用談済九半時頃帰宅○同役方へ昨日之移りとしてかすていら・せんべい一重・うなき蒲焼一重・蛎一重、納戸迄納戸手紙添遣ス○川島東八郎御用有之来ル、有合之品ニテ酒食振廻

四日晴　朝 畳鰯　汁大こんせん　むかご　たくあん　飯三　昼 八盃豆腐　のり　たくあん　麦飯四　夕 ○尾張大根風呂吹　うなき玉子むし　酒一合ヨ　たくあん　数ノ子　飯三

一在宿調物○内寄合外御用ニ付延引○飛脚屋ヨリ左之通申出ル

御役　御免、前々之通帝鑑ノ間席
思召を以四品ニ被叙　堀田摂津守＊

小普請支配
鍋島内匠跡
百人組之頭　諏訪備前守＊

御役　御免、菊之間縁頬詰
思召を以御足高是迄之通被下之　新見伊賀守

中奥御小姓
御小姓　新見豊前守＊

○堀田摂津守　下野佐野藩主堀田正衡、若年寄。
○諏訪備前守　諏訪頼保。

杉山正太郎

是ハ間違ニテ御徒目付之由、左も可有之、飛脚屋申出候義ハ間々相違有之

○新見豊前守　新見正興、正道の養子、後に遣米使節となる。

摂津守殿ハ当時若年寄衆ニテ之（八）御人物、伊賀殿も御取次衆之内ニテハ頼母敷心得居候処、摂津守殿ハ御勝手方ニ付越前殿之かぶれニも可有之哉、伊賀殿ハ子息迄中奥被仰付候上ハ何欤子細有之儀ニ可有之、恐察もいたし兼候得共、去々丑四月御改革以来御善政ニハ候得共、御老中方・若年寄衆始重キ御役人手之裏を返し候様纔之内ニ転職被　仰付候儀、恐多キ事なから不穏成義、管見ニハ不及事ニ候得共太田摂《備》後守殿を始堀田備中守殿、且越前守殿ハ不及中下総守殿、扨今般摂津守殿・伊賀殿いつれも一挙有之衆不残御取退、阿部伊勢守殿ハ抜群之御人撰ニも可有之候得共若年いまた不被勤馴義、差当り御老若之内御壱人も格別頼母敷被存候御人物無之哉ニテ、身分ニ不預事なから密ニ及歎息

改革以来の人事異動の多さに驚き、言及

身分に不預事なから密に及歎息

五日曇　朝 柚ミそ汁 やまのいも たくあん 飯三　昼 尾張大こんふろふき たくあん 飯四　夕 たら吸物 大根ふろ吹 東八郎持参 うなき蒲焼 きせい豆腐 玉子焼 むかご 酒一合ヨ 飯三

御用日につき公事札、与力三名を称誉

一御用日ニ付五時公事場へ出席、訴訟六十六内紀もの十六口、外ニ寺社作事願弐口○昼ヨリ同役入来、公事三十五内紀もの十六口○内山彦次郎始骨折相勤候ものへ左之通遣ス

真綿一包　早川安左衛門へ

黒ちりめん紋付羽織裏地共　黒絽紋付肩衣裏地共　内山彦次郎へ

黒縮《絽》緬紋付 肩衣裏地共　勝部与一郎へ

彦次郎ハ万端骨折候故両品遣ス、与一郎ハ幾之助一件最初ヨリ骨折候儀、安左衛門ハ最初之内取扱候ニ付差別を付遣ス、夕刻川島東八郎来ル、うなき蒲焼持参、酒食振廻

六日晴　朝 畳鰯 から汁 たくあん 飯三　昼弁当 糸こんにゃく ミそ漬香物　夕 蛎ニ豆腐 鱈吸物 酒一合ヨ たくあん 飯三

城入り、宿次呈書ののち小屋場出勤

一例刻御城入、御用談済宿次如例書判いたし退散 但野服ニ着替 ○御城出ヨリ小屋場へ罷越、小屋場御門番人誓詞見届ル、但筑後・自分・大内蔵三人宛なり○小屋場ニテ弁当認ル

七日曇　朝 大根おろし汁 たくあん 飯三　昼 油揚ひじき たくあん 飯三　夕 あんかけ豆腐 鴨しつぽく たくあん 飯三 酒一合ヨ

御用日につき公事糺

一御用日ニ付五時前公事場へ出席、訴訟七十六内糺物四口○昼ヨリ同役入来、公事三十五内糺物三口○昨日松平遠江守ヨリ鴨一番《つがい》至来に付今日為拵、靍小十郎へ此程ミそ漬鯛差越候挨拶なから遣ス しつぽくニ成候様玉子・糸こんにやく せり・くわい等重箱へ詰遣ス

八日晴　朝 油揚 汁 いも たくあん 飯三　昼弁当 きせい豆腐 香物ミそ漬　夕 鱈吸物 きせい豆腐 玉子焼 ふきのとう 皿盛 うなぎ 酒一合 飯三

城入り

一例刻御城入、御用相済上会所へ罷越○今朝飛脚屋ヨリ左之通申出ル

加判之列　所司代 牧野備前守殿　西丸御老中 寺社奉行 戸田日向守殿*

所司代　酒井若狭守殿*　寺社奉行 森山（青）大和守*

右之内備前守殿ハ格別之御人物トハ不心得候得共御順之儀、若狭殿ハ格別之御人物、殊於　禁中来春御大礼*も有之多分之入用も相掛り、拾万石以上ニ無之候テハ差支候意

○戸田日向守　下野宇都宮藩主戸田忠温。
○酒井若狭守　若狭小浜藩主酒井忠義。
○森山大和守　美濃八幡藩主青山幸哉の誤り。

○**禁中来春御大礼**　天保十五年三月、統仁皇太子（のちの孝明天皇）が十四歳で元服。

飛脚屋より届いた人事異動に言及

口外は難相成只々大息

○**信濃守**　老中真田幸貫、信濃松代藩主、松平定信の次男。アヘン戦争後の対外認識を買われて水野忠邦の幕閣に列した。

○**小笠原安芸守**　小笠原信賢。

味も有之由ニ付、旁相当ニ可有之、日向守殿ハ案外之儀ニ存候処、池田筑州内話之趣ニテハ日光　御参詣之節宇都宮御宿城ニ相成、莫太之入用身上取締《と》続も六ヶ敷程之儀ニ付（筑州ハ実家分部ト、日向殿間柄両敬也）全く御救ひ御慈憐之御趣意ニ可有之との儀、尤左も可有之候得共西丸ニ候トも執政被　仰付候上ハ、別段御人撰無之候テハ不相成筋ニ可有之、右様之小事ニ拘り日向守殿如キ御人御老中被　仰付候儀ハ扨々歎ヶ敷、密ニ歎息および候得共、口外ハ難相成只々大息いたし候儀ニ候、大炊頭殿ハ兼々御様子相弁罷在候儀申迄ニも無之、信濃守殿*ニハ楽翁殿御次男ニテ兼テ文武之聞へハ有之候得共、去寅八月小笠原安芸守*病気引込押テも出勤候様ニト之御談之節始テ度々及御応対候処、格別被蒙御撰候程之御人物トハ不被存、伊勢守殿ハ諸人感伏いたし候御人ニハ候得共至テ若年万端不被事馴儀、備前守殿ハ結構人、愛敬ハ有之候得共、中々以執権（ママ）職之御人トハ不被存、扨今般西丸被蒙　仰候日向守殿ハ並之御人ニテ更ニ頼ニ被存候方無之、如何成行候儀ニ可有之哉　上ニも嘸々御心配可被為（あらせらるべく）在ト恐多キ事なから存続候事ニ候○夕刻井戸大内蔵入来、談所へ通閑談、右ハ当所御取締として先達テヨリ被差遣候御徒目付之儀ニ付内談有之、愚意之趣申談、有合之品ニテ酒食振廻○今朝宅状（去月廿八日付）至来、無別条安心

九日曇　朝（畳いわし　汁大こんせん むかご　たくあん　飯三）　昼（八はいとふふ　新のり　たくあん　麦飯四）　夕（○ゆどふふ　うなき　酒一合ヨ　たくあん　飯三）

寒中見舞状認める

一内寄合外御用ニ付延引、在宿調物○御用透ニ寒気見廻書状端書認ル

城入り、城中修復所見分

夕方市中出火あり、出動

十日晴　朝 から汁 たくあん 飯三　昼弁当 ゆば 香物ミそつけ　夕 鯛うしほ 尾張大根風呂吹 酒一合ヨ たくあん 飯三

一例刻御城入野服、御用談済ニテ上会所へ罷越弁当認、夫ヨリ御金蔵・御書蔵等見分、一旦会所へ立戻直ニ退散、八半時過帰宅○去ル四日出之宅状今朝辰ノ下刻至来、一同無別条安心○飛州ヨリ去廿五日付之書状并塩鱈二尾至来、是又一同無別条安心○今夕七時過談所ニテ内山彦次郎ト御用談中半鐘打候故、火ノ見ニテ見させ候処、西少シ南へ寄出火有之、遊女町新町郭辺之見当之由組与力共申聞候由ニ付、早々支度いたし黄羅沙火事装束、頭巾并むちハ駕籠脇之ものニ為持候即刻供揃ニテ罷越、尤表門ヨリ出ル、供立左之通

先払壱人　同心　同心　高張　徒士　朱丸高張
　　　　　同心　同心　高張　馬印　徒士
　　　　　　　　　　　　　　　　　徒士　朱丸高張

朱（カ）袖摺挑灯　近習 十蔵　挑灯 中小性 国蔵　挑灯持 同心　草り取　挑灯持 挟箱　○牽馬 口之もの　○ 口之もの

鑓　駕籠　陸尺四人　高張

挑灯 近習 勇吾　挑灯 中小姓 鹿太夫　挑灯持 同心　長柄持　挑灯持 挟箱　挑灯持 若党

沓籠飼葉　押　物持 物持　高張　用人　挑灯持 草り取

鑓持　挑灯持　祐筆　挑灯持　御用箱持　挑灯持
草り取　同断　惣弁当持
蠟燭持　宰領

右供立ニテ差急キ罷越候処、新町橋河岸通孫左衛門町大工播磨屋新蔵宅火元ニテ（此火元相違ニテ同所大和屋吉兵衛納屋ヨリ出火糺之上相分ル、類焼三軒）纔両三軒焼候様子ニテ、自分罷越候節ハ最早鎮火下タ火ニ成ル、新町橋ヨリ歩行、組与力共ハ先へ参り居いつれも出迎夫々及会釈、出火場之様子及見、瓢箪町是ハ傾城町郭中なり会所へ立寄、跡火消方等入念候様火消人足ハ引取之儀伺候故為引取候様及差図、其以前外会所へ野々村次平并祐筆小林新平罷越注進状取調、即刻同心使を以御城代へ差出ス、右相済直ニ引取場所ヨリ挑灯を用、聊之火事ニ候得共火事珍敷、殊町火消之外武家之火消等ハ無之火元見等も無之候故、奉行之出馬を相待居候様子、門前ヨリ夥敷見物ニテ、往還狭キ所ニテハ同心共制候故群集込合候、老若男女鮓《スシ》を付候様ニ候得共、前側之もの不残下ニ居候得共後ロ之ものハ下タニ居候儀も難相成、しかれ共御威光故聊滞候儀も無之、駕籠ニテ無差支通行いたし候儀ニテ、実ハ馬上ニ候得ハ立派ニテ別テ威光も可有之候得共、素り馬術ハ未熟、殊老年之儀、無余義右群集之中を乗輿いたし候儀ニテ、自分ハ若年之節ヨリ火事好キニテ、所々へ見廻なから罷越候儀第一見物を好候故ニ候処、不勤之部屋住之節ハ火事羽織も無之、漸支配勘定見習被　仰付候節川田ヶ窪質屋多兵衛方ニテ白モンパノ古キ火事羽織を調、紋を黒繻子ニテ付直シ、無僕ニテ自身挑灯を持見物ニ罷出候身分ニ候処右白もんぱ火事羽織ハ後年小谷松善太夫へ譲ル、追々蒙御取立、今日之為体《（ていたらく）》ハ実ニ生れ替り候同様

町火消之外武家之火消等は無之

初めての出火出動につき感慨を記す

自分は若年之節より火事好きにて

江戸へ宅状出す

○むしつ汁　六種類の具材を入れた汁物。

御用日、公事紀のち城入り、宿次呈書

之儀、冥加至極難有事ニ候、今少シ年若く候ハヽ、幸ひ馬場も有之事故、馬術稽古も可致候得共、七十を越候テハ聊之義も用心可致義、素り《(もとよ)》人もゆるし可申儀に付思ひ絶候義ニテ、乗馬不相成ハ残念之様ニ候得共夫丈《(ママ)》ケ難有サも厚キ事哉ト独り催一笑候事ニ候

十一日晴　朝大根風呂吹　汁いも　たくあん　飯三　昼氷豆腐　寿留女煮付　たくあん　飯四　夕飛州至来　煎豆腐　鱈こんふ　酒一合ヨ　たくあん　飯三

一在宿調物○飛脚屋便差立候定日ニ付定宅状認左五郎へ渡、

但佐々隼之助・小出織部・堀帯刀へ之歓状并三郎太郎へ之一封も封込遣ス

十二日晴風立　朝畳鰯　汁むしつ汁*　たくあん　飯三　昼数ノ子　海苔　たくあん　飯四　夕湯豆腐　うなき玉子とじ《むし》　数ノ子　酒一合ヨ　飯三

一在宿調物○今日御城入可致処、明日宿次出候ニ付不及御城入旨、御城代ヨリ申来ル○

夕刻川島東八郎来ル、有合之品ニテ酒食振廻

十三日晴　朝煮豆　たくあん　茶漬飯四　昼糸こんにやく　汁つミ入 豆腐　青み　のり　たくあん　飯四　夕飛州ヨリ至来　鱈こんふ吸物　玉子むしきんこ　酒一合ヨ　飯三

一御用日ニ付五時前公事場へ出席、公事訴訟百十七口内紀もの九口○例刻御城入、御用談宿次相済退散、帰宅九半時過○公事三十七、内紀もの三口、但同役ハ不快ニ付、出席之積りニテ追手ヨリ直ニ退散○同心組頭松岡幾右衛門老衰ニ付願之通御暇申渡、且数年無滞懈怠相勤候ニ付、為御褒美銀五枚被下旨之御書付御城代直ニ御渡、明後十五日

江戸に昇進歓状とともに宅状出す

月次の礼を請け、同心組頭の引退と跡番代申渡す

申渡候積り左伝次へ渡○今朝引負一件吉兵衛落着申渡、大坂三郷払
一内寄合外御用ニ付延引、在宿調物○備前守殿・山城守（日向カ）殿・若狭守殿へ歓之呈書、同役へ頼一同江戸表へ差立候ニ付、為差用向ハ無之候得共宅状も一封遣ス

十四日曇
　朝　至来塩鰯　汁つミ入　のり　とうふ　たくあん　飯三
　昼　八はい豆腐　のり　たくあん　麦飯四
　夕　（ツメ）湯豆腐　うなき蒲焼　酒一合ヨ　飯三

十五日曇
　朝　煮豆　汁大根おろし　あふらけ　たくあん　飯三
　昼　数ノ子　煮豆腐　たくあん　飯四
　夕　鱈こんふ吸物　きせいどうふ　ふきのとう煮付　蒲ぼこ　酒一合ヨ　たくあん　飯三

一今朝五時前談所へ出席、如例席々ニおゐて月次之礼を請ル○同心組頭松岡幾右衛門病気願之通御暇、老衰御褒美跡番代爐ノ間ニおゐて申渡○牢屋取締掛り二俣孫助出精之段誉置、書取相渡○例刻御城入○組同心老衰御褒美之御礼先格之振合名札持参御城代式台ニテ申置、夫ヨリ如例通り候事○左之御書付御城（代脱）直ニ御渡

此地御改革為御用御徒目付・御小人目付被差遣、代り合京都へも罷越候様先達テ被申渡置候処、最早不及其儀候間、右御改革ニ付為御用罷越候者ハ御徒目付・御小人目付共、此地御城御修復御用之方も相勤ニ不及候間、帰参候様御目付へ申渡候間、各方へも可申渡段老衆ヨリ申来候間可被得其意候

○今朝出勤前井戸大内蔵入来談所ニテ面談、右之趣内話之上右之趣達書被相渡候○御作事方支配向若党召連候もの無人之由ニテ鑑札自身引合セ掟ニ違ひ候由、御城代公用

人内談に付、今夕鶴見淳助呼寄談遣ス、有合之品ニテ酒食振廻

十六日晴　朝かます干物　汁せん六本 むかご　たくあん　飯三　昼数ノ子　煮豆　たくあん　飯四　夕尾張大根風呂吹　蚫煮付　きせい豆腐　酒一合ヨ　たくあん　飯三

在宿、寒中見舞状を認める

一在宿調物○寒中見廻之書状端書等御用透ニ認置、明日両人共御城入候様申来候処、同役ハ風邪ニ付明日之儀も頼来○御老中方御連名ニテ同役両人迄之御奉書、御城代ヨリ来ルニ付早速披封之処、大御番借財方之儀銀主町人共承伏候様可申諭旨、先達テ越前守殿ヨリ被御達置候処、最早不及其儀候間可得其意旨之御奉書ニ付同役へ相廻ス、右ハ自分引請ニテ、組与力ヨリ利害申聞候得共埒明兼候故、四五日以前直ニ申諭当所之ものハ承伏いたし、京都銀主へ得ト可申談由ニテ日延中之所、右之次第何事も手戻りニ相成候義、自然取締方弛ミニ相成候義歎息之至ニ候○御徒目付・御小人目付帰参候様被仰渡に付、組之もの共心得違無之様左之通書取取調、同役へも及相談候処、聊存寄無之由ニテ銘々東西ニテ一組限申渡可然旨申越候間、自身書取自書ハ奉書紙へ認ル一役一人ツヽ呼出、談所ニテ申諭相渡

改革御用のため大坂に派遣された目付ら帰参につき与力に申渡す

此地御改革為御用御徒目付・御小人目付被差遣、代り合京都へも罷越候様先達テ被仰渡候処、最早其儀ニ不及候間帰参候様御目付へ被仰渡候間、拙者共へも可申渡旨御老中方ヨリ被仰越候段、御城代被仰渡候ニ付、此段申達候条可被得其意候、右ハ東西御役所ハ勿論都テ流弊之取斗向等追々御改革有之、諸向取締等居り合候故之御

趣意ニ可有之哉、右体之御沙汰有之候段、畢竟各格別差はまり、追々被　仰出之御趣意行届候様一己をも相慎出精被致候故之儀一段之事ニ候、然処御改革之儀いまた取調中ニテ不相済廉も有之、取締方等も十分ニハ行届兼候哉ニ付、御改革為御用被遣候両目付引払候ニ付テハ、末々之もの共万一御改革之御趣意弛ミ候様心得違候テハ以之外成義、素り御目付方立合等無之上ハ猶更無油断正(路脱カ)潔白ニ可取斗ハ勿論之儀ニテ、殊右両目付ハ引払候テも御城御修復御用ニ付、当時御目付衆始支配向も在坂之儀、右ハ勤柄之事故如何之儀等及見聞候歟、或ハ其品ニ寄内探をもいたし其筋へ可申立も難斗儀ニ付厚く申合、同心共末々迄も無油断万事正路潔白ニ相慎候様、各ヨリ得ト申談候様可被致候事

御改革之儀いまた取調中にて

卯十一月

十七日曇夕方雨　朝ふきミそ 汁から たくあん 飯三　昼氷豆腐 のり たくあん 飯四　夕湯豆腐 ほうぐ〳〵塩やき 酒一合ヨ たくあん 飯三

城入り

一例刻御城入、御用談済ニテ退散但野ふくニ着替 ○上会場所(ママ)へ罷越、来ル十九日見分之儀打合、且内山彦次郎へ御用之儀申談、九半時過帰宅

十八日晴　朝カマス干物 汁いも たくあん 飯三　昼煮豆 たくあん 飯四　夕湯豆腐 うなき焼立 きんこ玉子むし 生ニテ至来 酒一合ヨ たくあん 飯三

御用日、公事糺ののち城入り、宿次

一御用日ニ付五時前公事場へ出席、訴訟百三十七内糺もの十五口○宿次ニ付例刻御城入、寒ノ入御機嫌伺呈書如例相済、米倉并同役不快ニ付出席無之○寒ノ入ニ付御城代

○四ツ橋喜世留　四ツ橋には煙管店が軒を並べ、市中名所の一つ。

作事奉行らと長興寺焔硝蔵見分

○焔硝蔵　享保十八年豊島郡長興寺に設けられた大坂城火薬庫。

○崇禅寺　曹洞宗寺院、足利義教追善のために建立された。

順三郎の大坂引取り認められる

ニテ吸物・二種肴・酒三献出ル、御直ニ挨拶申述退散、九半時前帰宅○公事三十七内糺もの二口○御徒目付永坂鑑八・森澄太郎作、御小人目付三人明後廿日出立ニ付、御証文宿次壱通 長持壱通御城代ヨリ請取、昼後御徒目付両人共呼寄相渡、為餞別帯地壱筋・四ツ橋喜世留*三本入一箱ツ、寸志迄ニ遣ス、御小人目付三人へハ五本入きせる一箱ツ、用人共ヨリ遣ス

十九日晴折々雲立 寒風　朝干瓢煮付 たくあん　茶漬飯四　昼弁当きせい豆腐 ミそ漬　香物　夕○ゆとふふ 鱈吸物 蛎を焼立 酒一合ヨ　飯三

一今朝六半時前出立野ふく、供も同断、小屋場へ落合、池田・井戸両氏同道ニテ長興寺村御焔硝蔵見分*ニ罷越、崇禅寺（山口村茶屋）ニテ小休、四半時頃御焔硝蔵番所へ罷越弐り半余弁当認、夫ヨリ見分相済直ニ退散、帰路ハ聊道を替崇禅寺村（山口村）崇禅寺*へ立寄、夫ヨリ最初之建場ニテ小弁当認ル、長柄渡十双川迄往返共歩行凡弐里半余、夕七半時前帰宅

廿日曇　朝汁かんぴやう なめ物 たくあん　飯三　昼八はい豆腐 たくあん　麦飯四　夕あんかけ豆腐 鯛煮付 酒一合ヨ　たくあん　飯三

一例刻御城入○先達テ相願候次男順三郎大坂表へ引取候儀、願之通引越候様可申渡旨、御老中方ヨリ被仰越候段御書取を以御城代被仰渡候、右御書付左之通

御自分先達テ此地御役宅へ引越候節、妻病気ニ付次男順三郎江戸表ニ差置候処、妻儀致病死候ニ付、右順三郎儀此地御役宅へ為引越申度旨願書被差出候ニ付、老衆へ進達致し候処、願之通引越候様可申渡旨申来候間、可被得其意候

右ニ付立帰りニ御礼可申上処、先格不心得ニ付不及其儀候間、追テ召出候節名札を以
玄関ニテ可申上事○明日公事聞ニ御城代御越候旨、河野五郎左衛門書取を以申聞ル

廿一日曇　朝 カマス干物 たくあん 汁 大根おろし あふらけ 飯三　昼 吸物 一汁一菜 二種肴 三献 飯三　夕 湯豆腐 酒一合ヨ うなき たくあん 飯三

御用日、城代公事聞に出席

一御用日ニ付五時前公事場へ出席、訴訟百十六内糺十七口・寺社作事願三口○御城代公事聞として始テ御出ニ付、同役も四時前出（入カ）来、三町人も尼ヶ崎又右衛門・寺島藤右衛門来ル、四半時頃御城代裏門ヨリ御出、自分ハ庭入口門内へ出迎 久間田十蔵 刀を持 御案内いたし談所へ被罷通候、尤同役ハ縁頬へ出迎いたす、煙草盆・煎茶を出ス○公事銘帳 今日ハ 三口有之 又右衛門ヨリ請取御城代へ自分ヨリ上ル、夫ヨリ自分先立いたし公事場へ御城代出座有之、公事三口糺相済、猶又自分先立案内いたし休息之間へ通ス、吸物 ミそ鯛 切身 中皿物さしみ是ハ自分持出差出ス、茶わんもの きんこ・うなき、ゆで玉子、酒三献相済引之薄茶出ス、暫く物語、供揃ニテ自分ハ庭へ出先立御案内いたし、庭入口門内ニテ及御挨拶御退散○同役へも二種肴・吸物・一汁一菜之支度出ス 又右衛門・藤右衛門へも 次間ニテ同様振廻 ○御城代供公用人河野五郎左衛門并用人鈴木鍋五郎・目付役安藤清六へも同様振廻 但地役ノ 間ニおゐて
○公事三拾六内糺もの都合八口○去ル十四日出之宅状暮合頃至来、無別条安心、右ハ御老中ヨリ返書至来ニ付テ臨時ニ出候由○順三郎上坂願済ニ付宅状夕刻漸出来、左五郎へ渡夜ニ入出ス 野村・山高・神津・西尾・松阪・坂井・清水・小田切・関・ 鷹見・川島庄左衛門・牧田源之丞へ寒気見廻書状も封込 ○築山茂左衛門ヨリ大鯉切身・赤味噌等重詰ニいたし差越、川島東八郎参り合候故振廻○御城代へ寒気

○**公事銘帳**　公事訴訟に付与された銘目を記した帳面。

寒中につき魚類・鳥類など到来物

見廻蒲焼代金弐百疋半焼立ニいたしうなき入へ入納戸迄手紙添遣ス、公用人四人へ真鴨雄鳥一羽ツ、遣ス但至来ものなり、此節寒中ニ付魚類・鳥類鴨雁又ハ砂糖其外品々至来、煩敷故略して不記之

廿二日晴　朝雑煮餅三椀小九ツ たくあん、茶漬飯一半　昼弁当ミそつけ なめ物　夕かぶ 風呂吹 鯛ミそづけ うなき 酒一合ヨ 飯三

城入り、修復御用

一例刻御城入、御用談済ニテ退散九時過、但御修復掛りへ御用有之、御城代ニテ野服ニ着替上会所へ罷越弁当認、御用談済ニテ帰宅八時過

廿三日曇　朝至来 塩鱈《ブリ》 から汁 たくあん 飯　昼糸こんにやく煮付 たくあん 飯四　夕鱈吸物 きせい豆腐 さといも ゆで玉子 酒一合ヨ たくあん 飯三

在宿、調物多し

一在宿調物○鳥居甲州へ之御用状調置○今日も品々御用多く五時過迄取調物、四時過床ニ入

廿四日晴　朝塩ふり 汁山ノいも たくあん 飯三　昼茶わんむし 汁蛎 とふふ たくあん 飯三　夕(ツメ)ゆとふふ 鮑ふくら煮 酒一合ヨ たくあん 飯三

在宿、調物

一両御役所諸勘定清算承候ニ付内寄合ハ延引、同役も四時頃ヨリ入来見届ル○今日も御用多、夜ニ入候迄調物

廿五日曇　朝ゆは煮付 茶漬飯四　昼汁つミ入 のり 豆腐 たくあん 飯四　夕ゆとふふ うなき 酒一合ヨ 飯三

御用日につき公事紮、寒気見舞状を出す

一御用日五時前公事場へ出席、訴訟百三拾五内紮もの十二口・寺社作事願弐口○昼ヨリ

同役入来、公事五十二内糺もの五口○今日御城代堺奉行所へ公事聞ニ御越有之○牢番人非道之取斗いたし候一件、来ル廿七日囚人共差立囚人宿次証文、明日渡候積り同心共ハ来ル廿九日差立候積りニ付、右一件并南綿町新五郎謀書一件、阿部遠江守取斗ニも拘組同心見習勤関馬喜太郎へも引合候ニ付、鳥居甲斐方へ引渡可申哉之御内慮伺昨日御城代へ進達、明日江戸進達ニ相成候故、右伺書写相添甲州へ自書相添表書状・諸書物一同封候テ三井組へ相渡、為替便りニテ差立候筈、次平へ渡○懇意之向へ寒気見廻之書状

川副　田村　山岡　中島　神谷　新井　森　小倉　辻

右之書状封込宅状一封、飛脚屋便ニ差出候様左伝次へ渡○御定番酒井右京亮被為　召候旨奉札ニテ為知来ル

廿六日晴　朝 雑煮餅三椀七切 たくあん 茶漬飯一半　昼弁当 香物 なめ物　夕 ゆとふふ 鱈吸物 うなき 酒一合ヨ たくあん 飯三

城入り、宿次ののち修復御用につき作事奉行らと面談

一例刻少シ早メ玉造口ヨリ御城入、酒井右京殿へ被為　召候歓ニ罷越用人へ申置、夫ヨリ御城代へ罷越御用談・宿次相済、野服ニ改退散八時頃○上会所へ罷越弁当認ル○御黒書院へ相用候五葉ノ松大材穿鑿いたし候儀、池田・井戸両氏へ申談、飛州運送引請人中村屋七兵衛下代へ相糺可然趣、破損奉行宮寺五平次へ申談退散、八半時過帰宅○酒井右京殿明日暇乞ニ被参、公事陰聞いたし度旨被申聞候故、帰宅之上吟味方・盗賊方等へも申談、何ニテも公事之方ニも差出候様申談置○牢番人一件囚人共明日差立ニ付宿継証文、勝部与一郎へ渡

廿七日晴　朝カマス干物 から汁 たくあん 飯三　昼平ちくハ 蒲ほこ 長いも しゐたけ 汁鯛あわむし 香物ミそつけ ならつけ 飯四　夕

御用日、玉造定番酒井忠毗公事紀を聞く

一御用日ニ付五時前公事場へ出席、訴訟百弐拾九内紀□□（もの）十口○昼より同役入来○昼後酒井右京亮殿入来公事場席下迄出迎候事○公事三拾三内紀もの四口、右京殿ニも公事陰聞被致候○公事相済同役ハ退散、右京殿ハ被居残、盗賊一件直紀をも陰聞被致退散被致候、但御定番御用　召ニ付暇乞ニ被参候節ハ吸物・二種肴ニテ酒差出候仕来ニ候得共、同役申合右京亮殿へも申断、菓子・薄茶而已出ス○当八月初月番済之節ハ暑気ニ付、組之ものへ態ト酒差出候義延引、閏九月二度目月番之節ハ下旬より忌中ニ付延引、依之今日態ト内祝振廻

月番済につき内祝振舞う

吸物雁ニな（菜）　中皿巻たまご かまぼこ くわい　同ぶり しらか大こん 三しまのり からしみそ

外ニ茶わんむしうなき 玉子

本膳

平大ちくわ かまぼこ さといも しゐたけ　汁鯛ふかし のり　飯

香物なら漬 たくあん

是ハ迎（方脱）与力・同心・三町人斗り

外ニ　赤飯　煮〆かまぼこ かんひやう こんにやく　是ハ一統へ

○与力共へハ一寸及挨拶

廿八日晴　朝ゆは煮付 茶漬飯四　昼汁とふふ つミ入 のり たくあん 飯三　夕あんかけ豆腐 鯛ミそつけ 酒一合ヨ 飯三

奉行所前の腰掛新築につき見分、寒中見舞に廻る

○**腰掛**　奉行所前の公事人溜り（待機所）には十三間半の長い腰掛が備えられていた。

一今朝五時頃出宅、裏門ヨリ歩行ニテ表腰掛*新規出来之分及見、夫ヨリ乗輿いたし池田・井戸両氏へ罷越、寒中之挨拶等申述、夫ヨリ御城入、御用談済ニテ退出ヨリ小弁当認ル酒井右京殿へ暇乞ニ罷越、奥ニおゐて面談、酒□（被）振廻八時過帰宅○去ル十八日之宅状至来、一同無別条安心

廿九日晴　朝汁かんひやう たくあん 飯三　昼平八盃とふふ 鯛ミそ漬 汁いも たくあん 麦飯四　夕○鶴肉吸物 そはしつほく ゆとふふ 酒一合ヨ 飯三

一内寄合ニ付四半時頃同役入来、御用談済昼後八時前退散

○**文恭院**　第十一代将軍徳川家斉、天保十二年閏一月三十日発喪。

○池田・井戸両氏、明日天王寺文恭院*（様脱カ）御霊前へ参詣被致度由、文化之度肥田豊州之例も有之儀ニ付不苦旨可及挨拶哉之段、御城代へ公用人迄以文通相伺候処、御承知之旨申来間、其段右両氏へ及通達、且自分も明日外御用無之候ハヽ、参詣いたし候旨、用人野々村次平使者を以御城代へ申上、御承知之旨被申聞候○土屋四郎次郎ヨリ鶴肉至来ニ付、夕刻川島東八郎を相招、天王寺ヨリ至来之粉を以蕎麦切をも為打、有合之鴨をも為拵しつほくニいたしせん玉子・かまぼこ・糸こんにやく・くわい・氷豆腐・せりを入る試候処、色黒キ蕎麦ニ候得共味ひハ相応ニテ、第一あたゝかにてよし、鶴肉残りハ家老・用人・給人迄遣ス

鶴肉をしっぽくにして食す

晦日晴　朝精進 のり 茶漬三　帰宅後 汁いも 飯二　昼数ノ子 なめ物 あさつけ 茶漬飯三　夕かぶふろ吹 氷豆腐玉子とぢ 酒一合ヨ 鴨なんばん 蕎麦中平二 飯二

四天王寺へ参詣、御霊屋拝礼

一今朝六半時出宅りんす小袖 横麻下白 天王寺へ参詣、如例拝礼相済如例菓子、茶を出ス、五半時頃帰宅○往返

○武徳編年集　元文五年に成立した徳川家康の伝記。

駕籠之内ニテ武徳編年集*を披見、大坂御陣之始メ之処ニテ天王寺表真田が丸之事、其外堀筋・城内手配り等、実地へ踏込披見候得共《は》古戦場之懐旧一入感も深く覚候義、是も□（則カ）御恩沢之一端ニテ難有事ニ候（因ニ云、高《と》麗橋ノ向ふ町家ニ櫓ノ家根あり、古へ之外構櫓之旧跡ト云、今朝之披見之所編年集ニも高麗橋外構之趣記有之、則門前之川也）

十二月小

朔日晴　朝（から汁　飯三）　小弁当（焼ミそ）　昼（赤飯二　香物　茶漬二）　夕（至来　鱈吸物　ほうぐ塩焼　ゆどふふ　酒一合ヨ　たくあん　飯三）

月次の礼請け、城入り、宿次

一月次之礼如例請ル○例刻御城入宿次（酒井出立に付テなり）○左伝次悴袴着目通申付ル（上下料金弐百疋遣ス）、内祝赤飯を一重出ス○定日ニ付宅状認、左伝次へ渡○川島東八郎旅宿替、内平野町会所へ引移ル（文政二卯年自分旅宿なり）、会所守りハ平野屋和助ト云よし、尤当和助ハ文政之頃之和助孫之由、不思義之因縁ト可云歟

二日晴　朝（精進　から汁　たくあん　飯三）　昼弁当（ゆば　なめ物　ミそ漬香物）　夕

御用日の公事紀を取り止め城入り、御殿向見回り

一御用日ニ候得共、御城代御殿向御見分ニ付公事立合ハ申断、例刻ヨリ上会所へ罷越野ふく、下見分として池田・井戸両氏同道、支配向一同召連御殿向見廻り、九時頃会所へ立戻弁弁（当）認ル○八時過御城代御出ニ付、池田・井戸両氏同道桜ノ御門内へ相越出迎（但番頭衆も両人共被出候）、御殿向不残御見分、夫ヨリ御多門ニおゐて　大猷院様御筆鶴ノ御画（是ハ黒書）

院入口ランマノ上ニ張有之、近来取外し箱ニ入御多門ニ納有之由一同拝見支配向迄相済、夫ヨリ帯曲輪ノ辺をも御見廻り、暮合過御退散、一旦会所へ罷越早々御城出、夜ニ入追手御門外ヨリ提灯を用六時過帰宅

三日晴　朝汁干瓢 朝（飯カ）三　昼ねき雑水（炊）五椀 あさ漬　夕鱈吸物 ゆどふふ 小鴨ねきなんばんそは中ひら二ッ 酒一合ヨ 飯二

到来の真鴨・小鴨などを家来に遣す

一御城入可致処、差向御用向も無之、其上一覧物・調物等ハ相嵩候故、不快之積り同役へ頼遣在宿調物○真鴨一羽玉子十 ゆず三ッ 十屋四郎次郎へ鶴肉之挨拶ニ遣ス○真鴨一番給人共四人へ、同断妻子有之近習・中小性十蔵 彦助 巌 鹿太夫 信平五人へ遣ス、家老・用人ハ小鴨等至来物も有之由ニテ妻子持へ遣呉候様左伝次申聞、尤之儀ニ付其通為取斗候、但次ニテ食事等いたし候近習へハ小鴨四ッ遣ス、是迄至来之鴨弐拾弐羽内五羽 小鴨・雁四羽、右ハ所々へ遣シ又ハ食料ニ用

四日晴　朝から汁 ミそ漬 飯三　昼八盃どふふ ミそ漬 麦飯四　夕尾張大根風呂吹 うなき 酒一合ヨ あさ漬 飯三　○左伝次出ス

在宿調物

○酒湯　疱瘡が治ったときに浴びせる酒の混ぜた湯、笹湯とも書く。

一内寄合外御用ニ付延引、在宿調物○島田其右衛門娘七歳疱瘡酒湯*相済、内祝之赤飯呉候故、肴代金弐百疋遣ス　夕刻川島東八郎呼寄、至来之うなきニテ酒食振廻

五日曇　朝汁いも ミそ漬 飯三　昼糸蒟蒻煮付 ミそ漬 飯四　夕湯豆腐 鮒和らか煮 うなき昨日残 酒一合ヨ 浅漬 飯三

御用日、東町奉行所出勤、御徒目付両人と面談

一御用日ニ付昼ヨリ東御役所へ罷越、公事糺もの無之○今朝宮寺五平次・杉浦重郎兵衛

入来面談、但追手御多門御普請之儀、御城代へ被申立候テハ御作事奉行指揮を不請様ニテ宜ヶ間敷、やはり池田筑後へ及相談可然趣申諭、進達案差戻○今朝御徒目付田中甚左衛門、今夕同石田欣三郎入来、是ハ川島東八郎へ伝言申遣候ニ付テ罷越候故、談所へ通寛談、家来并組之もの若如何《もしいかが》之儀等及承候ハ、内々申聞呉候様相頼候処、御尤之儀心掛、若及承候義も候ハ、早速可申聞旨申聞ル、田中甚左衛門ハ筆頭ニテ御用所相勤候由、事馴候様子ニ相見候故相頼、且石田欣三郎ハ野村彦右衛門次男松田雉之進養方叔父ニ相当り候ものニ候、元来松田某之実子ニ候得共幼年ニ付雉右衛門を養子ニ貰ひ、同人家督後石田所左衛門方へ養子ニ参り候事之由、人物も相応ニテ可御用立哉ニ相見、殊右様由緒も有之候故相頼候事

六日晴　朝から汁 ミそ漬 飯三　昼氷豆腐 ミそ漬 飯三　夕(海脱)串鼠玉子むし きせい豆腐 酒一合ヨ 飯三　至来 鮒和らか煮

飛騨より寒中見舞状届く

一今日御城入不及旨、昨夕御城代ヨリ申来ニ付在宿調物○明日御城代公事聞ニ御越之旨同役ヨリ申来○飛州ヨリ去月廿一日付寒気見廻之書状・鱈一尾差越、一同無別条、日記之趣ニテハ敬之助疱瘡軽く無滞相済候趣ニ相聞安堵大慶いたし候、近日歓之書状可差出事

七日雨　(朝脱)汁つミ入 豆腐 ふきミそ 飯三　昼平鳥ニせり 汁かきニ豆腐 ミそ漬 なら漬 飯三　夕ゆとふふ 酒少シ 雑煮餅 飯

御用日、東町奉行所にて公事紮、城代の

一今朝五半時頃東御役所へ罷越、四時過御城代御越、雨天ニ付内玄関ヨリ御越ニ付、同

公事聞納につき酒食出る

役ハ式台上掛板迄、自分ハ廊下迄出迎（退散之節も同様、立なから及会釈）如例公事相済、大書院おゐて両組与力共年中出精之趣御褒詞有之、右畢テ組之ものへ蒙御褒詞、忝仕合之旨自分取合セおよふ、夫ヨリ休息所ニおゐて今日ハ公事聞納ニ付吸物・二種肴・三献出ル、右相済御退散○自分へも同様三献并一汁一菜支度出ル○残り之公事三口紀相済、八半時過帰宅

八日（昨夜雨）　朝（から汁　浅漬　飯三）　昼弁当（きせいどふふ　みそ漬香物）　夕（あんかけ豆腐　うなき　酒一合ヨ　あさ漬　飯三）

城入り、のち会所出勤

一朝例刻御城入、御用談済ニテ野服ニ改会所へ罷越弁当認、池田・井戸両氏へ宮寺等へ諭之趣申談、八時過帰宅○去月廿八日付宅状今朝巳ノ上刻、去ル朔日付之宅状今未ノ上刻至来、留守宅無別条、去月廿一日・廿五日之書状同晦日一度届候由、順三郎上坂願済ニ付、当月五日江戸出立ト治定之由申来安心、休泊付*も来ル、日記へも認置候得共江戸ニテハ承知之儀ニ付爰ニ略ス、来ル廿日伏見ヨリ昼船ニテ来着之積り申越候間、前夜正一郎へ古助等を添夜船、廿日暁伏見着之手筈ニ申付置

順三郎江戸出発の日付知らせあり、出迎えの準備

○休泊付　旅行中の休憩所と宿泊所を記した書類。

九日（朝晴　昼頃早手風）　朝（汁豆腐　小豆　にんしん　いも　浅漬　飯三）　昼（煤取ニ付　こまめ鱠　平煮物　汁豆腐　飯三）　夕（鱈吸物　ゆとふふ　酒一合　飯三）

奥勝手向煤払い

一内寄合日ニ付候得共外御用ニ付延引、在宿調物、奥勝手向煤取、江戸之通内祝（こまめ鱠　汁とふふ　平煮物　飯三）ゝゝ夕刻次向迄遣ス

城入り会所出勤、作事奉行と面談

十日晴 寒風 朝から汁 飯三 昼せんまい 焼とふふ あさ漬 飯三 夕たら吸物 きせいとうふ玉子 酒一合ヨ 飯三

一例刻御城入、但同役ハ不快ニ付今朝断申来ル○御用談済ニテ野服ニ着替上会所へ罷越小弁当認ル、池田・井戸両氏へ内談、右両氏見廻りニ被出候後宮寺へ内談、右ハ追手御多門之儀ニ付破損奉行御城代談之趣を心得違候哉ニ付申談、事相済八時過帰宅○明日ハ御用も無之不及御城入旨、源左衛門を以被仰聞候間、其段同役へも申遣ス

○ごぶ漬 干した大根を刻んで醤油・みりん・砂糖の煮汁に漬けたもの。

江戸留守宅ほかへ書状出す

十一日晴 寒風 朝 塩鰤 汁大根おろし あふらけ あさ漬 ミそ漬 飯三 昼数ノ子ニごぶ漬* あさ漬 飯四 夕湯豆腐 串鼠(海脱)玉子むし 酒一合ヨ あさ漬 飯三

一在宿調物○飛脚便り定日ニ付留守宅へ書状認、左之通封込遣ス、芹沢へ一封肴料弐百疋入、高井但州へ一封、林家へ同断、中野へ同断、小笠原先生へ同断、関善左衛門へ一封、三郎太郎へ菓子一包、おたほへ同断、其外書状類入封候テ差出候様左五郎へ申付ル○昨今寒風烈敷《(はげしく)》、手水鉢薄氷張候事

池田筑後より知行所名産干柿と紅白餅贈られる

十二日晴 寒風 朝塩鰤 から汁 浅漬 飯三 昼ねき雑水(炊)三 香物ミそ漬 あさ漬 茶漬二 夕尾張大根風呂吹 うなき 源之進進物 酒一合ヨ 浅漬 飯三

一御城入、但例刻御用談済今日ハ同役も御城入、九時過帰宅○池田筑州ヨリ先頃着為歓鮮鯛一尾相贈候為挨拶知行所産干柿、且同氏知行備中国井原村百姓徳兵衛九拾弐歳・同人妻八拾三歳・忰・孫迄三夫婦揃候祝儀ニ老夫婦搗候由之紅白之餅、地頭差出候を福分いたし候由ニテ差越候間、厚く挨拶申遣ス柿ノ移りニ西門ヨリ至来菓子を少シ遣ス

御用日、東町奉行所にて公事糺

大番頭交代につき城入り、宿次書判

○大岡紀伊守　三河西大平藩主大岡忠愛、西大番頭。

十三日晴風立　朝 尾張大根風呂吹 汁ゆり あさ漬 ミそ漬 飯三　昼 数ノ子 五分漬 浅漬 飯四　夕 湯豆腐 たら吸物 酒一合ヨ あさ漬 飯三

一御用日ニ付東御役所へ昼ヨリ罷越、糺もの公事八口○帰宅後品々調物

十四日晴　朝 塩鯛 汁から あさ漬 ミそ漬 飯三　昼弁当 ミそ漬香物 なめ物　夕 ゆとふふ 串鼠(海脱)玉子むし 酒一合ヨ 飯三

一例刻早々出宅平服御城入、但大御番頭交代ニテ追手差支候ニ付京橋口ヨリ御城入、書院ニおゐて大岡紀伊守*持参之奉書拝見但御城代・御定番・町奉行・御目付ト例之通着座候ト上ノ方ヨリ公用人奉札持出ル、御城代ヨリ御定番へ被相渡同役迄拝見、畢テ同役、ヨリ御城代へ返上夫ヨリ番頭衆被出、御老中方御伝言御城代始自分共へ紀伊守被申述、右畢テ加番衆被出奉書拝見、御伝言之手続有之、加番衆ハ直ニ退散、夫ヨリ御城代大広間へ御出席大御番頭ハ障子之方、御定番・町奉行・御目付ハ床ノ方ニ着座、御番衆ハ次ノ間溜りニ一同列居、紀伊守へ之御引渡之式相済○右相済如例宿次書判相済、野服ニ着替下小屋へ罷越弁当認、夫々御用談済ニテ八時頃帰宅○去ル八日付之宅状今(ママ)ノ刻至来、一同無別条、順三郎も去ル五日無滞出立いたし候由申越安心、所々ヨリ之寒気見廻書状返書等数通至来○入湯見合候事

十五日折々曇　朝 塩鯛 汁ゆり あさ漬 飯三　昼 数ノ子 ミそ漬 あさ漬 飯四　夕 ゆどふふ うなき 飯四 玉子酒三ツ

一如例月次之礼を請○在宿調物○奇特もの左之通申渡

安治川北三丁目
佐野屋
芳兵衛

其方儀、当十一月二日安治川口沖手ニ罷在ル節、同所壱番水尾木*上手之方ニテ、渡海之船沈船之様子ニテ助ケ呉候様声立居ルを聞付、手船漕寄見請候処、船底打砕乗組居ル摂州脇浜村弥三郎并同人母ます水中へ落込居ルを早速引揚、為致助命段候、奇特之儀ニ付、為褒美鳥目三貫文為取遣ス

○昨日ヨリ聊寒気中《あた》り之気味ニ候処、差向候一覧物等今朝ヨリ取掛り加筆等いたし候故、夕七時頃ヨリ頭痛いたし気分を塞キ候故調物相止、こたつニテハ逆上いたし候故平臥いたし気分を休、且出入医師宇佐美左門呼寄為見候処、全く寒邪之中りニ候得共聊之儀ニテ為差儀ニハ有之間敷旨申聞、早速養薬用○川島東八郎来ル、居間ニおゐて酒食振廻、自分ハ薬養《用》之障ニ可相成哉ニ付うなきニテ食事いたし候事、但酒気無之睡り兼可申哉ニ付東八郎へ申談、玉子酒を為拵大猪口ニ三ツ相用候処、薬用之上相用候故欤聊汗ばみ快方ニ候事

十六日晴　朝 柚ミそ から汁 ミそ漬 飯三　昼 ねぎ雑水四椀 たくあん 梅ぼし 茶漬一　夕 あんかけ豆腐 玉子むし 酒一合ヨ あさ漬 飯三

一在宿○今朝ハ快方ニ候得共用心して昼前認ものハ見合ル、依テ御用書物紛乱いたし候分夫々調置○歳暮呈書差立ニ付宅状認ル、左伝次へ渡、但今般之呈書ハ同役之方ヨリ差立候由

月次の礼を請ける、寒気あたりのため診察をうけ、玉子酒を飲む

○水尾木　澪標みおつくし。入航の目印としておかれた。大阪市章のもと。

歳暮呈書差立てる

祐明書状(13)

内山彦次郎より鶴肉到来、江戸留守宅書状も到来

十七日晴　朝 柚ミそ 汁つミ入豆腐 あさ漬 飯三　昼 せんまい 焼豆腐 あさ漬 飯四　夕 鶴肉吸物 たらこんふ 〆豆腐 くわい干瓢 酒一合ヨ あさ漬 飯三

一在宿調物○内山彦次郎ヨリ鶴肉至来、節分ニ付夕刻相用、残りハ順三郎着之節用候様貯置、川島東八郎相招、鶴吸物并鱈其外有合之品ニテ酒并蕎麦等振廻○去ル十一日出宅状兼テ申遣置候筆拾五本差越、六郎左衛門義十一日ニハ評定所式日へ出席、帰宅早々呼上有之登　城、右ハ御用先有之候由、帰宅之程難斗書状認候間合無之由ニテおせ*ちヨリ文差越、尤一同無別条安心

○おせち↓付録書簡集「難波の雁」参照。

城入り、宿次書判、東奉行所にて公事礼

市中之もの手元へ懇意に呼寄候義は不宜

十八日曇　朝 塩鰤 から汁 あさ漬 飯三　昼 まながつほ 茶碗むしうなぎ 其外品々 汁かぶ 奈良漬香物 飯四　夕 ゆどふふ 串(海脱)鼠玉子むし 酒一合ヨ あさ漬 飯三

一例刻御城入、御用談済ニテ宿次如例相済、九時過東御役所へ罷越○公事礼物五口、右相済八時前帰宅○按摩ニもませ度候処、市中之もの手元へ懇意ニ呼寄候義ハ不宜義ニ付、尼崎又右衛門へ兼テ相頼置候処、同人世話いたし呉候御定番米倉丹州家来盲人医太田真(春)琭今夕始テ来ル、夜分もませ候処相応ニテ至極よろしく候故、以後非番之節夜分参呉候様談遣ス

東町奉行所出勤、川浚入用の精算

十九日曇折々　朝 納豆汁三 あさ漬 飯三　昼 平さわら葛煮 汁かき なら漬香物 飯三 東ニテ　夕

一今朝五半時頃出宅、東御役所へ罷越○川浚御入用清算見届ル○川方掛御手当被下候義立合申渡小書院ニテ同役申渡○御太鼓坊主御褒美銀被下候趣、於弓ノ間立合同役申渡○順三郎上

順三郎出迎のため正一郎伏見へ出発

城入り

順三郎着坂、久々に面談、酒食振舞う

坂之先触今朝五半時頃至来、安心○右ニ付正一郎儀為出迎、今夕門前ヨリ船ニテ伏見へ罷越夕七半時頃乗船、但伏見奉行へ之使者を兼、取締旁大目付役給人松下古助を差添遣ス、尤正一郎供ニハ佐藤貢・横田地巌両人鑓持・草り取遣ス○夕刻御徒目付石田欣三郎来、居間へ通、川島東八郎も来候間有合之品ニテ酒振廻

廿日晴　朝塩鯛 から汁 ミそ漬 飯三　昼焼豆腐 あさ漬 飯四　夕鶴吸物 二種肴 鱈吸物 夜食一汁三菜 酒二合ヨ

一例刻御城入、御用談済ニテ下小屋へ罷越小弁当認、九半時過帰宅品々調物○順三郎着坂ニ付、御徒目付石田欣三郎并川島東八郎・盲人春琭等入来、料理左之通

吸物鶴肉 菜　中皿物巻玉子 蚫 くわい ゆりノ根 しそ巻　茶わんむしうなき玉子 むし

吸物たらニこんふ

本膳　鱠しらか大根 さヨリ せうが　汁つミ 青み　焼物塩鰤 加州ヨリ至来

平しんじやう 長いも しゐたけ　飯

○夜五時無滞着坂、奉書之間迄出迎、居間ニおゐて久々ニテ面談、大慶安心いたし候、右酒食正一郎《順三》始一同供迄も振廻、能(態)ト内祝○御用金当納之分早々差下候様、御老中方御連名御城代・町奉行宛(ママ)之御奉書へ御城代ヨリ以使者被差越、直答およふ、右次第ニ付内山彦次郎呼寄、夫々申談

廿一日雨　朝汁ゆりノ根 あさ漬 飯三　昼氷豆腐 のり ミそ漬 飯四　夕鯛うしほ 至来 ゆ豆腐 酒一合ヨ 蕎麦ねきなんばん 飯三

城入り、城代と用談
祐明書状(14)

一例刻御城入○松浦市蔵一件御下知書、自分并山岡十兵衛へ御渡○御用談御用金一条其余御談有之相済帰宅九時過○今朝庭前之様子其外順三郎同道ニテ為見候事○留守宅へ之書状認、一所ニ封候テ差立候様順三郎へ渡○明日当地之面々へ　上意之趣読聞候間、其節出会候様御城代ヨリ申来ル但ふくさ麻着用候様家来迄公用人ヨリ申来ル

廿二日晴風立　朝塩鰤 から汁 あさ漬 飯三　昼八盃とふふ 麦飯四　夕あんかけ豆腐 しつほく ミそ漬鯛 酒一合ヨ 飯三

城入り、上意の書取を城代らとともに拝見

一例刻御城入横麻上下○書院へ御城代御出席、御定番米倉丹州・自分共両人如例着座、上之方ヨリ公用人市野環　上意之趣御書取を三方へ載セ持出、御城代之前へ差置引、御城代　上意之趣拝見候様御定番へ御渡、順々謹テ拝見、畢テ同役御城代へ返上、夫ヨリ大御番頭衆・加番衆・堺奉行・当所御目付夫々例席へ着座、　上意之趣被承候様御城代演説、公用人河野五郎左衛門右御書取を三方之侭持出読之、畢テ御城代へ返上、筆頭之番頭小笠原豊後守　上意之趣奉畏候旨御請被申述退去、夫ヨリ地役人一同罷出、右同様之手続ニ相済退座、夫ヨリ御定番・自分共前へ進出候テ御城代へ向御請申述退座○別段御逢有之、御用談済九半時過帰宅○昨日御下知書御渡有之候東組同心松浦市蔵一件、明朝落着之積り手覚を以御城代へ申上、御目付山岡十兵衛へも談置

廿三日晴風立　朝ゆば 飯四　昼平切身 ふ 青み なら漬 飯三 汁つミ入 青み　夕吸物ゑひ 鯛あら煮 湯豆腐 酒一合ヨ 飯三

城入り、城代とともに本丸参上

一今暁七半時起出支度いたし、六半時山岡十兵衛入来、朝飯玉子ふわく ミそ漬 香物 飯 汁とふふ のり 振廻、

我等は御目見以下より御取立之身分

子孫永々御高恩を難有存

餅を搗く

無程揃候故同人立合落着申渡、市蔵ハ中追放、十兵衛ハ直ニ退散○例刻御城入、但御本丸へ参上ニ付服紗小袖麻上下着用○御用談済ニテ宿次呈書、右相済料理出ル是ハ御定番・町奉行ハ書院、御目付ハ広間、夫ヨリ御城代同道御本丸参上、相済八半時過帰宅○去ル十六日出之宅状至来、帰宅後披見之処、同日六郎左衛門被為　召登　城候処、布衣被　仰付候旨芙蓉之間ニおゐて御老中御列座、若年寄衆侍座、大炊頭殿被仰渡候段吹聴申越、誠以難有仕合也、毎度日記ニも認置候通我等ハ　御目見以下ヨリ御取立之身分ニ候処、順三郎ハ不運ニテ御奉公も不相勤候得共、藤之進儀布衣郡代も被　仰付候儀ニ付、忰義何卒我等存生中布衣席被　仰付候様いたし度内願ニ候得共、内願等ハ可致筋ニも無之、夫故口外も不致候処、不存寄重キ御役義被　仰付今般布衣被　仰付候、御沙汰書之趣ニテも席上ニテ別段成義冥加至極之儀、子孫永々御高恩を難有奉存御奉公精勤可致ハ勿論、万端心掛　御為ニ相成候様可致事ニ付、毎度なから存意之趣記置候、右御礼之呈書明後廿五日差立候積り、御城代へも同日罷出候筈、夫々申付置○順三郎杉浦へ罷越、夫々土産持参、同氏未不快之由

廿四日晴　朝 畳いわし　汁つミ入豆腐 大根おろし　あさ漬　ミそ漬　飯三　昼 数ノ子 香物　飯四　夕 (ツメ)至来物 さわらあんかけ　酒一合ヨ　同　キセイ豆腐　長いも　鯛ミそ漬　汁粉餅三椀　飯二

一在宿調物○今暁餅搗但白米ニテ弐石五斗○明日留守宅へ向宅状差出候ニ付、野村彦右衛門へ之返書酒料金壱両弐分封込遣ス、同人次男松田雉之進儀先頃家督引続近習番被　仰付候歓之書状へ肴代

金弐百疋添届呉候様、彦右衛門書状之内へ封込頼遣ス○順三郎儀築山茂左衛門方へ罷越面談、関へ縁談之儀咄置候由

廿五日 晴 風立　朝 塩鰤 から汁 あさ漬 ミそ漬 飯三　昼 雑煮餅 あさ漬 茶漬飯　夕 尾張大根風呂吹 鯛ミそ漬 酒一合ヨ 飯三

役宅にて歳暮の礼を請ける

一今朝六半時頃大書院へ出席平服、惣年寄始夫々歳暮之礼を請ル○右相済、服紗麻ニ着替御城代へ倅布衣被　仰付候御礼ニ罷越玄関ニテ申置、右名札（私倅六郎左衛門儀去十六日布衣被　仰付難有仕合奉存候、右為御礼参上仕候）久須美佐渡守　御定番其外へハ風（吹）聴申遣ス○品々落着物申渡○六郎左衛門布衣被　仰付候御礼之呈書、今夕留守宅へ向差立候ニ付留守宅へ之書状、體七郎へ同断、日記写、野村彦右衛門へ之一封共順三郎へ渡、一同差遣候様申付ル○所司代酒井若狭守殿京着ニ付、右御歓太刀馬代以使者差出候積り、給人取次役杉山与市右衛門今夕乗船、夜船ニテ罷越、明晩帰坂之筈ニ候○今朝惣年寄始歳暮之礼差出候ものハ明日取調候由、左伝次申聞ル

廿六日 折々曇　朝 塩鯛 汁長いも たくあん 飯三　昼 ミそ漬鯛 菜漬 飯四　夕 ゆどふふ かれい煮付 酒一合ヨ 飯三

歳末につき迎方与力・家臣に祝義を遣す

一在宿調物○歳末ニ付左之通遣ス

黒竜紋自分定紋付 小袖裏地締（綿）共添　一ツ宛　内山彦次郎へ
同　逸之助へ
是ハ迎与力之廉先格なり

黒紗肩衣
裏黒茶丸　一ツ宛　　塚越左伝次
　　　　　　　　　　平井左五郎へ

黒奉書紬紋付
小袖裏地綿共添
黒肩衣裏地共　一ツ、　　所猶人
　　　　　　　　　　　　野々村次平へ

金百疋ツ、　丈助　貢　十蔵　勇吾
　　　　　　仙之助　国蔵　熊次郎　謙吉
　　　　　　信平　彦助　巌　鹿太夫
　　　　　　謙蔵　〆拾三人　金〆六両弐分

○飛脚屋ヨリ左之通申出ル

清水殿家老へ　大目付　岡村丹後守　　御先手へ　鈴木伝左衛門
　　　　　　　　　　　　　　　　　　　　　　　但善左衛門欤

弐百俵御加増　新番頭格奥勤　尾島主殿頭

○夕刻尼崎又右衛門来ル、順三郎始テ面会、有合之品ニテ夜食振廻

廿七日晴　朝　畳いわシ　から汁
　　　　　　　たくあん　飯三
　　　　　昼　平雁ニ菜
　　　　　　　菜漬　飯三
　　　　　夕　〆豆腐　芋煮付　うなき　杉浦ヨリ至来
　　　　　　　酒一合ヨ　飯三

御用金江戸へ送金

一在宿調物○御用金当納三拾六万両余之内、古金銀引替元々相渡候分拾九万両余差引拾七万両余之内、今日迄ニ拾三万両江戸表ニ差立ル、残四万両ハ来春早々差立候積り○

年始状端書を認める

昨日聊手透に付、諸向へ之年始状端書都合六拾壱通夫々自書認入、序次第封込候様其

右衛門へ渡○飛州ヨリ去ル十八日付之書状至来、一同無別条安心○家老・用人并給人之内取次へハ諸家贈物を始収納もの多く有之候得共、給人之内大目付役・書翰役ハ至来物無数、近習・中小性之内妻子持等給金斗りニテハ取続ニも拘候儀ニ付、収納多キものヨリ出金為致、自分よりも下ケ金いたし、左之通割合遣ス

家中への諸家贈物を集め、下金とともに再分配する

卯六月二日ヨリ同十一月晦日迄
一金九拾壱両三分銭百八拾文　塚越左伝次へ至来物
　此七分割合
　　金六両壱分銀七匁四分　出金上納
同断
一金八拾七両弐朱銭百三拾文　平井左五郎同断
　同断
　　金六両銀五匁四分　出金上納
同断
一金六拾七両弐朱銭百三拾文　所　猶人同断
　同断五分
　　金三両銀三拾壱匁　同断
同断
一金六拾三両弐朱ト銭弐百壱文　野々村次平
　同断五分
　　金三両銀九匁　同断
同断
一金弐拾六両壱分銀壱匁壱分九り　渡辺源之進同断
　同
　　金壱両壱分銭弐百文　同断
同断
一同断　杉山与市右衛門同断

同
同断
右出金上納之分
〆弐拾壱両弐分
下ケ金之分
〆拾五両
右弐口
〆三拾六両弐分　此分左之朱書之通割合遣ス

同断
一金拾三両壱分銭七百弐拾文　松下古助至来物
(朱筆)「此所へ金七両遣ス
〆弐拾両壱分余」
是ハ用立候ものニ付大目付役・勝手方兼帯申付
候処、出精相勤取締方等別テ心付候ニ付

同断
一金拾壱両弐分銭三拾文　島田其右衛門　同断
(朱筆)「此所へ金八両遣ス
〆拾九両弐分余」
是ハ呈書引請骨折候ニ付、尤厄介多ニ候得共
惣領次男呼出候故、古助ヨリ内実余慶ニ当ル

一金三分ト銭三拾文ツ、　吉松彦助
小林信平　同断
(朱筆)「此所へ金五両ツ、遣ス
〆五両三分余ツ、」
是ハ書物格別骨折候ニ付

一金弐両三分ツ、　横田地巌
神谷鹿太夫　同断
(朱筆)「此所へ金弐両ツ、遣ス
是ハ妻子持ニテ取続ニも可拘哉ニ付

〆四両三分ツ、」

一至来物無之　　　　久間田十蔵
金三百疋手当
(朱筆)「別段三両壱分　〆弐両」　是ハ同断、殊出精供方等別テ骨折候ニ付
外六両壱分ハ　留《と》守居家来大坂町奉行御用向兼候ニ付遣ス

役宅にて歳暮の礼請け、その後城入り、役順に歳暮祝儀申述べる

廿八日晴　朝 塩鰤　汁つミ入 とふふ　あさ漬　飯三　昼 焼豆腐　あさ漬　飯四　夕 ゆどふふ　鱈吸物　雉子焼鳥　酒一合ヨ　飯三

一今朝六半時表へ罷出席々ニおゐて歳暮之礼を請ル、但服紗小袖麻上下着用○例刻御城入、御城代書院へ御出席、番頭始御役順ニ例席へ罷出歳暮之御祝儀申上候旨申述ル、目出度ト御挨拶、益御勇健ト安否承り退去、右相済別段出席いたし、如例宿次呈書書判認ル 但同役ハ差扣伺中ニ付平服ニテ罷出歳暮之祝儀ハ不申述、且宿次、呈書も御用向而已連名、御機嫌伺恐悦之呈書ハ除名いたし候事 右相済八時前帰宅

年始状認め、家老・用人・給人と盃を遣わす

○堀大和守　信濃飯田藩主堀親審。

廿九日曇　朝 畳いわし　から汁　菜漬　飯三　昼 こまめ鱠　汁とふふ　平煮物　飯三　夕 ○鴨吸物　取肴 巻玉子 うなぎ こんぶ巻 あわび きせいとふふ しそ巻　酒一合ヨ　飯三

一在宿○親類内年始状等認ル○順三郎風気ニ付入湯見合ル○夕刻、家老・用人・給人共迄居間ニおゐて盃を遣ス○堀大和守殿御老中被　仰付候ニ付臨時宅状、去ル廿三日付ニテ同廿四日出之由今昼後至来、一同無別条安心之事ニ候

（表紙）

浪華日記

坤

役宅にて年始の礼を受け、のち城入り、本丸にて年賀式事、帰宅後、年始廻勤

天保十五甲辰年

正月大

朔日晴 戊辰　朝 雑煮餅三椀 茶漬飯三　昼 焼物塩引鮭 こまめ鱠 汁とふふ二 平とふふ こまめ ごぼう にんじん いも 飯三　夕 屠蘇を祝ふ ゆとうふ ほう〴〵塩焼 酒一合ヨ 飯三

久須美

一今暁子ノ下刻起出支度いたし、八時頃ヨリ年始之礼を請ル、談所ニおゐて家老・用人・給人・迎与力父子・近習・中小性迄、小書院ニおゐて調役与力両人、夫ヨリ大書院ニおゐて与力壱人ツヽ、相済、同心組頭・同心筆頭格迄壱人ツヽ、支配与力、披露平同心ハ五六人ツヽ、壱側ツヽ、出ル同断、右相済、惣年寄を始町人共着至(到)順ニ礼を請ル三町人・惣年寄ハ目出度ト言葉、を掛ル払暁迄ニテ退座、残りハ取次謁なり○雑煮を祝、五時弐寸前供揃ニテ表門ヨリ出宅御城入○書院へ御城代出席、御定番之次へ罷出、年頭之祝儀申述例之席へ着座、自分次御目付代同断同役ハ差扣、中ニ付不参(おわっこ)夫ヨリ番頭衆・加番衆・御作事奉行・御目付向ふ座へ着座、年始之祝儀被申述、畢テ御本丸参上之旨御城代演説有之、如例同道ニテ御本丸へ罷越、御椽玄関前ニテ刀を家来へ渡、御玄関を上り御城代・御定番・自分・御目付代ハ座敷を後ロニいたし御板縁へ順々着座、番頭衆・加番衆・御作事奉行・御目付ハ御障子之方へ向合着座但御板縁左右ニ畳敷有之、右畳ノ上へ着座、大御番・出役之破損奉行御三方へ長熨斗并切のし・切こんふを入御箸を添持出、御城代始順々右御熨斗を頂戴、畢テ退出、御作事奉行・御目付ハ御玄関ニテ暇乞いたし直ニ退散○御城代始其余ハ大御番衆

城入り、宿次呈書、のち年始廻勤

御番所へ罷越、江戸表御機嫌克《よく》被成御座候旨御城代演説、番頭衆恐悦之旨被申上候手続有之、其節御定番・自分・御目付代も立合、御番衆両組故弐ヶ所ニテ同様相済、如例御殿外を廻り退散○御城内番頭衆・御定番・加番衆・御目付代へ年礼廻勤いたし四半時頃帰宅○昨夜睡り兼候故食後一睡○試筆身の程をしれト認且日記を記

二日晴　朝 雑煮（餅）三椀 菜漬 飯一半　昼弁当 煮豆 香物　夕 ゆどふ ふ ほう〳〵 塩焼 酒一合 夜食節祝ひを用

一例刻御城入○御用談後宿次呈書如例相済 但同役ハ差扣伺中ニ付 服紗麻ニテ出ル ○宿次相済雑煮餅 な いも 大こん くわ ひ きんこ がき くし のしこんぶ 二椀・吸物 鯛うしほ・二種肴・三献、右相済九半時頃退散、左之通年礼廻勤

破損奉行 ○土屋四郎次郎 弁当認ル　御弓奉行 石川良左衛門　御代官 竹垣三右衛門　御作事下奉行 安西□（久次郎）

御徒目付 田中甚左衛門　御大工頭 村上与五郎　御具足奉行 曽父江孫助　御蔵奉行 比留間兵三郎

御金奉行 安食善之丞　御蔵奉行 杉浦東馬　御蔵奉行 小野清三郎　御金奉行 川村主水

御金奉行 近山藤四郎　御代官 築山茂左衛門　御蔵奉行 池田庄太夫　御鉄砲奉行 西井源次郎

御金奉行 下枝兵三郎　御勘定組頭 麤小十郎　御勘定 星野一郎兵衛　同上 加藤権之助

御鉄砲方 坂本鉉之助　池田筑後守　井戸大内蔵

右相済七時過帰宅

堺奉行、年始挨拶に来る

祐明書状(15)

○**勤番与力**　大坂町奉行所は兵庫・西宮に勤番所をおき、与力・同心が交代で詰めた。

○**九条殿**　右大臣九条尚忠。

○**地付同心**　兵庫・西宮の勤番所で採用された同心。

兵庫津に公卿体の者現れ、京都町奉行に身元確認を依頼

○**伝奏**　武家伝奏、武家の奏請を朝廷に取りつぎ役で公卿が就任した。

三日晴　朝 雑煮三椀 茶漬飯一半　昼 吸物二種肴三献 鱠汁二 平飯三　夕 でんかく 焼玉子 小くわい 干瓢 酒一合 菜漬 飯三

一在宿○五半時頃永井能州入来、談所ニテ面談、吸物・二種肴・三献・掛合之料理出ス、自分相伴、九時過退散○親類内年始状認ル○旧臘廿七日ニ兵庫津へ公卿体之もの物髪にテ髷を紫打紐ニて結、歯を染、下着紫縮緬を着黒縮緬小袖を着紫ノ帯を〆、年齢二十歳斗ニ相見候由罷越、播州明石へ内々通行之由ニテ、駕籠差出呉候様所之ものへ申聞候段、勤番所へ申出(カ)候ニ付、勤番与力*東組西田千之丞様子を尋候処、九条殿*舎弟惟足卿之由、無拠子細有之、松平左兵衛督ハ有縁ニ付同人方へ罷越候積リ、廿六日朝参　内先ヨリ直ニ抜出、馬上ニテ伏見迄罷越、同所ヨリ船ニテ大坂へ来、夫ヨリ歩行いたし候得共足痛ニ付駕籠差出呉候様、且路用も無之ニ付金子貸呉候様申聞、身分柄虚実も難分候故、無拠任申駕籠ニ為乗、地付同心*両人ニ警固為致明石表へ差立候趣、同廿八日右勤番与力ヨリ申越候段、同役・自分両人共御城代へ罷□(出)、同役留守家来罷越申聞候ニ付、右様之次第ニ候上ハ勤番之もの差留置可申を差立候段筋違之《不行届》取斗ニテ、勤番与力之取斗ニハ迚も行届兼候間、両組ヨリ出役為度致可然旨同役へ申談、帰宅之上山本善之助へ盗賊方同心両人差添早々出立之積り申渡東与力朝岡盤吾、同心両人、即日兵庫へ向差遣、且右之趣京都町奉行へも及掛合置候処、右公卿体之もの播州明石迄罷越候得共、同所ニテ更ニ不取敢候ニ付、猶又兵庫へ立戻り、出役取斗ニテ同所本陣ニ差置候趣申越候後、右之趣京都同役ヨリ所司代へも申上、御付ヨリ伝　奏*衆へ及掛合其筋糺有之候処、九条殿舎弟ニ惟足卿ト申ものハ毛頭無之旨家司差出候書付相

公卿体の者、身分詐称とわかり、その取計いを巡って東町奉行と協議

添、京都同役ヨリ封候ニ付、之書状昨夜至来ニ付一覧之上同役調元之事故即刻廻シ遣ス、右ハ全く平人トハ不相聞候得共、其筋糺之上、九条殿舎弟ニハ毛頭無之由表立申立有之上ハ、当表へ引寄吟味いたし候外取斗方無之候故、昨夜ニも其段同役ヨリ可申来ト相待罷在候得共、今夕迄何之沙汰無之甚不審ニ付、外御用向ニテ所猶人儀御城代并同役方へも罷出候ニ付、右次第無急度同役家来へ聞合候様申含遣候処、猶人義暮合頃立帰り申聞候趣ニテハ、今暁ヨリ同役組与力を呼出種々評議之上、京都ヨリ之来書を兵庫表出役先へ遣、今一応内糺之上、其始末次第自分へも相談之上取斗候積り相決、今朝未明ニ兵庫表へ申遣候事之由ニテ、其上右公卿体之ものハ往々追払ものニ可有之抔趣東組与力共噂いたし候抔、東用人共内話ニおよひ候由、猶人了簡ニも如何之心得方トハ存候得共、同人存□(寄カ)可申述筋ニも無之、其侭立帰候ト之儀ニテ案外之取斗、殊ニ右様之心得ニテハ忽《ゆるが》セニいたし、可取逃ものニも無之甚懸念ニ付、右ハ引寄吟味いたし候ヨリ外取斗方無之趣同役へ及文通候後、東組与力工藤万三郎罷越候ニ付及面会候処、同人申聞候趣ニテハ、同役ニおゐてハ吟味いたし候心得トハ不相聞、兵庫へ申遣候儀も万三郎了簡ニテ、不束なからも万三郎存寄之方ハ聊□(拠カ)有之候得共、同役見込ハ案外至極之儀ニ付、存意之趣万三郎へ得ト申含遣候処、一睡およひ候後同役ヨリ申越候趣ニテハ、自分存寄之通、途中不取逃様心付当表へ召連候様、出役与力へ申遣候由ニテ、漸安睡ニおよふ、但右次第最初御城代へ申達候書面之儀も旧臘心付遣候処、先例不相見由ニテ及延引、昨日御城代ヨリ沙汰を請、漸取調昨夕相談ニ差越候得共、何分不分リ之書面

同役と自分とは素性育ちも違ひ

ニテ連名難相成、夫々掛紙いたし返却候得共、其挨拶も不申越不束成事共ニ候得共、同役ト自分トハ素性育も違ひ候故、其筈之事ト存あきらめ候外無之○順三郎杉浦へ罷越、竹垣へ落合寛談之由

四日晴　朝塩引鮭 から汁 菜漬 飯三　昼煮豆 菜漬 飯四　夕うなき 煎豆腐 酒一合ヨ 飯三

寺社から年礼を請ける

一在宿○寺社之年礼請候ニ付、六半時頃大書院へ出席○呈書差立候ニ付宅状認、一同封候テ差出候様順三郎へ渡

五日昨夜雨 曇　朝塩引鮭 汁ゆり 菜漬 飯三　昼弁当煮豆 ミそ漬香物　夕しら魚・うど吸物 米倉ヨリ至来うなき ぎせい豆腐 しら魚あんかけ 酒一合ヨ 飯三

年始につき組与力に盃遣わす、その後城入り、年始廻勤

一今朝組与力へ盃遣スニ付六半時過談所へ出席、迎方与力内山彦次郎父子へ土器遣ス 巻するめ・のしこんぶ 返盃二献ニテ納、夫ヨリ調役松井金次郎・同助田坂源左衛門壱人ツ、同断相済、小書院へ出席月番与力田坂直次郎・吉田伴《万》九郎・永田定之助壱人ツ、同断相済、大書院へ出席、兵庫・西宮地付同心共、物代壱人年頭之礼を請ル、支配与力松井金次郎披露○例刻御城入 同役ハ差扣伺中ニ付服紗麻ニテ出ル ○羽州村々御廻米積船乗組之もの共不埒之取斗いたし候一件、吟味いたし候様御書取、御城代直ニ御渡○御用談済ニテ九半時頃退出○退出ヨリ年礼　○杉浦重郎兵衛 破損奉行　宮寺五平次 同　石田欣三郎 御徒目付

杉浦ニテハ罷通り同人并子息へも面会、重郎兵衛奥方へも始テ面談、同所ニテ弁当認ル 玉子ニうど、の平を出ス　八時過帰宅○裏門内稲荷へ参詣

四天王寺より年始の使者来る

○一束一本之進物　紙一束と祝儀扇一本をともに送る進物の形。

自分におゐては素り仏道不帰依

順三郎・正一郎鉄砲稽古始め

○米津越中守　玉造口定番出羽長瀞藩米津政懿、天保十四年十二月二十八日に補任。

城入り、老中よりの書取城代より受取る

六日朝晴其後曇ル　朝塩鰤　汁うど　菜漬　飯三　昼焼物　塩引鮭　こまめ鱠　汁うと　平定例　飯三　夕ゆどふふ　うなき至来　酒一合ヨ　飯三

一在宿○今朝如例年四天王寺ヨリ(二脱)舎利并秋ノ坊伴僧両人為年礼来、御札持参之由但御札ハ台へのせ大書院床へ毛せんを敷置、其上へ置候事之由、一束一本之進物*も持参之由、定例ハ大書院へ通り障子を後ロニして着座、茶・多葉粉等出ス(二脱)舎利并秋ノ坊も、奉行床ノ前へ着座御札頂戴いたし、舎利并秋ノ坊へゆる〳〵祝ひ候様及挨拶候仕来之由ニ候得共、自分義昨夜ヨリ風邪気ニテ髪月代《(さかやき)》等いたし兼候間家老及挨拶、自分不快ニ付、如例罷出及挨拶候振合ニ心得候様ニト申達ス、四時前相済但風邪ハ為差事ニハ無之候得共、札守へ奉行たるへきもの拝いたしいたゝき候も失体之儀ニテ、自分ニおゐてハ素り仏道不帰依ニ付、風気を幸ひニ及断候事　雑煮餅其外酒肴等出候由、尤前々仕来なり

七日曇風立　朝七種粥二　みそ漬　五分漬　茶漬飯三　昼焼物塩引鮭　こまめ鱠　汁うど　平定式　飯三　夕あなご蒲焼　石焼豆腐　酒一合ヨ　茶飯三

一在宿○昼後順三郎始テ鉄砲を打、小筒三匁五分五ツ外一角四、正一郎拾匁筒五皆中《(あたる)》星一ツ角四ツ○米倉丹後守ヨリ、旧臘廿八日酒井右京亮殿跡米津越中守*被　仰付候段知らせ来ル

八日晴　朝畳いわし　汁いも　菜漬　飯三　昼塩鰤　菜漬　飯四　夕同役ヨリ至来　吸物鶴肉　菜　同鱈ニこんぶ　きせい豆腐　酒一合ヨ　菜漬　飯三

一例刻御城入○及乱心同役を及殺害候御作事方定普請同心五味塚久三郎儀、手当いたし江戸へ差下、鳥居甲斐守方へ引渡候様、且御城内外御用大工ニ付山村与助伺之趣、都テ是迄之通心得候様可申渡旨、右両様共御老中方ヨリ被仰越候趣御書取弐通、直ニ御渡ト心得候様山室弥兵衛を以御渡但御城代風邪に付テなり○順三郎相頼連来候三宅郁三郎并病気ニ

順三郎・正一郎父子天王寺辺遊覧

○本多忠朝之廟　本多忠勝の次男忠朝は慶長二十年五月の夏の陣で戦死、一心寺に埋葬された。

四天王寺将軍家廟所へ参詣

御用始にて東町奉行・惣年寄ら出席、掟書読み聞かせる

付江戸へ差返候近習岡田仙之助、今夜船ニテ伏見へ罷越候積り、今夕出立但順三郎連来候中間両人并去夏連来候中間之内壱人瘡毒ニテ、奉公難勤由ニ付、今般一同差返ス、右泊割左之通

九日石部　十日関　十一日桑名　十二日宮　十三日赤坂　十四日浜松

十五日金谷　十六日江尻　十七日沼津　十八日小田原　十九日戸塚　廿日江戸着

九日晴風立　朝江戸ヨリ来塩引鮭 汁うど 菜漬 飯三　昼正一郎誕生日ニ付こまめ 鱠 汁とふふ 平のつへい 小豆飯三　夕うとニしら白(魚) 〆豆腐 小くわい煮付 酒一合ヨ 菜漬 飯三

一在宿○順三郎・正一郎儀、昼後天王寺・茶臼山辺遊覧として罷越、本多忠朝之廟へも*参詣之由、且天王寺五重ノ塔へも上り候由、暮合頃帰宅供丈助・十蔵草り取両人

十日晴　香物ニテ湯漬飯二　朝南部塩引 汁ゆり 菜漬 飯軽く三　昼五分漬 香物 飯四　夕湯豆腐 あわ玉子あんかけ 酒一合ヨ 蕎麦切一 飯二

一今朝六半時供揃ニテ天王寺惣　御霊屋へ拝礼として参詣香尊金百疋備ル、五半時前帰宅帰宅後朝飯を喰ス○同役差扣伺、不及其儀段江戸ヨリ御差図之趣、今日御城代ヨリ御達有之候段申来ル、右ニ付明朝年始旁御用始ニ付入来之旨申来ル

十一日晴　朝塩鰤 汁うど 菜漬 飯三　昼汁粉餅三椀 菜漬香物 茶漬飯二　夕鱈ニこんぶ うなぎ きせい豆腐 酒一合ヨ 香物新沢庵 飯三

一今日御用始ニ付未明ニ起出支度いたし候、但同役年始ニ付熨斗目麻着用、五時頃同役入来、年礼之挨拶相済、平服ニ改公事ノ間へ出席、同所次ノ間へ両組与力着座、入側へ惣年寄着座、用人所猶人掟書持出、惣年寄へ読聞、畢テ相渡之、惣年寄平伏いたし候を見請、両組之ものへ向ひ寛々《(ゆるゆる)》祝ひ候様自分申聞ル、御用始無御滞恐悦之旨筆頭調

役申述、同役目出度旨及挨拶退座、但両組与力・同心・惣年寄等へ吸物・二種肴等出ス○例刻服紗麻ニ着替御城入、宿次相済御城代ニテも吸物・二種肴・三献出ル、九半時頃帰宅○鏡開キニ付、汁粉餅家用始中小性迄遣す

十二日晴　朝 畳いわし 汁つミ入とふふ 新沢庵 飯三　昼 雑煮餅 新沢庵 茶漬飯　夕 ○うなき玉子むし 煎豆腐 酒一合ヨ 菜漬 飯三

一在宿○破損奉行土屋四郎次郎入来 但御修復御材木御買上入札開ニ付、居間ニおゐて面会、順三郎も知人ニ為致候事

十三日晴　朝 南部塩引鮭 汁いも 菜漬 飯三　昼 五分漬ニのり 香物新沢あん 飯三　夕 小鯛ミそ吸物 中皿 あわび 合さより 同 ひらめ 巻玉子 せうが さしみ しそ巻 くわい うど あんかけ豆腐 酒一合ヨ 飯三

一今日御城代年始ニ付御出、依之朝飯後熨斗麻ニ着替待請罷在、御城代東御役所供揃之注進ニテ小用等いたし、途中ヨリ見歩使*立帰り候趣承り使者之間へ罷在、刀持召連同所ニ扣居、門前へ駕籠見候節敷石中程迄出迎 但家老・用人・給人壱人ツヽ門内白洲へ罷出、平伏いたし居 先立御案内いたし直ニ休息之間へ被参 町人寺島藤右衛門・尼ヶ崎又右衛門《次郎》四時頃ヨリ来、御城代御出之節式台へ出、藤右衛門刀を持 着座、自分熨斗ノ三宝を持出、右相済年頭之祝詞被申述候間相当之及答、夫ヨリ煙草盆・煎茶・手あぶり等出聊物語等有之、雑煮餅盛替*迄相済、吸物・二種肴・三献、但雑煮ノ膳・二種肴之内自身持出ル、其余ハ給仕 丈助・国蔵相勤ル、但用人・大目付給人等騎馬供三人地役之間ニおゐて御城代同様祝ひ之品出ス、両度挨拶ニ出ル、供揃宜趣藤右衛門申聞

在宿、破損奉行と面会

城代、西町奉行所に年始挨拶に来る、御礼挨拶後、東町奉行へ年礼に出る

○**見歩使**　使者の到着までを探索し報せる係。

○**盛替**　盛切に対し、お替りすること。

ルニ付自分先立案内、最初之通敷石中程迄送り及会釈○昼飯を仕廻、服紗麻ニ着替御城代へ罷越、公用人河野五郎左衛門ニ面会、年始御出之挨拶申置退散○下小屋へ罷越、のしめ麻ニ着替同役方へ年礼ニ罷越、屠蘇・雑煮・吸物・二種肴・三献等祝ひ之品出ル、夫々及挨拶八時過帰宅○御城代ヨリ献残*之塩・松茸・黒大豆、以使者被相贈也

○献残　献上品の残り物。

十四日晴　朝 畳いわし 汁うと 香物新沢あん 飯　昼 南部塩引鮭 香物新沢庵 飯四　夕 湯豆腐 鱈ニこんぶ 酒一合ヨ 香物新沢庵 飯三

一在宿調物○御作事方定普請同心五味塚久三郎儀、御下知之趣も有之、池田筑後守ヨリ引渡候ニ付早速揚屋*入可申付処、元来取昇セ異変をも仕出候もの之儀ニ付、先ツ其侭会所〆り入置、内山彦次郎ヨリ無急度為申諭、当人気分落着キ候様いたし候上今日呼出、改テ揚屋入申付候事、但来ル十八日出立為致候積リ、夫々手筈申付ル○昼後順三郎同役方へ罷越雑煮其外吸物・二種肴・三献等出候由、暮合頃帰宅○飛州ヨリ去ル二日付之書状入封物至来、但支配所ヨリ上京いたし候ものへ申付差越候由、早速披見、一同無異安心、お喜多・お喜久*書初試筆差越、且国製之陶品器赤絵盃台差越、直ニ返書認置

順三郎、東町奉行所へ年始に行く

○揚屋　牢屋敷のうち武士や僧侶を収容する場所。

○お喜多・お喜久→系図参照。

十五日晴余寒強し　朝 小豆粥二椀 香物新沢庵 飯二　昼 焼物塩引鮭 こまめ鱠 汁 平如例 飯三　夕 きせい豆腐 うなき 至来 酒一合ヨ 新沢庵 飯三

一今朝上元*之祝儀ニ付、未明ニ起出髪月代いたし、六半時頃服紗麻ニ着替、月次之通

上元の祝儀、月並の礼を請け、稽古始につき居合抜初

○**上元**　陰暦正月十五日の称、小豆粥を食べると災難が避けられるという。

幼少からの居合歴について記す

七拾四歳に相成三尺余之刀を以てかなりに居合抜候

○**不通養女**　貰い受けたのちは実親との関係を生涯断つことを前提の養子関係。

席々ニおゐて礼を請ル○在宿調物○稽古始ニ付正一郎ニ請太刀為致、居合抜初いたす三本、稽古場へ有合之品ニテ飯を振廻（こまめ鱠　平鱈ニこんふ　香物新沢庵　飯　汁豆腐ツミ入　菜　焼物塩引鮭）、出席拾六人○島田其右衛門・小林信平ヨリうなき蒲焼を贈ル、右ハ両人之忰共稽古ニ出候故順三郎へ稽古始ニ付差出ス○今日居合抜初いたすニ付、因ニ記置、自分義漸七八歳之頃祐光院様ニ被召連塚原先生（根来組与力市ヶ谷合羽坂組やしき南側東木戸ヨリ二軒目）方へ罷越候儀ハ夢之様ニ覚罷在、其後中絶いたし拾五歳之節天明五巳年春ト覚、塚原先生之甥（先生姉聟之子なり）橋本幸次郎釼術稽古場出来いたし取立相始候ニ節《付》門入いたし、其頃幸次郎世話を以居合刀（長弐尺八寸無名反も有之）買調、其節ヨリ居合も相始候処、同七未年ヨリ大先生之方却テ程近ニ付、同年ヨリ鎗釼共出情（精）いたし候儀ニテ（拾七歳之節なり）、居合相始候ヨリ当辰年迄六拾年ニ相成、追々及老衰、以前ヨリハ下手ニハ成候得共、七十四歳ニ相成三尺余之刀を以ケ成ニも居合抜候儀ハ、畢竟身体堅固無病故之儀ニテ、此分ニテハ御奉公もヶ成相勤可申ト安心之筋ニ付記置之

十六日晴　朝（塩鰤　汁長いも　新沢庵　飯三）　昼（煮豆　新沢庵　飯四）　夕（きせい〆豆腐　うと煮付　うなき至来　玉子むし　酒一合ヨ　飯三）

一例刻御城入、御用談済ニテ九時前帰宅○捨子并不通養女*ニ貰ひ候小児を不仁之所業およひ候久助夫婦、再三牢問申付候得共不及白状候ニ付、再直糺利害申諭候処、承伏いたし凡相分り候ニ付、早々口書取調候様掛り与力へ申付ル○夜ニ入御徒目付石田欣三

祐明書状(16)

神君月命日につき川崎東照宮へ参詣拝礼

初御用日につき早朝より公事糺

郎并盲人春琭来ルニ付、有合之品ニ付《テ》酒振廻

十七日晴　朝煮豆 香物　飯三　昼弁当香物斗り　夕（ツメ）きせい豆腐　雁ニ菜吸物 酒一合ヨ　飯三

一今朝六半時出宅、建国寺　御宮へ拝礼金百疋備ル○今日迄ニテ小屋場引払候由ニ付、御作事方・御勘定方・御目付方支配向等へ暇乞旁小屋場へ罷越、一同へ夫々及挨拶、九時前帰宅○去ル八日付之年始宅状今午ノ上刻至来、一同無別条安心、今晩返書出ス

十八日晴　朝あんかけ豆腐　汁ツミ入 香物沢庵　飯三　昼焼物ほうぐ 鱠 平長いも 松たけ 切身　香物　飯三　汁つミ入 とふふ　夕酒一合ヨ　ほうく切身吸物 田楽 菜漬　飯三

一初御用日ニ付、今暁七時前起出支度いたし七半時頃公事場へ出席、一旦退座食事いたし五時前再席、訴訟惣数弐百七十壱内糺もの九口○四半時頃同役入来、初御用日ニ付三町人不残来ル、吸物・二種肴・三献・一汁三菜之料理出ス、三町人へも次ノ間ニテ相伴為致、菓子も出ス○公事六拾六口内糺もの八口○公卿体ニ申成居候もの之儀、東組与力工藤万三郎京都ニおゐて再応内探之上、更ニ心当無之上ハいつれ及吟味可然、依テハ両組与力遣、今一応糺之上、身元申立之次第ニ寄入牢申付可然儀ニ付、今日同役へ存寄之趣申談、今夕東組ヨリ朝岡盤吾・工藤万三郎、此方ヨリ山本善之助差遣為相糺候処、実ハ常州水戸城下追手八丁目源助悴恕太郎辰弐拾歳ト申もの之由申立候ニ付、直ニ縛上不取敢会所〆りへ入置候旨、夜ニ入善之助罷越委細申聞、案外不届もの

○手限　一手限、上司に伺わず担当奉行のみの専決事項。

内寄合につき東町奉行来る

○曽子　孔子の門人曽参、「孝経」の著者とされる。

池田・井戸両氏へ暇乞ののち城入り

右体身元申立候上ハ立合吟味ニも不及、同役手限*之取斗ニテ可然、尤明日直談可致旨
申談置

十九日曇　朝畳いわし 汁いも 菜漬 飯三　昼平ゆで玉子 麩 薄くず 汁うど 菜漬 飯三　夕しら魚・うと吸物 煎豆腐 酒一合ヨ 菜漬 飯三

一在宿○内寄合ニ付四時過より同役入来、如例相済一汁一菜之昼飯を出ス有合之干菓子出ス
○小倉十兵衛ヨリ之年始状、一昨十七日宅状ニ届来披見之処、当春ハ布衣を着始テ御礼ニ罷出候儀、難有仕合之旨吹聴申越、発句を短冊ニ認差越、心掛之程尤之儀に付返書来遣候積り、右返書認置、短冊写左之通

かしこき　かえりみる後路　正房
君恩に猶曽子*の　わすれな初口影
いましめを
かしらにいたゝきて

○井戸大内蔵、為暇乞入来

廿日晴　朝塩引鮭 汁豆腐・のり 菜漬 飯三　昼塩鰤 煎豆 菜漬 飯四　夕雁ニ菜吸物 きせい豆腐 うなぎ 酒一合ヨ 菜漬 飯三

一今朝五時頃出宅、池田・井戸両氏旅宿へ為暇乞罷越、夫より御城入○於例席御用談相済、自分斗り居残、池田・井戸両氏被罷出、御修復掛り之方御用談有之、右相済池田氏・自分ハ退座、井戸氏被居残候故池田氏へ及挨拶同役一同退散、九時過帰宅○去ル

雇中間ら喧嘩で町人を傷付け、身柄を東町奉行に引渡す

十一日中奥御番ヨリ三人、両御番ヨリ五人、都合八人御使番被　仰付候趣、飛脚屋ヨリ申出ル、名前ハ江戸ニテハ相分り居候事故爰ニ略ス○昨夜道頓堀久左衛門町ニおゐて、難波新地弐丁目角屋庄兵衛借屋炭屋卯平忰浅吉・同借屋尾張屋藤助相手不知疵受、浅吉ハ右疵ニテ相果候旨訴出候ニ付、検使差遣相手をも穿鑿いたし候処、去夏当地ニおゐて自分方へ召抱置候中間内本町二丁目吹田屋得右衛門寄子之由兼吉箱持・源次長柄持・亀吉鑓持、右三人之仕業之趣ニ付、早速召捕一通り為相糺候処、当座之口論ニテ右疵為負候ハ兼吉仕業之趣申立候ニ付、三人共仮牢へ入番人付置、右ハ同役へ引渡、其段御城代へも申上候積り、調之義山本善之助へ申談頼置、右口論ニ付、築山茂左衛門御代官所摂州難波村百姓理右衛門も疵請、帰村之上検使願出、茂左衛門ヨリ検使遣候由ニテ一件書物出候間請取置、追テ一同役へ一同引渡之積り申談置○池田筑州・鸖小十郎等、明日・明後日両日出立ニ付為暇乞入来、御用談所ニおゐて面会○川島東八郎も夕刻来ル、有合之品ニテ酒食振廻○東八郎同宿ニ罷在候御普請役代り柳川勇右衛門、目通相願候ニ付居間ニおゐて面談

御用日、公事糺、城代公事聞に来る

廿一日昨夜ヨリ雨　朝 畳いわし 汁うと 菜漬・新沢庵 飯三　昼 平 長芋 切身 しめし茸 汁 つミ入 豆腐 青み 香物 ミそ漬 たくわん 飯四　夕 煎豆腐 うなき 玉子むし 酒一合ヨ 飯三

一今朝五時前公事場へ出席、訴訟百四十九内糺もの十二、外ニ寺社作事願三口○四時頃同役入来○四半時頃御城代御越有之、但今朝ハ雨天ニ付裏門ヨリ内玄関通り御出ニ

付、自分ハ玄関上、同役ハ廊下迄出迎談所へ御通り、例之通公事御聞有之公事弐口、右相済、休息ノ間ニおゐて吸物・二種肴・酒三献相済、但家来公用人・大目付両人へも地役之間ニおゐて同様振廻、直ニ供揃ニテ退散、送り最初之通○同役へも同様并一汁一菜之料理・餅菓子をも出ス、町人尼崎又右衛門・山村与助へも次ノ間ニテ相伴為致候○中間兼吉外弐人同役へ引渡、大目付役松下古助使者相勤ル、御城代へ之御届ハ所猶人を以出ス○右一件為取調候組与力・同心其外へ左之通遣ス

京桟留上下地　与力 山本善之助へ
博多織帯地　同 小川虎之丞へ
金百疋ツヽ　同心四人へ
同五拾疋　囚人引渡差添同心へ
銀弐枚　惣代*壱人へ
鳥目弐百銅ツヽ　囚人番いたし候人足拾壱人へ
〆弐貫弐百文
外三百文　囚人引渡之節縄取いたし候もの三人へ

右ハ家来共可取斗儀を組与力・同心等頼候ニ付遣ス○惣公事数七十内糺もの都合四口
○竈小十郎・川島東八郎等今朝出立いたし候

廿二日晴　朝 塩引鮭 汁から 新沢庵 飯三　昼 煮豆 新沢庵 飯四　夕 キノメ田楽 酒一合ヨ 至来物 鯛のミそ漬 菜漬・新沢庵 飯三

○惣代　北・南・天満の三郷惣年寄の下におかれた役職。天保七年「大坂袖鑑」には八名が若者とともに掲載されている。

江戸留守宅への書状、年始状返書など差出す

一在宿調物○昨日飛脚便宅状出候定日ニ候得共、御用多ニ付今日宅状認、所々へ之年始状并返書、石川内記悴御番入歓之書状肴料弐百疋封込　一同差立候様順三郎へ渡○安食善之丞入来、同人ハ坂井十之助ヨリ兼々厚く頼越候故、居間へ通有合之品ニテ酒食振廻

廿三日晴　朝塩鰤 なつけ 汁いも 飯三　昼煮豆 菜漬・新沢庵 飯四　夕○すまし吸物薄焼玉子 うと きせいとふふ くわい ミそ漬鯛 酒一合ヨ 菜漬 飯三

城入り、のち堺奉行入来面談

一例刻御城入、下野守殿持病気之由御逢無之直ニ退散、九時前帰宅○堺奉行永井能州駿府町奉行組同心御咎被　仰付候ニ付先達テ被差扣伺被差出候処、不及差扣段江戸表ヨリ御下知之趣、今日御城代ヨリ達有之候由ニテ入来、用談所ニおゐて面談○夕刻杉浦大次郎入来、有合之品ニテ酒食振廻

廿四日曇　朝煮豆 菜漬 飯四　昼煮豆 菜漬 飯四　夕すまし吸物しら魚・うと 煎豆腐 うなき 茶わん物きんこ 酒一合ヨ 飯三

専念寺御霊屋拝礼

○**専念寺御霊屋**　正月二十四日は二代将軍秀忠（台徳院）の祥月命日。

一今朝五時前供揃ニテ専念寺　御霊屋へ*拝礼ニ罷越金百疋備ル、拝礼相済書院ニおゐて休息、如例薄茶・菓子等出ス、五半時頃帰宅○今朝順三郎・正一郎六半時頃出宅、遠足ニ罷越、供丈助・貢助両人（マヽ）中間、みの尾（箕面）の滝遊覧之由夜五時前帰宅、右滝ハ絶景之由○宮寺五平次・土屋四郎次郎入来、御用談済ニテ居間へ通、有合之品ニテ酒振廻、且安食善之丞も入来同様振廻、兼テ相頼候狂歌認呉候様ニト持参請取置

順三郎・正一郎ら箕面の滝へ遠足

廿五日晴　朝塩鯛 新沢庵 汁いも 飯三　昼鮭引塩（マヽ） 菜漬 飯三　夕吸物玉子・うと でんがく 酒一合ヨ 菜漬 飯三

御用日公事糺

狂歌は我が老健高運にあやかり

城入り後、公卿体に身分を偽った者を再吟味

一御用日ニ付今朝五時頃公事場へ出席、訴訟百五十三内糺もの十一口、寺社作事願弐口○九時前同役入来、公事百二十四内糺もの十四口○昨日安食善之丞持参之絵へ狂歌書入、扇子弐本添為持遣ス

四十二の　こまめなりやこそ
やくに　まめてこさんしょ
かつをと
よろこんふ

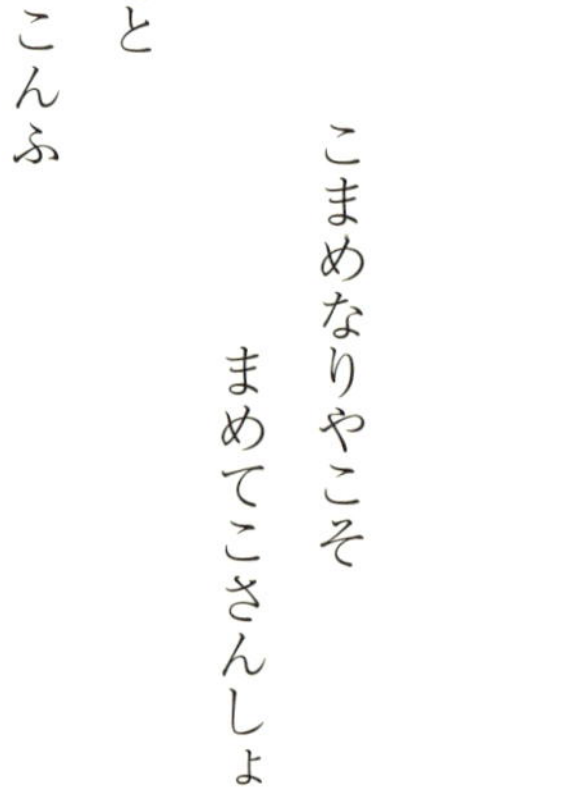

右ハ、善之丞義当辰四十二歳ニ相成候由ニテ、鶴小十郎より右之絵并狂歌を別ニ写差越、狂歌ハ我等が老健高運ニあやかり候様相頼候様ニト小十郎申聞、深示《切》之事故、御用繁之中願候も恐入候得共何ら頼候ト之儀ニ付認遣ス

廿六日晴寒風　朝塩鰤 汁うと 新沢庵 飯三　夕　昼八ハい豆腐 のり 新沢あん 飯四　夕そは切豆腐 鮎煮ひたし 酒一合ヨ 新沢庵 飯三 築山ヨリ至来

一例刻御城入、御用談後如例宿次相済、九時過帰宅○公卿之体ニ身分を偽り候もの再応吟味之上、左之通申立候由

豊田藤之進御代官所
飛州吉喜郡船津駅
名主追分弥九郎忰ニテ
出奔いたし候由

貞助
辰弐拾歳

右ハ同所医師田中安仙忰之由申偽、京都医家へ罷越候ヨリ追々其手筋を求、所々へ手寄罷在、何事も及見聞、既此度之所業および候由ニ先申立罷在候

右書取同役ヨリ被為見候間、身元相糺早々申聞候様藤之進へ之書状へ、右書取相添封候テ、中村屋七兵衛手代へ頼早々差遣候様、左五郎へ渡○簗山茂左衛門より鮎を取立之由ニテ差越、煮ひたしニして試候処至極よし○当所御蔵奉行池田庄太夫孫亀太郎二十歳之由釼術門入、庄太夫同道ニ付知人ニ成○竹垣三右衛門御代官所摂州天王寺村一件*再吟味ニ相成、三右衛門へ御尋之儀も申上候儀ニ付、同役へも申談、右一件相済候迄絶交ニいたし候得共、右ハ同役調元ニテ落着之期も不相知、三右衛門忰竜太郎稽古相休候義気之毒ニ付、今朝同役へ申談、稽古ニハ罷越候筈三右衛門家来迄、左五郎ヨリ奉札ニテ申遣ス

○摂州天王寺村一件→補注14。

廿七日 晴 寒風　朝 塩引鮭 から汁 新沢庵 飯三　昼 平ゆば 新沢庵 飯四　夕 あんかけ豆腐 うなぎ玉子とぢ 酒一合ヨ 新沢庵 飯二

御用日、公事糺

一御用日ニ付五時公事場へ出席、訴訟百五十八内糺もの九口、寺社作事・祈禱等之願十口○九時過同役入来、公事百四十三内糺もの拾五口○去ル十八日付之宅状今昼後至来、一同無別条安心、三郎太郎義川上謙三郎へ手習門入いたし候由ニテ清書差越、筆勢一段ト見事大慶之至なり

夜分江戸堀辺から出火、火事場へ出動、正一郎も連れる

廿八日晴　朝 塩鯛 汁つミ入 とふふ 新沢庵 飯三　昼 煮豆 新沢庵 飯四　夕 ゆで玉子 てんかく 酒一合ヨ 新沢庵 飯三

一例刻御城入、御用談済九時頃帰宅○今日同役ハ川筋見廻り○夕刻盲人春琭来、夜ニ入肩其外もませ、五時頃床へ入足をもませ聊睡りを催候処、高麗橋通江戸堀辺ニあたり出火有之由ニ付、早速起出様子承り候処、火勢強く容易ニ鎮火可致体ニ無之由ニ付、早々供揃申付火事場へ罷越、用人所猶人・祐筆吉松彦助出役、右ハ船町酒造家銭屋忠兵衛宅ヨリ出火之由、火勢盛ンニ付一通り及見候上、町目付同心栗原伊之助・河合善八郎案内ニテ江戸堀壱町目一向宗東派圓照寺へ罷越、同所ニテ出火之注進状為認、同心使を以御城代へ出ス、出役与力吉田万九郎・成瀬筧十郎・永田定之助等罷越、且火事場掛り与力早川虎助・成瀬伝次郎・長（田）坂直次郎ハ場所へ相詰罷在追々罷越候故、消防等無油断様申談遣、盗賊方山本善之助・小川虎之丞其外東組与力へも追々及面会、右圓照寺ニ暫く扣居候得共、風筋不宜追々火近ニ相成、取片付等ニ自分罷在候テハ迷惑可致哉ニ付、町目付へ申付しもく（撞木）橋を渡江戸掘ニ掛ル橋なり、風上ノ方七郎右衛門町壱町目会所へ罷越扣居候処、東北ノ風烈敷相成、斎藤町・布屋町・白子裏町・玉子（水）町・白子町等へ追々焼募り候ニ付、他町へ火移り候度毎其段注進状を出ス、且会所ニ而已扣居候テハ様子不相分故、略供ニテ但徒士三人、同心四人、高張挑灯四張、纏持、鑓持、近習・中小性之内四人、草り取ハ召連候事、近習・中小性ハ十蔵・勇吾・国蔵・巌等なり、銘々挑灯を持度々見廻ル、余り手間取候故、正一郎も貢を供ニ召連跡ヨリ罷越、火事場へも同道いたす、自分義火近混雑之所をも通行いたし候故火事頭巾を用、二度目見廻り

○**松平出羽守**　出雲松江藩主松平斉貴。

前日に引き続き消火出動

○**酒井雅楽頭**　播磨姫路藩主酒井忠学。

○**ガンギ**　雁木、船着場に付けられた木製の階段。

候節ハ火先松平出羽守*蔵屋敷へ頻り吹掛候得共、手人をも長屋家根へ上ケ防候様子、多分右場所ニテ立切可申哉ニ相見候故、右屋敷脇ヨリ風上之方へ廻り、出火事場之廻りを見廻り会所へ立帰候処、弥風烈敷相成、右雲州蔵屋敷へも火移り候由、猶見廻り候節ハ最初防居候長屋も過半焼落、阿部伊勢守殿蔵屋敷へ火移り候様子ニテ、火勢盛ンニ焼募鎮火之期も不相知候故、右会所ニテ弁当認ル○同役ハ腹痛水瀉之由、押テも出勤難相成、追手へも詰不申由ニテ其段御城代へ申断、組之もの斗り差出候間可然差図いたし呉候様頼越候間、承知之返書遣ス

廿九日暁より曇朝五時頃ヨリ折々雨　朝弁当宅ヨリ汁うとを差越煮豆　味噌漬　香物　昼塩引鮭　汁とふふニのり新沢庵香物　飯三

夕きせい豆腐　芋煮付　吸物蛤酒一合ヨ　新沢庵　飯三

一今暁払暁之頃、正一郎同道火事場見廻り候処、阿部伊勢守殿蔵屋敷内并右裏之方町家火勢盛ンにて、右東隣り松平大膳太夫蔵屋敷へ吹掛、其上跡火ノ方も一口火勢強く近くハ寄付かね、其上自分火近へ罷越候テハ消防之妨ニも相成候故、右河岸通りニハ難罷在間、常安《ジョウアン》橋土佐堀川へ掛渡候橋ニテ、土佐堀川両岸ハ往還有之多分諸家屋敷有之、伊勢殿蔵屋敷之火勢長州屋敷へ吹付風下也を渡越、長州蔵屋敷ト向ひ合候酒井雅楽頭*蔵屋敷門前ガンギ*四五十間ノ揚場也河岸之見物人を為追払、右場所へ纏を為立、床几ニ掛り暫く及見候処、長州之屋敷風下ニテ甚危く候得共表通りハ長屋ニテ、福山侯屋敷へ向キ候横手ハ多分蔵米蔵ニテ、右場所へ支配場役人村人足共是ハ穢多村ニテ、穢多共消防ハ江戸*

○**穢多村**　被差別部落、町奉行所の下で役人村として囚人の処刑、消火出動などを勤めた。

此度之出火は近来当所には珍敷大火

当所は土怔宜、其上家作も丈夫

消防之仕方も江戸とは大に相違いたし

之火消人足ニ准し家屋《根》へも上り身命を抛消防いたし候由、火事有之節ハやはり纏を其外火消道具を持早速駈付候仕来ニテ、纏ハ白ぬり之鎌の羽違ひニテ馬れんもあり、右人足ハいつれも柿色ノ火事はつぴ[redacted]着、火事場掛り与力・同心共ヨリ差図を請消防ニ掛り候仕来ニテ、右与力共ヨリ役人村人足共を掛可申哉之趣自分へ伺候故、火先肝要之所へ掛候様申付ル　右火先を出精防候様子ニテ、既右蔵屋敷前河岸之方ニ有之町家之屋根へも上り防候様子ニ相見、多分ハ右場所ニテ防留可申様子ニ付右場所を引取ル、但七郎右衛門町会所ニテハ火事場へ手遠ニ相成候故、常安町会所へ罷越、同所ニテ朝之弁当認ル○今朝五時過ヨリ折々雨降候故、正一郎ハ先へ返ス○四半時頃江戸堀弐丁目ニテ火鎮り候ニ付、注進状為差出退散但今朝次平并小林信平両人、罷越猶人・彦助ト代り合　帰宅九時前○帰宅早々食事いたし、入湯後一睡いたし候処、御太鼓坊主長順悴鈴木長恵病気ニ付願之通見習勤　御免之儀、昨日御城代ヨリ御書付御渡ニ付、今朝申渡候積り之処出火ニ付延引、八時頃右長順罷出候故無拠起出、右申渡相済漸一睡いたし、夕七半時頃起出日記を認、其後両度白洲有之公事場へ罷出、夜ニ入酒食いたし五時頃床へ入熟睡○去卯十一月十日夕、孫左衛門町出火之節始テ罷出、其節も同役不快ニテ自分壱人之処、今日も同様にテ、殊此度之出火ハ近来当所ニハ珍敷大火ニテ、昨夜戌ノ刻ヨリ今午ノ上刻及鎮火、一夜半日程之事故、江戸ニ候得ハ小一里も焼失可致処、纔幅壱町余長四町ニハ不過儀ニテ纔之場所ニ候得共、当所ハ土怔宜、其上家作も丈夫ニテ、就中昨夜勢焼失之場所ハ富家之町人多く、土蔵造り同様之家作故別テ手間取候哉ニテ、消防之仕方も江戸トハ大ニ相違いたし、家作を打毀引倒、明地を拵、焼留り候様仕成候故、至テ手ぬるく埒明兼候事共也、先頃も記置候

昨年十一月につづく二度目の消火出動に感慨を催す

当所は町奉行之外火事場役人無之

同役は当辰六拾壱歳にて自分より十三も若く候得共病身

通自分ハ若年之節ヨリ火事場見物を好、火事羽織も無之節ヨリ出火場へ罷越見物いたし候儀ニテ、向側へ火移り候ハヽ、大火ニ可相成、右場所ニテ焼留り候様いたし度抔、銘々口外ハいたし候得共、内心ニテハ向側へ移り候ハヽ、一段ト火勢盛ンニ相成面白く可有之ト存候段ハ、不仁至極人情ニ有之間敷事なから、火事ニ限り壮年之節ハ誰しも右様之心得候処、当時ハ及老年、其上奉行職ト相成支配場所之火事及見候テハ、少シも早く鎮火候様いたし度、実心ヨリ火鎮候様ニト祈念罷在候義、扨々手前勝手成ものト存候義ニテ、当所ハ町奉行之外火事場役人無之故、何程混雑群集之場所ニテも、自分罷越候節ハ組同心共其外惣代等先へ立、十手を振人を払候故、聊危キ義無之、十分火勢之様子も及見候儀ニテ、老年故馬上ニ無之段ハ残念ニ候得共、外ニ兜頭巾等用ひ候もの無之故欤、往来ニテも珍敷存見物いたし候様子、むかし之身上を考候得ハ実ニ生れ替り候同様之儀扨々難有、殊昨夜少も睡不申通夜いたし候テも、差テ疲労も不覚段ハ全く老健故之儀ト被存、大慶之至りなり、但当表へ着坂之節ハ暑気之時節ニ候得共、老人之儀乗馬難相成、出火場ハ何分相頼候趣不取敢同役へ相頼候処、火事場ハ引請可申間安心候様ニト之挨拶ニ候処、去卯十一月以来両度之出火、両度も同役ハ不快ニテ不罷出、自分壱人ニテ引請候儀、兼テ之約束トハ前後表裏ニ候得共、同役ハ当辰六拾壱歳ニテ自分ヨリ十三も若く候得共病身故之儀、右様之儀ハ頼候ヨリも被頼候方高運ト存候得ハ、差テ太儀トも不覚儀ニテ、当時ハ忰六郎左衛門も御役柄江戸表ニテ火事場等へ出候テハ御威光格別成義、父子打揃右之仕合、呉々未曽有之事共難有仕合

祐明書状(17)

四天王寺御霊屋へ参拝

月次の礼請け城入り
月番東町奉行へ送る

○**虎屋**　高麗橋の菓子店、饅頭が有名で、贈答用に商品券（饅頭切手）が発売された。

○**篠山摂津守**　篠山景徳。

ニ付、寸志之程因《ちなみ》ニ記之

晦日晴　朝（精進）煮豆 新沢庵 茶漬 飯四　昼 塩鰤 汁ゆり根 新沢庵 飯三　夕 吸物玉子ふわ〳〵 でんがく 酒一合ヨ 新沢庵 菜飯三

一今朝五時頃供揃ニテ天王寺　文恭院様　御霊屋へ参詣御香でん金百疋備ル、拝礼相済四時前帰宅
○御城代ハ頭痛気ニ付参詣延引之旨申来、御案内ニハ同役罷出候筈ニ付、右之趣早速申遣ス、尤同役も自拝ニハ被出候様子也○明夕宅状出候積りニ付、所々へ之文通等手透ニ認置

二月大

朔日晴　朝 塩引（鮭脱）汁いも 菜漬 飯三　昼 氷豆腐 菜漬 飯四　夕 キンコ ゆで玉子 煎豆腐 酒一合ヨ 菜漬 飯三

一今朝如例月次之礼を請ル○月番送り猶人・其右衛門罷越○例刻御城入、然処御城代頭痛気ニ付御逢無之、九時前帰宅○飛脚屋便り定日ニ付留守宅へ之書状認順三郎へ渡、おまくへ返書一封是ハ虎屋*のウイロウねたり越候故右ニ渡候積り、井戸氏書状一覧之上返却、右ハ六郎左衛門書状之内へ封込遣ス

小林田兵衛へ一封　関保右衛門へ一封　川路左衛門尉へ一封
篠山摂津守*へ一封　田中庄次郎へ一封　内藤歓一郎へ一封
木村儀平へ一封　右ハ一同ニ遣候様順三郎へ渡
美濃紙二帖書状添三郎へ遣ス

二日曇昼後風雨雷鳴　朝 塩鰤 汁つミ入豆腐 新沢庵 飯三　昼 煮豆 沢庵 飯三　夕 吸物しら魚 でんがく 酒一合ヨ 新沢庵

一御用日ニ付昼後東御役所へ罷越、訴訟百七口内寺社四、公事数六十四内糺もの十四、八半時過帰宅○夕刻杉浦大次郎入来、養子身分之儀ニ付内談有之、有合之品ニテ酒食振廻○今昼後南風ニテ暖和之処、九半時過俄ニ北風ニ替り風雨雷鳴○順三郎儀、坂本鉉之助方へ罷越雨ニ逢候由

御用日につき東町奉行所出勤、公事糺

三日晴北風　朝 鯛干物 汁いも 新沢庵 飯三　昼 平ゆば 新沢庵 飯四　夕 煮抜豆腐 うなき 新沢庵 飯三 酒一合ヨ

一例刻御城入、同役不快ニ付断、御城代も頭痛気之由御逢無之、進達ものハ市野環を以進達、御用済ニテ四半時頃帰宅○杉浦重郎兵衛へ之文通認順三郎へ渡、但養子身分之儀心底ニ不応上ハ不及是非、一己ニ決心候様ニト申遣ス

四日晴風立　朝 汁うど 新沢庵 飯三　昼弁当 にしめ 巻玉子 うど 椎茸 きせい豆腐 干瓢 ミそ漬香物　夕(ツメ) 吸物白魚 でんがく 菜漬 飯三 酒一合ヨ

一今日川筋見廻りニ付、今朝五時頃支度いたし黒ちりめん紋付小袖・同御紋付羽織・小袴着用門前河岸ヨリ乗船但順三郎・正一郎も野羽織袴着用、供用人野々村次平、近習・中小性ハ丈助・十蔵・熊次郎・鎌吉・巖東横堀川を登、大川を下り、堂島川通り川浚之場所見分、夫ヨリ安治川を下り、同所浚ひ之様子及見四番杭川口水尾杭なり之辺ヨリ上陸、目印山俗ニ天保山ト云見廻り、同所南組会所ニテ弁当認ル、夫より沖手を相廻り候積り之処、風烈ニ付同所乗船、安治川を登り木津川上り口ヨリ下り、右川口津守新田*へ上陸、同所会所ニテ小休地主炭屋善五郎庭古松等生茂り、御影ノ手水鉢・燈籠等多く有之、よき庭なり、夫ヨリ陸地堤通り拾町余

川筋巡見、順三郎・正一郎も同行

○津守新田　元禄年間、十三間川の直川化にともない開発された新田。庭は向月庵として有名。

江戸之白魚に相替儀無之妙と云べき

役人村穢多住居の村なり手前迄歩行、同所ニテ乗船、道頓堀川を登り、東横堀川通り、門前河岸ヨリ上陸、帰宅夜六時過○御城代へ為土産小魚交肴一籠、目印山会所ニテ為調、留守宅へ先へ廻り猶人取斗ニテ為持遣ス、挨拶之返書来ル○今日川方掛り与力近藤左衛門・同心島田音右衛門・惣年寄・惣代等夫々出役ニ付、まんちう・煮〆等遣ス○近藤左衛門ヨリ白魚一籠差越故、同役へ土産ニ遣ス○惣年寄ヨリ海面《ウツラ》海苔を差出ス、是ハ近来製候事之由、白魚も近年目印山海辺・住吉浦等へ新規ニ生候由、今日左衛門ヨリ差越候しら魚ハとりたてにテ、帰宅之上吸物ニ申付試候処、江戸之白魚ニ相替儀無之妙ト可云欤

御用日東町奉行所出勤、公事糺ののち梅見

五日晴　朝塩引鮭 汁干瓢 新沢庵 飯三　昼焼豆腐煮付 新沢庵 飯四　夕きせい豆腐 菜漬 新沢庵 飯三

一御用日ニ付昼ヨリ東御役所へ罷越○公事三十五内紀もの十六口○東御役宅庭前之梅華、盛りハ過候得共いまた残華有之由に付、御用済ニテ同役同道見晴之場所へ罷越、茶屋ニおゐて酒被振廻一盞を過し、夕七時過帰宅○今日ハ昼後例ヨリ過酒いたし候故、帰宅後ハ酒不相用、夜食而已ニテ床へ入熟睡

城入り、宿次

六日曇　朝塩鯛 汁ゆり 新沢庵 飯三　昼八盃豆腐 のり 新沢庵 飯四　夕阿州ヨリ用人共へ至来 取肴品々 煎豆腐 うなぎ 酒一合ヨ 新沢庵 飯三

一例刻御城入、御用談済宿次如例相済、九半時頃帰宅○順三郎義坂本鉉之助方へ罷越、夜ニ入帰宅○去月廿八日付之宅状今夕七時頃至来、一同無別条安心、且三郎太郎健ニ

徳島藩蔵屋敷から重詰届くも好物なく、うなぎ・煎豆腐にて夕食

御用日、東町奉行所出勤

初午宵宮にて裏門を開け、稲荷への参拝を許す

○初午　二月最初の午の日、稲荷社の祭日とされ、豊作祈願のため稲荷社に参詣する。

テ手習素読等出精之由、手習ニ半紙へ認候分差越一覧、至極筆勢宜敷、早速上達大慶之至なり所々ヨリ年始状或ハ返書等数通至来、御沙汰書之趣ニテハ御勘定組頭格御金奉行小田又蔵・御勘定組頭格竹内清太郎両人御勘定組頭被　仰付候上ハ、芦沢軍次郎義御人減ニテ小普請入被仰付候御趣意斗りトも不相聞甚不審、近頃笑止千万歎ヶ敷事共ニ候○松平阿波守家来ヨリ、領分之儀ニ付彼是世話ニ相成候由ニテ、酒一陶・重詰見事ニ肴を四重へ詰品々有之用人共へ阿波守ヨリ相贈候由ニテ差越候間、如何可仕哉之旨用人共伺出候間、受納いたし不苦旨及差図ニ付、右取肴品々初穂を出候間試候処、見事ニ拵候得共好候品ハ無之候故、やはり兼テ申付置候うなき・煎豆腐ニテ如例酒一合ヨ用之、右至来物ハ阿（阿）州ニテ似銀拵候一件吟味ニ相成、右ニ付問合等ニ罷越候故ト相聞候得共、家来共ハ吟味取扱候ニも無之、殊先柄之事故受用為致候事

七日昨夜ヨリ雨　朝汁うど 新沢庵 飯三　昼煮豆 新沢庵 飯四　夕吸物鱈 〆豆腐 つくいも きんこ 酒一合ヨ 新沢庵 飯三

一御用日ニ付昼ヨリ東御役所へ罷越、公事七ツ内紀もの六口、右相済八時過帰宅

八日曇　朝汁つミ入 豆腐 新沢庵 飯三　昼煮豆 海苔 新沢庵 飯四　夕しら魚吸物 でんがく四十三本 酒一合ヨ 新沢庵 飯二

一今日ハ進達物其外御用も無之候故、不快之積り同役へ頼遣在宿調物、然処今日御城入ニ不及旨御城代ヨリ申来ル○朝飯後三里へ灸治弐十五ツ、○初午*夜宮ニ付昼後稲荷へ参詣、初穂金百疋備ル、夕七時前ヨリ裏門を明（開）参詣を免ス、但前々ヨリ仕来ニテ御城代・両御定番下屋敷・両町奉行御役屋敷稲荷へ諸参詣為致候由、昨年迄ハ裏門ヨリ入、表門へ為抜候由ニ候得共、表門より雑人共猥ニ出入為致候も如何ニ付、自分存寄ニテ当年

ヨリ表門並南之方切抜ノ門ヨリ出候様夫々幕張いたし、道筋ヨリ外猥ニ他へ不出様為致候事○今夕ハ休息ノ間障子を切抜、酒を呑なから参詣人之様子見ル

九日晴　朝 汁うど 菜漬 沢あん 飯三　昼 にしめ 蒲ぼこ するめ 里いも 干瓢 糸こんにやく 自分斗焼豆腐 赤飯二椀 飯二　夕 しゞみ吸物 しら魚揚たて きせい豆腐 酒一合ヨ 飯三

初午につき家中の妻子に目通りし、庭・座敷見物を許す

風俗も江戸とは違ひ田舎風に候

一内寄合外御用ニ付延引・在宿調物○初午当日ニ付朝五時過より裏門を明参詣を差免○初午ニ付組之もの家来下々迄赤飯・煮〆遣ス 赤飯米壱石・小豆弐斗 煮〆百八拾人前 ○初午ニ付家中之妻子稲荷参詣、序ニ庭并座敷向拝見いたし度旨相願候間聞済遣、右序ニ居間ニおゐて目通申付ル、但左伝次妻ハ江戸表ニおゐて逢候事故同人ニ披露為致、猶人妻子 娘両人・次平并渡辺源蔵（之進）・杉山与市右衛門・松下古助・吉松彦助・小林信平・横田地巌・神谷鹿太夫・久間田十蔵妻ニ逢候事、島田其右衛門ハ病気之由ニテ不罷出候○内山彦次郎父子より初午ニ付しら魚・しゞみを青籠へ詰差越、夕刻酒肴ニ用○今朝より追々参詣人有之、昼後より次第ニ相増、夕刻ニ至り候テハ押分兼候程群集、談所障子を少シ切明透見いたし候処、夥敷参詣ニ候得共御趣意を守、殊奉行所故ニ可有之美婦人之衣類等華■《美》之儀ハ無之、間近く見請候処、見事ニ見へ候テも多く木綿ニテ、風俗も江戸トハ違ひ田舎風ニ候得共小児或ハ小女之言葉やさしく、江戸ものより婦人之言葉ハよきよふニ思はる、常証院在命達者ニテ罷越候ハヽ、よき慰ニ可有之ト無益之事なから懐旧胸ニ迫候故、直ニ気を転し候様いたし工夫いたし候儀ニテ、流弊中ト違ひ至テ質素ニ

候得共、都会之儀佐州之初午トハ雲泥之相違なり

十日晴　朝汁めうが 新沢庵 飯三　昼八盃豆腐 のり 赤飯一 麦飯三　夕○しら白(魚)あんかけ でんがく 酒一合ヨ 新沢庵 菜飯三

城入り

一例刻御城入、御用済ニテ九時前帰宅○両御役所稲荷別当ハ天満ニ罷在候本山修験万宝院相勤候故、賽銭も不残同院所〔収納〕ニ付、今日右之礼ニ罷出候由

十一日曇 四時頃ヨリ雨　朝塩引鮭 汁干瓢 新沢庵 飯三　昼塩鰤 新沢庵 飯四　夕しゝみ汁 煎豆腐 うなき 酒一合ヨ 新沢庵 飯三

祐明書状(18)

三郷惣年寄を補充する

当所は何事にも進物等差出候儀町人国故と被存候

一在宿調物○飛脚便り定日ニ付留守宅へ書状出ス小笠原加賀・中島平四郎・浅井新太郎・大熊善太郎・高山又蔵・河島才右衛門・大井量助へ年始状返書遣、スメ七通　日記并関善左衛門書状ハ六郎左衛門書状之内へ封込遣ス○惣年寄共之内、先達テ不届有之御仕置被　仰付人少ニ付、惣年寄永瀬七郎左衛門悴見習永瀬喜代助・薩摩屋仁兵衛悴同薩摩屋小伝次新規惣年寄申付、且惣年寄井吉三郎助儀組替申渡候処、右礼として今朝罷出候ニ付、大書院ニおゐて夫々礼を請ル、喜代助・小伝次ハ前々仕来之由干鯛一折但一箱なり・樽代金五百疋・紗綾三巻ツ、いつれも台ニ載ル、七郎左衛門・仁兵衛ハ干鯛一箱・樽代金三百疋ツ、、三郎助ハ目録金三百疋進物差出ス、尤東へも同様なり、当所ハ何事ニも進物等差出候儀、町人国故ト被存候

十二日雨　朝汁つミ入・とうふ 菜漬 新沢庵 飯三　昼菜ひたしもの 菜漬 新沢庵 飯四　夕豆腐揚出シ 鱈吸物 はぜ煮付 菜漬 酒一合ヨ 飯三

城入り

一例刻御城入、御用談済ニテ退散、九時頃帰宅○夕刻杉浦大次郎入来、有合之品ニテ酒食振廻

捨子不正一件につき極刑を科す

佐州在勤と違ひ当所は吟味物も夥敷有之

当所は江都と違ひ武家無数町人而已にて

○**養育料**　大坂では捨子を保護した町が引き取り手を探し、奉行所に届けた上、当座の養育料を添えて子供を養親に渡す仕組になっていた。

十三日晴　朝汁うど 菜漬 飯三　昼焼豆腐煮付 菜漬 飯四　夕吸物玉子・うど でんがく 酒一合ヨ 沢庵 菜飯三

一摂州南方村久助不仁之及所業候一件、今朝落着但捨子其外相対ニテ小児を貰ひ乳汁不足ニテ五人迄相果候一件、久助ハ引廻之上獄門、女房とよハ、遠島　佐州在勤ト違ひ当所ハ吟味物も夥敷有之候事故、御用日記へ而已相認、自用之日記へハ不記置候得共、当所ハ江都ト違ひ武家無数町人而已ニテ、其上淫風故歟捨子多く、夫故養育料*を見込捨子を貰ひ、手を下し殺候義ハ稀ニ候得共、兎角乳汁不足ニして自然相果候様仕成候類多く有之趣ニ候得共、病死ニハ無紛、疵所等も無之、吟味手掛りもなき事故、奉行所ニテも等閑ニ過行候哉ニ相聞歎ヶ敷次第ニ付、右類之風聞内探之上召捕候様申付置候処、右久助儀去ル酉年以来捨子両人相対ニテ貰請候女子三人、いつれも当歳子ニテ不残病死いたし、其上実子も有之趣ニ付召捕、去卯八月下旬ヨリ吟味取掛り、組与力共骨折相糺候得共不及白状、度々牢問をもいたし候得共病死ニ無紛事故証拠無之、何分有体之儀不申立候ニ付、去月中自分再吟味いたし得ト利害申諭、漸有体申立候ニ付、早速取調相伺候処、御城代も速ニ差図被致候故、今日御仕置申付候儀ニテ、以来懲悪之一端ニも可相成哉、右様重科ニ被行候もの支配国ニ有之段ハ恐入候筋ニ候得共、以来少シも見懲等ニ相成候得共御慈悲之一端ニ付心配いたし候儀ニテ、且捨子を貰度旨所之もの一同願出候節、奉行所ニテ之糺方不行届哉ニ相聞候間、以後願出候節聞糺方等委細与力共へ申諭、此程願出候節も願書一覧之上、悉く察度申聞委敷為認候義ニテ、右様糺方行届候得ハ、実子を押隠し偽之儀申立願出候類

ハ相止候道理ニテ、然ハ久助如キ巧も難出来、自然相止可申哉ニ付、与力共へ得ト申
諭、其段同役へも申談候事ニ候、右一件科書左之通

摂州南方村
百姓 久 助
辰三拾六歳

右久助儀、及困窮難取続候迚、実子之乳有之を幸ひ、捨子を貰ひ養育料を以当座之凌ニ可致ト存付、女房とよ差留候をも不聞請、実子ハ相果候趣申偽及対談、奉行所へも同様申立捨子を貰ひ、右小児間もなく相果候段乳汁不足故ト乍心付、と■《よ》再応差留候をも不聞入、猶又同様申偽捨子を貰、右小児相果候後、実子有之儀親元へも及対談候トモとよ異見をも不取用、当歳之小児三人迄養育料を添追々貰請、乳汁不足之節ハ摺粉を以養育いたし候由申立候得共、既乳汁不足故不残三五ヶ月之内ニ病気相廃（発）痩衰いたし相果候始末、人情ニ有之間敷所業、不仁之至不届至極ニ付、大坂三郷町中引廻之上獄門

久助女房
と よ
辰三拾七歳

右とよ儀、夫久助及困窮養育料を以当座之凌ニ可致ト、実子ハ相果候趣申偽、両度迄捨子を貰候節、実子之乳を以両人養育いたし候を無覚束存差留候得共、久助不聞請候迚其意ニ随ひ罷在、既乳汁不足いたし右小児相果候後、実子有之儀親元へも及

対談候トも、当歳之小児三人迄貰ひ請、乳汁不足之節ハ摺粉を以養育いたし候由ニ候得共、乳汁不足故不残三五ヶ月之内ニ病気相廃(発)相果候仕義ニ至候段、人情ニ有之間敷不仁之儀、夫之申付トハ乍申、右始末不届ニ付遠島

明日堺表へ年始ニ罷越候儀、以使者猶人御城代へ申上候○夕刻尼崎又右衛門来、順三郎へ居合門入、自分も居合を抜為見候上、有合之菜飯・田楽振廻

十四日 昨夜ヨリ雨　朝 汁かんひやう 菜漬 飯三　夕《昼》 豆腐あげ出シ 菜漬 飯四　夕 しら魚吸物 きせい豆腐 酒一合ヨ 菜漬 飯三

一堺表へ罷越候儀雨天ニ付延引、其段御城代并同役方へも申遣ス○在宿調物○飛州ヨリ去月廿九日付・去ル五日付之書状入弐封今巳ノ下刻至来、一同無別条安心、先達テ申遣候同役掛りニテ吟味ニ相成候恕太郎事貞助ト申立候もの身元相糺候処、飛州船津村医師安仙忰ニ無相違、去卯二月欠落いたし、日限尋*之上村方帳外ニ相成候もの之由、案外成義、人物ト云才格(カ)ト云善心ニ候ハ、一廉之ものニ可相成処、扨々歎ヶ敷事共ニ候、右身元糺書付早速同役方へ遣ス、且飛州製湯呑*誂遣候処、出来候由ニテ扣共弐ツ同役紋所沢瀉ニ付、右を模様いたし候赤絵之湯呑也差越候間、是又差遣候処大歓ひニテ、右移りニ盃・猪口三ツ組一箱并小土瓶一ツ差越○飛脚屋より左之通申出ル

当秋大坂加番

松平中務少輔
松平備中守
水野日向守
内藤因幡守

当秋交代の加番・大番頭の情報届く

○日限尋　行方不明者は日限を切って探索し、それまでの間に発見できなければ村の戸籍から抜くのが常態であった。

○飛州製湯呑　飛騨郡代豊田藤之進は天保十二年、瀬戸・九谷の陶工を招いて陶磁器生産を始めた。今日、渋草焼と呼ばれ商品化されている。

御書院番頭　朽木周防守
浦賀奉行　遠山安芸守
下田奉行　土岐丹波守
大御番頭
浦賀奉行

○明日堺表へ罷越候旨、御城代并同役へも申遣ス

十五日晴風烈　朝汁うと 菜漬 沢庵 飯三　昼堺奉行ニテ馳走ニ預ル　夕○鯛うしほ 弁当ノ菜残り きせいとふふ 玉子焼 干瓢 酒一合ヨ 飯三

一今朝六半時頃出宅途中ハ紋付野羽織小袴を用、但順三郎・正一郎も同道いたし候積り之、処、正一郎ハ聊風気、順三郎ハ天気合ニ付両人共延引、自分斗り罷越　堺へ罷越、天下茶屋建場ニテ小休、夫より歩行いたし住吉社へ参詣初穂金百疋備ル、難波屋*へも立寄松をも一覧、文政二卯年九月御用済ニテ帰府之道中、大坂ニ逗留之節、下役市川丈助案内ニテ天王寺・住吉辺へ罷越、難波屋の松をも及見候儀をも文政二卯年十月三日なり存出候義ニテ、夫より大和橋を渡乗輿、堺妙国寺*へ立寄目録金百疋遣ス熨斗目麻上下ニ着替、同寺蘇鉄をも遊覧、猶乗輿ニテ永井能登守方へ罷越面談、昨年初入之歓、年始之挨拶等申述、野服ニ改、品々馳走左之通

ミそ吸物こち　中皿物かまほこ其外品々　同さしみ　茶碗むしうなき玉子
本膳鱠平　香物　飯三汁　焼物鯛　菓子品々

同所立出、堺組同心渡辺塚七郎案内ニテ大仙陵へ罷越仁徳帝之陵ニテ、幅弐拾間余之堀取廻し候内ニ島之如くニ相成候山ニテ、右堀を

堺奉行所に行き、永井尚徳と面談、生州の鯛を土産に持ち帰る

○**難波屋**　紀州街道の茶屋、前栽にあった大小二本の老松で知られた。

○**妙国寺**　日蓮宗寺院、境内の蘇鉄は霊木として知られた。

大仙陵の内堀を船で渡り、陵上茶屋にて小休止

○曲渕甲州　曲渕景漸、明和二年～六年の間、西町奉行。

船ニテ渡り越右山上ニ至ル、同所ニ近来曲渕甲州*勤役中被取建候由立波（派）成、茶屋あり、右茶屋座敷ニテ小休、海辺其外山々を見晴し、よき景色なり陵之辺を見廻り、元之渡船ニ乗立戻ル陵ノ山ニ生し候蕨至テ和らかニテよろしきよし、右ハ御城代へ進上後ニ、無之候テハ食用ニ不致候得共、内々土産ニいたし候様能州ヨリ被相贈夫ヨリ浜辺へ罷越浜役所ニテ休息、猶又小船ニ乗、元船小船掛り之場所生洲（簀）之船繋有之所へ罷越、生洲（簀）之鯛を玉ニテすくひ上ル、自分も一ツ自身ニすくひ上、残ハ十蔵ニすくわせ、大小取交都合五ツ取上ケ半切桶へ入、右浜役所へ持帰り、青籠へ夫々為入土産ニいたす、夫ヨリ堺市中を通り大和橋を渡り阿部野街道を立帰ル、阿部野印山寺ト云真言宗之寺院ニテ小休、天王寺脇へ出、夜六半時頃帰宅○右持帰り候鯛五ツ之内大小取交弐ツ青籠へ入、翌朝御城代へ進上、同役并内山彦次郎へ一尾ツ、今晩遣ス、一尾ハ為拵（こしらえさせ）うしほニ申付試候処、鮮魚ニテ味ひ格別なり、残りハ味噌漬ニ申付、明夕之酒肴ニ用

十六日　晴折々曇立　朝　汁つミ入豆腐　新沢庵　飯三　昼　ゆば煮付　新沢庵　飯四　夕　蕨笋　ミそ漬鯛　酒一合ヨ　菜漬　飯三

当春役料米請け取る

一例刻御城入、御用談後宿次如例相済、九半時過帰宅○昼後順三郎儀、坂本鉉之助方へ桃華見物なから罷越、夜ニ入帰宅○当春御役料ハ昨十五日、御借米ハ今日相渡ニ付、両日共松下古助罷越請取、但御役料ハ、佐州米・羽州米ニ口ニテ相渡ル二百石之内、佐州米四拾石・羽州米弐拾石都合六拾石飯米ニ入米、残百四拾石并御借米四百俵分百四拾石御借米ハ摂州米・越後米弐口ニ相渡ル都合弐百八拾石売払、但相場佐州米壱石ニ付代銀七拾三匁弐分、羽州米同七拾壱匁壱分、摂州米同七拾四匁、越後米同七拾弐匁也、江戸表ニテハ

御役料ハ三割ニ候得共御借米ハ四分一、御切米之節半分相渡候儀之処、当所ニテハ不残三割ニテ皆米渡なり

十七日折々曇　朝汁うと　菜漬　飯三　昼八盃豆腐　のり　沢庵　麦飯四　夕ケンチャン豆腐*　笋　蕨《わらび》　うなぎ　酒一合ヨ　飯三

一在宿調物○明日四時御城入之儀申来ル

○ケンチャン　けんちん、禅僧が中国から伝えた普茶料理の一つ。

十八日昨夜ヨリ雨　朝汁菜　沢庵　飯三　昼東御役所ニテ　茶わんしんじょ　あんかけ　八盃豆腐　菜ひたし物　沢庵　麦飯五　夕玉子ふわ〳〵　そば切豆腐　酒一合余　蕎麦切大平ニ軽く二ツ

一例刻御城入、御用済ニテ九時前退散、直ニ東御役所へ同道罷越公事糺物二、右相済八時頃帰宅○去ル九日出之宅状今巳ノ上刻至来、一同無別条安心諸向ヨリ之年始状、返書等数通来ル三郎太郎清書并自身ニ記置候由読書之紙数認ノ帳面等差越一覧、清書名書等迄見事ニ出来大慶、右ハ重便ニ返却候様順三郎へ渡○米倉丹州ヨリ信州挽抜ニテ製候由蕎麦切至来、早速申付試候処至極之風味なり、大坂ハ蕎麦不宜右様之品ハ着坂以来始テなり

御用日、東町奉行所にて公事糺

大坂は蕎麦不宜

十九日晴　朝塩鰤　汁うと　沢庵　飯三　昼菜ひたし物　沢庵　飯三　夕○しら魚吸物　きせい豆腐　うと煮付　ゆで玉子　酒一合ヨ　飯三

一内寄合ニ付四時頃東御役所へ罷越、定例之手続相済、御太鼓坊主長順悴鈴木長栄無足見習自分立合同役申渡直ニ退散、九時前帰宅○今酉ノ上刻大沢町出火ニ付、即刻供揃大手へ詰候処無程鎮火ニ付、外張御番所ニ詰合罷在候公用人河野五郎左衛門へ申談直

市中出火につき出動

ニ退散、火事場へ罷越、大沢町会所へ同役も罷越居候間面談いたし、夫ヨリ直ニ帰宅
用人野々村次平
給人吉松彦助 出役

廿日曇　朝 汁めうが・茸 沢庵 飯三　昼 平ゆば 沢庵 飯四　夕 うなき 煎豆腐 酒一合ヨ 沢庵 飯三

明日の城代巡見につき尼崎又右衛門と面談

一例刻御城入、御用談済九時頃帰宅○明日御城六（代脱）半時御出城巡見ニ御越、右順路書市野環を以進達、明朝之手筈委細尼崎又右衛門へ談置○昼後坂本鉉之助入来、有合之品ニテ夜食振舞 うなき玉子むし 汁つミ入・豆腐 猪口 菜ひたし物 塩鰤焼物　○明日ハ巡見ニ候得共帰宅夜ニ入可申哉ニ付、留守宅へ之書状認封候テ順三郎へ渡 野村へ一封、小堀□□へ一封 大瀬七郎兵衛へ一封封込

廿一日 今暁ヨリ雨　朝 暁七時頃 きせい豆腐 干瓢 沢庵 茶漬三　五時過 菜汁 沢庵 飯二　昼 煮豆 ミそ焼 菜漬 飯四　夕 でんがく三十七 酒一合ヨ 沢あん 麦飯三

雨のため城代巡見順延となる

一御城代巡見ニ付、今暁七時起出食事をもいたし候処、七半時頃ヨリ雨降出、迚も巡見ハ有之間敷哉ニ付、為念一昨日御城代ヨリ之文通取寄一覧いたし候処、天気能候ハ、巡見ニ可罷越ト有之上ハ小雨ニテも罷出候ニ不及段勿論之事故、猶又床へ入休息いたし睡りを催候処、用達与兵衛申出候由ニテ、前々巡見之節強雨ハ格別、雨天ニテも其刻限ニ相成候得ハ追手迄罷出候仕来之由ニテ、御支度可被成哉之趣猶又申聞候ニ付、与兵衛ハ軽き身分、何之弁もなく心付之趣申出候事故咎候筋ニハ無之候得共、天気能候ハ、ト被申越候ニ、聊ニテも雨中罷出候段ハ仕来ニ候トも心得違愚之至、自分ニお

○天王寺舞楽　旧暦二月二十二日（現在は四月二十二日）は聖徳太子の命日にあたり、四天王寺では大法要が催され、石舞台の上で舞楽が奉納される。

○紀伊殿　紀州藩主徳川斉順。

四天王寺にて舞楽見物

ゐてハ細雨ニテも雨降候内ハ決テ不罷出候、右ハ仕来等ニ可拘筋無之、若御城代ヨリ察度有之候得ハ御城代之心得違ニ付、御城代を申諭、却テきめ返し候心得、右様馬鹿〳〵敷義ハ与兵衛聞候得トも猶又勘弁も可有之趣申諭置、無程延引之旨申来ル○明廿二日御用も無之候得ハ天王寺舞楽*見物ニ罷越候趣、以使者所猶人御城代へ申達、被御聞置候旨公用人河野五郎左衛門を以被　仰聞候○紀伊殿*三月十九日江戸御発駕、四月四日頃大坂御通行之由

廿二日曇昼後雨　朝汁たけノ子沢庵 飯三　昼天王寺ニテ掛合ノ料理出ル　夕ケンチン豆腐 きせい豆腐 弁当菜残 玉子焼酒一合 沢庵 飯三

一天王寺舞楽見物ニ付四時過出宅平ふく、順三郎・正一郎も跡ヨリ罷越両人共継上下途中羽織ヲ用自分之見物所迄乗輿但裏門より入、舞台正面之堂向テ右之方へ自分定紋付之幕を張是ハ先番之もの持参、天王寺ニテ毛氈を敷後ロへ屏風を立ル、右見物所へ自分・順三郎・正一郎一同着座、見物場所之様子凡左之通

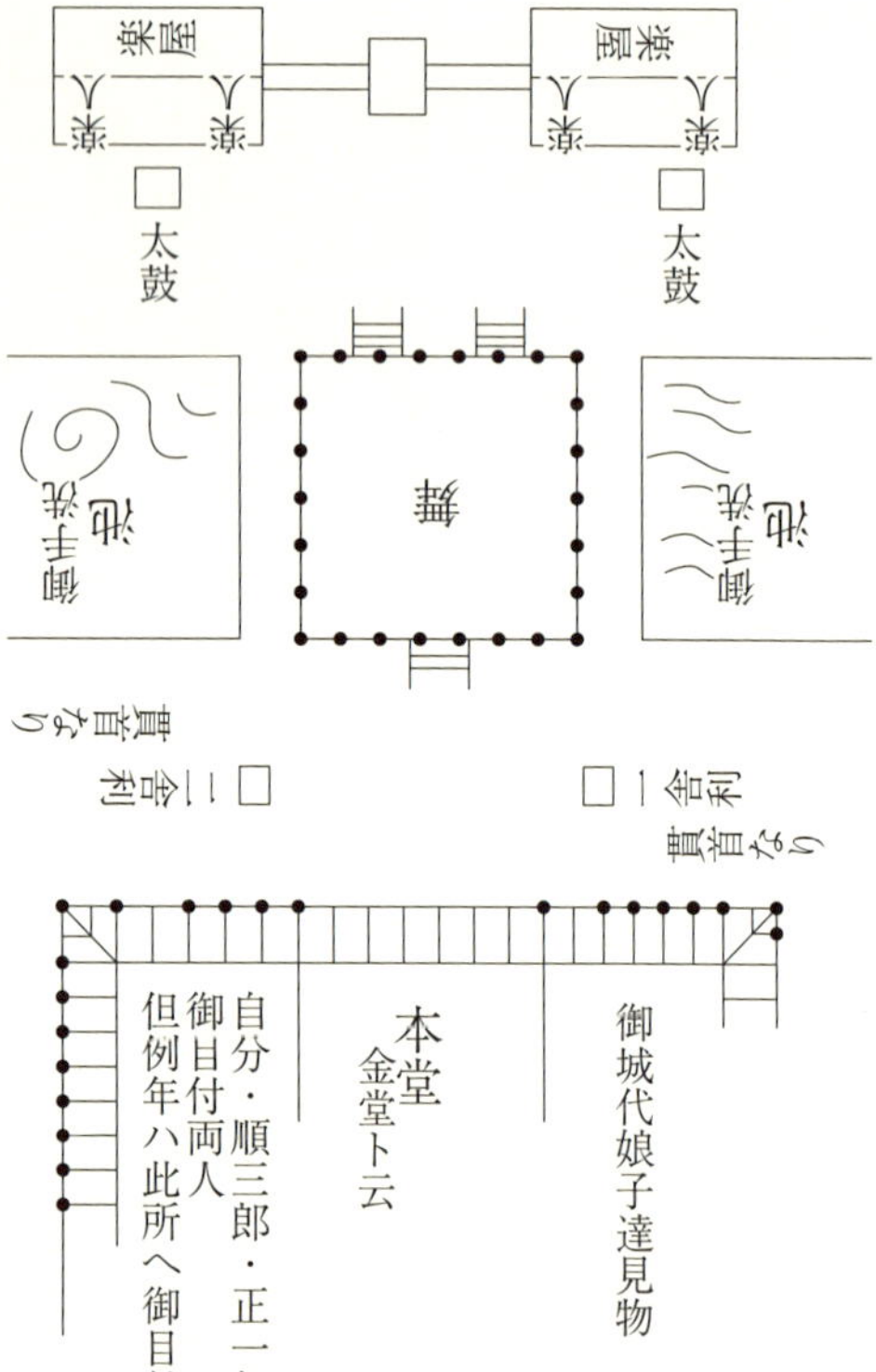

御法事式

聖霊会御法事式

両輿御幸　奏安城楽

両貫首并十禅師・三綱及諸官等供奉扈従

総　礼　十禅師法義有音楽

振　鉾　左右各奏三節

蘇利古　舞楽

○前々仕来ハ金堂へ向ひ左り之方へ御城代・町奉行着座、右之方へ御目付代斗り着座見物之由、当年ハ御城代御越無之、娘子達見物ニ被参度由、依テハ自分罷越候テハ座席ニ差支候趣尼崎又右衛門ヨリ兼テ内々申聞候故、自分ハ始テ之事故、いつれ見物ニ罷越候得共、座席ハ何方ニテも不苦候間、御城代見物所へ娘子達被参候テ聊不苦旨申談候処、然上ハ自分并順三郎・正一郎も御目付見物所へ一所ニ罷在

舞楽は始て見物之処古雅
雲上にて珍敷

御上張　三綱法義 有音楽
御手水　同上
登高座　両貫首法義 有音楽
　会行事打金鼓
伝　供　奏十天楽
　会行事打金鼓
菩薩舞　有奏楽
獅々舞
　会行事打金鼓
祭　文　三綱法義 有音楽
迦陵頻　舞楽
胡　蝶　同上
　会行事打金鼓
唄　匿　十禅師法義 有音楽
散　華　同上
大行道　十禅師法義 繞堂有壱楽
台下一曲　左右各奏楽
　会行事打金鼓

候様、尤御城代・町奉行へハ天王寺ニテ掛合之料理差出候得共、御目付へハ不差出仕来之由ニ付、自分始一同弁当持参いたし候間、先方ニテ更ニ構ひ不申様いたし度旨、兼々又右衛門へ談置、弁当用意いたし候処、自分ハ勿論御目付山岡十兵衛 揖斐与右衛門・順三郎・正一郎へも掛合之料理を出ス、左之通

本膳皿物 生麩其外品々盛合 香物 煎酒　汁 白ミそ 焼つミ入 豆腐 青み　飯三

引テ

平 なまゆば 笋 大椎茸　坪薄葛物 木くらげ ミつば もろこし餅 わさび

茶わん物 しめしたけ 其外取合　猪口 木くらげ 蓮ノ根　キノメ合

中酒　取肴二種

○自分共罷越候節ハ祭文相済候後にテ、着座無程迦陵頻始ル、舞楽ハ始テ見物之処古雅雲上ニテ珍敷一段ト見物事也○八時頃すまし吸物・取肴二種ニテ酒を出ス、三献を用○昼後より雨降出候得共、舞人へハ長柄傘をさし掛やはり舞候事也 長柄を持候ものハ十三四歳之子供ニテ、冠を冠り、黒き袍を着し罷在 右楽之面・装束ハ天

万歳楽　舞楽

讃　頭　十禅師法義　有音楽

延喜楽　舞楽

梵　音　十禅師法義　有音楽

桃李花　舞楽

錫　杖　十禅師法義　無音楽

登天楽　舞楽

下高座　両貫首退出　有音楽

入調

安　摩

散　手

貴　徳

大手楽

狛　鉾

喜春楽

白　濱

陵　王

納曽利

自分は御目見以下より御取立

歌舞伎、能楽そして舞楽を見て冥加至極

時候当りのため城入りせず

王寺有来ニテ、面抔ハ聖徳太子之頃ヨリ之品有之由也、舞楽済切候ハ深夜ニ相成候由ニ付、自分ハ太平楽相済退散、七半時過帰宅、順三郎・正一郎ハ居残、夜ニ入還城楽迄見物いたし夜五半時頃帰宅○自分ハ　御目見以下ヨリ御取立之儀ニ付、幼若之節ハ歌舞妓(伎)芝居等へも見物ニ罷越但幼年之節上野山下ニ乞食能有之見物いたし候儀有之候迄ニテ能も慥ト八不覚、寛政十午年三月寛政九巳年六月十一日関東郡代付留役被仰付御目見以上ニ成ル始テ御能見物いたし、(まことにもって)寔以難有冥加成事ト心得候処、格別結構之身分ニ相成、今日天王寺へ罷越候テも雑人ハ不残片寄蹲踞罷越在、両組与力・同心或ハ天王寺先払之もの等扈従いたし、見物所迄乗輿之侭罷越、役僧等出迎叮嚀ニ取扱候儀、殊始テ舞楽を見物いたし候段難有事共冥加成事ニ付記置之

廿三日晴　朝汁干瓢 沢庵 飯三　昼八盃豆腐 沢庵 麦飯四

夕 つとどふふ　ふき
筍　うと　ゆて玉子　皿盛
酒一合ヨ　沢庵　飯三

一御城入可致処、両三日聊時候中ニテ逆上強、頭痛もいたし候故同役へ頼遣候処、御城入ニ不及段御城代ヨリ申来

甘州
林歌
還城楽
抜頭
蘇莫者
八仙
賀殿
地久
陪臚

候趣同役ヨリ申越、都合宜敷在宿調物○一昨日ヨリ宇佐美佐門相招薬用、且尼崎又右衛門世話ニテ御城代家来小倉匂当今朝来、肩其外惣身□（をカ）もませ候処、肩之張和らき快方也○杉浦重郎兵衛儀、伏見御林伐出御用相済、一昨日帰坂之由ニテ入来、昼食時分ニ付有合之麦飯振廻

廿四日 折々曇　朝 汁ふき 沢庵 飯三　昼 菜ニあふらけ 菜漬 沢庵 飯四　夕 吸物しら魚 てんかく三十七 焼玉子・うと・笋皿盛 酒一合ヨ 飯三

庭内の桜満開につき坂本鉉之助を招き料理振舞

一内寄合外御用ニ付延引○天王寺へ参詣可致処、時候中全快ニも無之故延引、御香奠金百疋備ル○庭前之桜花盛ニ付、坂本鉉之助相招、菜飯・田楽を振廻、小倉匂当并太田春琢も参合候故同様振廻○明日御城代公事聞ニ被参候趣、同役ヨリ申来ル

廿五日 昨夜ヨリ雨　朝 汁うと なつけ たくあん 飯三　昼 ゆば煮付 菜漬 沢庵 飯四　夕 東ヨリ至来 吸物・取肴等品々 いしやき豆腐 酒一合ヨ 菜漬 沢庵 茶飯三

時候当りのため東奉行所での公事糺を休む

一御用日、殊御城代公事聞ニ御出ニ付為立合可罷越処、聊なから時候中りいまた全快ニ

も無之、天気合も不宜珍敷強雨ニ付、旁用心して不罷越、断申遣ス但壮年之節ニ候得ハ押候テ罷出不苦候得共、最早七十四歳ニ相成候儀、再感等いたし候テハ以之外成義ニ付無拠申断○同役ヨリ今日御城代へ差出候料理ト相見吸物・肴・取肴、其外品々重箱へ入被差越、夕刻酒肴ニ用

廿六日晴　朝汁めうがたけ 菜漬 沢庵 飯三　昼煮豆 沢庵 飯　夕煎豆腐 うなき 酒一合ヨ 沢庵 飯三

城入りせず在宿

一宿次ニ付御城入可致処、不快いまた全快ト申ニ無之間、用心して今日も申断在宿、但以使者野々村次平申遣、同役へも申遣

代官築山茂左衛門、三男の武術指南を順三郎に懇願

○築山茂左衛門明日京都へ出立之由ニテ入来、同人三男留次郎義杉浦より弥熟談ニ不相成及離縁候様成行候節ハ、留次郎ニおゐても養家へ対し格別ニ行跡□(相)改武術等出精いたし度、依テハ幸ひ順三郎当地へ罷越候義ニ付□(自カ)宅へ寄宿いたし稽古相励度、何分聞済呉候様ニト之儀、先達テ以来順三郎へ只管《(ひたすら)》歎願いたし候趣ハ同人ヨリ委細承候義ニ付、弥破談ニ相成、離縁相届候迄ハ杉浦ニ罷在候姿ニ付、稽古遅く止宿之積りニテ兎口ハ無之候得共、離縁之届出候後ハ京都在住之築山ニ同居可罷在もの、当地ニ逗留ハ表向不相済事ニ付、其節ハ同役へも申談、表向ハ折々稽古ニ当地へ罷越積りニも可致、其儀ハ追テ可申談旨申談置但留次郎儀行状相改稽古等相励候趣養家へ相知レ候様いたし度、自宅ニテ稽古いたし度ト之儀ハ尤之筋ニテ、右を及断候ハヽ、志を失ひ行状等弥不宜様成行可申哉ト茂左衛門心配いたし候哉ニ被察、寔以無余義次第ニ付、無拠本文之趣及挨拶置候事○去ル十八日付之宅状今十八日未ノ中刻至来、一同無別条安心、三郎太郎清書も差越、不取敢熟覧、追々上達大慶之至ニ候○天王寺貫首一舎利・二舎利へ去ル廿二日世話ニ相成候為挨拶左伝次差遣、紗綾一巻・煎茶一壺ツヽ、遣ス紗綾ハ有合、茶ハ有合之壺へ六匁五分之茶為詰候事○組与力成

瀬九郎左衛門・早川安左衛門久々病気ニ付、まんちう一重・煮〆一重ツ、笋・長いも・玉子焼・椎たけ・かまほこ遣ス

廿七日晴　朝汁たけの子 沢庵 飯三　昼煎菜 沢庵 飯四　夕玉子ふわ〱 でんがく 酒一合ヨ 沢庵 菜漬

一御用日ニ付昼より東御役所へ罷越、公事数百四口内紀もの二〇順三郎・正一郎ハ昼後、御蔵奉行比留間兵三郎方へ庭前之桜花盛り之由ニテ被呼罷越、品々馳走有之候由、夜ニ入帰宅

順三郎・正一郎、花見に招かれる

廿八日晴　朝煮〆 沢庵 飯三　昼弁当玉子焼 干瓢 きせい豆腐 ミソ漬香物　夕吸物しら魚 弁当□(之カ)菜残り 〆豆腐 うと 沢庵 酒一合ヨ 飯三

一御城代巡見ニ付為御案内□(今)朝六半時前出宅黒縮緬小袖同、羽織小袴着用、追手へ罷越乗輿之侭□(暫)く扣罷在但定例下乗いたし候場所、供立ハ徒士三人・駕籠之もの六人之外相替儀無之、尤野服、用人ハ野々村次平罷越、同人ハ丸羽織野袴着用　御城代駕籠其外追手先へ出候を見請、御門外張番所向へ罷越扣居、御城代通行之節懸御目及御挨拶、夫ヨリ御城代之跡へ付罷越、但御城代・自分牽馬之跡へ公用人河野五郎左衛門、等騎馬供也　夫ヨリ野々村次平等罷越、今日組与力川方掛近藤左衛門・東組与力地方掛金井塚与十郎其外下役共罷越、追手ヨリ本町筋谷町通り寺町、夫ヨリ安居天神社境内通り抜、四天王寺境内桜花等遊覧但歩行之節ハ御城代同道いたし咄なから遊覧　欽明天皇社・東高津村難波寺観音堂へ入、小橋村比賣許曽《ヒメコソ》社境内を通り　仁徳天皇社へ参詣、真田出丸跡等及見、夫ヨリ本庄村にテ小休但御城代ハ寺院ニテ休息、自分ハ同村年寄久左衛門宅ニテ小休、小弁当認ル、家作も相応耕地を見晴よき庭なり、夫ヨリ鴫野辺歩行、左専堂村不動へ参詣

城代とともに市中郊外を巡見、隅田川の景色を想起

遊行いたし候老若男女之体木母寺辺を存出

○**木母寺**　天台宗の寺院、「名所江戸百景」に描かれる。

当春借米・役料代金三一五両余納入される

相済、猶歩行ニテ森河内村・放出村を過、御城代御役知今福村ニテ昼休御城代ハ庄屋何某之宅、自分ハ年寄九郎左衛門宅にテ弁当、右場所ヨリ乗輿、新喜多新田・野村（田）村を過、中野村野道ヨリ猶又歩行、桜ノ宮へ参詣大神宮之由境内遊覧、当所ハ桜花も多く、少シ末ニハ候得共淀川端にテ角田（隅）川辺之景色に似て、堤を御城代ト同道いたし船渡之場所迄罷越候処、遊参船ハ不見請トいへとも、遊行いたし候老若男女之体木母寺*辺を存出候儀ニテ、尤御城代・自分同道之事故、尤老若男女共□□（芝原カ）等ニ行義（儀）能蹲居いたし候体ハ江戸ものヨリ殊勝なり、淀川を渡越北野村にテ小休、御城代ハ大（太）融寺、自分ハ蓮花寺ニテ休息候得共、大（太）融寺へ罷越同所ニテ暇乞いたし蓮花寺ニテ休息之上、夫ヨリ難波橋を越高麗橋ヨリ帰宅、夕七半時過、今日昼休之節御城代ヨリ菓子一折尼崎又右衛門を（以脱）被相贈候間、昼休所へ挨拶ニ罷越

廿九日昨夜ヨリ雨　朝汁ふき 沢庵 飯三　昼八盃豆腐 沢庵 麦飯四　夕○煎豆腐 うなき 酒一合ヨ 沢庵 飯三

一内寄合外御用ニ付延引、在宿調物○順三郎風邪ニ付、宇佐美左門薬用

晦日晴　朝汁ゆりノ根 沢庵 飯三　昼あふらけふくら煮 沢あん 飯四　夕ゆで玉子 でんがく小四十三本 酒一合ヨ 沢庵 菜飯三

一在宿調物○当春御借米・御役料払代金用達島屋佐兵衛ヨリ一昨日相納ル、左之通、但御借米百四拾石之内佐州米四拾石 羽州米二拾石入米残八拾石、御役料弐百石越後米、摂州米、都合弐百八拾石之代金なり

惣〆高銀弐拾貫三百拾弐匁六分　但佐州米一石ニ付七拾三匁弐分 羽州米一石ニ付七拾壱匁三分 越後米同七拾弐匁 摂州米同七拾四匁八分

此金三百拾五両弐朱ト銀弐匁六分　但両ニ六拾四匁四分五り替

三月小

朔日晴　朝 汁たけの子 たくあん 飯三　昼 菜ひたし物 沢あん 飯四　夕 玉子あんかけ 煎豆腐 木くらげ かんひやう しゐたけ 酒一合ヨ 沢庵 飯三

一同役川筋見廻り神崎川通りに付、自分も御城入不致、在宿調物○留守宅へ之書状認順三郎へ渡、但堺ヨリ養命糖代金弐朱取寄、西尾釆女病気見廻として、おまく迄文相添封候テ一同遣ス○享保之度山下幸内上書*之儀ニ付、寛政二戌年松平越中守殿*書取を以御同列へ被相廻候ニ付、松平伊豆守殿・松平和泉守殿・本多弾正大弼殿*等銘々書取を以被答候次第等、心得ニも相成候哉ニ付、先年新見伊賀殿ヨリ内々借受写置候由ニテ内山彦次郎ヨリ為見候間、一覧之処、右ハ佐州在勤中山本新十郎ヨリ借受一覧いたし候儀有之候得共、写ハ無之哉覚兼候故順三郎へも尋候処、一覧候儀ハ有之候得共、蔵書之内ニハ無之様覚候由ニ付、正一郎ニ為写候積り同人へ渡置、右ハ越中守殿ヨリ其頃之御目付中川飛州*当勘三郎祖父勘三郎・石川左近将監*元六右衛門等へ為心得被為見候を追々写取候儀ニ付、御目付衆ハ所持いたし可然哉と被存候間、旁写させ候積り也

二日晴　朝 汁焼豆腐 ふき 沢庵 飯四　昼 平ゆば 沢あん 飯四　夕 蛤吸物 あゆ煮ひたし 煮〆 竹垣ヨリ至来 酒一合ヨ たくあん 飯三

一御用日ニ付五時公事場へ出席、訴訟六十四口内糺もの二口、寺社訴訟三口○同役昼より入来、公事四十八内糺もの五口○同役へ元林奉行山本庄左衛門ヨリ之文通

山下幸内上書を写させる

祐明書状(19)

○山下幸内上書　浪人山下幸内が享保六年、目安箱に入れた諫書。幕閣の関心を集め、とくに松平定信は寛政改革にあたり参考にした。

○松平越中守　老中筆頭、松平定信。

○松平伊豆守・松平和泉守・本多弾正大弼　松平信明・松平乗完・本多忠籌、いずれも老中。

○中川飛州　中川忠英、目付、長崎奉行、勘定奉行など歴任。

○石川左近将監　石川忠房、目付、作事奉行、勘定奉行など歴任。

御用日、役宅にて公事糺

○大小　当時の暦は三〇日ある大の月と二九日以下の小の月からなっていた。

上巳の礼を請け、城入り

○松平大隅守　薩摩藩主島津斉興。

御役故多分之収納もの

物見より市中婦女子の風俗を観察する

当年之大小*

其月に五をかけてしれ辰の年ひと桁ハ大ふたけたハ小

桃さつき小萩に菊や冬至梅此発句なとおもしろく候

三日晴　朝 汁うと 沢あん 飯三　昼 平 のつぺい にんしん こほう 焼豆腐 かんひやう 長いも かまぼこ たくあん 汁とふふ 小豆飯三　夕 鯉吸物 でんがく 酒一合ヨ 沢庵 飯三

一上巳ニ付如例礼を請ルふくさ麻○五半時御城入、御用談後如例御本丸参上相済九時帰宅、同役ハ御城入ハいたし候得共腹合不宜、御本丸参上ハ不致直ニ帰宅○昨年御団扇献上之節、右献上物入候箱嵩張候品ニ付船廻しニテ差越候様、其節味噌漬・香物も差越候様、先頃江戸表へ申遣置候処、去月十日出之由右箱并香物二桶、但一樽(桶)ハ手前漬沢庵ト百一漬茄子を味噌ニ漬醤油樽へ詰、一桶ハ買上候味噌漬・香物、今日至来、早速試候処、百一漬之茄子ハ塩からく相成候得共いつれも風聞(味)よし○松平大隅守*参勤ニ付当表へ今日着坂之由、太刀一腰・琉球大平布三疋・金馬代以使者被相贈昨年着坂以来諸家贈物之内大判〆三六枚なり、其外今日上巳ニ付、惣年寄其外ヨリ差出もの都合金六両三分・銀拾匁・鳥目弐貫文有之、右様収納もの之儀悉く日記へハ不認トいへとも、畢竟御役故多分之収納もの等有之儀　御高恩之一端難有事ニ付記置、此節ハ月番なから長日ニ相成、殊今日ハ快晴ニテ、談所庭前泉水端之桜花盛ニ付昼後庭内を歩行、物見へも罷越、暫く往来をも及見候処、江戸トハ風俗も替り候内、別テ婦人之体ハ江戸ものヨリ弱和ニテ、御趣

婦人之体は江戸ものより弱和にて、御趣意を守り

○**千種色**　もえぎ色、そら色。

○**花色**　薄い藍色、はなだ色。

堺奉行永井入来、面談

○**慮外もの**　無礼者。

御用日、公事紮

意を守り、相応之身元ト相見候町家之娘十四五歳ニ相成候婦人、木綿千種色*紋付裾模様菊花紅入、帯ハ緋の板〆縮緬之様ニ候得共紬ニテ古風成姿、其外物見向ふ之町家瀬戸物屋之女房三十六七歳之婦人、節句故化粧いたし衣類も着替候様子ニ候得共、花色*千筋之木綿わた入、裏ハ黒木綿、帯も大縞之木綿ニテ至テ質素之体、江戸表も当時ハ如何ニ候哉、去春迄ハ右様全く木綿斗り着し候ものハ不見請義ニテ、其外子供之衣類も右ニ准し候儀ニテ珍敷、常証院達者ニテ上坂もいたし候ハヽ、花ト云往来人ト云よき慰、且ハ至来物も歓ひ可申ト無益之懐旧自分ト存替、猶又御用向ニ取掛り候事なり

四日雨　朝 汁つミ入とふふ 江戸香物 飯三　昼 とろゝ汁 江戸香物 麦飯四半　夕 ○ケンチン豆腐竹の子ごぼう 木くらけ ふき うなき 酒一合ヨ 江戸香物 飯三

一同役巡見ニ付内寄合無之在宿調物、然処天気合ニ付同役巡見延引○昼後永井能州入来、御用談所へ通シ面会、手覚之内格別壱冊貸遣、且先頃問合有之候武家之家来厄介人之節慮外もの*切殺、且博奕いたし候当時無宿御仕置当り見込之趣、書取答下ケ札共一縊(くくり)、直ニ遣ス

五日晴　朝 汁ふき 沢庵 飯三　昼 煮豆 江戸香物 飯四　夕 玉子あんかけ 煎豆腐 酒一合ヨ 江戸香物 ひら素《ぞふ》めん二 飯三

一御用日、五時公事場へ出席、訴訟七十六内紮もの三口○同役腹瀉ニ付入来無之、出席之振ニ取斗呉候様申来ル○公事百拾四口内紮もの弐拾壱

六日晴

朝 汁うと 江戸香物 飯三　昼 菜ひたし物 沢庵 飯四　夕 ゆで玉子ニ松露吸物 でんがく 酒一合ヨ 江戸香物 飯三

飛騨の豊田藤之進より来状

一例刻御城入、御用談後如例宿次相済相済（如例）、九半時前帰宅○飛州ヨリ去月廿五日付之書状至来、但中村屋七兵衛下代ヨリ届ル、不取敢披見、一同無別条安心、且敬之助手習始候由ニテ清書差越、一段ト宜敷大慶之至なり、近日何そ褒美ニ可遣事

七日晴

朝 汁竹の子 沢庵 飯三　昼 煮豆 江戸香物 飯四　夕 玉子焼やき立 大根おろし醤油掛 ケンチン豆腐 ごぼう 竹の子 ふき 酒一合ヨ 江戸香物 飯三

御用日、公事糺

九条殿舎弟と身分を偽った無宿取調一件、西の担当となる

一御用日ニ付今朝五時前公事場へ出席、訴訟百弐拾三口内糺もの拾三口、寺社作事願三口○昼ヨリ同役入来、公事八拾八口内糺もの拾六口、八時過相済○旧臘九条殿舎弟ト偽り兵庫津迄罷越候無宿貞助儀、同役方ニテ取調候処、東組与力・同心共兵庫勤番中ニテ右体高位之身分之趣ニ申掛候もの(カ)不差留段不念ニ付、同役方ニテ吟味詰候儀難相成、候段自身方へ請取候（依之分引渡）旨同役ヨリ御城代へも書取を以申上、今日請取一通り相糺候（自分ヨリも請取候趣申上、右一件）処、三州吉田之寺院其外勢州一身田専修寺門跡家来等ニも引合有之、往々当所之吟味ニハ難相成哉ニ被存候、右様之ものニ候上ハ同役方ヨリ是迄吟味之次第を以、取斗方自分へも相談有之可然処、不束之儀共今更戻候義も無(難カ)相成、引請取斗候積り○囚人宰領いたし候両組与力・同心、拝領物御礼之早書差出候ニ付、留守宅へ之書状・日記写共封候テ順三郎へ渡、今夕差立ル

○御役日　前年三月八日付で祐明は大坂町奉行に補任された。

城代、東町奉行同道の上、泉州巡見

城入り、留守宅へ書状出す

八日晴　朝 汁ふき 沢庵 江戸香物 飯三　昼 こまめ鱠 平のつへい 江戸香物 汁豆腐 小豆飯三　夕 きせい豆腐 焼玉子 ふき うと 酒一合ヨ 沢庵 飯三

一例刻御城入、御用も無之、御城代御逢も無之、九時頃帰宅○今日ハ御役日*ニ付小豆飯申付、態ト内祝

九日晴　朝 菜汁 沢庵 飯三　昼 煮豆 すまし 江戸香物 麦飯四　夕 ○煎豆腐 うなき 酒一合ヨ 沢庵 飯三

一御城代泉州地巡見、同役も罷越候ニ付内寄合無之、在宿調物○去月廿九日付之宅状今巳ノ上刻至来、不取敢披見、一同無別条安心、所々ヨリ之書状も来ル○御城代巡見相済候趣同役ヨリ夜五時頃申来ル、且明日御城入不及趣も申来ル

十日曇 昼前ヨリ雨　朝 塩鯛 汁うと 沢庵 飯三　昼 豆腐揚たて 江戸香物 飯四　夕 ゆで玉子 でんがく 酒一合ヨ 沢庵 飯三

一在宿調物、昼前ヨリ雨降出、八時頃風雨

十一日曇　朝 手前揚油揚付焼 汁ふき 沢庵 飯三　昼 菜ひたし物 沢庵 飯四　夕 竹の子 ふき きせい豆腐 玉子焼 うと キンコ・松茸くす煮 酒一合ヨ 飯三

一例刻御城入、御用談済九時頃帰宅○御用金掛り組之もの御褒美願之儀、靍小十郎へ兼テ内話およひ置候処、先達テ之御褒美願御下ケ無之哉、又ハ御下ケ有之候を混雑ニテ取紛れ候哉不相見候間、いつれ再願書差出可然趣申越候間、追願書取調、同役へも申談今日進達○飛脚便定日ニ付留守宅へ之書状認、日記写并小倉十兵衛・靍小十郎へ之返書等封込順三郎へ渡、一同差立候様申談、但西尾文通も返却

市中見廻りに出る

十二日晴　朝塩鯛 汁竹の子 沢庵 飯三　昼弁当きせい豆腐 玉子やき ふき ミそ漬香物　夕竹の子煮付 弁当ノ菜残り 酒一合ヨ 沢庵 飯三

一今朝市中見廻ニ付五半時過出宅黒縮緬小袖下着白御紋付羽織小袴着用、高麗橋渡越西へ、筋違橋を渡り西横堀西側南へ、笹橋石屋へ立寄石碑見改、夫ヨリ同筋南へ、新町橋渡越東へ、順慶町心斎橋筋迄、夫ヨリ南へ、島之内御池橋を西へ、同橋を渡北へ、御池通西へ、阿弥陀ヶ池和光寺へ立寄同所ニテ弁当認、夫ヨリ東へ、高台《タカヤ》橋を渡南へ、幸ひ橋を渡、道頓堀河岸通り歌舞伎并あやつり芝居之様子及見、高津植木屋吉助方ニテ小休牡丹花盛なり、三間ニ四間程華檀ニ雨覆ありて甚見事なり、同人庭ヨリ高津社へ参詣、夫ヨリ寺町通り高原溜見廻り八時頃帰宅

御用日、公事糺

十三日晴　朝汁長いも 沢庵 飯三　昼ゆば煮付 江戸香物 飯四　夕至来鯛うしほ 同煮付 煎豆腐 酒一合ヨ 江戸香物 飯三

一御用日ニ付今朝五時前公事場へ出席、訴訟百五拾八口内糺もの拾口、寺社作事願弐口○昼ヨリ同役入来、公事七拾口内糺もの五口○堺表ヨリ桜鯛片身同役ヨリ被相贈、夕刻試候処風味格別よし

長崎詰・銅座詰支配勘定らと面談

十四日朝雨　朝汁菜 沢庵 飯三　昼八はい豆腐 とろゝ 江戸香物 麦飯四　夕(ツメ)あんかけ豆腐 ミそ漬鯛 酒一合ヨ 沢庵 飯三

一内寄合外御用ニ付延引○長崎詰支配勘定高田八左衛門今朝着坂之由ニテ来、同人ハ馴染筋ニ付御用談之間へ通面談当辰弐拾九歳之由、同人父勇蔵ハ自分支配勘定見習評定所書物方之節、石川善次郎ト同日ニ書役見習被仰付、右勇蔵父八左衛門八年来書役相勤旧来之馴染筋ニ付寛々及面談、当所銅座詰支配勘定丸橋金之助・御普請役桑山宇源次も着坂之由来

ル、地役之間ニおゐて面会○同役、長興寺村御焔硝蔵見置并池田辺巡見之積り之処、
天気合ニ付延引

十五日曇 巳ノ刻ヨリ晴　朝汁ふき 沢庵 飯三　昼焼豆腐煮付 沢庵 飯三　夕ぎせい豆腐 ふき うなき 酒一合ヨ 沢庵 飯三

月次の礼請ける

一今朝如例月次之礼を請ル○同役長興寺村御焔硝蔵其外巡見に付、在宿調物

十六日朝曇 晴　朝汁竹の子 沢庵 飯三　昼菜ひたし物 沢庵 飯四　夕鯛うしほ こち・鮑煮付 〆豆腐 酒一合ヨ 沢庵 飯三

城入り、宿次

一例刻御城入、御用談済、宿次如例相済、九時頃帰宅

十七日朝曇　朝汁干瓢 沢庵 梅干 飯三　昼蕨ニ油揚 江戸香物 飯四　夕鯛ミそ漬 でんがく四十三 酒一合ヨ 沢庵 菜飯二

城入り

一例刻御城入○御太鼓坊主久米正斎忰正悦見習勤中御切米御扶持被下候御書付直ニ御渡、持帰左伝次へ渡○同役水瀉ニ付、御城入断○昨日永井能州ヨリ大仙陵之蕨并桜鯛・こち・鮑等被相贈、右蕨を今日試候処至テ和らかニテ風味よく別品なり

十八日雨　朝汁ふき 沢庵 飯三　昼蕨ニゆは煮付 てんがく二十 沢庵 菜飯四　夕烏賊木ノめあい 〆豆腐・ふき煮付 酒一合ヨ 沢庵 飯二

御用日、公事紮

一御用日ニ付五時前公事場へ出席、訴訟百三拾五内紮もの拾三口、寺社作事願三口○同役水瀉ニ付、出席之振取斗呉候様願来ル○公事五十八口内紮もの三口○永井能州入来、有合之品ニテ昼飯振廻

市中巡見、のこらず歩行

○**五百羅漢** 妙徳寺は行基の開創と伝えるが、元禄十一年万福寺から天徳南源を招いて中興開山となし、天真の代に安置した五百羅漢が信仰を集めた。明治五年に廃寺、現在福島公園となる。

○**揚屋** 遊里で置屋から遊女を呼んで遊ぶ店をいう。

御用日、公事糺ののち新番頭米倉昌倪と面談

十九日朝細雨昼後晴　朝汁竹の子沢庵　飯三　昼八盃豆腐沢庵　麦飯四　夕○弁当ノ菜きせい豆腐玉子やきふき　うなき　酒一合ヨ　沢庵　飯三

一在宿調物○去ル八日夜認候由、同九日出之宅状今午ノ上刻頃至来、不取敢披見、一同無別条、三郎太郎健ニテ文武共出精之由、難波津之上ノ句清書、其外読書之員数、剣術ノ形等認候帳面差越一覧、手習ハ纔之内ニ追々上達、大慶之至安心之事ニ候○市中為見廻り今夕七時前出宅地方与力勝部与市郎・同同心本間小馬作罷越、天神橋より天満天神境内通り抜、上福島村五百羅漢*を及見、妙徳寺黄檗派にテ小休、夫ヨリ浄正橋并玉江橋を渡り、常安町会所ニテ暫く相休供之もの弁当認、自分ハ不用、夫ヨリ常安橋・阿波橋・紀伊国橋を渡り新町郭中九軒町・瓢箪町を通り揚屋*之体及見、同所ヨリ挑灯を用、夜六半時過帰宅、道法凡三里程不残歩行○帰宅後酒食を用

廿日曇　朝汁かんぴやう沢庵　飯三　昼蕨ニ油揚沢庵　飯四　夕ゆて玉子あんかけ　竹ノ子わらび　酒一合ヨ　沢庵　飯三

一例刻御城入、御城代頭痛気ニ付御逢無之、四半時頃帰宅

廿一日朝細雨　朝カマス干物　汁長いも　沢庵　飯三　昼ゆば煮付沢庵　飯四　夕でんがく　鯛切身煮付　酒一合ヨ　沢庵　飯三

一御用日ニ付今朝五時前公事場へ出席、訴訟九拾壱口内糺もの拾弐口、寺社作事願五口○同役昼ヨリ入来、公事七十四口内糺もの八口○御定番為引渡　上使被相勤候新番頭米倉大内蔵今暁着坂、昼後入来、大書院へ通シ、夫ヨリ自分罷出、御用談之間へ通同

役一同面会、熨斗を出ス、但前々ハ吸物・二種肴差出候仕来之由略候テ不差出、菓子を出ス、且御城入之節手続書折本写壱冊大内蔵為心得遣ス○米津越中守、旅中去ル十六日ヨリ風邪、押テ旅行被致候得共熱気有之、一昨十九日桑名駅出立延引、同所ニ止宿逗留之旨、文通ニテ申来ル○紅毛人来廿四日夕欤廿五日着坂之趣申来ル○今廿一日飛脚便り定日ニ付書状、日記写并松坂三郎左衛門・荒井甚之丞・靏小十郎・山本新十郎へ之自書四封とも一封ニいたし、且先達テ辻進太郎ヨリ雲丹差越候挨拶なから堺養命糖代金弐朱分書状共一封順三郎へ渡、今夕差立ル

廿二日曇夜ニ入雨　朝汁ふき沢庵　飯三　昼菜ひたし物沢庵　飯四　夕皿盛いか　竹の子ふき　きせい豆腐酒一合ヨ　沢庵　飯三

飛騨から地役人来る

一例刻御城入、御用談済九時過帰宅○兼テ藤之進ヨリ申越候地役人沢田孫之丞・住裕二両人、伊勢参宮を仕廻、昨夜着坂之由ニテ来ル、居間ニおゐて面談、自分へ刀掛取置・真綿、順三郎へ真綿・箸等持参、左五郎長屋ニ止宿為致、暫く逗留之積り勝手ニ付町宿ニて止宿いたし候由

廿三日昨夜雨晴　朝汁竹の子沢庵　飯三　昼煮豆沢庵　飯四　夕煎豆腐　うなき酒一合ヨ　飯三

一在宿調物○米津越中守、来ル廿五日着之由申来ル

廿四日晴　朝カマス干物　汁ふき沢庵　飯三　昼煮豆沢庵麦　飯四　夕○皿盛いか・ふき　でんがく三十三酒一合ヨ　沢庵　飯三

内寄合、のち東町奉行市中巡見

一内寄合ニ付同役昼ヨリ入来、右相済市中見廻りニ被罷越候○明二十五日米津越中守仮

御用日を中止として城入り、定番仮御城入りの式事

御城入ニ付、五時寄合候様御城代ヨリ廻状来ル○右に付御用日相止候御届以使者出ス

廿五日強雨昼ヨリ止　朝ミそ漬香物茶漬三　昼御城代ニテ料理出ル　夕焼物鯛煮付　皿盛きせい豆腐ふき　酒一合ヨ　飯三

一今朝五時前出宅自分紋のしめ黄麻上下　御城入、米津越中守仮御城入之節使者ノ間前掛板へ米倉丹州・自分・同役・御目付両人出迎着座但奥之方を上ニして、玄関之方へ順々着座　大御番頭・加番衆ハ大広間次、御城代ハ箱段下迄御出迎案内有之、御下知状拝見、夫々仮御城入之式相済但御定番仮御城入之式ハ服沙麻、右相済のしめニ、着替可申処、近来最初ヨリのしめ着用　上使へ案内として御城代ヨリ使者被差出候を合図ニ、兼テ用意いたし置候只今御城入候様米倉大内蔵へ自分・同役連名之手紙、三町人を以供頭小林勇へ相渡、押足軽使ニテ東御役所へ差遣ス、夫ヨリ同役ハ　上使同道之ため追手外張番所迄出迎但御船手同道之仕来候得共欠役ニ付堺奉行同道可致処、先勤組之もの御仕置被　仰付御目見遠慮之格ニ付、無拠同役同道いたし候事　同道いたし罷越、　上使被参候節自分ハ式台へ門へ向右之方御目付ハ左之方箱段を上ニして出迎　出迎、今日欠席名前書永井能登守竹垣三右衛門を達ス、御城代其外出迎ハ越中守被参候節之通なり、夫ヨリ米倉丹州始順々一役ツ、罷出　上意を伺、御城代へ向難有仕合之旨申述、大御番頭之次へ着座、夫ヨリ大広間次ニおゐて地役人御機嫌伺有之、此時自分月番ニ付当地地役人之面々ト取合いたす、右相済一同復座、　上使へ熨斗出、夫ヨリ一同へ料理二汁五菜・濃茶・薄茶・菓子出ル、酒二献相済　上使ト御城代盃事自分取持、　御定番越中守ト之盃事御船手欠役、堺奉行差合ニ付同役勤ル之式相済、御本丸へ　上使・御定番・番頭・自分共・御目付同道、

御番衆へ　上意被伝、右相済猶又御城代へ罷越、宿次呈書調判相済、立帰りニ　上意之御礼申上、大内蔵旅宿へ罷越同様御礼申述、夕七時頃帰宅

廿六日晴　朝 鰤《カマス》干物 汁長いも　沢庵 飯三　昼 御城（代ニ脱）テ料理出ル　夕 焼玉子 ケンチン豆腐 竹ノ子 ふき 木くらげ　酒一合ヨ 沢庵麦 飯四

一例刻御城入、宿次呈書調判、但米津越中守今朝御城入初テニ付、麻上下着用被致候○一汁一菜之料理并吸物・二種肴・酒三献出ル、右相済九半時過帰宅○今夜子ノ上刻安土町壱町目ヨリ出火、御役宅直ニ川向ニテ至テ近火ニ付、早々支度いたし火事場へ罷越、同所会所へ立寄注進状出ス、暫く過同役も出馬、一旦追手へ被罷越候由ニテ右会所ニテ落合、夜明方ニ至漸鎮火、六時過帰宅○近火ニ付持退*之手当として船数艘・人足多人数来ル

廿七日晴　朝 汁竹ノ子　沢庵 飯三　昼 ゆば煮付　沢庵 飯四　夕 鯛ミそ吸并煮付 でんがく三十　酒一合ヨ 沢庵 菜飯三

一今暁六時過迄火事場ニ罷在候故、同役申合先格之通御用日相止、其段御届書所猶人を以差出ス○昨夜出火ニ付安土町会所ニ罷在候内陸尺*安次郎、火消人足ト及口論疵請候一件、同役へ以使者松下古助引渡其段御届書、使者猶人を以出ス○飛州地役人沢田孫之丞・住裕二居間ニおゐて酒食振廻及寛話

廿八日晴　朝 鰤干物 汁ふき　沢庵 飯三　昼 八盃とふふ　沢庵 麦飯四半　夕（ツメ）煎豆腐 うなき　酒一合ヨ 沢庵 飯三

城入り、宿次、深夜出火につき出動

○**持退**　家財道具・書類などを避難させること。

出火出動のため御用日中止

○**陸尺**　力わざで奉公する者、下男・駕籠舁などの呼称、六尺とも。

オランダ商館長ら江戸参府を終え着坂、挨拶に来る

○中山作三郎　オランダ通詞中山家第六代中山武徳、蘭日辞典『ドゥーク・ハルマ』編纂に携わった。

○通弁　通訳。

今日は成丈け立派にいたし候様

一在宿調物○今朝四時頃阿蘭陀かひたんぴいとるあるへるとびつき歳四十六・役人かるれゆあすてきすとる歳二十八・大通詞中山作三郎*・小通詞植村作七郎・同末席植村作五郎・宿銅座役人　為川住之助同道ニテ来ル、右六人玄関取次之前へ罷越、江戸表拝礼相済着坂ニ付参上仕候旨申聞、進物目録壱通住之助ヨリ出ス、例席へ案内いたし候様取次ヨリ申達、住之助案内ニテ一同使者之間へ通り扣居、夫ヨリ座敷向宜敷趣取次ヨリ住之助へ達ス、同人案内いたし大書院次ノ間へ一同罷通着座、夫ヨリ家老両人罷出、膝之前へ一寸手を突及会釈候得ハかびたん口上申述、大通詞通弁*ニテ、殿様益御機嫌克奉恐悦候、此度江戸表拝礼無滞相済難有奉存候、道中無恙着坂仕候に付御礼奉申上候、依之目録之通奉差上候旨申述ルニ付、右之趣可申聞、道中無恙着坂目出度、無程御目見被仰付旨家老申述候得ハ、又候其趣大通詞ヨリかびたんへ通弁、かびたん会釈いたし候ト家老退座、其段自分へ申聞ルニ付、左伝次先立ニテ大書院床ノ前正面へ出座自分着服下着白無垢上着花色りんず御紋付黒絽肩衣茶色唐こはく袴白足袋さり巻腰物、家老始紋付小袖、今日ハ成丈ケ立派ニいたし候様袴も不残木綿類ハ不相成旨兼テ申付置、然処左伝次義今朝島ノ小袖之上へ継上下着用いたし候故、左五郎へ申諭為着替候事、重役相勤候もの右様之不心得歎息之次第なり　但刀ハ納戸役佐藤貢持之、近習両人佐野熊次郎柴村鎌吉後ロニ着座、取次渡辺源之進かびたん役人ト披露ス、江戸表拝礼相済遠路無滞着坂一段之事ト及挨拶、其段大通詞通弁、かびたん口上大通詞少シ進出、家老之方へ向先刻家老へ申述候同様之口上申述ル、左伝次承之、自分へ向平伏ス、自分義緩々休息ト申述退座、家老・用人・大目付・取次も引、夫ヨリ近習・中小性打交り紅毛人へ斗り煙草盆斗り《とと》

二面出ス、煎茶ハ一同へ出ス、右相済家老罷出、先例之通御酒被下候段申述、ゆるりト休息候様申聞退出、吸物出シ一献、台引ニテ二献、中皿ニテ三献相済、一献請候所ニテ家老両人罷出挨拶、大目付も見斗及挨拶、右畢テ薄茶・菓子中皿ニ盛膳へ載セ銘々へ出ス、夫ヨリ家老罷出、勝手ニ引取候様申述ル、紅毛人退散之節住之助案内ニテ玄関へ出取次へ及挨拶、取次ハ居付之侭送り無之、大通詞ハ立帰りニ礼を述ル○席之様子左之通

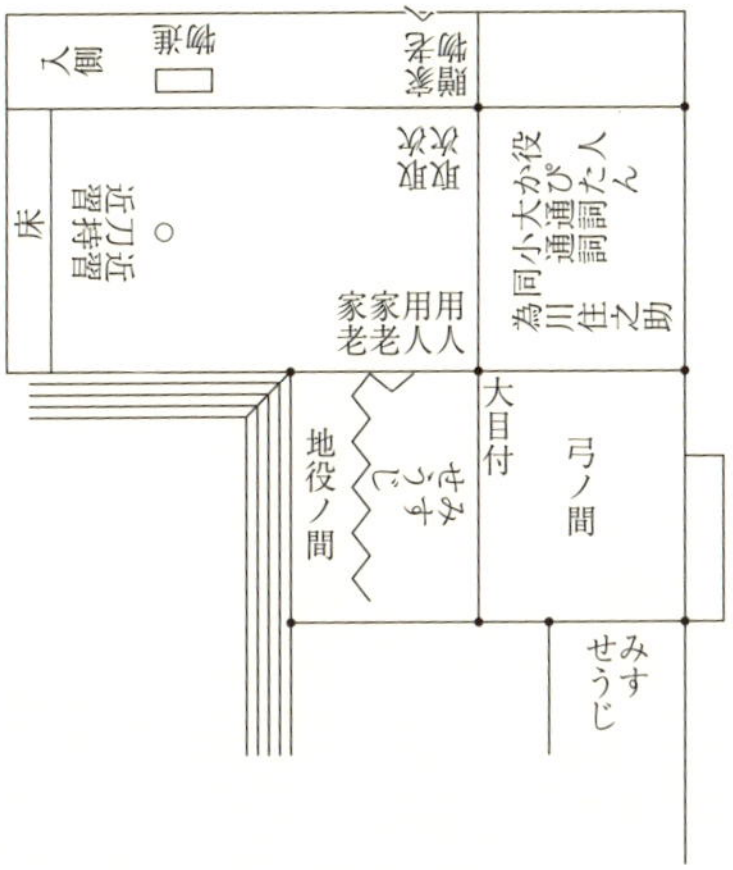

○宗和膳　黒または朱塗りの四脚膳、金森宗和の好みという。

○阿るへい糖　砂糖で作った菓子、有平糖。

○今日差出候品左之通

一　吸物 ミそ 鯛切身 花柚　宗和膳*引盃

一　銚子　二ツ

一　台引 中皿ニ盛　背割海老一ッ　大蒲鉾三ツ　焼玉子　三ツ　蓮ノ根衣掛揚物三ツ　吸物膳小之方

一　中皿　いなださし身　しらがうど　いわたけ　からしミそ　片木ニのせ銘々膳へ引

一　菓子中皿ニ盛銘々へ出ス

阿るへい糖*　一ツ 長九寸 巾三寸五分　大みどり二ツ 長四寸 巾三寸

大松風　二ツ 長五寸五分 巾三寸五分　靍　一ツ 長弐寸 巾四寸八分

亀　一ツ 長四寸八分 巾二寸　紅葉五ツ 長三寸 巾三寸

○ころふくれん　呉絽服連とも記す。オランダから輸入された安価な毛織物。羽織・帯地等の素材として愛用された。

○かひたん　祐明の写したサイン。

商館長との会見を家中妻子、順三郎・正一郎らに透見させる

○阿蘭陀人進物

目録

進上

一　黒飛色ころふくれん*弐間三合

一　尺長赤金巾　　壱端

以上

辰三月

かひたん*

ぴいとるあるへると

びつき

○同家老へ之贈物

マタキ　　一着ツ、

是ハ織縞なり

○弓ノ間ト地役ノ間境ひ、平日ハ障子ニ候をみす障子ニ建替、後ロへ屏風を建、地役ノ間雨戸をも〆(閉め)くらくいたし、且弓ノ間末之方も平日襖ニ候をみす障子ニ建替、地役ノ間へ奥向弓ノ間・末胴ノ間へ家中之妻子差置、透見為致候仕来之由ニ付、今日も同様ニ取斗、地役ノ間ニおゐて順三郎・正一郎始内々見物相願候分、坂本鉉之助・竹垣竜太郎・兵三郎忰比留間熊之助・同国之助・同鎌助・庄太夫忰池田亀太郎并飛弾地役人沢田孫之丞・住裕二等ニ透見為致候事○今日ハ異国人来候事故、衣類等不見苦様成丈唐桟等ハ不相用、丹後縞等之袴相用候様、且紅毛人へ手跡等望候儀決テ致間敷、勿論不作法之儀無之様行義正敷可致旨、家老・用人且組方ハ内山彦次郎へ得(下脱カ)申付置、聊

当奉行所におゐては格別に行儀正敷事

心障之儀無之相済、右ハ紅毛人を敬し候訳ニハ（へ対し礼儀を）厚くいたし候筋ニハ無之、当奉行所ニおゐてハ格別ニ行儀正敷事ト通詞等心得候様いたし度申含候事ニ候

廿九日晴　朝ミそ漬香物 茶漬二　帰宅後 汁かんひやう 沢庵 飯三　昼菜ひたし物 沢庵 飯四　夕昨日残り うなき玉子むし でんがく二十五 酒一合ヨ 沢庵 菜飯三

四天王寺御霊屋参拝

一今朝五時前出宅天王寺へ参詣、御霊屋拝礼相済五半時帰宅〇在宿調物

四月大

朔日晴　朝鮞干物 汁焼豆腐 ふき 沢庵 飯三　昼とろゝ汁 沢庵 麦飯四　夕烏賊木ノめあい 〆豆腐 ふき 酒一合ヨ 沢庵 飯三

月次の礼請け、月番を東町奉行所に送る

一今朝如例、月次之礼を請ル〇例刻御城入、御用済九時頃帰宅、月番送り今朝次平・其右衛門罷越〇今朝三里へ灸治左八 右九

二日昨夜ヨリ雨　朝精進 汁な 沢庵 飯三　昼豆腐揚たて 沢庵 飯四　夕

御用日、東役所へ出勤

一御用日ニ付、昼ヨリ東御役所へ罷越〇今朝三里へ灸治左十一 右十〇昨朔日留守宅へ書状差出候定日ニ候得共、去月十八日之宅状至来可致哉ト一日見合候処沙汰無之、然処紀伊殿来ル四日着坂（当所御通行）延引、八日頃ニ相成候由、其上飛脚屋噂之趣ニテも大井川留り候由之風聞有之、然上ハ宅状も全く川支ニテ延引ト被察、此方ヨリ之書状も余り遅り候ハヽ案可申哉之旨、順三郎申聞ルニ付、為差用向ハ無之候得共書状認、日記写并鳥居甲斐

○角ノ芝居　道頓堀五座の一つ。寛文九年大坂太左衛門が開いたとされる。

○九太夫駕籠抜之所　仮名手本忠臣蔵七段目祇園一力茶屋の段の一場面。

此節は角之芝居殊の外流行大入

飛騨地役人帰国につきそば振舞

へ之一封是ハ外添与力・同心壱人ツヽ、帰坂為致呉候挨拶之書状なり封込、今夕差出候様順三郎へ渡○彦次郎申聞候趣ニテハ、去月廿七日前々仕来之通紅毛人其外通詞等角ノ芝居*見物いたし候由忠臣蔵之狂言市川海老蔵大星由良之助、例一幕欤二幕ニテ帰り候処、此度ハ忠臣蔵ニテ通詞ニも能分り候故通弁もいたしよく蘭人ニも解候事ト相聞、仕廻迄見物いたし悦喜之様子ニテ、九太夫駕籠抜之所*を蘭人見請、駕籠舁へ指ざしいたし大ニ笑ひ候由、右狂言ニ候得共やはり駕籠をかつき候もの実ニ被欺、石を九太夫ト心得かつき行候を笑ひ候哉ニ被察候由、案内ニ罷越候もの及見相咄候ト之事ニ候、右芝居見物等ハ江戸表ニテ願《伺》済之趣、大通詞申出候得ハ承置候仕来ニテ、尤無代ニハ無之、金四両外ニ壱両都合五両遣候由、此節ハ角之芝居殊ノ外流行大入故、五両ニテも不引合由ニ候得共、紅毛人を見可申ト猶更入も有之候由風聞なり

三日曇　朝鰤干物 汁うど 沢庵 飯三　昼ゆば煮付 沢庵 飯四　夕煎豆腐 うなき杉浦土産 酒一合ヨ 沢庵 飯三

一今朝例刻御城入、御用済九時過帰宅○今朝三里へ灸治左右十六ツ、○夕刻宮寺五平次・杉浦重郎兵衛入来、順三郎居間ニおゐて寛談、且飛州地役人沢田孫之丞・住裕二、明後五日出立ニ付有合之挽抜蕎麦有之候故手製ニ申付候所、右両人へ振廻之積りニ付宮寺・杉浦之両氏へも振廻、自分ハ杉浦土産ニ蒲焼持参ニ付蕎麦ハ不用、右うなきニテ酒一盞を過ス

四日晴　朝鰤干物 汁ふき 沢庵 飯三　昼鰹節おろし大根 沢あん 飯四　夕皿盛いか・ふき・きせいどふふ 酒一合 沢庵 飯三

内寄合ののち市中見廻りに出る

○**鰹節座**　土佐藩蔵屋敷の近くに特産鰹の座があった。正しくは鰹座。

一今朝三里へ灸治左九右十○内寄合ニ付例刻四時頃東御役所へ罷越、九時前帰宅○昼後市中見廻りニ出ル、地方与力内山彦次郎・同心関弥次右衛門出役、供用人所猶人、元船造立場或ハ鰹節座*等及見、茨住吉・難波稲荷へ参詣、竹林寺ニテ小休、夕七時過帰宅○去月十九日付之宅状今朝四時頃至来、無別条、但大井川去月廿二日ヨリ廿八日迄留り延着之由、六郎左衛門・三郎太郎風邪之由、然処三井便り同月廿四日付之書状も今夕七時至来、父子トも快方之由安心

風邪にて御用日欠勤

五日晴　朝汁干瓢 沢庵 飯三　昼豆腐揚立 沢庵 飯四　夕皿盛八九竹（淡竹）ノ子・ふき・きせい豆腐 自分斗うなき 酒一合ヨ 飯三

一御用日ニ候得共聊風気ニ付申断、在宿調物○今朝三里へ灸治左十右九○昼後順三郎杉浦へ罷越、針仕事相頼候由

城入り、宿次後帰宅

六日雨　朝汁八九竹ノ子 沢あん 飯三　昼鰹節大根おろし 沢庵 飯四　夕ケンチン豆腐 八九竹ノ子 キクラケ ゴボウ 焼玉子 酒一合ヨ 沢庵 飯三

一今朝三里灸治左九右八○例刻御城入、御用談宿次相済九時過帰宅○飛州ヨリ三月廿五日付書状至来、一同無別条安心

御用日、東町奉行所出勤

七日朝雨　朝鰤干物 汁菜 沢庵 飯三　昼八盃豆腐 沢庵 麦飯四　夕いか木ノめあい 煎豆腐竹ノ子木くらけ 酒一合ヨ 飯三

一御用日ニ付昼ヨリ東御役所へ罷越、八時頃帰宅○今朝三里へ灸治左十右九○牢屋見廻ル○明後九日箕面山辺巡見之積り、御城代へも以使者申達

紀州藩主通行につき挨拶に出る

八日雨　朝汁八九竹ノ子 沢庵 飯三　昼石焼豆腐 沢庵 飯四　夕あんかけとふふ うなき 酒一合ヨ 沢庵 飯三

一今朝三里へ灸治左九右八○今日紀伊殿当所御通行ニ付、屋敷へ御着之注進ニテ朝五時過出宅ふくさ袷、麻上下　高麗橋手前内平野町河内屋利助宅へ罷越家作等奇麗ニテ富家ト相見候　暫く扣在罷越同役も一と所ニ相居右屋敷供揃ニテ用人共野々村次平場所ニ罷越、同所御出立之注進ニテ自分共も場所へ罷越候処、紀伊殿少々御不快ニ付御会釈不被成由、使を以被仰越候ニ付、蹲踞いたし候迄ニテ長柄傘も其侭ハづし不申故、雨中なから濡不申、右ハ全く強雨故之御勘弁ト被察候、御通行相済直ニ帰宅、九時頃○明日巡見、天気合ニ付延引

九日曇　朝精進 汁大根おろし こんにやく たくあん 飯三　昼揚もの さつまいも はすの根 ごぼう 沢庵 飯四　夕煎豆腐 松茸しんじょ玉子とぢ 酒一合ヨ 沢庵 飯三

江戸留守宅状到来

○不日　まもなく。

一内寄合外御用ニ付延引、在宿調物○去月廿九日付之宅状今未ノ下刻至来、六郎左衛門喘息風邪も快方、いまた出勤ハ不致候得共*不日ニ出勤ニも可相成由、三郎太郎ハ全快、其余無別条由、近キ便り承安心大慶之事ニ候○連日之雨ニテ淀川筋大川増水之由追々注進、御城代へハ月番ヨリ相届、常水共七尺ニ相成候得ハ同心出役、八尺ニテ与力出役、壱丈ニおよひ候得ハ奉行も出馬いたし候事之由

十日晴　朝精進 から汁 沢庵 飯三　昼手前揚油揚ふくら煮 沢庵 飯三　夕皿盛きせい豆腐 ふき うなき 酒一合ヨ 沢庵 飯三

在宿調物

一御城入可致処、為差御用も無之候故同役へ頼遣、在宿調物○大川今暁迄ニ七尺八寸ニ

増水、併最早落水ニ相成不相増由注進有之

十一日昨夜雨曇　朝カマス干物 汁竹ノ子 沢庵 飯三　八九 昼八盃豆腐 沢庵 麦飯四　夕鯛ミそ吸物 同煮付 つととふふ 竹ノ子 酒一合ヨ 沢庵 飯三

在宿調物、江戸留守宅へ書状認める

祐明書状(20)(21)

一在宿調物○飛脚便定日ニ付宅状認ル、且靏小十郎ヨリ申越候当所御貸付金銀取斗方、馬喰町御貸付仕法替之振合ニ難相成廉々も有之候ニ付、先頃御勘定奉行へ及問合置候処、右取斗方自分見込之趣、内々心得迄ニ承知いたし度由ニ付、夫々見込之趣取調候返書一封、其外おせちへ之文通も封込遣ス積り、封候テ外文通一同遣候様順三郎へ渡、且関播磨守御小性組ヨリ御書院へ・小倉内蔵助富士見御宝蔵番之頭ヨリ西丸御納戸頭へ御役替歓之書状ハ用部屋へ渡

十二日昨夜雨　朝汁干瓢 沢庵 飯三　昼ゆば煮付 沢庵 飯四　夕あんかけ豆腐 鯛ミそ漬 酒一合ヨ 沢庵大根新漬 飯三

在宿調物

一風邪快方ニ候得共為差御用も無之間御城入不致、同役へ頼遣、在宿調物

十三日晴　朝汁焼豆腐 沢庵 飯三　昼石焼豆腐 沢庵 飯四　夕でんがく二十五 ゆで玉子 竹ノ子 酒一合ヨ 沢庵しんつけ 菜飯三

在宿調物

一風邪快気ニ候得共いまた入湯不致故、御用日出席之積取斗呉候様同役へ頼遣、在宿調物○土屋四郎次郎ヨリ見事之鯉一尾至来、右移りニ道明寺ほしひ(干し飯)并飛州之箸遣ス○米倉丹州ヨリ先頃信州蕎麦切、并此程下屋敷へ出来候由そら豆被相贈候間、右挨拶旁至

来之鯉遣ス

十四日晴　朝 汁竹ノ子 沢庵 飯三　昼 八盃豆腐 沢庵 麦飯四　夕 (ツメ)煎豆腐 竹ノ子 玉子焼 木くらげ 自分斗り うなき 酒一合ヨ しん漬大根 飯三

風邪全快、御用少なにつき庭の草を取る

当所代々之奉行に自分程高年御取立ものは無之

一内寄合外御用ニ付延引、在宿調物○飛州ヨリ去ル二日付之書状今申ノ上刻至来、一同無別条安心、敬之助へ手習之褒美、至来之美濃紙五帖遣候処、殊之外歓ひ候由厚く礼を申越○風邪全快ニ付昨日ヨリ御用談ノ間へ如例出張罷在候得共、非番月長日ニテ御用少ニ付、昨日ハ自身ニ談所前池ノ端芝原ノ草を取ル、余程場広ニ付近習共へも為手習伝、右草ハ昨日大概取尽し候ゆへ、今日ハ右庭東南入角之方稲荷之社廻り植込之辺を自身ニ掃除、尤平服之侭ニテ掃除いたし候事故、植込之場所ハ肩衣并脇差も邪魔ニ成候得共、右掃除中も談所へ度々立戻り、御用向承り候事故略服ニハ難相成、脇差ハ此間中ヨリ順三郎所持短刀を借受、庭へ出候節ハ右短刀を帯、肩衣ハいたし方無之、尤古キを用、当所代々之奉行ニ自分程高年御取立ものハ無之、扨又右様庭之掃除抔いたし候ものも有之間敷、畢竟遊芸ハ不存、素り不好事ゆへ、無余義養生旁掃除いたし候儀、組之もの抔及見、嘸かしおかしき事ニ可存候得共、彦次郎抔ハ至極之御養生之由申聞候も愛想なるへし、右之次第故御用向を待構居候故、夕方抔大冊之吟味書抔差出候得共翌日之凌キニ相成候事ト心嬉しく楽しみニ存候儀、我身なから催一笑候事ニ候○今日久々ニテ入湯、快然たり

十五日晴　朝汁つくいも しんつけ大根 飯三　昼しんぎくひたし物 沢庵 しんつけ 飯四　夕烏賊木ノめあい 酒一合ヨ きせい豆腐 沢あん 飯三 竹ノ子

一今朝六半時揃、如例月次之礼を請ル○五時頃ニハ月次相済候故、着替候テ居間庭前之掃除○例刻御城入、同役ハ不快断、御用済九時前帰宅○御用談所庭前松のウロ*へ高サ漸壱丈程 むく鳥の由、玉子をうみ此程かへり候様子ニ候処、今昼後閑暇ニ付詠(眺)メ居候処、雌雄ニ候哉親鳥二羽ニテ餌をハこひあたへ候義、右松へハ直ニ不来、夫ヨリ南ノ方余程隔り候大木ノ松へとまり、餌をくわへしばらく見合、夫ヨリ密ニ巣ノある松へ来り、ウロノ内へ親鳥入候得ハ、四五羽もかへり候様子ニテ、日くらしト云蝉ノ鳴候様ニ数鳥にて鳴候儀ニテ、右親鳥二羽ともおなし手続ニ来候儀、右ハへび鳥 蛇・からす等之用心ニも可有之哉、甚殊勝成義ニテ、天地生育自然之道理トハ云なから感心成事なり○御用談之間庭前南之方馬場、町家境ひ練塀之外ハ直ニ市中裏家ニテ、先頃ヨリ義太夫節・浄瑠璃三味線稽古いたす様子ニテ、談所へも折ニ振かすかニ聞へ候故、昨夕閑暇之節、右練塀内へ密ニ罷越承り候処、稽古修行中故未熟之筈ニハ候得共、大坂ものニハ珍ら敷下手ニテ及一笑候得共、荊婦存命ニテ罷越候ハヽ、よき慰ニ可有之ト存出、はからす懐旧の情を催候故、早々談所へ立戻、気分を転し一九が膝栗毛*七編を見ル此節長日閑暇ニ付、正一郎其外近習共貸本屋より借受候本を借受一覧○尼崎又右衛門義、去ル七日居合稽古ニ罷越候節、小柄*ニいたし候由ニテ自分へ左之文字を認呉候様、可相成ハ書判ニテも記呉候様いたし度趣、順三郎へ只管相頼候趣同人申聞、拙筆を残シ候儀ハ迷惑ニ候得共、能筆を撰候ハヽ、当所抔ニハいくらも可有之、然を自分へ頼候儀ハ又右衛門見込有之故之儀、申断

月次の礼を請け、城入り、帰宅後、庭の松の木に椋鳥の親子を見つける

奉行所東隣、松屋町通りから流れる三味線を聞く

○ウロ　洞、ほらあな。

大坂ものには珍ら敷下手にて

○膝栗毛　十返舎一九の滑稽本「東海道中膝栗毛」に始まる紀行小説の総称。

○小柄　こづか、刀の鞘の鯉口の部分にさしそえる小刀の柄。

候も却テ如何ニ付、翌朝紀伊殿御通行刻限を見合罷在候内、幸ひ手透ニ付左之通認、
順三郎へ渡即日差遣、同十二日猶稽古ニ罷越候節、早速申付候由ニテ厚く礼を述候由

清慎勤*

七十四翁祐明書（花押）

右ハ存出候侭爰ニ認置

十六日晴南風　朝 汁竹ノ子 沢庵 飯三　昼 とろゝ汁 ミそ漬 麦飯五　夕 ケンチン豆腐 竹ノ子 大ふき 木くらげ ゆで玉子 酒一合ヨ 沢庵 飯三

一例刻御城（入脱）宿次如例相済、九時過帰宅○明朝五時御城代御宮*へ参詣之旨、申来ル

十七日晴昨夜 強雨　朝 ミそ漬香物 茶漬二　帰宅後 汁焼豆腐 しんつけ 飯三　昼 豆腐揚立 ふきのハ切合 飯三　夕 しゆんさいニゆで玉子 鯛煮付 酒一合 煎豆腐 飯三

一今朝六半時前供揃ニテ出宅 のしめ 麻　建国寺へ罷越、自拝相済 先番貢御香でん 金百疋備ル　書院ニ暫く扣罷在、五半時前御城代御越、拝礼相済直ニ供揃退散、四時前帰宅○帰宅後朝飯を喰ス
○坂本鉉之助早朝ヨリ入来 拝礼済候ヨリ直ニ来ル　順三郎ト雑話、昼食有合之品ニテ昼食 豆腐揚立・ふきのハ切合 夜食 鯛煮付 猪口 平しゆんさい 煎豆腐 ゆで玉子　振廻○四時過永井能州入来、是又有合之品ニテ昼食振廻○今暁早出七時ニ起出ル、昨夜睡り兼候故帰宅後一睡いたし候積り床へ入候ト能州入来、如例長座、八時頃漸被帰候得共、最早一睡も成兼候故、暮合頃一盞用ひ、直ニ床ニ

○清慎勤　口絵写真参照。

○御宮　川崎東照宮、四月十七日は神君家康の祥月命日。

城代とともに川崎東照宮参詣、帰宅後坂本鉉之助ら入来

入、翌暁迄熟睡

十八日雨 夕強雨　朝 油揚付焼 汁ふき しんつけ 飯三　昼 しんきくひたし物 しんつけ 飯四　夕 あんかけどふふ うなき 自分斗り 酒一合ヨ 沢庵 飯三

御用日、東町奉行所出勤

一御用日ニ付昼ヨリ東御役所へ罷越、御用相済八時頃帰宅

十九日晴 昼小雨　朝 汁竹ノ子 しんつけ 飯三　昼 八盃どふふ 沢庵 麦飯四　夕 ○玉子焼 てんがく三十七本 酒一合ヨ たくあん しんつけ 菜飯三

一内寄合外御用ニ付延引、在宿調物○明朝四時御城代天王寺へ参詣之旨申来ル

○**廿日**　四月二十日は第三代将軍家光（大猷院）の祥月命日。

城代とともに四天王寺参詣

廿日*晴　朝 精進油揚付焼 汁から しんつけ たくあん 飯三　昼 石焼どふふ 沢庵 しんつけ 飯四　夕 烏賊木ノめあい つとふふ 長いも ふき 酒一合ヨ 沢あん しんつけ 飯三

一今朝五時過供揃ニテ天王寺へ罷越、拝礼相済御香でん金百疋備ル暫く扣罷在、御城代四半時頃御出、拝礼相済退散、帰宅九時頃○金井伊太夫儀、去ル三日御書物奉行被　仰付候由、吹聴之書状差越○昼後閑暇ニ付、居合一遍抜

廿一日晴　朝 精進 汁焼とふふ ふき しん漬 沢庵 飯三　昼 揚物 さつまいも ごぼう 菊ノ葉 沢庵 飯四　夕 あし塩焼 玉子あんかけ きせい豆腐 竹ノ子 酒一合ヨ 沢あん 飯三

御用日、東町奉行所出勤、公事糺

○**相婿**　姉妹の夫どうし。

一御用日ニ付昼ヨリ東御役所へ罷越、御城代ハ差支有之、公事聞ニ不被参候○此節御用透候処、当所穢多村穢多太郎助儀、播州酒井雅楽頭領分穢多弥助太郎助相婿也*宅ニおゐて元女房小いさを及殺害、右弥助へも為手負候一件弥助女房小いそ姉右太郎助女房小いさ気随我侭ものニテ、既離縁ニ相成候を弥助歎ヶ敷存、

エタ殺害一件につき担当与力に伺書再調を命じる

○**成瀬因幡守**　成瀬正存。

○**松平右京太夫**　上野高崎藩主松平輝和、寛政十～十二年、大坂城代。

○**類集**　御仕置例類集→補注15。

○**井上河内守**　老中井上正経か、宝暦十年～十三年在任。

○**安藤帯刀**　紀州藩付家老安藤次猷か。

小いさへ及異見、太郎助へも申談再縁為致候積り、両人共弥助方ニ逗留為致及■異見、両人共納得いたし候故、元舅当所穢多伊三郎へ再縁之儀掛合中、兎角小いさ義太郎助へ対し如何之仕向有之候故、太郎助不居合節、弥助異見いたし候を、太郎助ハ小いさト弥助及密通、候故、小いさ仕向不宜義と相疑、右始末および候事ニ候　吟味伺書山本善之助当辰二十八歳ニ相成いまた若年ニ候得共、差働有之一廉御用立候人物、頼母敷ものニ付、公事方之儀及教示引立遣候故帰伏いたし、殊之外精勤いたし候事掛りニテ取調、一昨夕差出候故、幸ひニ存及熟覧候処、寛政二（十）戌（申）年成瀬因幡守*大坂町奉行之節伺之上、其節之御城代松平右京太夫殿*差図有之候的例を以取調候事故、右例へ寄候時ハ異論無之候得共（下手人可申付候処）、右例ハ江戸伺ニハ無之、御城代手限之差図ニ候処、何々之始末不届ニ付元女房ニ不埒も（由ニテ）有之、元舅も当人へ対し申分無之御仕置宥免相願候ハ、娘之菩提之ためニも可相成間、御仕置宥免相願候間、中追放ト之科書ニテ、奉公人取逃等主人助命相願候同様之振合、以之外成悪例に付右例ハ難取用、訳合善之助へ得ト申諭、御城代ヨリ類集*撰述人殺之部を借受、此内ニテ見出候様申聞下ケ遣候処、相当之例有之由ニテ伺書をも組直し差出候ニ付、再覧之上存寄猶又申談遣ス、再調之趣ニテハ文言添削いたし候得ハ事済候義ニ候得共、度々申諭、当人骨折再三取調候得ハ自然修行ニも相成候事故、善之助・保太郎両人ハ格別御用立末頼母敷人物ニ付、上達いたし候様及教諭候祐光院様雑記之内ニ井上河内守、安藤帯刀を見習候様蒙　台命、紀州御館へ日々罷越候節、下モヨリ伺候義を直ニ及差図候ハ、弁理ニ可有之を、いや〳〵ト而已被申聞候ハ如何之訳候哉ト帯刀へ河内守問合候節、外ニ子細無之、紀伊殿へ御人を拵上候心得ト之挨拶、感伏ニ付、不及なから本文之通ニ候　此等ハ無益之義、且佐州ト違ひ御用向多端ニ付、自用之日記ニハ御用向ハ不認候得共、陰之御奉公を専一ニ心掛候義慎之第一に付、子孫之ため二記之

庭の松の木の椋鳥巣立ち

雨中の下、城代とども箕面辺巡見

○むかし敵討　正徳五年大和郡山藩主遠城治左衛門・喜八郎の二人が、弟宗左衛門の仇として生田伝八郎を探し出し、馬場で敵討に及んだが、伝八郎方に加勢あり返り討ちにあった。浄瑠璃「敵討崇禅寺馬場」として知られた。

○飛脚便り定日ニ付、留守宅へ之書状認順三郎へ渡、且金井伊太夫へ御書物奉行被仰付候歓之書状も用部やへ遣候様左伝次へ渡ス○むく鳥今朝不残巣立、一羽ハ昼後迄巣立いたし兼、既鳥ニ被喰可申処十蔵見付鳥を追ひ子鳥を捕、有合之籠へ入候を、親鳥慕《した》ひ参り候由、籠トも松へ釣り置候処、始終右一羽へ飼(餌)を運ひ遣ス様子ニテ、八半時頃ニハ右子鳥も同様飛去り候由何方《とこ》へ欤罷越○明日箕面辺巡見之儀、昨日御城代へ以使者申達ス

廿二日 雨但朝ハ曇 昼前ヨリ強雨　朝 香物ニテ 茶漬三　昼弁当 玉子焼 干瓢 きせい豆腐 椎茸 小くわい　夕 あんかけとふふ うなき 酒一合ヨ 沢庵 飯三

一今暁七半時過出宅 花色ちりめん袷小袴 麻小紋野羽織着用、天神橋筋を罷越、右橋渡越池田町 市中之分ハ一町毎ニ高張挑灯を付、町役人共蹲踞いたし居通行之節平伏 夫ヨリ野道 町外れ之場所ニテ払暁挑灯を引 川崎・本庄・国分寺・南北長柄五ヶ村を過、中津川を船ニテ渡 伏見御用船過書座役人夫々出役、薬師堂・浜・柴島・南方新家右四ヶ村を過、山口村崇禅寺馬場 むかし敵討*返討有之候場所 建場ニテ小休、同所ヨリ歩行いたし増島・高畑・南北宮原・蒲田・十八条六ヶ村野道を罷越、神崎川を船ニテ渡り越 川役人同断 候処、其以前より雨降出候得共小雨ニ付傘を用、猶歩行ニテ小曽根村 一向宗西福寺 へ立寄小弁当を認、同所ヨリ乗輿、北条・浜・服部・福井・長興寺・桜塚六ヶ村を過候内追々雨降募、熊野田・内田・小路・野畑・牧落五ヶ村を過、同所 一向宗安養寺 ニテ小休、同寺を立出西小路村を過、平尾村之辺ハ箕面山之裾にて追々地高ニ相成、雨ハ頻りニ降候得

共いたし方も無之、箕面山岩本坊＊へ罷越役僧之由二ノ鳥居外迄出迎、住持僧正ハ門内へ出迎、紫衣を着、緋紋白之袈裟を掛指貫をはき、長柄傘をさし掛候得共強雨ニ付、濡候様子なり、右山内山道二ツ岩之辺ハ嶮阻ニ付、御城代も歩行之由ニ候得共、強雨に付乗輿之侭罷越二ツ岩ハ谷へ望ミ候大岩を切抜無理ニ道を付候場所ニテ、甚タ嶮阻なり、門内ニテ下乗いたし岩本坊書院ニテ休息、弁当認但供之ものも一同弁当遣候由、右休息中宝物一覧、住持僧正罷出夫々由来を申述候得共、仏舎利ハ不及申縁起等ハ更ニ信用難成品ニテ、素り不好品ニ候得共無拠一見、其余古書古筆ハ夥敷事ニテ、荒木摂津守村重＊或ハ中川清兵衛清秀＊等之制札等ハ真物ニ無相違相見候故、右様之類斗り撰分一覧、右相済候テも雨ハ無小止《こやみなく》強雨ニ付、股引・はんてん・わらし・桐油笠を用、右書院縁頬ヨリ庭へ出僧正贈《送り》ハ申断候得共、弁天堂へ出張、罷在同所ニテ及挨拶、夫ヨリ境内遊所《覧》、能寺院古跡地ニテ諸堂トも一廉之普請ニテ弁天堂本社《尊》ト相見、夫ヨリ木戸を出箕面ノ滝迄拾弐丁、山道を役僧案内ニ随ひ罷越佐州清水寺へ之道筋似にて谷川ニ随ひ登り行滝壺之際迄罷越、平日ハ水薄く滝之幅も狭きよし順三郎・正一郎ハ先頃一覧之様子承候処其通りなり、今日ハ只さへ増水之時節強雨に付、飛泉ノ勢ひすさましく絶景なり、右飛泉ノ山上ニ滝つぼと唱候場所古跡ニテいにしへハ岩本坊も右滝ノ山上平地ニ有之、地中七十ヶ寺も有之候由、尤住持之演説ニハ竜宮迄通候由申伝之趣、真顔ニテ申述候得共、例之仏者之異説笑ふニ絶たり、しかれ共滝遊覧之上ハ右滝壺をも及見度旨申聞、役僧ニ案内為致猶山上ニ登り候処、右道筋ハ至テ難所ニテ、漸にして上り、右滝へ流れ候谷川を及見候処、急流殊増水ニテ是又す（さ脱）ましき水勢ニ候処、右谷

○**箕面山岩本坊**　名勝箕面山は修験道の霊場として知られ、滝安寺は江ノ島・竹生島・厳島と並ぶ四弁財天の一つ。岩本坊はその役僧。

○**荒木村重**　摂津の武将、織田信長に属すも、のち背き伊丹城に逃れ、剃髪後、茶人となる。

○**中川清秀**　摂津茨木城主、織田信長に仕え、本能寺の変後、豊臣秀吉に属し、賤ヶ岳で戦死。

下り候儀は老人之かなしさ膝がく〳〵して難所は難渋

川を不渡してハ滝壺へハ難参由、右谷川平日ハ水中を歩行相成候由ニ候得共、今日ハ強雨ニテ中々以水中歩行ハ難相成、岩之上を飛々ニ渡り候儀、御老体如何可有之哉之旨役僧申聞、右之次第最初ニ承り候得ハ滝ヨリ上へハ罷越間敷儀、右水中ノ岩を伝へ行候儀ハ迚も難相成、重キ御役義相勤候身分、聊ニテも危キ儀ハ致間敷儀ニ付、右場所ヨリ空敷立戻但付添与力田(坂脱)源左衛門等ハ右山上へ登り候事さへ不承知之様子、尤之事ニ候得共、難所トハ乍云不残岩ニテすべり候気遣ひ無之場所ニ付、老足なから其覚悟ハ有之事故罷越候、事也尤登り候儀ハ大儀ニテ息切レなどいたし候得共歩行よく、下り候儀ハ老人之かなしさ膝がく〳〵して難所ハ難渋ニ付、片手ニ杖を突、片手ハ国蔵ニ手をひかれ滝ノ元迄下り、夫ヨリ元之道を岩本坊へ立帰候得共不立寄、直ニ牧落村安養寺小休所迄歩行にて罷越岩本坊ヨリ滝迄拾弐丁余、夫ヨリ山上へ三丁余もあるへし、往返三十丁余、夫ヨリ安養寺迄、三拾町余凡六拾町余歩行、且今朝崇禅寺馬場ヨリ西福寺迄之道法を加へ凡弐里余之歩行なり天気能候ハヽ、保養なから四五里も歩行いたし候心得之処、雨中不任心底、右安養寺ニテ洗足、支度如元着替、同所ヨリ乗輿、小休所も参り懸之通立寄、崇禅寺馬場建場にて付添組与力田坂源左衛門并同心二俣孫助儀も勝手次第退散候様申聞ル、且御城代并同役へ之土産早松松茸弐拾六七入ニ一籠出来候由源左衛門申聞ル、同所七時過立出、七半時過帰宅同役へハ土産松茸直ニ遣ス、御城代ハ六時過ニ相成候故翌朝遣ス○今日往返在方御料所ハ御代官手付・手代、私領ハ領主地頭家来往還端ニ罷出蹲踞、近習名披露及会釈候事○去ル八日付之宅状留守中至来、一同無別条安心、但馬入川支ニテ延着之由申出ル○帰宅後入湯

城入り、留守中、代官設楽八三郎・定番米津政懿ら入来

○代官設楽八三郎　鈴木町代官設楽能潜。

廿三日晴折々雲立　朝汁竹ノ子沢あん　飯三　昼しんきくひたし物しんつけ　飯四　夕鯛ミそ吸物　さしみ　中皿玉子あわひ切身せうがいわたけ昨日残りうなき　酒一合ヨ　しんつけ　飯三但自分斗

一例刻御城入、御用済九時帰宅○御代官設楽八三郎、*昨朝着坂留守宅へ入来、用人共応対いたし候由帰宅之由申聞ル、然処今朝御城代ニテ面談○御定番米津越中守入来、留守中ニ付大書院へ被通、用人共へ逢申置被帰候由、但自分在宿ニ候得ハ御用談之間へ通シ、吸物・二種肴ニテ酒差出候仕来ニ付、用意申付置候処、不用ニ相成候故、夕刻酒食之菜ニ用、菓子も用意、是ハ貯置○設楽八三郎入来、談所ニテ面談

在宿調物

廿四日晴　朝汁とうふしんつけ　飯三　昼八ハいとうふしんつけ　麦飯四　夕ツメ海鰻付焼　皿盛つととうふ　ふき水田くわい　酒一合ヨ　しんつけ　飯三

一内寄会外御用ニ付延引、在宿調物○飛州ヨリ去ル十日付之書状今朝五時頃至来、不取敢披見、一同無別条安心、右ハ当地北堀江三丁目高木屋橋東へ入阿波屋太助女房あひト申もの、当時藤之進手代斎藤勝平母当所ニ罷在候節暫く召仕候ものニテ、安否聞ニ夫同道ニテ高山へ罷越、帰り候節慥成幸便ニ付、付属いたし候事之由申越、遠国安否聞ニ罷越候義奇特成事なり○明日正四時御城代公事聞ニ御越之旨、東ヨリ申来ル

御用日、東町奉行所出勤、城代出席にて

廿五日晴雨　朝汁大こん沢庵　飯三　昼東御役所ニテ平切身菜ごぼう　汁茄子こまに香物ミそ漬　飯三　夕ゆで玉子　でんがく三十一酒一合ヨ　しんつけ　菜飯三

一今朝五時出宅東御役所へ罷越、正四時御城代御越、公事四ツ相済御退散○御城代御退

散後、猶又公事紀もの四口有之、九時過帰宅

廿六日雨昼ヨリ晴　朝干物　汁焼豆腐 ふき　しんつけ　飯三　昼しまし（すカ）　香物ミそ漬 沢庵　麦飯四　夕ふかし玉子あんかけ　きせい豆腐　笋　酒一合ヨ　沢庵　飯三

一例刻御城入、宿次如例相済九時過帰宅

廿七日晴　朝汁笋　茄子当座漬　飯三　昼ゆば煮付　沢庵　飯四　夕ハモ骨抜付焼　笋煮付　ひたし物　至来しんきく　酒一合ヨ　たくあん　飯三

一御用日ニ付昼ヨリ東御役所へ罷越、御用済八時過帰宅○飛州へ之書状認、順三郎へ渡○明日四時米津越中守へ為歓同道可致旨、御城代ヨリ申来ル○夕刻杉浦重郎兵衛入来、有合之品ニテ酒食振廻

御用日、東町奉行所出勤

廿八日晴　朝鯛干物　汁とうふ　沢庵　飯三　昼いしやきとうふ　沢あん　飯四　夕ぎせいどうふ　しねんじやう　うなき自分斗り　酒一合ヨ　沢あん　飯三

一例刻御城入自分紋ふくさ袷、横麻上下、米倉丹州・同役も揃候上、書院ニおゐて御城代御逢、米津越中守方へ歓ニ可罷越同道候様被申聞、夫ヨリ定例御本丸へ参上之振合ニ同道いたし、越中守方へ罷越、同人敷出迄被出迎、案内御城代、丹後守・自分・同役引続大書院ヨリ奥小書院へ罷通、床之方へ御城代着座、夫ヨリ丹後守・自分・同役ト同側へ順々着座、越中守も入側之方へ着座、一通挨拶相済、御城代始《と》（へ熨斗出、夫ヨリ一同へ多葉粉盆・薄茶出、右相済ヒシヲ吸物ニテ冷酒出ル、二献相済、ふくさ吸物・二種肴にテかん酒三献

城入り、城代・京橋定番らとともに玉造定番屋敷へ行く

相済、銚子入、夫ヨリ煎茶出無程退散、やはり最初之之通越中守先立いたし御城代ハ下座敷迄、丹後守・自分・同役へハ式台ニテ暇乞いたし、夫ヨリ門前ニテ御城代・丹後守へ及挨拶、玉造口ヨリ自分・同役両人共退散、帰宅九時頃○箕面岩本坊へ立寄世話ニ相成候為挨拶、僧正へ有合之紗綾一巻、役僧へ金百疋差遣候処、右為礼早松茸并しねんしやうを以使僧差越、遠方故使僧へ昼支度出候由、右松茸ハ先頃土屋四郎次郎ヨリ鯉相贈候挨拶ニ遣ス

廿九日晴　朝鯛干物 汁長いも 沢庵 飯三　昼八ハいとうふ 沢庵 麦飯四　夕○いかきのめあい ケンチン豆腐笋 ふき 酒一合ヨ 沢あん 飯三 ごぼう 木くらげ

一内寄合外御用ニ付延引、在宿調物○明晦日四時御城代専念寺へ参詣之旨、申来ル

晦日晴　精進 朝から汁 沢庵 飯三　昼豆腐揚立 沢庵 飯四　夕さわらあんかけ 煎豆腐 酒一合ヨ 沢庵 飯二

城代とともに専念寺参詣、御霊所参拝

○**有章院**　第七代将軍徳川家継四月三十日は祥月命日。

一今朝五半時出宅のしめ袷 横麻上下、専念寺へ罷越　有章院*様御霊前へ自拝御香奠金百疋備ル 先番佐藤貢　相済、暫く扣罷在、四時過御城代御越拝礼相済、如例書院ニおゐて休息、長話之上退散ニ付引続退散、帰宅九時頃○去ル十八日付之宅状川支延着之由、今巳ノ下刻至来、帰宅之上披見、一同無別条、六郎左衛門も快方之処邪熱残り有之候哉、頭痛且熱気も有之由ニテ、谷島鳳参へ転薬発汗等いたし弥順快、不日ニ出勤もいたし候趣申越安心井戸大内蔵・川島東八郎等ヨリ之書状も来、井戸ヨリ同役并山岡十兵衛へ之書状ハ早々相届候様次平へ渡、三郎太郎唐紙へ一行もの認差越、見事ニ出来大慶之至なり○順三郎方へ組与力共左之通剣術門入、尤是迄一刀流修行之由、右をも不相止ニ流稽古之積り兼テ彦次郎へ

談置

山本善之助　元助養子見習勤 大須賀謙次郎　服部新五郎　彦次郎養子見習勤 内山逸之助

正兵衛養子見習勤 成瀬伝次郎　源左衛門養子同 田坂直次郎　吉田筧十郎　九郎左衛門悴同 成瀬捨蔵

覚之丞悴同 吉田万九郎　浅井弁之進　○夕刻居合一遍抜打太刀丈助

組与力ら順三郎に剣術入門

五月小

朔日 晴 丁卯　朝 鯛干物 汁 笋 沢庵 飯三　昼 とろゝ汁 沢庵 麦飯五　夕 あんかけ豆腐 寄玉子 酒一合ヨ 沢庵 飯三

一節句近ニ付、仕来之通月次之礼を不請、在宿調物、但同役近在巡見ニ付御城入不致候

在宿、金奉行仮役下枝兵三郎と面談

○去秋当地在番ニ罷越御金奉行仮役相勤候大岡紀伊守組下枝兵三郎儀、むかし受楽院様御若年之節、懇意ニ御出被成候下枝之子孫ニ可有之哉、右子孫ニ候ハヽ、面談之上むかし之由来をも内話可致ト存候得共、折も無之夫成打過候内、杉浦重郎兵衛入来之節与風相咄候処、下枝忠兵衛子孫ニ無相違、重郎兵衛へ伝言およひ、右兵三郎昨日入来ニ付、御用談之間へ通及面会候処、右兵三郎ハ元御勘定方ヨリ近頃焼ノ火ノ間御番被仰付、御人減ニ付勤仕並小普請被　仰付候広木重右衛門次男之由、同人も一面式（識）ニ付む

かし今之及内話、以後懇意ニいたし候様ニト懇ニ申聞候処、厚く及挨拶退散有合之菓子、を出ス
但当兵三郎ヨリ五代以前下枝七右衛門妾下枝釆女実母、釆女ハ不届有之遠島ニ成相模出生之縁を
以、受楽院様下枝へ懇意ニ御出、釆女残シ置候婦人を恵覚院実母、後年浅草並木茶屋巴屋三左衛門母*御連
出被成候義を七右衛門妾憤り、歌ノ会ニテ客来有之節　祐邦院様方へ右ばゞア鳴込声高
立ニ理屈を申、祐邦院様ニも殊之外御困り且ハ御立腹被成、忽受楽院様御久離御届
も出候次第ニ相成候由ハ、幼年之節信暁院*様ヨリ毎度御噂承り、子心ニも甚心外ニ存
候得共、然処右下枝之子孫ハ今以大御番、漸御金奉行仮役、自分ハ斯迄結構被　仰
付、不思議ニ当地ニおゐて出会面談いたし候儀、祖父君・伯父君之会稽（の恥脱カ）をす*ゝぎ（候脱カ）趣
意、右尊霊ニおゐても嘸かし御本望御愉快之御義ニ可有之ト存候儀ニテ、地役人之義
ハ平日御用向ニテ入来候得ハ大書院ノ脇地役ノ間ト唱候所へ通シ、大概ハ用人共応対
およひ候儀之処、昨日ハ内話之事故居間同様之談所へ通、懇ニ申聞候事故、兵三郎気
詰り之意味も可有之哉、相応之人物ニハ候得共請答等遠慮も有之哉ニテ行届兼候次
第、畢竟ハ自分御役威も有之且高年之義、旁むかしトハ雲泥之違ニ付、無益之義ニハ
候得共子孫之ためニ一通り認置○飛脚便定日ニ付宅状認、日記写、鷹見十郎左衛門へ
之一封、石河土州・井戸大内蔵へ之返書、靍小十郎へ之一封共封込順三郎へ渡

二日曇折々雨　朝汁干瓢 沢庵 飯三　昼道明寺ほしゐ ぼた餅小七 沢庵 飯二　夕つとどうふ 長いも あじ塩焼 酒一合ヨ 沢庵 木瓜（胡瓜） 飯三

○祐邦院　祐明の祖父祐邦。

○信暁院　祐邦の室。

○会稽の恥をすすぎ　春秋時代、越王勾践が会稽山で呉王夫差に降伏したが、辛苦の後に夫差を破って恥をすすいだ故事。

御用日につき公事紎

一御用日ニ付六半時過公事場へ出席、訴訟八十一口内紎もの三ツ、寺社五ツ○昼ヨリ同役入来、公事七十四内紎もの七ツ○昨朝ヨリ如例三里へ灸治

三日雨　朝 鯛干物 汁いも 沢庵木瓜 飯三　昼 石焼豆腐 沢庵木瓜当座漬 飯四　夕 きせい豆腐 真竹笋 自分斗り うなぎ 酒一合ヨ 香物沢庵 飯三

一例刻御城入、御用談済九時頃帰宅○所猶人悴慎吉、初節句に付肴料金弐百疋遣ス

四日晴　朝 汁笋 茄子当座漬 飯三　昼 こまめ鱠 汁とうふ 平煮物 焼物塩鯛 小豆飯三　夕 (ツメ)むし玉子あんかけ 昼ノ煮物 椎茸笋 蒲鉾 長いも 焼豆腐 酒一合ヨ 茄子当座漬 飯三

在宿調物

○御加恩頂戴之日　町奉行補任後の天保十四年五月四日、祐明は家禄三〇〇俵高に加増された。

江戸に帰り、常証院に逢う夢をみて記す

我身当家の祖と相成候吉夢なるべし

一内寄合外御用ニ付延引、在宿調物○所猶人方ヨリ初ノ節句内祝之由、柏餅差越○今日ハ御加恩頂戴之日ニ付＊、態ト内祝小豆飯申付ル○今暁之夢ニ、御用有之江戸へ立帰り久々ニテ常証院始逢候心持、飯を出候処、汁斗リニテ紫蘇ノ実ト茄子を汁ノ実ニいたし塩からく、其外菜もなき故、久々ニテ無滞帰り候儀、態ト焼物・平抔を付祝ひ可申儀、倹約も事ニ寄候趣常証院を叱り、小言を申候夢を見て目覚候心持にて、三郎太郎機嫌克駈歩行候を見請、常証院罷在候ハ、嘸歓可申ト聊愁傷を催候心持ニテ、右夢ニ見し汁ノ実ハ如何成ニも珍敷取合ニ候得共、夢心ニ能考候得ハ紫蘇《シソ》ハ私祖《シソ》、実《ミ》ハ身《ミ》、茄子《ナス》ハ成《ナス》にて、我身当家ノ祖ト相成候吉夢なるへしト思ひしもやはり夢にて、目覚候テも能覚居、煙草一二ふく給候内丈助起出候儀ニテ、夢ニ夢見しト云べき欤、珍敷事故記置之

端午の礼を請ける

五日昨夜ヨリ細雨　朝 汁焼とうふ・ふき 茄子当座漬 たくあん 飯三　昼 平 焼玉子 〆とうふ 筍 沢庵 茄子 小豆飯三半 焼物塩鯛　夕 至来海鰻《ハモ》付焼 〆豆腐 筍 鮑 ふき皿盛 酒一合ヨ 飯三

一端午ニ付今朝六半時過表席々ニおゐて如例礼を請ル○御本丸へ参上トして御城入可致処、天気合ニ付延引之旨、公用人ヨリ用人共迄申来ル、依之当日之為祝儀使者杉山与市右衛門御城代へ差出ス但御定番へハ奉札を以申述候、先方ヨリも同様奉札来ル○此程杉浦重郎兵衛入来之節自分手跡所望、拙筆を残シ候儀ハ迷惑なから懇意之間柄断もいたし兼、今日任閑暇進行院様御墨跡ニならひ身の程をしれ之一行物を認遣ス○昼後居合一遍抜打太刀丈助

城入り、宿次

六日曇　朝 汁かんひやう 沢庵 茄子当座漬 飯三　昼 八盃豆腐 茄子当座漬 麦飯四　夕 煎豆腐 至来うなき 酒一合ヨ 大根当座漬

一例刻御城入、宿次如例、其外御用談相済九時過帰宅○所猶人ヨリうなき蒲焼差越○杉浦重郎兵衛ヨリも昨日任望認もの遣候為挨拶うなき差越、是ハ明日用ひ候積り貯置○此節甚不順之季候、今朝袷襦袢ニ袷之上へ単物を着し候テも少シさむき方なり、御城代抔ハ綿入之上へ単物を着被致候様子なり

御用日につき公事糺

七日雨　朝 汁筍 茄子当座漬 飯三　昼 ゆば煮付 沢庵 茄子 飯四　夕 でんかく うなき玉子むし 酒一合ヨ 沢庵・茄子 蓮飯四

一御用日ニ付六半時過公事場へ出席、訴訟八十内糺もの九ツ、寺社作事願二ツ○今朝ハ木綿襦ばん綿入之上へ単物を着ス○同役昼ヨリ入来、公事八十二内糺もの九ツ○天満北木幡町紅屋市兵衛悴栄三郎ト云もの、両親へ手向ひいたし母へ疵付候趣之風聞書、

両親に手向い母に傷害を加えた町人を逮捕入牢

昨年着坂以来不孝ものは有之候得共

町目付差出候ニ付、猶穿鑿之上早々召捕候様可取斗旨、盗賊方近藤弥太郎へ申付、及深夜佐川豊左衛門・松浦一（太脱）郎両人ニテ捕来ルニ付仮牢へ入置、一昨日永井能州入来之節、堺表ニ此節親殺し有之吟味中之由歎息いたし内話、当所ハ如何ト被尋候故、昨年着坂以来不孝ものハ有之候得共先ツ逆罪もの無之趣相答置候処、右之仕合扨々歎ヶ敷事共大息之至なり

四天王寺へ参詣

○八日　五月八日は第四代将軍家綱の祥月命日。

八日* 晴昼後折々曇　朝 精進 手製油揚付焼 沢庵 飯四　昼 汁長いも 茄子当座漬 飯四　夕 皿盛寄玉子・笋・きせいどうふ 酒一合ヨ 茄子当座漬 飯三

一今朝五時前供揃、天王寺へ罷越拝礼相済御香でん金百疋備ル 先番国蔵○昨夜召捕候逆罪もの今昼後直糺、入牢申付ル○昼後順三郎杉浦并宮寺へ罷越、夜ニ入帰宅○明日御城代安治川・木津川辺巡見之旨申来、同役案内ニ罷出候間申遣ス

江戸宅状到来

九日 昨夜ヨリ雨　朝 塩鯛 汁 焼とうふ ふき 沢庵・ウト・茄子 飯三　昼 八盃とうふ 沢庵 かくや 麦飯五　夕 あんかけ豆腐 うなぎ 自分斗り 酒一合ヨ 沢庵・大根新漬 飯三

一内寄合外御用ニ付延引○御城代巡見天気合ニ付延引○去月廿八日付之宅状今巳ノ上刻至来、不取敢披見、一同無別条、六郎左衛門病気全快、去月廿七日出勤、聊差障も無之由申越、安心大慶之至ニ候

城入り

十日 雨　朝 塩鯛 汁いも 沢庵 茄子 飯三　昼 石焼豆腐 沢庵 飯四　夕 ハモ骨抜付焼 むし玉子あんかけ 煎とうふ 酒一合ヨ 沢庵 茄子当座漬 飯三

一例刻御城入、御用済四半時過帰宅○昼後坂本鉉之助儀順三郎方へ入来、有合之品ニテ

在宿調物

代官竹垣三右衛門から山椒魚発見の報届く

城代青山忠良の人物評に及ぶ

夜食振廻

十一日晴　朝 茄子ごま汁 沢庵 飯三　昼 沢庵 麦飯四　夕 アカエイ煮付 あんかけ豆腐 酒一合ヨ 沢庵 飯三

一在宿調物、但同役堺表へ年始なから被相越(罷カ)候○竹垣三右衛門御代官所摂州東成郡木野村用水溜池水漏れ候故、去月廿七日より自普請ニ取掛り候処、丈三尺斗り之鯰ニ似寄候魚折々浮出候ニ付、去ル五日頃ヨリ追々見物人罷越候趣村方ヨリ届候間、野道へ垣を結、不取締之儀無之様申付置候由、右ニ付彼是風聞も有之趣ニ付相届候由、同八日三右衛門ヨリ届書差出候ニ付、手覚書を以御城代へも無急度申上置、右ハ全く山椒ノ魚ニテ、当所ニハ丈(た)ケ三四尺位之山椒ノ魚間々有之、組与方《カ》裏ノ方ニ淀川へ続候溝掘有之、一昨年欤組与力川方末三郎裏ニテ、丈ケ三尺程之山椒ノ魚を捕へ大だらいへ入置候得共、生餌《エ》をあたへ候事故数日ハ難養、猶又右溝へ放し候由内山彦次郎物語なり、しかれ共市中之ものハ不及見甚珍敷存候故、今般も夥敷見物人ニテ、右ニ付テ彼是奇怪之風聞もいたし候事故、三右衛門方ニテ野道へ仮ニ垣を結、見物人を差留候儀ハ尤之取斗なり、右山椒ノ魚ハ薬ニ相成候もの之由箱根山椒ノ魚ト同様ニテ甚大成もの之由　水中斗りニハ無之陸地をも、這歩行候故、今般之魚も全く近頃外ヨリ移り候事之由右山椒ノ魚之事昨日御城代へ相咄候処、御同人在所丹波笹(篠)山辺ニも多く有之由、既笹山城ノ堀ニハ丈ケ五尺程ノ山椒ノ魚有之由、外ニ害ハ無之候得共、右魚居候近辺之泉水抔へハ陸地を這行候哉ニテ、鯉・鮒・どぜう等取喰ひ候故、金魚抔かひ候害ニハ可相成、外ニ害ハ無之、右魚ハ少シさわり候テも山椒ノにほひいたし候もの之由、夫故

御同人は何事も委敷、大工道具等之咄抔に至り候ては功者にて

料理人ハ江戸表ニテも政よしノ包丁を用い

当所は金銀多き故歟盗賊も多く

先月中の盗賊吟味、仕置につき城代の人柄に言及

山椒ノ名目有之事之由御城代物かたりなり、御同人ハ何事も委敷、大工道道（具）等之咄抔ニ至り候テハ尤功者ニテ、先頃米津越中守方へ初入歓ひとして同道いたし候節、尼ヶ崎又右衛門堺之包丁ハよろしき趣与風何歟咄之序ニ申述候処、夫ハ不案内之儀、当所ニ住居いたしなから当所政美《マサヨシ》ノ包丁を不存候哉、堺之包丁ハ下品ニテ下料故遣ひ料ニもいたし候哉ニ候得共、料理人ハ江戸表ニテも政よしノ包丁を用ひ候儀ニテ、既江戸ニテ弐拾五匁もいたし候品、当所ニテハ拾五六匁ニテ手ニ入候故、家来抔ハ政よし之包丁を多く調、江戸へ幸便ニ遣候程之儀、然を従来大坂ニ乍罷在不存段、扨々如何之儀ト大笑ニテ、又右衛門義右包丁之儀ハ始テ承り候儀、不携事迚更ニ不弁段恐入たる事之由相答候得ハ自分帰宅之上勇を以料理人遣ひ候包丁を為尋候処政吉作之由、料理人ハ不残政吉包丁之由申聞ルニ付、其後御城代へ逢候節右之咄いたし御功者之由誉候得ハ、殊之外歓候体、小、人ナルカナ夫ヨリ大工道具ノ咄・板行摺もの之仕方委敷演説有之、大ニ長話ニ成候儀ニテ、元来器用成生得之上、部屋住之内種々之儀を被致候哉ニテ、下賎之ものニ候ハ、調宝（重）成人ニ可有之、永井能州がミそ用人ニいたし候ハ、可然人物ト被申候も尤之儀、扨々歎ヶ敷次第大息之至ニ候因ニ云、当所ハ金銀多キ故歟盗賊も多く、其上臆病ニテ物音いたし盗賊入候テも寝入候振ニテ為盗候哉ニテ、夫故先役阿部遠州咄之趣ニテハ、市中へ押込之盗賊有之義夥敷、甚大胆成事之由ニ承り居候処、追々御改革ニテ押込ハ薄らき候処、当正月中町方所々へ五六人連ニテ抜刀或ハ出刃包丁を持押込金銭品物等盗取候趣追々訴出、右ハ江戸抔ニハ絶て無之儀、甚不届之所業奉行を踏付候いたし方ニ付、早々召捕候様組之ものへ厳敷申付置候処、捕方同心共殊之外骨折、既右盗賊共身を可隠ト勢州路へ逃行候を追駈参り不残召捕候ニ付、厳敷吟味いたし候処、前科有之もの等江戸表へ掛合等ニテ手間取、漸先月中吟味詰ニ相成、去ル二日口書申付翌三日御城代へ直ニ御仕置伺進達いたし候処、銘書を被見候テも何之沙汰無之候故、右伺ハ当正月中所々へ押込候強盗吟味詰相伺候趣申述候処、能クそ捕へ候ト之称誉ハ更ニ無之、いかサマ当正月中市中へ盗賊押込女房を強淫いたし候哉之風聞被及聞候由ニテ、其盗賊ニ候哉ト被尋候故、女房ニハ無之娘をなぐさみ候抔

右様之御人順次にて今にも御老中に被相成

之風聞ハ有之、素り強悪之もの共故縦令右様之儀無之候テも尋候ハ、伊達ニも可申立候得共、左候テハ良民へ恥をあたへ候道理、御仕置軽重ニも不拘儀ニ付、実ハ申立候哉ニも候得共、右之廉ハ差略いたし相省キ候趣申述候処、夫ヨリ押込之盗賊見之所業被及聞候次第見るが如くニ被相咄候儀、御城代ト町奉行御用談之節、右様中間・小もの雑話ノ如く不堪聞事共疳気ニ障り候儀ニテ、自分存意ニハ右伺書銘書を被見候ハ、尓今押込等有之候哉ト被尋、其次第相答候ハ、能クそ捕候儀、同心共も骨折候儀、同心共へハ手当・褒美等いたし遣候事ニ候哉抔被申聞、右ハ早々御仕置ニ相成候様手廻いたし可及沙汰抔ト被申聞候義ニ可有之、同心へ之手当・褒美等不弁候テハ如何ニ付掛りへ相尋候処、定式金弐百疋ツ、之由ニ付、此度ハ聊余斗ニも遣候心得ニテ、被尋候ハ、其含にテ答可申ト存候処、右様之儀ハ更ニ尋も無之、素り手廻しいたし可及差図ト之了簡も無之儀ト相聞、御定通り同様之ものニ候処、去ル三日ヨリ今日迄沙汰無之、意外之事共何共歎ヶ敷、右様之御人順次ニテ今ニも御老中ニ被相成、品ニ寄御筆頭ニも可被相成哉、何とも恐入たる事共歎息之外無之、三日ニ帰宅之上順抔へも及内話密ニ及歎息候事ニ候○飛脚便り定日ニ付留守宅へ之書状認、且植木屋卯兵衛へ之遣物等、三郎太郎へ之封物、野村彦右衛門へ之一封、體七郎へ之一封一同差遣候様順三郎へ渡

十二日雨　朝 精進手製あふらけ 沢あん 飯四　昼 汁長いも 沢あん 飯四　夕 皿盛玉子焼・きせいどうふ・長いも 酒一合ヨ 沢あん いわし魚でん 飯三

一例刻城入・御用済九時前帰宅○調物

十三日雨　朝 汁筍 沢庵 茄子 飯三　昼 ゆば煮付 沢庵 飯四　夕 あんかけ豆腐 自分斗り うなき 酒一合ヨ 沢庵 飯三

御用日につき公事紲

一御用日五時前公事場へ出席、訴訟百弐拾五内紲もの四ツ、寺社訴訟六ツ○同役昼ヨリ入来、公事九拾五内紲もの九ツ○瓢箪町下駄屋源兵衛方へ去月十四日三拾七八歳之出家両人罷越、右源兵衛ハ元讃州高松家中橋本清兵衛ト申ものニハ無之哉ト尋候故、元清兵衛トハ申候得共武家素性ニハ無之、素り讃州之ものニも無之趣相答候処、壱人之

騙り事をして金銭を盗み取った出家僧の捕方を命じる

○讃州善通寺　香川県善通寺にある真言宗の総本山、空海誕生の地、第七五番札所。

○てづま遣ひ　手妻遣い、手品師。

出家源兵衛面体を見請、其許ハ胸中ニ脳(悩)可有之、右ハ病苦ニハ無之鬼門抔之祟りニ付、秘密之祈禱を以苦脳(悩)を助可遣由、右出家ハ讃州善通寺*之住持之由ニテ、右橋本清兵衛を為穿鑿(態々大坂へ)罷越候由ニテ、僧柄も殊勝ニ付奥ノ間へ通候処、半紙を為出折候テ源兵衛胸へ当暫く居候得ハ、右紙へ血染候半(ニ)付驚入候処、鬼門神之姿を顕し為見可申由ニテ、香を焚右紙へ当候得ハ不動尊之姿を顕し候故、弥恐怖いたし居候処、此上三七日神祭可致間白米七合五勺・金七両弐分入用之由(申)ニ候得共、金子持合無之趣相答候処、右米金トも聊損失ニ相成候訳ニハ無之、堅く封三七日灯明・香花を備信心いたし、三七日相立候ハヽ、米ハ焚候テいたゞき、金子ハ何用ニ遣ひ候テも不苦、尤七両弐分ニ限り候儀ニハ無之由ニ付、四両弐分ト白米を出候処、眼前ニテ紙へ包封候テ相渡、謝礼ニハ不及間、八丁半送り候様ニト之儀ニ付、米金を封候品ハ箱へ入神棚へ上置、源兵衛儀右出家を送り長堀三休橋迄罷越候処、此所ニテ右血ノ染出候紙等を川へ流シ、来ル廿四五日頃ニハ猶又罷越候間、橋本清兵衛ト申もの尋呉候様申聞立別れ候処、同月廿四五日頃ニ相成候テも不罷越、去ル四日ハ三七日満日ニ付開封いたし候処金子ハ無之、銭四拾三文入有之誠入(以)驚入候儀ニテ、全くかたり被取候趣、所役人一同今朝訴出候ニ付、右出家捕方之儀盗賊方山本鉉(善)之助へ申談置、右ハてづま遣ひ*之類ニ可有之、何卒捕候様精々ニ申付置右之因ニ善之助申聞候ハ、此程風聞ニ及承候由、伏見ヨリ三十石船ニ大勢乗合当所へ罷下り候船中ニテ町人体之もの与風越前守殿噂申出、品々悪様ニ申候ヨリ乗合之百姓町人等も口々ニ悪様ニ申候由、然処侍体之もの船之角ミニ罷在、其方共ハ越前守殿を品々悪様ニ申候儀以之外不相済儀、当時御役　御免ニ候トも元御老中御勤之御方を町人百姓風情ニテ悪様ニ申掛候義聞捨ニハ

与力山本善之助より三十石船での騙り者の話を聞く

難相成、我等ハ越前守殿へ由緒有之もの之由ニテ、右侍以之外憤、最初越前守殿噂を発言いたし候町人体之ものを捕へ、大坂町御奉行所へ訴出候間覚悟いたし候様、尤乗合之ものも不残召連候趣申聞候ニ付、右町人青色青ざめ甚恐怖之体ニテ、金子二分歟三分差出是ニテ酒ニテも被用、何分聞捨ニいたし呉候様相詫候処、弥立腹いたし右金包を町人へ投付候ニ付右町人大ニ弱り、しかれハ不及是非私発言いたし候事故惣名代ニ御奉行所へ可罷出間乗合之ものハ用捨いたし呉候様再応相詫相候得共、不聞入当惑いたし候ニ付、乗合之もの共も倶々内談およひ、右侍之風体ニテハ全く金子をゆすり候哉ニ付銘々出金いたし金高ニ候ハ、承知も可致哉ト、多人数持合之金子少々ツ、出金弐拾両出来候ニ付、右町人右金子を以聞済呉候様相詫候処、弥以憤り最早其分ニ難相成由ニテ右町人を捕船頭ニ船を付候様申付、其勢ひニ船頭も恐れ河岸へ船を付候ト右町人を引連侍体之もの大坂之方へ罷越候故、乗合一同あつけニとられ、右両人残りし置候風呂敷包を明見候得ハわらじ・紙屑等包有之、右町人ハ全く鼻ぱりニテ両人申合金子かたり取候ト之風聞之由、是等ハかたりも余程上手なり　右ハ無益雑談なから、今夕ハ御用透ニ付、日暮し之ため記之

十四日曇　朝 畳いわし 汁茄子 沢庵 飯三　昼 八盃どうふ 沢庵 麦飯四半　夕 (ツメ)平 筍 玉子焼 椎たけ 汁豆腐 焼物ハモ骨抜 酒一合ヨ 沢庵 ミそ漬 飯三

一内寄合延引、在宿調物○昼後松坂三郎左衛門末子大御番遠山安芸守組川上慎五郎、今般御金請取として上坂ニ付入来、居間へ通し寛々面談夜食振廻、土産肩衣地・楽焼菓子入持参

月次の礼を請け、城入り、勘定卯木武十郎と役宅にて面談

十五日晴　朝 畳いわし 汁〆とうふ 沢あん 飯三　昼 平つととうふ かんぴやう 沢庵 飯三　夕 むし玉子あんかけ 煎豆腐 酒一合ヨ 沢庵・茄子 飯三

一如例月次之礼を請ル○例刻御城入、同役ハ不快ニ付断、其段公用人山室弥兵衛へ談、御用済四半時過帰宅○御勘定卯木武十郎、長崎表交代相済今日着坂之由ニテ届ニ来ル、兼テ伊沢美作守ヨリ申越候銅座御入用筋ニ当所町人共出金いたし候長崎表御貸付之儀ニ付申談候儀も有之、地役ノ間ニおゐて面談但武十郎ハ更ニ不見知ものニ候処、同人申聞候趣ニテハ沢弥兵衛間柄之ものニテ、同人跡

江戸城本丸出火の報届く

徳川斉昭隠居の知らせを聞き、隠居相当と私見を記す

○**水戸中納言**　徳川斉昭。

○**靍千代麻呂**　徳川慶篤。

○**松平讃岐守**　讃岐高松藩主松平頼胤。

○**松平大学頭**　陸奥守山藩主松平頼誠。

○**松平播磨守**　常陸府中藩主松平頼縄。

○**青山大膳亮**　美濃八幡藩主青山幸哉。

身分に不預事なから歎息

目之節養子ハ幼年ニ付小普請之節名代ニ被頼罷出、我等へも逢候事之由、先方ニテハ能覚罷在彼是及物語、弥兵衛養子不宜其弟を養子ニいたし最早孫ノ代ニ相成候由、弥兵衛ハ天明四辰年出生ニテ、文政二卯年九州へ御用ニテ同道いたし候節三十六歳、自分ハ四十九歳ニテ格別壮年之処、不幸ニして翌同五午年三拾九歳ニテ没、素り小給故実家ヨリ甥を養子ニいたし候処右之仕合、夫ニ引替自分ハいまた堅固ニテ奉行職相勤候儀、高運偏ニ父祖之御余徳難有事ニ付記之○去ル十日寅刻　江戸御本丸御広敷ヨリ出火、雨天北風ニテ　御殿向御玄関迄不残炎上、巳ノ刻鎮火之由、今夕七半時頃飛脚屋ヨリ書取を以申出驚入候儀、尤二丸・西丸・紅葉山御櫓等ハ御別条無之由、いまた宿次至来不致ゆへ聢ト不相分候得共、扨々恐入たる事共也○水戸中納言殿*御家政向、近年追々御気随之趣相聞、且御驕慢被募都テ御自己之御了簡を以御制度ニ被触候事共被有之候、御三家方ハ国持始諸大名之可為模範候処、御遠慮も不被在之御始末　御不興之御事ニ被　思召候、依之御隠居被　仰出候、駒込屋敷住居穏便ニ急度御慎可被有之候、御家督之儀ハ靍千代麻呂殿*へ被　仰出旨去六日　上使松平讃岐守*・松平大学頭*・松平播磨守*罷越相達、靍千代麻呂殿へハ御家督之儀無相違被　仰出候段、為　上使備前守殿・伊勢守殿罷越被相達候旨申来候趣、御城代ヨリ今夕廻状を以申来ル、但先頃浄土宗十八壇之内水戸殿領分瓜連御朱印百石浄福寺を他所へ引寺之儀水戸殿被仰立、寺社奉行青山大膳亮*へ調ニ御下ケ有之候趣御城代内話有之御城代ニハ水戸殿之御所置ニハ更ニ無頓着、御舎弟心配且御用繁之儀を自慢心ニ吹聴被致候哉之体ニテ一向平気ニテ、世上之雑説話同様ニテ心ニ被留候様子ニハ不相見、是も歎息之一ツ也、右之一条ニテも、水戸殿之御驕慢ニ被募　公儀御政事向之差障ニ相成候儀を、御三家方之御身分ニテ御気随ニ御取斗有之候段、不容易儀眉をひそめ候儀ニテ、押込御隠居相当ト愚意ニハ心得候得共、当時之御時勢如何可有之哉ト身

分ニ不預事なから歎息罷在候処、今般之被　仰出御尤至極之儀ニテ、御威光も相立諸家へ之御教示ニも相成候儀、恐悦之至ニ付記置之

十六日雨　朝汁かんひやう 沢庵 飯　昼しんきくひたし物 沢あん 麦飯四　夕きせい豆腐 海鰻《ハモ》骨抜 酒一合ヨ 沢あん 飯三

宅状にて江戸城本丸炎上のことを知る

一例刻御城入、御城代風気ニテ御逢無之、宿次ハ如例相済九時過帰宅○御本丸炎上之儀、いまた宿次ハ至来不致候得共、留守家来ヨリ去ル十日差出候書状今朝至来、出先へ差越一覧之処炎上ニ無相違、扨々恐入たる儀ニ候、委敷儀ハ不相分候得共六郎左衛門九日当番ニテ　御城ニ詰合候由、迎之もの面談無別条之趣申越、且おせち・豐七郎ヨリも書状差越帰宅之上披見、　公方様・一位様*ニも御機嫌克御立退被遊候由恐悦之御儀、六郎左衛門義無事ニ夫々及差図候趣申越安心之至候、引込中ニテ右異変を承り及出勤候様ニテハ不本意之儀ニ候処、出勤後殊当番ニテ、嘸かし心配及狼唄(狽)候儀ニハ可有之候得共、右様之場へ出合候儀ハ却テ御奉公冥加ニ叶候趣意ニテ、自分ニおゐてハ本望ニ存候事ニ候

○一位様　先の将軍家斉正室広大院。

十七日折々曇　朝汁つミ入・とうふ 沢庵 茄子 飯三　昼豆腐あけ立 沢庵 飯四　夕きせい豆腐 玉子焼 茄子しぎ焼 酒一合ヨ 沢庵なす 飯三

在宿調物

一在宿調物○御本丸炎上ニ付、古金銀引替当分見合候様伺之上御勘定奉行ヨリ申越候ニ付、内山彦次郎心付之趣尤同意ニ付、当冬上納可致御用金凡三十万両此節上納可為致哉之趣、靏小十郎迄内状三井便りにテ出ス○剣術稽古道具并ミそ漬香物船便りニ至着○

御用日につき公事糺、途中城入りの廻状届き、御用日中断

○精姫君　徳川家慶養女、有栖川宮韶仁親王女幟子女王。

○御簾中　徳川家定正室、鷹司任子。

御用日流れ、午後居合を抜く

養生之ため長日に相成候ては折々歩行いたし

昼ヨリ順三郎坂本鉉之助方へ罷越、竹垣も来候由、夜ニ入帰宅

十八日雨　朝畳いわし 沢庵 茄子 汁茄子 飯三　昼煮豆 沢庵 飯四　夕あんかけ豆腐 酒一合ヨ 沢庵 うなき 飯三

一去ル十日出宿継革籠状箱今朝六半時前至来、即刻御城代へ以使者出ス、御本丸炎上之儀申来候事ト被察候馬入并横田川川支延着之由○御用日に付今朝五時前公事場へ出席、訴訟百三拾八内糺もの十八口、寺社三ツ○去ル十日　御本丸炎上　公方様　一位様　精姫君様*西丸へ　御立退、御機嫌被為替候儀無之、西丸・二ノ丸無御別条、右大将様　御簾中*様　御機嫌被為替候儀無之、右之趣此地之面々并永井能登守へも可相達旨被仰下候由、且右ニ付今日宿次差立候間、九時寄合候様御城代ヨリ御定番・町奉行へ廻状至来○右ニ付御用日相流、其段御城代へ御届自分持出進達○去月廿日付飛州ヨリ書状入封物、今巳ノ上刻至来、不取敢披見、一同無別条安心、且先達テ上坂いたし候地役人両人ヨリ高山細工大盆二枚箱入差越○昼食後御城入、御城代不快ニ付御出席無之、御請并御機嫌伺呈書書判調印相済八時前帰宅○今日ハ御用日相流、昼後徒然ニ付居合一遍抜打太刀国蔵、雨天庭之掃除も出来兼候ゆへ住居内歩行居間ヨリ納戸迄一遍廻り候得ハ百歩なり三千歩、佐州ト違ひ御城入等折々歩行もいたし候得共、養生之ため長日ニ相成候テハ折々歩行いたし候得共、日記ニハ略之

十九日折々曇　朝汁 沢庵 飯三　昼平ハモ ハンペン あんかけ しまし 猪口しんきく 麦飯四　夕○あかゑい煮付 煎豆腐 酒一合ヨ 沢庵 茄子当座漬 飯三

内寄合につき東町奉行入来

○席書　集会の席で書画を書くこと。

御用日にて公事紀

玉造定番米津政懿より贈物品々届く

祐明書状(23)

○竹垣ハ　補注6を参照。

一内寄合ニ付四時頃ヨリ同役入来○去ル八日付之宅状封物今朝辰ノ下刻至来、不取敢披見、一同無別条安心大慶之至候、兼テ申遣候飛州製庭ニテ用候笠并筆并三郎太郎席書*一行もの等差越、追々上達大慶之至也四月中課読日記、剣術篇数ノ帳面も差越、切返等追々相増、是又大慶之事ニ候　永井能州も入来、同役一同麦飯振廻

廿日晴折々曇　朝汁長いも沢庵　飯三　昼石焼豆腐沢庵　飯四　夕すゞき煮付きせい豆腐酒一合ヨ　沢庵　茄子当座漬　飯三

一在宿調物○今日ハ余程暑気を催、御用多

廿一日雨　朝塩鯛　汁茄子沢庵　飯三　昼八盃豆腐ミそ漬　麦飯四半　夕鯛うしほ　さしみ　あんかけ豆腐酒一合ヨ　沢庵　飯三

一御用日五時前公事場へ出席、訴訟百十七内紀もの八ツ、寺社作事願二ツ○同役昼ヨリ入来、公事百四十八内紀もの十六、御用談相済同役八時過退散○御定番米津越中守ヨリ下屋敷出来候由草花夏菊其外いろ〱并鮮魚一籠鯛壱ツ・ひらめ二ツ鱸二ツ　自書を以被相贈、自書ニテ厚く挨拶申遣ス○呈書差立候ニ付宅状出ス鳥居甲斐守へ之内状入、同人・遠山半左衛門宛御用状も入遣ス、右ニ夫々早々相届候様用部屋へ申遣候様用人共へ申付ル

○右至来之魚類鮮魚ニ付、ひらめ二ツハ杉浦へ遣、内壱ツハ竹垣へ届呉候様順三郎ヨリ頼遣、竹垣ハ*御用向之外絶交ニ付テなり、鱸二ツハ正一郎学問之師匠渡辺太郎へ遣ス○御城代ヨリ時候為見廻、在所之酒越ヶ華一樽壱斗入欤被贈之

在宿調物

○大岡主膳　武蔵岩槻藩主大岡忠固、若年寄。

留守宅状・日記写も届く

在宿調物、飛騨豊田より書状届く

逆罪の町人を処刑、担当与力を称誉

廿二日折々曇　朝汁干瓢 沢庵 茄子 飯三　昼鰹節おろし大根 沢庵 ミそ漬 飯四　夕煎豆腐 うなき 自分斗り 酒一合ヨ 沢庵 飯三

一御城入可致処御城代ヨリ断申来ニ付、在宿調物○去ル十三日信濃守殿御病気御願之通御役　御免、大炊頭殿・大岡主膳殿御本丸御普請御用被蒙＊　仰候旨、御城代ヨリ申来ル

廿三日雨　朝汁茄子 沢庵 茄子 飯三　昼ゆば煮付 ミそ漬 沢あん 飯四　夕むし玉子あんかけ 茄子しぎやき 酒一合ヨ 沢あん 飯三

一在宿調物○去ル十四日付之宅状今朝巳ノ上刻至来、六郎左衛門自書并去ル十日炎上之為体相認候日記写も差越一覧之処、西はね橋等無御滞、御供方も相応ニ相揃、吹上ヨリ西丸へ御立退被遊、其後御機嫌宜趣申越恐悦之至、且六郎左衛門不行届之儀も無之、聊やけどハいたし候由ニ候得共為差事《(さしたること)》ニハ無之、引続御用多繁勤之由、其余留守宅一同無異之趣申越、安心之至ニ候

廿四日晴折々曇　朝汁豆腐　昼しんきくひたし物 沢庵 麦飯四　夕ハモ・ハンベンあんかけ きせい豆腐 酒一合ヨ 沢あん ミそつけ 飯三

一在宿調物、但内寄合外御用ニ付延引○飛州ヨリ去ル十一日付之書状今朝至来、一同無別条安心○母へ疵付候逆罪もの天満北木幡町紅屋市兵衛忰栄三郎、昨廿三日朝磔罪相済、右ハ去ル六日母へ疵付候由風聞、翌七日召捕、盗賊方山本善之助へ申付早速吟味詰、伺書も口上添進達、手廻シよく相済候故、逆罪を犯し候六日ヨリ十八日目御仕置ニ相成候儀、是迄右様之儀ハ無之事故少シハ懲戒にも可相成哉ニ候、善之助骨折候儀ニ付紋付さらし帷子を遣ス

御用日につき公事紮

廿五日晴　朝 汁めうがの子 沢庵 飯三　昼 石焼とうふ ミそ漬 飯四　夕 そは切冷し豆腐 皿盛 寄玉子 めうが 〆とうふ 酒一合ヨ ミそ漬 飯三

一御用日ニ付六半時過公事場へ出席、訴訟百弐拾壱内紮もの五ツ、寺社作事願三ツ○同役昼ヨリ入来、公事六拾九内紮もの六ツ○飛州へ之返書認、順三郎へ渡○今日ハ俄之暑気ニテ帷子ニテ汗出ル

城入り、宿次例のごとし

廿六日雨　朝 汁〆とうふ ミそ漬 飯三　昼 八盃どうふ ミそ漬 麦飯四　夕 あんかけどうふ うなき 自分斗り 酒一合ヨ ミそ漬 飯三

一例刻御城入・御城代不快平愈（癒）之由御逢有之、宿次如例相済九時過帰宅○飛州へ之返書今日出ス江戸日記写正月廿九日ヨリ去ル十日朝迄之分貸遣ス、序ニ付鰹節六本土佐遣ス、三郎太郎席書有合之分遣ス

御用日につき公事紮

廿七日晴　朝 汁めうがの子 沢庵 飯三　昼 生揚豆腐 沢庵 飯四　夕 （行水ノ印 むし玉子あんかけ 茄子まつもどき 酒一合ヨ 沢あん 飯三

一御用日ニ付五時前公事場へ出席、訴訟百口内紮もの七ツ、寺社作事願三ツ○同役昼ヨリ入来、公事四十五内紮もの十

御先祖祭につき赤飯・煮〆など振舞

廿八日曇　朝 手製油揚付焼 汁茄子 沢庵 飯三　昼 煮〆 赤飯一 茶漬三　夕 （ミそ吸物 硯ふた さしみ 焼肴 酒二合ヨ 煮肴 飯三

一同役川見廻りニ付御城入不致、在宿調物○御先祖祭り日ニ付、居間床へ持参之　御画像を掛、神酒・赤飯を備麻上下着用拝礼いたし、相済平ふくニ着替ル○去ル十八日出之宅状今朝巳ノ上刻至来、不取敢披見、六郎左衛門やけども全愈（癒）、其余一同無別条安心大

慶之至ニ候但去十日　御本丸炎上ニ付三郎太郎・おたほ義六郎左衛門帰宅迄殊之外案心配いたし候故欤少々虫気之由、尤服薬いたし一両日ニテ快気之由、子心ニも案過シ心配いたし候段人情尤至極之儀、三郎太郎ハいまた拾歳ニも不至候得共、右様虫気ニ障り候様心配いたし候段ハ実情厚キ故之儀、我等幼年之節　祐光院様御帰り遅候テも案候義抔存出候事ニテ心中察入、末頼母敷安心大慶之至なり◯今日
御先祖祭りニ付赤飯・煮〆蒲鉾・つと豆腐・ぜんまい長いも・干瓢家老・用人始中小性迄、表方ハ与力
ハ食籠一荷煮〆弐重、同心共ハ切溜へ入一同へ遣ス、但足軽以下中間共へハこま塩斗
りニテ赤飯遣ス、竹垣竜太郎・比留間鎌輔兵三郎孫なりをも相招赤飯・煮〆振廻、長屋子供
へも遣ス◯杉浦重郎兵衛入来、今日ハ態ト吸物・硯蓋・さしみ等申付候故酒食振廻、
源之進・貢・十蔵・勇等へも盃遣ス◯同役ヨリ交肴差越、是ハ川見廻り土産なり、至
来之肴も用

廿九日曇　朝汁とうふ沢庵　飯三　昼八ハいどうふミそ漬　麦飯四　夕◯煎豆腐　茄子しぎ焼酒一合　ミそ漬　飯三

当夏借米・役料米の精算

一内寄合外御用ニ付延引、在宿調物◯当夏御借米・御役料入米払米等左之通
御借米四百俵此石百四拾石　御役料弐百石　〆三百四拾石
内
八拾五石　入米但六月ヨリ十月迄五ヶ月分　一ヶ月拾七石ツヽ
差引
弐百五拾五石　払米壱石ニ付河内米六拾八匁三分肥後米七拾匁八分　摂州米六拾七匁壱分羽州米六拾八匁
此代銀拾七貫五百六拾壱匁九分壱厘五毛
此金弐百六拾八両三分四匁四分七厘
右代金今日不残納請取候由、順三郎申聞ル

六月大

朔日晴　朝汁めうが 沢庵 飯三　昼しんきくひたし物 ミそ漬 飯四　夕（そは切冷し豆腐 うなき 酒一合 ミそ漬 飯三

城入り、江戸城本丸普請につき城代と面談

御城代は一向心頭に掛不被申様子

一例刻御城入、御用談済九時前帰宅、但御普請御急キ之由ニテ銅瓦延方・土瓦等之儀御勘定所ヨリ掛合之趣、右ニ付手繰之次第等一通り御城代へも申達置候、尤自分共心配いたし候儀ハ申迄ニも無之候得共、組与力内山彦次郎格別差ハまり心配いたし候故、手廻シ宜敷捗取可申模様をも委細申述候処、御城代ハ一向心頭ニ掛不被申様子、張合も無之挨拶振歎息之至候処、此節之不季候ニテハ作方被案候故其儀も与風申出、当年抔何卒凶作無之様いたし度趣申述候処、豊作ニテも米価下落いたし不宜、余り出来過不申様いたし度ト之挨拶、此節柄之儀更ニ心ニ掛不被申体あきれ果たる儀、密ニ不堪浩歎〇飛脚便定日ニ付宅状認、日記写共順三郎へ渡、今夕差立ル

二日曇　朝汁長いも 茄子 沢庵 飯三　昼鰹節おろし大根 沢庵 飯四　夕（奴豆腐 うなき玉子むし 至来 酒一合 ミそ漬 飯三

城入り、城代より本丸普請銅瓦調達につき老中よりの書付を渡さる

一例刻御城入、但御達之儀有之趣昨夜申来候ニ付、同役一同出ル〇御本丸御普請御用銅瓦八拾万枚程御急キニ付、延職人多人数差出、当七月中出来立候心得を以可取斗旨、自分共へ相達候様御老中方ヨリ被仰越候段御書付御渡〇右ニ付、東御役所へ不罷越直ニ帰宅、彦次郎申談、銅座掛りへも打合候様申談、右掛り丸橋金之助も来、委細申談置

三日晴　朝汁冬瓜 沢庵 飯三　昼豆腐・茄子揚出シ 沢庵 飯四　夕（そは切冷シ豆腐 むし玉子あんかけ 酒一合 茄子当座漬 飯三

本丸普請のため上納

一在宿調物〇去月廿三日付之宅状今未ノ上刻至来、六郎左衛門儀御本丸御普請ニ付上納

金願いつき堺奉行と懇談

○**西丸御普請**　天保九年火災に遭い焼失、諸大名の手伝、旗本の上納金によって翌年、再建された。

○**堀伊賀守**　堀利堅、天保七年～十二年大坂町奉行。

同人は志有之人物、近頃別て懇意にいたし

○**諸太夫**　従五位以下の官職に任ぜられる役、官職名（～守）を名乗ることが許された。

金之儀願置候処、去月廿三日願之通被　仰付候旨吹聴申越、但兼テハ七拾両上納之心得ニ候処、同役並合も有之候ニ付五拾両上納相願候由、尤右同日町奉行・御勘定奉行・御作事奉行・御普請奉行・小普請奉行・御目付等一同願之通上納被　仰付候由、御沙汰之趣ニテハ三千石高百両、二千石高六拾両ツヽ上納之趣なり、依之去ル戌年西丸御普請*之砌、其節之先役跡部能登守・堀伊賀守*上納金相願候書留取調候処、能登守ハ本高三千石ニテ百弐拾両、伊賀守ハ同弐千五百石ニテ百両上納相願候処、振合相違之由ニテ奥御右筆組頭ヨリ在府同席へ談有之、書面掛紙いたし来、両人共百両ツヽ上納いたし候趣ニ有之、右等ニ見合候得ハ八十両ツヽも上納いたし相当之筋ニ候得共、自分ハ　御目見以下ヨリ御取立之身分、殊忰も結構御役も被　仰付候儀ニ付、並合ヨリ聊余分ニ上納いたし度兼テ之志願ニ有之、昨《今》日ハ右取調中堺奉行永井能州入来、同人ハ志有之人物、近頃別テ懇意ニいたし候儀、殊俄之暑気居間之方風も入候故居間ニおゐて寛談、右存意之趣も相咄候処、同氏ハ自分トハ訳柄も違ひ候家筋ニハ候得共、是迄代々諸太夫被　仰付候ものハ無之、能州始テ諸太夫被*　仰付候事故、乍聊為冥加百両上納いたし度存含之由ニテ、自分存意尤至極感伏同意之由ニ付、先例書抜得ト勘弁候様、委細ハ明後五日可及相談旨、同役へ申遣ス○順三郎昼ヨリ杉浦へ罷越、竹垣も来候由、夜ニ入帰宅

在宿調物

一内寄合無之在宿調物○飛州ヨリ五月十八日付之書状至来、一同無別条安心、椎茸来ル

四日晴　朝　手製油揚付焼　汁茄子　沢あん　飯三　昼　石やきどうふ　茄子　麦飯四　夕　○ハモ骨切　煎どうふ　冷そうめん　酒一合　沢庵　飯三

御用日につき東町奉行所出勤

一御用日ニ付昼ヨリ東御役所へ罷越、公事十五内紀もの二ツ、御用談済八時前帰宅○今未ノ四刻土用ニ入

五日晴　朝　汁冬瓜　茄子　飯三　昼　ゆば煮付　茄子当座漬　飯四　夕　あんかけどうふ　自分斗り　うなき　酒一合　当座漬茄子　飯三

城入り、下知状写突き合わせ

一例刻暑気ニ付今日ヨリ五半時　御城入染帷子麻上下着用　御下知状写調ニ付テなり、御用談相済御下知状写突合有之、右相済如例宿次呈書調判○土用入ニ付吸物二種肴三献相済退散、帰宅九半時頃○永井能州入来○坂本鉉之助来、二階物ほしにて夜食振廻

六日晴　朝　干鯛　汁めうが　かくや　飯三　昼　煮豆　茄子当座漬　麦飯四　夕　そは切冷豆腐　至来　うなき　酒一合ヨ　当座漬茄子　飯三

御用日につき東町奉行所出勤

一御用日ニ付昼ヨリ東御役所へ罷越、公事三十八内紀もの三ツ、八時前帰宅○暑気見廻之書状差出候ニ付宅状認ル○上納金相願候ニ付、同役連名之伺書并御勝手方御勘定奉行へ之書状とも左之通認、宅へ遣ス

七日晴　朝　汁つミ入とうふ　なら漬　かくや　飯三　昼　菜ひたし物　奈良漬ミそ漬　飯四　夕　むし玉子あんかけ　奴豆腐　酒一合　沢あん　飯三

本丸御普請につき上納金願書を江戸留守宅へ送る

大炊頭殿

上納金之儀奉伺候書付

久須美佐渡守
水野若狭守

御本丸御普請ニ付万石以下之面々へ上納金被　仰付候処、為冥加増上納仕度内願ニ御座候間、可相成儀ニ御座候ハヽ、御書付面高割之外金百両ツヽ上納仕度奉存候、願之通被　仰付候様仕度奉存候、此段奉伺候、以上

辰六月

久須美佐渡守
水野若狭守

右ニ付御勘定奉行へ文通

以切紙啓上仕候、甚暑之砌御座候得共各様弥御安泰被成御勤珍重御儀奉存候、然ハ御本丸御普請ニ付万石以下上納金之儀被　仰出候処、別段上納金仕度内願ニ付、右被　仰出候高割之外両人共金百両ツヽ上納仕度、在府同席を以伺書土大炊頭殿へ進達仕候間、御聞済ニも相成候ハヽ、納方等之儀ハ追テ御談可申上候、此段兼テ御含置可被下候、以上

六月七日

水野若狭守
久須美佐渡守

戸川播磨守様*
榊原主計頭様*

○**戸川播磨守**　勘定奉行戸川安清、八月二十二日西守留守居に転任。
○**榊原主斗頭**　勘定奉行榊原忠義、八月二十二日辞任。

親類などへ暑中見舞状送る

右外親類・懇意之向へ暑気見廻自書之分
野村　山高　神沼　町野　西尾　田中
小田切　清水　〆八通、此分も宅状へ入遣ス

御用なく城入りせず在宿

八日晴　朝汁かうが(め) かくや 飯三　昼豆腐生揚 茄子漬 飯四　夕（至来）煎豆腐 うなき 酒一合 かくや 飯三

一御城入可致処更ニ御用も無之間、中暑之積り同役へ頼遣、在宿調物○給人小林新平(信)ヨリ順三郎・正一郎へ子供稽古之礼之心得ニ候哉、暑気見廻ニうなき差越○中小性永田
一馬引越

在宿調物

九日晴　朝汁長いも かくや 飯三　昼八ハいどうふ かくや 麦飯四　夕○そは切冷シとうふ さわらあんかけ 鯛さしみ 鯛煮付 酒一合 香物茄子 飯三

一内寄合外御用ニ付延引、在宿調物○去月廿八日付之宅状今巳ノ下刻至来、一同無別条安心○永井能州ヨリ暑気見廻トして見事成鮮鯛一尾至来○御代官設楽八三郎ヨリ同断、順三郎方へ交肴至来 ひらめ一ツ・鮑二ツ さわら二ツ

城代へ暑気見舞としてうなぎ贈る

十日晴　朝汁めうが 茄子 飯三　昼菜ひたし物 ミそ漬 飯四　夕（至来物）たこ桜煮 そは切冷シどうふ 酒一合 香物茄子 飯三

一例刻御城入、御用済四半時頃帰宅○去七日御城代へ暑気見廻ニうなき蒲焼 佐州ノ細工うなき入へ上小串・下大串三百疋余 遣候処、殊之外風味よろしく久々ニテ江戸風之蒲焼被給候由、殊御子息・御娘子も好物之由ニテ厚く挨拶被申聞候○川見廻りとして明日罷越候積り、夫々へ達置

十一日折々雨　朝弁当船中ニテ巻玉子 きせいとうふ 干瓢 椎たけ 香物ミそ漬・なら漬　昼同断　夕しゞみ汁 ひらめさし身 酒一合 香物茄子 飯三

一今朝六半時前門前河岸ヨリ乗船順三郎も罷越、東横堀ヨリ大川、土佐堀川ヨリ安治川・目印山ニテ小休船中ニテ朝弁当大川にテ認ル、夫ヨリ川口海辺土砂浚場所見廻り、網漁を為引漁り之仕方を見物、但沖ニテ地引之様ニいたし候仕法ニテ、小魚品々とれ候ゆへ一網ノ直《値》段為承候処凡四貫文程之由に付、見物いたし候一網分申請、為酒代金三百疋遣ス、右小魚品々取交御城代始御定番両人・同役へも遣ス但暑気之時節ニ付宅へ廻シ直ニ遣ス、両御定番ヨリ折々至来物有之故、右挨拶之心得ニテ遣ス○飛脚便リ定日ニ付留守宅へ之書状、八時頃帰宅之上認掛り候処、品々御用有之七半時過迄ニ漸認順三郎へへ《衍》渡、但日記写、関善左衛門・鷹見十郎左衛門・川島庄左衛門・牧田源之丞へ之暑気見廻之書状三封、且越前守殿へ暑気見廻之験迄ニ堺製養命糖一箱代金百疋、記《しるし》として善左衛門へ小箱壱ツ代金弐朱遣候積リ、左伝次へ申付ル○昨日迄晴暑之処昨夜ヨリ折々雨ニテ、今日も右魚漁見物後強雨、夫故暑気ハさめ凌方なり

雨中川筋見廻り、沖にて漁を見物、小魚を城代・定番らに暑気見舞として送る

十二日雨　朝香物ミそ漬 なら漬 かくや 茶漬飯三　昼豆腐揚出し 香物なら漬 ミそ漬 飯四　夕皿盛寄玉子 きせい豆腐 長いも 酒一合 香物茄子 飯三

一今朝六半《二》時過供揃ニテ専念寺へ参詣、惇信院様*御霊前へ拝礼御香奠金百疋相済五時過帰宅○去ル《と》四日松平兵部大輔卒去ニ付*　公方様　右大将様御定式御半減之　御忌服被為請候旨、右ニ付呈書差出候間、明十三日五半時寄合候様昨夕出之御城代ヨリ廻状、今

専念寺参詣、惇信院御霊屋拝礼

○惇信院　第九代将軍徳川家重。

○松平兵部大輔　播磨明石藩主松平斉宣。将軍家慶の異母弟。

朝東ヨリ来ル○永井能州入来、有合之品ニテ昼食振廻

十三日晴　朝（汁長いも　香物茄子　飯三）　昼（八盃豆腐　香物ミそ漬　麦飯四　うなき）　夕（あんかけ豆腐　自分斗り　うなき　酒一合　かくや　飯三　杉浦ヨリ至来ニ付）

城入り後、御用日につき東町奉行所出勤

一例刻五半時御城入、御用談後御機嫌伺呈書調判相済、四半時頃退散、直ニ東御役所へ罷越公事六拾八内紀もの二ツ、御用談相済八時頃帰宅○今日巳ノ下刻、留守中去ル四日付之宅状至来、帰宅之上披見、一同無別条安心

十四日晴　朝（汁めうが　香物茄子　飯三）　昼（菜ひたし物　ミそ漬　なら漬　麦飯四）　夕（そは切冷しどうふ　うなき　酒一合ヨ　かくや　飯三　源之進出ス）

在宿調物

祐明書状(25)

一内寄合外御用ニ付延引、在宿調物○御機嫌伺呈書東ヨリ差出候順ニ付、昨日之返書なから留守宅へ之書状認、順三郎へ渡○丈助中暑全快、今日ヨリ出勤○飛州へ之書状認、江戸日記写五月十日ヨリ六月二日迄之分封候テ順三郎へ渡、明日差立候積り

十五日晴　朝（汁冬瓜　かくや　飯三）　昼（石焼豆腐　かくや　なす　飯四）　夕（奴豆腐　うなき　酒一合ヨ　かくや　飯三　東ヨリ至来）

月次の礼を請け、城入り

一今朝五時前表へ出席、如例月次之礼を請ル、右相済朝飯を喰ス○例刻御城入、御用済四半時頃帰宅○御用談所庭前之泉水コウホネ（河骨）多く候故水を替、浅キ方へ為植替ル、作事方人足四人・庭方之もの骨折候ニ付、冷そうめん・酒肴等遣ス

城入り、宿次呈書

十六日晴　朝汁長いも かくや 飯三　昼（煮豆 麦飯四 ミそ漬 なら漬 かくや　夕（そは切冷シとうふ 皿盛 ゆて玉子・かんぴやう 酒一合 かくや 飯三

一例刻御城入、如例宿次呈書相済九時前帰宅　調物

市中見廻として砂原屋敷辺を巡見

十七日晴　朝ゆば煮付 かくや 茶漬二　小弁当ミそ漬 なら漬 香物斗り　昼汁冬瓜 かくや 飯二　夕（海鰻骨切 そは切冷しどうふ 酒一合 かくや 飯三

一今朝六半時出宅、市中見廻りなから銅延立方見改として南木幡町砂原屋敷辺見廻り内山彦次郎并銅座掛与力・同心出役、寺町曹洞宗竜渕寺ニテ小休、四半時頃帰宅〇調物

御用日につき東町奉行所出勤

火事場で喧嘩した陸尺の身柄を東町奉行所から受取り、城代へも届ける

十八日朝小雨　朝汁めうが かくや 飯三　昼煮豆 ミそ漬 なら漬 飯四　夕皿盛 焼玉子・きせいどうふ・めうが にうめん 酒一合 かくや 飯三

御用日ニ付昼ヨリ東御役所へ罷越、公事七十九内糺もの八ツ、八時前帰宅〇陸尺安次郎及口論候一件落着ニ付、家来壱人差出候様昨夕同役ヨリ達有之、今朝五時松下古助差出候処、左之通申渡有之、安次郎請取来候間、為慎置候様申渡

久須美佐渡守

陸尺
安次郎

右之もの儀、町奉行陸尺相勤被召連供待中トハ乍申、兼テ供先ハ勿論身分慎方等之儀ニ付テハ主人ヨリ申渡之趣も相弁、自用ニ罷出候上ハ猶更途中穏ニ可罷通処、無其儀、於出火場所此もの声掛候節源蔵儀行当リ候故、気を付候様申聞候儀を憤り、

拳を以被擲掛ケ候ニ付、法被之袖先へ掴先《付》候折柄、同人并往来人より打擲ニ逢、終ニ疵請候仕義ニ至候段、素々此もの不慎より事発候故之儀、右始末不束ニ付佐渡守へ引渡存寄次第咎

右ニ付部屋内へ押込申付置但日数相立候上永之暇差遣候積り、御城代へ左之通届書野々村次平を以出ス

私陸尺安次郎儀水野若狭守ヨリ引渡候儀ニ付申上候書付

久須美佐渡守

陸尺
安次郎

右安次郎儀、当三月廿六日夜安土町壱丁目出火之節供ニ召連候処、右場所ニテ及口論疵請候ニ付、若狭守へ引渡候段申上置候処、今日同人御役宅へ家来壱人差出候様申越候間則家来差出候処、右安次郎儀引渡候間存寄次第咎可申付旨、家来へ申渡有之請取来、咎申付候間、此段申上置候、以上

六月十八日　久須美佐渡守

十九日雨　朝汁冬瓜かくや　飯三　昼煮豆ミそ漬　飯四　夕あんかけ豆腐ミそ漬　飯三　酒一合ニ不足

寝冷中暑にて水瀉、医師を呼ぶ

一内寄合ニ付四時頃東御役所へ罷越、御用済四時頃帰宅○今朝ヨリ腹合不宜度々水瀉、快通不致故宇佐見左門相招薬用、全く寝冷中暑之由、強キ事ニハ無之○明朝六半時供揃御城代天王寺へ参詣之旨申来、自分ハ挑灯引出宅之積り夫々申付ル

四天王寺参詣、有徳院御霊前にて拝礼

○有徳院　第八代将軍徳川吉宗。

茶屋古安と面談、のち御用日につき東町奉行所出勤

長寿につき御手当米下さる旨を申渡す

○とよ　長寿につき褒美下さる旨、六月二十九日、市中に布達された（「大阪市史」四下）。

廿日晴　朝ミそ漬香物斗り 茶漬三　昼汁干瓢 ミそ漬　飯三　夕ぎおんとうふ ミそ漬香物　飯三　腹合ニ付 酒不用

一今暁七半時過起出支度いたし挑灯引出宅、天王寺へ罷越有徳院様*御霊前へ拝礼香奠金百疋備ル暫く扣罷在、五時頃御城代参詣有之、如例相済四時頃帰宅

廿一日晴　朝汁冬瓜 ミそ漬 梅ほし　飯三　昼ミそ漬香物斗り 粥四盃　飯壱□（盃）　夕（あんかけ豆腐　皿盛干瓢 ゆで玉子　酒一合ニ不足　ミそ漬　飯三

一今朝茶屋古安来ル茶屋四郎次郎 隠居、当時隠居いたし京地住居之由、此節出坂ニ付可相成ハ直ニ容体をも承度、御納戸頭勤役中蒙懇命候事故、当時御役柄恐入候得共目通いたし度由申聞候段次平申聞ル、為土産扇本（子）十本箱入台ニのせ・茶并氷砂糖一箱持参、談所次へ呼出寛々面談、右土産為移、有合之縞縮一反遣ス○昼ヨリ東御役所ニ罷越、公事五十七内紀もの七、長寿之ものへ御手当米被下候儀、同役立合自分申渡

上本町弐丁目
小兵衛店
久兵衛実母
とよ*

其方儀、当年百壱歳ニ相成長寿之儀ニ付、為御手当米拾俵被下之難有存イ

右之通江戸表より御下知ニよつて申渡条、所之もの共一同承知いたせ

右申渡相済、奉書紙へ米拾俵ト認候目録を広蓋へ為載、掛り与力持出、目前ニテ同心へ渡、同心ヨリ当人へ渡、とよ義耳遠之様子ニハ候得共七八十歳ニ相見歩行等も不自由之様子ハ無之、一体相応之身元ト相見人柄もよく、忰久兵衛も付添罷出六拾歳余殊

之外難有狩り候様子なり（但米ハ御城代仮証文ニテ当御蔵ヨリ請取三斗五升入ニ俵拵仕直シ、当御役所ニおゐて相渡候事之由）○飛脚便り定日ニ付留守宅へ之書状認、日記写并荒井甚之丞へ之内問合書壱通封込順三郎へ渡、今夕差立ル

廿二日晴　朝（汁干瓢 香物ミそ漬 飯三）　昼（焼味噌 香物 ミそ漬 粥四 飯一）　夕（長いも 干瓢煮付 香物ミそ漬 飯四半 酒不用）

中暑につき城入せず

一御城入可致処、昨夜ヨリ又候度々水瀉いたし全く中暑ニ付同役へ頼遣候処、同役も不快ニテ不罷出由ニ付以使者（野々村次平 相勤）申断、明廿三日御城代川筋巡見自分案内ニ可罷出筈之処、此分ニテハ難罷出候故、同役被出候様可相成哉難斗ニ付、次平を以先方用人共迄及談候処、同役ハ持病之義、通し之手当いたし候得ハ差支無之、明日可被罷出間、帰宅迄月番心得候様、尤明日被罷出候趣御城代へも同役ヨリ被申達候由ニ付、此方ヨリハ別段不申達、尤右之趣川方掛りハ勿論当番其外へも用人共ヨリ申達ス○銅瓦延立方殊之外御差急に付、情（精）々手配いたし無油断為取斗一同出精之趣ニ付、去ル十七日見廻り見および候趣ニテハ、極暑之砌火業之儀、職人共事馴候儀トハ乍申難渋至極骨折之儀不忍見体ニ付、自分一己之存付寸志迄ニ床主名前人へハ酒料、職人共へハ手拭遣候積り、彦次郎へも及内談候処、難有心入一際励ニも可相成由ニ付、同役へも存意之趣及演説、左伝次へ申付夫々用意出来ニ付彦次郎へ申談、夫々左之通遣ス

銅瓦延立方火急につき床主・職人へ酒代・手拭などを遣す

酒代
金百疋ツヽ　床主*名前人三拾五人へ
此金八両三分　外ニ助壱人へ五拾疋

○床主　瓦作りの窯場を所有する者、一床は頭取・槌打ち・フイゴ吹きなど十名前後からなる。

晒木綿手拭一筋ツ、職人三百拾三人へ
此代金六両弐朱余　但手拭三百拾三筋　木綿三拾壱反七尺五寸

〆金拾五両余

右ハ無益之様ニ候得共、今般之儀ハ別段御差急キニ付、人力ニおよひ候程之儀ハ手を尽し可申儀ニ付、彦次郎儀も種々骨折下夕方引立御用弁専一ニ取斗候儀、殊及見候趣ニテハ実ニ骨折候事故励ニ相成候様いたし度、享和二戌年権現堂切所川々御普請*御用之節、自分入用を以地形踏堅メ候人足共へ酒一樽、女共へ手拭一筋遣候処、格別励ニ相成一両日ニテ出来候儀を与風存、且ハ此程見廻り候節職人共之内下帯も不致も有之、極暑火業難渋トハ乍申余り不作法之儀、尤自分見廻りニ付早々手拭抔あて候様子ニ候得共、所之風俗なから余り如何之儀、併咎候も却テ如何ニ付右様手拭一筋遣、其筋之ものヨリ奉行見廻り之節、不作法無之様為申諭候積り、彦次郎へ内談およひ置

廿三日晴　朝汁冬(瓜脱) 香物ミそ漬 粥四椀 飯一椀　昼干瓢・長芋煮付 香物ミそ漬 飯四　夕冬瓜葛煮 香物ミそつけ 飯三 酒不用

一在宿○去ル八日付之書状、今巳ノ上刻至来大井川去ル十一日ヨリ十七日迄、横田川十九日ヨリ廿一日迄川支、一同無別条安心、但六郎左衛門ハ御用繁ニ付書状不差越候○今日御城代川巡見案内ニハ同役被出無滞相済、暮六時頃門前川*岸ヨリ上陸被致、御城入相済○今日御城代巡見先漁魚之由、尼ヶ崎又右衛門ヨリ小魚品々差越

廿四日晴　朝汁干瓢 粥四椀 香物ミそ漬 飯一椀　昼冬瓜葛煮 香物ミそつけ 飯三　夕干瓢煮付 香物ミそ漬 飯三 酒不用

○**権現堂切所川々御普請**　埼玉県幸手市を流れる権現堂川、桜並木として知られる。

在宿
東町奉行の案内にて城代川筋巡見

○**門前川**　東横堀川。

在宿

祐明書状(26)

○長崎沖へ異国船　オランダ国王の将軍宛親書を携えた軍艦パレンバンが来航、開国を勧告した。

一不快在宿、内寄合無之○御本丸炎上以前進達いたし置候諸伺之類、若焼失ニ候ハヽ、写差出候様可取斗哉之旨、荒井甚之丞へ問合遣候儀ニ付、臨時ニ宅状出ス、且長崎沖へ異国船*舟掛り候ト之儀風聞之趣、不取留儀ニ候得共六郎左衛門為心得追書ニ申遣ス

廿五日晴　朝汁干瓢 香物ミそ漬 飯三　昼ゆば煮付 香物ミそ漬 飯四　夕あんかけ豆腐 香物ミそ漬 飯三 酒不用

オランダ船来航につき長崎奉行所触書写を入手

一不快在宿○天神祭礼御役所休、家中外出留○昨日内山彦次郎申聞候風聞之趣ニテハ、阿蘭陀船異国船ニ被追長崎へ入津いたし、右之趣御役所へ注進いたし候内異国船長崎沖へ船掛りいたし候由ニテ市中殊之外騒動いたし候由之処、長崎御役所ヨリ市中へ之触書写手ニ入候由ニテ、昨夕猶又右写彦次郎差出候間、江戸表へ写遣ス、左之通

阿蘭陀本国より仕出シ之船壱艘近々当湊へ致入津由、咬𠺕吧《ジャガラタ》頭役より在留かひたんへ申越候儀有之、右ハ全く商売船ニハ無之哉ニ候得共、凡事柄も相分り聊以子細無之事ニ付、市中諸商人共儀も安心之上平常之通無危踏致商売、猥ニ浮説申触間敷候

辰六月十八日

廿六日晴　朝汁ゆりノ根 香物ミそ漬 飯三　昼八盃豆腐 香物ミそ漬 麦飯四　夕冬瓜葛煮 うなき 自分斗 酒一合ニ不足 香物ミそつけ 飯三

城入り断書を出す

一宿次差立ニ付御城入可致処、下痢も快方ニハ候得共全快ト申ニハ無之、医師も出勤之儀ハ堅く差留候故、御城入不致段以使者次平申断、同役へも同様申遣ス

御用日、出勤の形にして在宿調物

オランダ船来航につき筑前黒田藩主より書状到来

○**松平美濃守**　筑前黒田藩主黒田長溥。異国警固役を謹め、長崎に屋敷を構えた。

廿七日晴涼風　朝汁干瓢 香物ミそつけ 飯三　昼ゆは 香物ミそつけ 麦飯四　夕むし玉子あんかけ 煎豆腐 香物白瓜 雷干 ミそ漬 酒一合不足 飯三

一不快大概快、平常体ニ候得共、出勤之儀ハ暫く見合候様医師も申聞、来月八月番之事故旁用心して、今日御用日ハ出席之姿ニ取斗呉候様同役へ頼遣、在宿調物、但公事場へハ両度出ル○石河土佐守ヨリ御用向書状御代官ニテ遠島申渡候もの出帆為致候儀申遣候返書なり去ル十六日付留守家来ヨリ差越、無別条安心○大和守殿依内願加判之列ハ不被　仰付、勤向是迄之通ト被　仰出候由、御書取写来ル、愚意管見ニハ難解候、歎息之外無之候

廿八日晴　朝ゆりノ根 香物雷干 ミそ漬 飯三　昼煮〆こんにゃく 干瓢 さといも たこ是ハ不喰 赤飯一盆 飯二 香物ミそ漬　○エントウ豆　夕あんかけ豆腐 自分斗うなき 酒一合 香物ミそつけ 飯二

一御城入ハ申断、在宿調物○生玉祭礼ニ付赤飯・煮〆申付、組与力・同心其外用部屋等へ遣ス二月初午ヨリ聊□(滅)候由○今朝、松平美濃守*ヨリ書状刻付にテ至来之由、蔵屋敷ヨリ差越候ニ付披見之処、左之通

一筆令啓達候、於長崎去十七日伊沢美作守殿へ彼地遣置候家来之者被相呼、此度渡来之阿蘭陀船咬𠺕吧頭役ヨリかたひたん(ママ)へ差越候書簡之内、阿蘭陀従国王　御政道筋御為ニも相成儀可申上旨を以、彼方本国ヨリ商売船ニ無之態ト船仕立可差越段、かひたん申出候、尤右船長崎湊着岸之頃六月十八日頃ヨリ七月二日頃迄ニハ可致着岸哉ニ付、猶備向厳重ニ取斗候様、且領内浦々入念候様被相達候段申越候、此

段御老中迄以飛札申上候、右之趣為申述如斯御座候、恐惶謹言

六月十九日　　松平美濃守
　　　　　　　　斎溥（花押）

久須美佐渡守
　人々御中

○去ル十八日付之宅状今巳ノ上刻至来、一同無別条安心去ル七日ヨリ日日（ママ）記写、其外所々ヨリ書状来ル、○去ル十八日関保右衛門御勘定吟味役被　仰付候由、来ル廿一日之宅状歓之書状可遣事

廿九日晴　朝汁冬瓜　香物ミそつけ　飯三　昼煮豆　香物ミそつけ　麦飯四　夕皿盛焼玉子　さといも　きせいとうふ　干瓢　切そうめん　酒一合　香物雷ほし　ミそつけ　飯三

在宿調物

一内寄合無之在宿調物○左之通飛脚屋より申出ル

水野越前守殿加判之列上席　御勝手掛り

越前守殿御再勤は志有之輩は渇望罷在候

越前守殿御再勤ハ志有之輩ハ渇望罷在候儀ニハ候得共、いまた御問合も無之、如何可有之哉ト歎息罷在候処、速ニ被　仰出候段恐悦之至なり

晦日晴　朝汁さといも　香物雷ほし　ミそつけ　飯　昼煮豆　香物ミそつけ　飯三　夕（あんかけ豆腐　自分斗り　うなき　酒一合ニ不足　香物雷ほし　ミそ漬　飯三

宅状にて水野忠邦老中復帰の旨届く

一在宿調物○去ル廿一日付之宅状今朝辰ノ下刻至来、同日水野越前守殿加判之列上席被蒙　仰候由申来ル留守宅一同無別条安心

七月小

朔日晴　朝　精進　汁豆腐ニのり
香物雷ほし　ミそ漬　飯三　昼　ひじき豆
香物雷ほし　ミそ漬　麦飯四　夕　ゆで玉子あんかけ　そハ切とうふ
酒一合ニ不足　香物ミそ漬　飯三

城入り、水野忠邦老中再勤につき明日宿次のため寄合

一月次之礼無之例刻御城入、御用談相済四半時過帰宅○同役不快ニ付御城入不致候○越前守殿御再勤之儀御城代より廻状ニテ申来ル、右ニ付明二日江戸へ宿次差立候間、如例御城代へ寄合候様申来ル○飛脚屋便り定日ニ付留守宅へ之書状・日記写共封候テ順三郎へ渡、但靏小十郎へ之書状ハ内密之儀申遣候故、六郎左衛門へ之書状之内へ日記写ト一所ニ封込、尤其余所々へ之書状ハ用部屋へ廻候様左伝次へ渡、越前守殿御再勤之儀志有之輩ハ一同大悦いたし候儀ニテ、既尼崎又右衛門ハ飛脚屋ヨリ申出候端紙を神棚へ上拝いたし候ト之儀、今朝月次ニ罷越候節直話、実ニ雀躍之体尤之事ニ候、夫ニ引替御城代御用談之節も一向噂も不被申故、此方ヨリ申出候処、更ニ善悪も不被申、案外之事共是又歎息之至也

越前守殿御再勤之儀志有之輩ハ一同大悦

二日晴　朝　ゆば煮付　汁めうが
香物雷ほし　ミそつけ　飯三　昼　八盃豆腐
香物雷ほし　ミそつけ　麦飯　夕　（そハ切豆腐　うなき　自分斗り
酒一合　香物雷ほし　ミそつけ　飯三

御用日につき公事糺

一御用日ニ付朝六半時頃公事場へ出席、訴訟百弐拾壱内糺もの六・寺社作事願三ツ○右相済朝飯を喰ス○例刻御城入、宿次相済四半時過同役同道ニテ帰宅○公事百拾六内糺もの拾五○明日相達候儀有之候間、四時罷出候様御城代ヨリ申来、同役へ廻ス

オランダ船来航につき佐賀藩鍋島家家来より届書

○**松平肥前守**　肥前佐賀藩主鍋島直正、異国警固役を勤め、長崎に屋敷を置いた。

三日晴　朝汁冬瓜　香物雷干ミそつけ　飯三　昼ゆば煮付　香物雷ほしミそつけ　飯四　夕（皿盛ゆて玉子きせい豆腐　かんひやう　香物雷ほしミそつけ　飯三　酒一合

一例刻御城入○難波御蔵棹銅六拾万斤江戸へ差下之儀、御老中方ヨリ被仰越候段御書取直ニ御渡、持帰写いたし彦次郎へ達、同役へも廻候様次平へ渡○松平肥前守*家来ヨリ左之通届書出ス

此度渡来之阿蘭陀船咬嚁吧頭役ヨリかひたんへ差越候書簡之内、阿蘭陀国王より御政道筋御為ニも相成儀可申上旨を以、彼方本国より商売船ニ無之態ト船相仕立可差越段かひたん申出候、尤右船長崎湊へ着岸之頃ハ六月十八日頃より七月二日頃迄ニハ着岸可致哉ニ付、猶備向厳重ニ取斗且領内浦々入念候様、弥渡来候ハヽ、高鉾近辺ニ留置候間、相応ニ番船等手当いたし候様、伊沢美作守様より長崎差置候家来之ハへ書付を以被相達候通肥前守承知仕候、依之猶又備向厳重申付番船等手当仕、領内浦々入念候様申付候段御老中様迄申上候、此段御届仕候様申付越候、以上

七月三日　松平肥前守内
中島忠右衛門

○朔日朝ヨリ三里へ灸治可致処御用多取紛忘却、今朝ヨリ如例灸治○昼後ヨリ順三郎義杉浦へ罷越、竹垣も入来之由、夜四時前帰宅

在宿調物

四日折々雲立晴　朝　汁かんひやう　香物雷ほしミそつけ　麦飯四　昼　ひしき二豆　香物雷ほしミそつけ　麦飯四　夕　（むし玉子あんかけ　冷そうめん　酒一合　香物雷ほしミそつけ　飯三

一内寄合外御用ニ付延引、在宿調物

御用日につき公事糺

五日晴　朝　汁さといも　香物白瓜ミそつけ　飯三　昼　いしやきどうふ　香物雷ほしミそつけ　飯四　夕　（そは切冷し豆腐　鰹節大根おろし　酒一合　香物ミそつけ　飯三

一御用日ニ付五時前公事場へ出席、訴訟九十二内糺もの九ツ〇昼ヨリ同役入来、公事七拾壱内糺もの拾九〇去卯七月ヨリ当七月朔日迄、当所千日墓・梅田墓・浜墓・吉原墓・小橋墓・鳶田墓六ヶ所へ葬候死人

市中六墓一年間の埋葬人数

壱万六千九百七人内　男九千六拾八《四》人　女七千八百四拾七《三》人　内拾五歳以下　男四千四百三拾八人　女四千弐百七拾六人

内百七拾六人土葬、其余ハ不残火葬なり

但当所一向宗寺院ハ不残町地面借地ニテ墓場無之故、右六ヶ所墓ハ多分一向宗なり、夫故火葬多く、余宗之寺院ハ寺内ニ夫々墓場有之

六日晴　朝　汁冬瓜　香物なら漬ミそつけ　飯三　昼　（豆腐揚出し　香物雷ほしかくや　飯四　夕　（茄子しき焼　煎どうふ　酒一合　香物なら漬雷ほし　飯三

城入り

一例刻御城入、御用済九時前帰宅

七日同　朝　汁めうが　香物雷ほしかくや　飯三　昼　（鱠《こまめ》　汁とうふ　平焼とうふしゐたけ干瓢芋玉子　麦飯三　夕　（奴豆腐　うなき　酒一合　かくや　飯三

七夕の礼請け、のち城入り

一七夕ニ付、朝六半時表へ出席縮白帷子ハセウス(フ)上下、席々ニおゐて礼を請ル○右相済朝飯を喰、五半時御城入、如例御本丸参上相済四半時頃帰宅○夕刻池田庄太夫咄ニ来、順三郎方へ通、有合之うなきニテ夜食振廻、近頃承り候由水戸殿の狂歌

おわかひに御いん居なさるハ水戸《みと》もない
仏けいぢりハちと中納ごん

一笑いたし候事ニ候

八日晴　朝汁冬瓜 香物なら漬 ミそつけ　飯三　昼煮豆 香物ミそつけ　飯四　夕（むし玉子あんかけ 煎豆腐 酒一合 香物雷ほし　飯三

在宿調物

一在宿調物○去月廿八日付之宅状今朝辰ノ下刻至来、一同無別条安心

九日同　朝ゆば煮付 香物ミそつけ　弁なら漬 ミそつけ 香物斗　昼（汁いも 香物雷ほし　飯三　夕皿盛寄玉子・干瓢・芋 そは切豆腐 酒一合 香物雷ほし　飯三

市中見廻り、瓦屋町にて瓦屋職場を見聞

一今日市中見廻旁土瓦仕立方見分之積り今朝六半時前出宅野羽織麻小袴、歩行にテ内山彦次郎・同心関弥次右衛門・出役用人次平・先番丈助表門ヨリ内本町東へ、骨屋町筋を南へ、南瓦屋町瓦屋小兵衛・又七・彦十郎・彦右衛門・弥三兵衛・新兵衛職場見廻り、夫ヨリ瓦土取場九八郎職場見廻り、寺島藤右衛門宅にテ小休同所へ尼崎又右衛門出迎麻上下着用、藤右衛門手広ニテ書院拾五畳・次拾畳・泉水等有之新敷立派成普請なり同所より乗輿、長町通り一心寺へ罷越、本多出雲守墓所へ参詣いたし、浮か瀬《セ》*卜云茶屋へ立寄盃其外古器等一覧、猶乗輿いたし下寺町浄土宗大蓮寺へ立寄弁当認、四半時過裏門より

○浮か瀬　清水寺の北にあった料亭浮瀬、「摂津名所図会」などに載る名所の一つ。

与力内山彦次郎ら江戸呼出しにつき、御普請瓦御用火急のため当分、下向させられない旨返書認める

帰宅

十日晴 朝 汁冬瓜 かくや 雷ほし 飯三 昼 （いしやき豆腐 香物 ミそつけ かくや 飯四 夕 （皿盛 玉子焼 めうが煮付 きせい豆腐 酒一合 香物雷ほし 飯三

一例刻御城入○組同心島田岡右衛門老衰御褒美銀五枚御書付直ニ御渡、退散之節立帰りニ御礼取次へ申置、九時前帰宅○阿部幾之助一件ニ付内山彦次郎・東組与力朝岡助之丞、其下東組与力・同心等多人数呼出之儀、鳥居甲斐守・遠山半左衛門ヨリ当五月十三日掛合有之候処、御人少ニテ銘々引請候御用向多く、夫々引継候迄延引可致旨及答置候後 御本丸炎上、御普請御差急キニ付銅延立土瓦仕方是ハ此方引請・御石類廻方・御材木御買上等是ハ東引請過（火）急之御用追々被仰渡、捗取方之儀御勘定奉行ヨリも掛合有之、別テ銅延立方等格別過急之儀ニ付、不取敢彦次郎ニ為取斗候ニ付テハ、差当り当分難差下旨甲斐守方迄内状を以申遣置候処、無余義次第手支之段ハ遠察いたし候得共、伺之上御目付連名ニテ相達候儀御城代へ伺之上ハ、格別内状之趣ニテハ難取斗間早々差下候様、六月廿四日付之返書去ル四日至来ニ付、同役申談取斗方之儀同六日御城代へ伺書差出候処、好有之認直、翌七日差出《進達》、追テ沙汰可被致由ニ付、其段同八日付之書状ニテ甲斐守へ申遣置候得共、幸ひ越前守殿御再勤之儀ニ付御内含迄、右次第書取明日之便り差遣候積り、今日下書・清書共認置

在宿、堺奉行入来

十一日晴　朝汁ゆりの根 香物雷ぼし 飯三　昼八盃とうふのり 鰹節おろし大根 雷ほし 麦飯四　夕（鱸さしみ・うしほ そは切とうふ 酒一合 飯三

一在宿調物○東門（跡脱カ）ヨリ時候為見廻銀三枚・交肴一折鯛一 すずき一 海老五至来家老・用人其外取次迄 夫々目録差越○御定番米津越中守眼病ニテ久々不相勝由ニ付、菓子一重へねりよふかん 金玉糖至来之鯛一ツ・海老三一籠相添納戸へ手紙ニテ遣ス○永井能州入来、有合之品ニテ昼食振廻、八半時頃迄雑話之内品々相談もの等も有之、夫々愚意之趣及挨拶、今日ハ宅状認掛り候処長座ニハ及迷惑候事○飛脚便り定日に付留守宅へ之書状認、日記写并越前守殿へ内々申上置候書付写、右書面入関善左衛門へ之一封、其外風聞書等一封ニいたし順三郎へ渡、今夕差立候筈申談置

祐明書状(27)

十二日晴　朝汁めうが 香物ミそ漬かくや 飯三　昼（鰹節おろし大根 香物雷りぼし 飯四　夕（そは切とうふ うなき自分斗 酒一合 雷ぼし 飯三

城入り、オランダ船長崎来航の注進状を見る

一例刻御城入、御用談済九時前帰宅○昨夕杉浦大次郎来、二階火ノ見ニテ涼ミなから酒食振廻、但米津ヨリ夕刻青さき（鷺）至来ニ付、直ニ為拵吸物ニ用、月晴明夜五時頃迄涼、夫ヨリ述（床）ニ入、今朝迄熟睡○阿蘭陀船之儀ニ付長崎商人ヨリ当所町人へ之文通写、彦次郎ヨリ為見候間写置

一跡船本国船壱艘、当二日朝注進ニテ昼頃湊口神崎へ碇入申候、誠ニ大船ニテ人数三百弐拾人・石火矢三拾六丁軍船ニ御座候、大将直様出島へ上り申候、右船湊内

○諫早　佐賀竜造寺四家の一つ、諫早領二万六〇〇〇石。
○深堀　佐賀藩家老深堀氏、深堀領六〇〇〇石。
○多久　佐賀竜造寺四家の一つ、多久領二万一七三五石。
○武雄　佐賀竜造寺四家の一つ、武雄領二万一六〇〇石。

へ引入可申筈之処武具・玉薬等上ケ不申候ニ付、夫故今日迄双方もめ合申候、扨沖ノ方台場備方肥前・筑前大村・肥前家老諫早*・深堀*・多久*御請持台場所々御手訳ケ御備、昼ハ旗指物・幕打廻し、昼〔夜〕ハ高提灯ニテ、常ト違誠ニ厳重見事之事ニ御座候、当地も国々役人多人数入込、船往来ハ不及申賑々敷事ニ御座候、今日武雄*様御着、明日肥前様・大村様御着御座候、如何之御捌ニ相成可申哉後便ヨリ可申上候、尚又右船重分積足ニテ御座候故段々相尋申候処、武具・兵糧而已ニテ売物等一切積参り不申趣ニ御座候、右申上度如斯御座候、以上

七月五日

右文通ニ武雄ト有之候儀地名ニテ、肥前・筑前両家家老之趣ニ組之もの抔ハ申候由ニ得共、愚老〔案〕ニハ西国郡代竹尾清右衛門之文字違ニ可有之哉ト被存候、得共〔併〕推察迄ニテ難相分候

十三日晴　朝汁冬瓜 香物雷ぼし 飯三　昼ひじき油揚 雷ぼし 飯四　夕（むし玉子あんかけ 煎豆腐 酒一合 かくや 飯三

御用日につき公事糺
与力・同心・惣代へ
冷そうめんを振舞

一御用日ニ付六半時過公事場へ出席、訴訟四拾三内糺もの八口○昼ヨリ同役入来、公事弐拾五糺もの無之○暑気強く候故、組之もの并惣代等へ冷そうめん遣ス九拾人前、同役へも振廻

十四日晴　朝油揚香物 茶漬三 ミそ漬　昼汁いも かくや 飯三　夕奴豆腐 皿盛寄玉子 かんぴゃう さといも 酒一合 香物雷ぼし 飯三

四天王寺・専念寺へ参詣

一今朝六半時前出宅（薄梯帷子 ハセウフ上下）天王寺へ罷越自拝相済、夫ヨリ専念寺へ参詣、自拝済暫く扣〔在〕罷越、御城代参詣済ニテ四時頃帰宅、但天王寺へ御城代参詣之節ハ同役罷越（御香奠金）百疋ツヽ備ル・先番弐ヶ所共貢相勤ル○飛州へ暫く書状不出間、為差用向ハ無之候得共書状遣候積り帰宅後認ル、順三郎へ渡中村屋七兵衛下代へ頼候筈、左五郎へ申付ル○明日御城入ニ不及旨、御城代ヨリ申来ル

盆、火の見にて夕食

○生身魂　一家の長老を生きた霊として祀る盆の行事。

十五日晴　朝（汁干瓢 香物ミそつけ 飯三）　昼（煮豆 香物雷ぼし 飯四 麦切三）　夕（〔煎豆腐 うなき 酒一合ヨ 雷ぼし 飯三）

一在宿調物○今宵月晴明ニ付、火ノ見ニテ涼なから酒食を用○生身魂ニ付順三郎うなき*を調、同役へも少シ遣ス、移り漁魚之由小魚品々至来

十六日同　朝（汁冬瓜 かくや 飯三）　昼（煮豆 雷ほし 麦飯四）　夕（そは切豆腐 海鰻骨切 雷ほし 酒一合 飯三）

一例刻御城入、如例宿次相済九時前帰宅○順三郎昼後ヨリ杉浦へ罷越、夜ニ入帰宅○当七月盆迄諸入用

惣〆七百弐拾七両内（百両竹垣へ時借返済 百両江戸へ下シ金）　但借財済方なり

差引〆金五百弐拾七両　全く諸入用之分　当時有金（七十三両 大判五判枚）

城入り

七月盆までの諸入用を記す

船奉行と同道、城入り

十七日晴　朝（汁いも かくや 飯三）　昼（豆腐揚出し 雷ほし 飯三）　夕（〔むし玉子あんかけ 煎どうふ 雷ぼし 酒一合 飯三）

一在宿調物○当所御船手甲斐庄喜右衛門昨夕着坂、今日同役同道御城入、昼後自宅へも入来、小書院へ通シ始テ面会

御用日につき公事札

十八日同　朝汁めうが かくや 飯三　昼菜ひたし物 かくや 飯四　夕鯛うしほ 同煮付 そは切豆腐 酒一合ヨ 雷ぼし 飯三　至来

一御用日六半時過公事場へ出席、訴訟八十七内札もの拾壱、寺社作事願二ツ○昼ヨリ同役入来、公事七十三内札もの拾、但公事前ニ自分立合、同役左之通申渡

日向町
島屋
長兵衛

綱吉筆とある掛幅を見付た者を称誉

其方儀、所持之土蔵掃除いたす節二階棚隅《スミ》より掛物一幅見出処、粟ニ雀ノ画片脇ニ　綱吉筆ト有之、表荘（装）葵　御紋織込有之地裂ニ付、不軽　御品ト相心得、所之者申合右掛物差出訴出ルニ付取上ル、尤持伝之由緒并　御品之虚実ハ難分なれとも訴出候段誉置

右之通、従江戸表依御下知申渡条、所之もの一同承知いたせ

○甲斐庄喜右衛門初入ニ付手綱三筋・鮮鯛一折被相贈、但鮮魚ニテ尺余之鯛ニ付、一尾ハ食料ニいたし一尾ハ米倉丹州へ時候為見合納（廻）戸手紙ニテ遣ス、右移りニ下屋敷ニテ出来候由さといも沢山ニ至来、今夕直ニ試候処至テ和らかニテ風味よし○夕刻坂本鉉之助・杉浦大次郎入来、二階火ノ見にテ涼なから有合之品ニテ酒食振廻○今朝四時

中間兼吉ら人殺し一件につき東町奉行所より身柄引渡し

相違儀有之、家来壱人差出候様昨夕同役ヨリ申来、則松下古助差出候処、中間兼吉人殺一件落着、左之通達書、且中間源次郎・亀吉請取来ニ付、部屋へ押込置候様左伝次へ申付ル

久須美佐渡守中間
兼吉
源次郎
亀吉

右之もの共儀、兼テ其筋之ものヨリ身分慎方之儀厳重申渡請なから、源次郎儀自用有之致他出候途中ニおゐて、行衛不知万吉外壱人ニ出逢候節互ニ摺当候ヨリ及口論、掴合居候折節、新助申宥候ニ任セ万吉を預置一旦立別れ候得共、風説等有之候ハ、身分之障ニ可相成ト心配いたし候ヨリ、亀吉儀捨置候テハ不可然存候迚新助出店へ罷越、同人他出致し不居合待請候内酒肴買調給、源次郎儀素々自分ニ拘候義を亀吉ニ任置候も不心成、様子可承ト兼吉へ申聞、同人同道いたし差急右店へ罷越、入口之透ヨリ覗見話合候模様立聞いたし罷在候折柄、兼吉儀便用調度相成浜側へ罷出、便所尋歩行罷在候処、死亡浅吉儀兼吉を見請胡乱成者*之由相咎候ニ付、身分ニ可尋請筋無之旨及答候処、扨ハ前夜喧嘩之相手ニテ仇返ニ参候儀《もの》《と》ニ可有之、川へ投込候歟又ハ擲殺候様申叫候ヨリ往来人共駈集、藤助外弐人も同様申詈、浅吉儀兼吉へ打掛り、終ニ咽喉先襟を捕川岸へ引連掛呼吸相迫り声立候儀難成、此侭被投込候テハ■■《口惜》存、其場を可逃ため辺りニ有之出刃庖丁拾ひ取、無目当振廻浅吉外弐人へ手疵為負、源次郎も右之次第乍及見、相手多人数ニテ難寄付候迚猶予いたし罷在、亀吉ハ酒ニ給酔打臥罷在、銘々立別れ主人方へ立帰り候後も口外不致罷在候始末、縦令兼吉ハ素り可殺存念ニ無之共浅吉儀致即死、源次郎儀も万吉外壱人ト及争論候

○胡乱成者　疑わしい者

ハ、早速其筋へ申立差図可請処無其儀、亀吉儀も新助出店へ罷越候次第一同不筋之至、兼吉ハ別テ不届に付下手人可申付処、浅吉儀不法より事起り候段ハ同道之藤助外両人も見留罷在、浅吉両親并弟儀も、浅吉儀平常気荒ニテ酒給候節ハ毎々不法およひ候儀有之、全く同人理不尽之仕方ヨリ事発候儀無相違存、兼吉へ対し聊無《と》申分無之助命之儀相願候間、青山下野守殿へ相達御差図之上、兼吉ハ中追放申付、源次郎・亀吉ハ佐渡守へ引渡、主人方ニテ存寄次第咎可申付旨、佐渡守へ可相達候

久須美佐渡守

中間兼吉ら人殺し一件につき城代へ申達

○右ニ付、左之通御届書御城代へ野々村次平持参差出、公用人河野五郎左衛門請取

水野若狭守掛り私中間兼吉御仕置相済候儀并
源次郎外壱人引渡有之候儀ニ付、申上候書付

久須美佐渡守

久須美佐渡守
中間
兼吉
源次郎
亀吉

右ハ当正月十九日夜難波新地弐丁目角屋庄兵衛借屋炭屋卯兵衛同居浅吉外弐人儀、久左衛門町大道ニテ相手不知疵請、浅吉相果候旨右町役人共訴出、検使トして両組同心共差遣候処、書面兼吉外弐人仕業之趣相聞、早速捕押相糺候処兼吉仕業ニ無相違、私方ニテ吟味難仕、右一件若狭守へ引渡候段其節申上置候処、今日同人御役宅

へ家来壱人差出候様申越、則差出候処、兼吉ハ中追放申渡、源次郎・亀吉儀ハ引渡
候間存寄次第咎可申付旨家来へ申渡有之請取来、咎申付候間此段申上置候、以上

七月十八日　久須美佐渡守

右兼吉御仕置当り同役ヨリ内密相談有之、存寄無之趣ハ及答候得共、科書ハ難直長文
なり

十九日晴　朝 汁さといも かくや 飯三　昼 鰹節おろし大根 ミそ漬 遠（麦）飯四　夕︵皿盛 さといも 〆豆腐 自分斗 うなぎ 酒一合 かくや 飯三

一内寄合ニ付四時頃同役入来、御用済直ニ退散

廿日同　朝 汁冬瓜 雷ほし 飯三　昼︵さといも煮付 雷ぼし 飯四　夕︵皿盛 きせい豆腐 いも 玉子焼 酒一合 かくや 飯三

城入り、老中より銅瓦督促につき回答書作成、城代へ進達

一去ル八日付之宅状今朝五半時前至来、一同無別条安心○如例御城入、御用済九時前○
銅瓦延立出来之頃合自分共へ相尋、否早々可申上旨御老中方ヨリ被仰越候趣之御書
取、一昨十八日家来御呼出ニテ御城代ヨリ御渡ニ付彦次郎へ申談、銅座詰支配勘定へ
も早速打合取調、御城代迄申上之書面取調、昨夕以使者差出候処、御老中方へ申上之
書面ニ取直シ候様御談に付、彦次郎へ申談、書面認直加筆等いたし昨夜四時前迄ニ下
書出来、今暁七時頃清書認候故今朝持出進達、即刻江戸表へ差立ニ成ル、但是迄之日

御居城普請に付ては下々潤にも相成

割ニテハ何程差急キ候テも十一月廿三日迄相掛ル但一日ニ五千枚余出来、しかれ共追々職人共穿鑿、惣年寄共方ニテ世話いたし候分床数相増可申様子ニ付、右より早く出来可申哉ニ候得共、暑中火業之儀病人多く相休候儀有之候故、冷気ニ向ひ候ハヽ、格別、当時之姿ニテハ聢ト治定いたし兼候故猶予いたし日積り申立候儀ニテ、扨々歎息之至なり但銅延方ハ延職人ニハ無之候テも類職ニ無之候テハ難出来、右ハ余業ト違ひ元来限り有之職人之儀、日本国中之職人を集候テも限り有之儀、然を七月中迄ニ出来候哉抔余り無体之儀、 御居城御普請ニ付テハ下々潤ニも相成難有存候様いたし度事ニ候処、賃銭等ハ厳敷吟味有之、炎暑之時節火業之儀五日ト続候ものハ無之、夫々役人付添せり立候故無余義出精いたし候得共いつれも難有存候ものハ無之、延立引請候名前人始及難渋候もの多く、其上職人故博奕等其余悪業を働キ可申哉ト程能制候儀等組之ものも一同心配いたし候儀、詰ル所 御徳義を損さし候儀共歎息之外無之○昨夜ハ右之次第ニテ熟睡いたし兼今日帰宅後一睡、八時過ヨリ調物其外御用向ニ取掛ル○飛州ヨリ書状至来、無別条安心

御用日につき公事紀

廿一日晴　朝汁豆腐 かくや 飯三　昼ゆば煮付 かくや 麦飯四　夕（さといも煮付 そは切豆腐 鰹節おろし大根 酒一合 飯三

一御用日ニ付六半時過公事場へ出席、訴訟九十九内紀もの十三、寺社願一ツ○昼ヨリ同役入来、公事八十四内紀もの拾三○飛脚便り定日ニ付留守宅へ之書状認、日記写共順三郎へ渡

祐明書状(28)

在宿調物

廿二日晴　朝汁いも かくや 飯三　昼ひしき油揚 かくや 飯四　夕（そは切豆腐 むし玉子あんかけ 酒一合 かくや 飯三

一在宿調物○同役先代当地勤役中同役先妻妹死去、天満寺町栗東寺《リツトウ》へ葬候処、差支候儀有之同寺内ニおゐて今日改葬いたし候ニ付、一日遠慮之御届、自分方ヨリ以使者御城

代へ出ス、御定番其外へも為知遣ス

廿三日同　朝汁冬瓜 かくや 飯三　昼ひたし物 雷ほし 飯四　夕そは切豆腐 ゆで玉子・冬瓜せん葛煮是ハ永井へ昼食ニ用意不用ニ付酒肴ニ用 酒一合 雷ぼし 飯三

堺奉行永井入来

一今日御用も無之間不及御城入旨御城代ヨリ申来、在宿調物○昼後永井能州入来、東御役所ニテ昼食被致候由ニ付、菓子斗り出ス

廿四日雨　朝汁いも かくや 飯三　昼八はい豆腐 雷ぼし 麦飯四　夕煎どうふ うなき 酒一合ヨ 雷ぼし 飯三

在宿調物

一内寄合外御用ニ付延引、在宿調物○飛州へ之返書認順三郎へ渡、今夕出ス

廿五日晴　朝汁ゆりの根 かくや 飯三　昼石焼豆腐 ミそ漬 飯四　夕皿盛蓮ノ根 玉子焼 きせいどうふ 蜆汁からし 酒一合 飯三

御用日につき公事糺

一御用日ニ付六半時頃公事場へ出席、訴訟九拾弐内糺もの九ツ○昼ヨリ同役入来、公事弐拾八内糺もの七ツ○御城代ヨリ池ニ出来候由蓮ノ根至来○料理人、門前川ニテ取候由蜆を呉候間汁ニ用

廿六日同　朝汁冬瓜 かくや 飯三　昼蓮ノ根白あへ かくや 飯四　夕あんかけ豆腐 ハモ骨切 酒一合 雷ぼし 飯三

城入り、宿次

一例刻御城入、如例宿次御用談も相済九時頃帰宅○飛州ヨリ六月廿五日付之書状入封物今夕至来辰正月廿九日ヨリ五月十日朝迄之江戸日記写も戻ル、右ハ幸便ニテ七月十日出之書状ト前後ニ相成ル、尤一同無別条安心○米倉丹州ヨリ交肴一籠鯛一尾・鱸二尾至来、尤納戸手紙ニテ来ル、移りニ博多そうめん遣ス、右ハ鮮魚ニ付鱸一尾、順三郎ヨリ杉浦へ遣ス、残りハ酒食

二用

廿七日朝曇　朝 汁いも かくや 雷ほし 飯三　昼 ひしき油揚 ミそ漬 飯四　夕 鯛ミそ漬 煎どうふ 酒一合 雷ぼし 飯三

御用日につき公事紐

一御用日ニ付朝六半時頃公事場へ出席、訴訟百三拾六内紐もの拾、寺社願三○同役昼ヨリ入来、公事四《五》拾三内紐もの八口　飛州へ昨日之返書認六月三日ヨリ七月六日江戸日記写 封込、左五郎へ渡

廿八日雨　朝 油揚付焼 汁干瓢 かくや 飯三　昼 蓮ノ根白あへ かくや 飯四　夕 至来 鱸ミそ吸物 あんかけ豆腐 うなき 酒一合 鱸煮付 かくや 飯三

在宿、江戸出火の報届く

一同役川見廻りニ付不及御(入脱)城在宿調物然処天気合ニ付延引○去ル廿四日寅刻江戸田所町新道ヨリ出火、人形町通新道大坂町・元浜町・油町新道迄、長谷川町中程ヨリ富沢町不残、高砂町新道川岸迄、元浜町・富沢町河岸不残焼、卯ノ下刻鎮火之由、飛脚屋ヨリ今朝申出ル○去ル十八日付書状今巳ノ上刻至来、留守宅一同無別条安心○米津越州ヨリ交肴 鮮鯛一 大鱸一 至来移りニ博多 そふめん遣ス、右之内鯛ハ順三郎ヨリ又右衛門へ遣ス、鱸ハ食料

廿九日雨　朝 さといもノ汁 かくや 飯三　昼 八盃豆腐 かくや 麦飯四　夕 ○鯛ミそ吸物 同煮付 そは切湯とうふ 酒一合 かくや 飯三

在宿調物

一内寄合外御用ニ付延引、在宿調物○昨今冷気、昨夕ヨリ袷着用○冷気ニ付久々ニテ入湯宇佐見左門ヨリ時候為見廻交肴一籠 中鯛・メジカ・鰹* あわび ・○飛州川島奥六ヨリ機嫌聞として加州金沢之製墨形落雁一折差越

○メジカ　マグロの幼魚、めじか。

八月大

朔日晴折々曇　朝平ゆば　汁冬瓜　香物かくや　飯三　昼

八朔につき礼を請ける

一八朔ニ付今暁八時頃起出表ハ子ノ刻揃さらし白帷子・横麻上下木綿襦ばん単白むく下帷子等着用着用御用談所へ出席、家老・用人・給人共礼を請、夫ヨリ迎与力内山彦次郎同逸之助両人之礼を請、近習・中小性迄相済小書院へ出席、調役与力松井金次郎田坂源左衛門同断、夫ヨリ大書院ニおゐて与力共一同相済、公事ノ間へ罷越、支配与力田坂源左衛門披露同心共之礼を請一旦引取、猶又大書院へ出席惣年寄・三町人其外町々年寄・惣代・御用相勤候町人共礼を請ル初席七拾三人壱人ツヽ礼を請、一旦引取暫く人数溜り候を見合罷在、再席百五拾弐人取次謁之積り如例申付、衣類着替朝飯を喰ス○五半時前猶又着替即刻供揃ニテ上本町迄罷越候処、今日御本丸参上延引之趣、寺島藤右衛門小者申聞候由供頭久間田十蔵申付ルニ付、同所ヨリ引返シ帰宅但藤右衛門小者ヨリ承候迄ニテハ不安心ニ付、十蔵を外ト張迄聞合ニ遣候途中尼ヶ崎又左(右)衛門ニ出会、弥延引之趣承り罷越《と》帰申聞右相済候内無程払暁之頃ニ相成候故、残りハ

城代へ八朔祝儀使者遣す

同役家来ヨリも今日ハ路次あしく延引之趣申来ル○右ニ付、御城代へ八朔為祝儀取次使者差出ス渡辺源之進勤、序ニ付大御番頭小笠原豊後守・大岡紀伊守暇乞ニ被参候挨拶使者遣ス御城代ヨリも取次以使者石橋郡司祝儀申来ニ付及直答　米津越州へ眼病為見廻瀬戸物三ツ組重、上一重飛州ヨリ至来加州金沢製落雁・中ノ重当所葛餅・下一重鮑煮付納戸手紙ニテ遣ス○明日加番衆交代申合ニ付五時過御城入之儀、御城代ヨリ廻状来ル○去月廿一日付同廿二日出之宅《と》状今朝至来披見、無別条安心、但内山彦次郎儀ニ付関保右衛門内々及聞之趣為心得申越、明日一同返書遣候積り

二日雨　朝汁干瓢 菜漬 飯三　昼蓮根しらあへ 菜漬 飯四　夕同 至来 鯛ミそ吸物 同 さよりすまし 同 硯蓋物 メシカさしみ 酒一合ヨ 飯三

一今朝五時供揃御城入　加番衆仮御城入之式左之通

辰登り

松平中務大(少)輔＊　大久保佐渡守

松平備中守＊　土井淡路守

水野日向守＊　柳沢和泉守

内藤因幡守＊　田沼玄蕃頭

一登り下り加番衆交代中合有之候ニ付、染帷子麻上下着用五時出宅御城入

一御城代大書院へ御出座、公用人案内ニテ御定番衆米津ハ眼気断・大御番頭・町奉行・御目付一役限順々罷通り例席へ着座、但御用箱・刀携大書院次ノ間ニ差置、三町人取扱刀掛へ掛置、今日ハ番頭も床之方へ着座

一登り下り加番衆一同被通縁頬之方へ着座、登り加番松平中務少輔江戸表御機嫌之恐悦被申述、御城代相応ニ挨拶有之、夫ヨリ中務少輔御城代側へ被参、御奉書被相渡御城代御請取拝見、御定番へ被相渡御定番拝願（見）、畢テ自分罷出請取復座拝見同役へ渡、右之内中務少輔御合力米之御証文＊御城代へ被相渡、一覧之上脇へ被差置、中務少輔下り加番大久保佐渡守へ会釈有之、同人中務大(少)輔へ罷越御奉書請取復座、夫ヨリ若狭守御奉書を御城代へ返却復座、中務少輔御老中方ヨリ之御伝言御城代始一同

城入り、加番交代につき仮御城入り式事

○**松平中務少輔**　出羽上山藩主松平信宝、山里加番。

○**松平備中守**　上総大喜多藩主松平正和、青屋口加番。

○**水野日向守**　下総結城藩主水野勝進、中小屋加番。

○**内藤因幡守**　陸奥湯長谷藩主内藤政敏、雁木坂加番。

○**御合力米之御証文**　加番大名には課役に対し合力米が支給され、大坂で受け取った。

へ被申述畢テ復座、御城代へ向加番被　仰付候御礼、御暇拝領物之御礼被申述、時候之挨拶も有之、夫ヨリ下り加番へ之御奉書順々拝見之上、大久保佐渡守御城代へ被入御覧、一覧之上直ニ返却復座、夫ヨリ交代被申合候様御城代被申述、登り下り加番衆大広間へ退座、此節上之方より公用人小広蓋持出御奉書御証文勝手へ持入、夫より加番衆交代申合相済候旨公用人申述、又候登り下り加番衆一同被通、明日ヨリ順々交代可仕段中務少輔被申述、登り下り加番衆・番頭衆退散、登り加番衆へハ御城代斗り送り有之、御定番・町奉行・御目付ハ其侭着座、上之方ヨリ御城代猶又出座、加番衆へ之御合力米御証文御蔵奉行へ被相渡、御金奉行被呼出、同断写被相渡是又退散、右相済如例呈書書判調ル

○右相済大御番頭両人方へ暇乞ニ罷越、此方へ被参候挨拶も取次へ申置、九時頃帰宅、昨日飛脚便り定日之処八朔休ニ付引延（延引）、今日昨日之返書一同認、日記写共封込順三郎へ渡、今夕差立ル○米津ヨリ昨日之移りとして吸物・肴・硯ぶた物・さしみ等至来

三日 朝雨四時ヨリ晴又強雨　朝 汁ゆり 菜漬 飯三　昼 揚もの 蓮ノ根 ごぼう さつまいも めうか 菜漬 飯四　夕 自分斗 湯豆腐 うなき かくや 飯三 酒一合ヨ

一在宿調物○自分義及老年ニ付テハ毎夕用ひ候酒追々減候方可然哉ニ付、丈助へも申付成丈ケ一合之分量減候方ニいたし候得共、兎角多キ方ニ付片口を取寄見候処、一合入

夕食に用いる片口を計量すると二合入りとわかる

ニハ無之、大キ成片口ニテ目分量ニテ斗り候ゆへ次第ニ多く成り候哉ニ付、昨日一合升取寄是迄用候分量斗り候処、弐合余有之多キ筈ニ付、以来ハ右升ニテ斗り候様申付、昨夕ハ一合半相用候処、例之一合余ヨリ無数、催一笑候事ニテ、是迄一合ト心得相用ひ候ハ弐合ニ相当り候故多キ様ニ覚候筈なり、丈助義差働有之貞実ニ相勤候得共若年故右様之卒忽有之候故、毎度及教諭候儀ニテ、万端不心付候テハ不行届勝なり○御代官八三郎入来、御用向内談有之、談所へ通及面談

四日晴　朝汁さといも かくや 飯三　昼八盃どうふ かくや 麦飯四　夕皿盛ゆで玉子・蓮根・きせい豆腐・干瓢 酒一合ヨ かくや 菜つけ 飯三

在宿調物

帰府する者に託して書状など送る

○京吉左衛門　茶碗師楽吉左衛門、十代目旦入。

一内寄合外御用ニ付延引、在宿調物○小林勇儀、大御番御蔵奉行仮役杉浦東馬交代帰府ニ付、同人へ頼供いたし候筈兼テ約束いたし、東馬ハ来ル八日出立、勇ハ京都見物いたし度由ニ付杉浦へも打合、明五日夜舟ニテ伏見へ罷越、京都見物之上八日朝伏見へ出迎ひ候筈対談いたし候由ニ付、今夕夜食之節勇吾へ態ト盃遣ス○西尾鉀次郎近頃茶を始候由ニテ、京吉左衛門*黒楽之茶碗望候由おまくねたり越候間、穿鑿之上当所には無之候故京都へ申遣、今朝漸一ツ差越候間買上代銀五拾匁存外高料なり、おまくへ之書状認封候テ届呉候様勇へ渡、且同人帰府之節神谷縫殿助方へも御機嫌聞ニ参り候由ニ付、一封遣ス

五日晴　朝汁ゆり 菜つけ かくや 飯三　昼蓮根しらあへ 菜漬 飯四　夕玉子むしあんかけ そは切湯豆腐 酒一合ヨ 菜漬 飯三

大番頭交代ならびに金奉行・蔵奉行仮役誓詞につき城入り

○**本多対馬守** 東大番頭本多忠興。

○**稲垣安芸守** 西大番頭近江山上藩主稲垣太篤。

公金貸付利銀下付の手形継印のため、代官・奉行立会い

○**佐野豊前守** 大坂町奉行佐野政親、天明元～七年在任。

○**大屋四郎兵衛** 大坂谷町代官。

一今日大御番頭本多対馬守*仮御城入、大御番・御金奉行・御蔵奉行仮役誓詞ニ付九時御城入、右之式相済八半時過退散

本多対馬守組 美濃部鉄之助　本多対馬守組 三浦彦左衛門

御金奉行仮役 稲垣安芸守*組 鈴木清左衛門　御蔵奉行仮役 稲垣安芸守組 飯室次郎兵衛

○御用日ニ候得共帰り遅く成候故、出席之積り同役へ頼、直ニ帰宅

六日晴　朝汁冬瓜 菜漬 飯三　昼菜ひたし物 かくや 飯四　夕鰹節おろし大根 そは切湯豆腐 酒一合ヨ かくや 飯三

一在宿調物但今日不及御城入段昨夕申来ル○小林勇昨夕出立ニ付、表向餞別金百疋・手元ヨリ同百疋・八朔ニ付百疋、都合三百疋并当人ヨリ順三郎ヨリ〔迄〕相願候由ニテ自分墨跡身の程をしれ 甲辰端午七十四翁久須美祐明書一枚、順并正一郎ヨリ扇子・鼻紙等遣候由○勧進相撲昨日迄ニ五日興行いたし候処、初日ヨリ五日迄札代・畳代・桟敷代惣〆銀四拾九貫弐百弐拾弐匁、此金七百六拾四両程替金壱両六拾五匁之由、古助申聞但日々惣高勧進元嵐山伊右衛門ヨリ書出候由○天明之度大坂町奉行佐野豊前守*・御代官大屋四郎兵衛*勤役中、鴻池屋善右衛門外拾人願之上上納金いたし、御代官ニテ諸家へ貸付、右利銀之内銀主町人へ下遣候仕法取極候節、右町人共へ相渡候手形、奉行替り之度毎継添、前書之通無相違旨奉行・御代官連印之裏書相渡候仕来ニ付、右継添今日調印之上、御代官立合自分ヨリ申渡、右ニ付竹垣三右衛門・設楽八三郎両人昼

城入り、宿次のち東役所にて公事糺

○カ　朱筆を合わせるとカタナカケ＝刀掛となる。

○なまくさ　生臭物、精進物に対する魚や肉類の食物。

後入来、談所ニテ面会、茶菓子を出ス

七日　晴夕曇　　朝　汁長いも　かくや　飯三　　昼　茶わんしんじょ　あんかけ　山掛豆腐　香物ミそつけ　麦飯四　　夕　湯煎《と》豆腐　うなき　酒一合ヨ　かくや　飯三

一例刻御城入、御用談・宿次相済、九時過同役同道ニテ東御役所へ罷越○訴訟百九内紀もの四《六》《と》ツ・公事五拾内紀もの十二○御船手甲斐庄喜右衛門、明八日始テ天王寺へ参詣ニ付自分同道いたし候儀、手覚を以御城代へも申達置○夕刻杉浦重郎兵衛入来、伏見之土産之由ニテ、同所松山御林松之切株皮付を台にして八幡の竹弐本建、刀掛ニいたし候品へよみ歌を添被相贈、図の如し

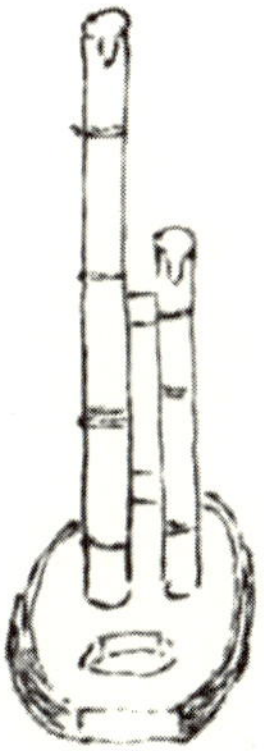

伏見の松山の松と八幡山の竹とをあわせて太刀かけをつくらせて奉る

嘉《カ（朱筆）》気*もよく竹《タ（朱筆）》の千尋にな《ナ（朱筆）》らひつゝ

か《カ（朱筆）》はらぬ松は気《ケ（朱筆）》高くも見ゆ　　桂斎

なまくさ*にうなき蒲焼少シそへて被贈、有合之品ニテ酒食振廻、坂本鉉之助も入来、同氏ハ夜食後のよしニ付菓子振廻、杉浦ハ先へ退散、坂本ハ順三郎部屋ニテ子ノ刻頃迄雑話

八日　折々雨　　朝　精進手製油揚付焼　香物かくや　飯茶漬四　　昼　平焼どうふ　玉子　干瓢　かくや　小豆飯三　　夕　ハモ骨切　煎豆腐　酒一合　菜漬　飯三

船奉行同道、四天王寺へ参詣

○**御霊前**　八日は第四代家綱（五月）と第十代家定（九月）の月命日。

○**御役日**　前年八月八日目付に任ぜられた。

在宿調物

城入り後、役宅にて目付・徒目付・小人目付らと面談

一今朝五時甲斐庄入来、直ニ同道天王寺へ参詣　御霊前*へ拝礼相済、四時頃帰宅○今日ハ六郎左衛門御役日*に付、御先祖御画像へ神酒を備、小豆飯申付態ト内祝

九日晴　朝汁さといも 菜漬　飯三　昼八はいどうふ 菜漬　麦飯四　夕湯豆腐 酒二合　至来うなき

一内寄合外御用ニ付延引、在宿調物○同役土瓦仕立・銅瓦延立方見廻りニ出ル○一昨日七日、当所抱之もの請人いたし候吹田屋徳右衛門、在所ヨリ摂州吹田村之もの之由差越候由ニテ大うなき弐本・すつぽん一ツ呉候間生洲へ預置、右うなき今夕加賀屋へ申付焼立ニいたし試候処、至テ和らかにて風味よし二本ニテ八串ニ相成候故、順三郎・正一郎へ二串ツヽ、遣し、尾ノ所を交都合四本自分用

十日晴　朝汁冬瓜 菜漬　飯三　昼煮豆 菜漬　飯四　夕そは切湯どうふ　冬瓜・むかご葛煮 鰹節おろし大根　酒一合ヨ　菜漬　飯三

一例刻御城入、御用談済九時前帰宅○長崎へ罷越候御徒目付石神辰之助・森澄太郎作・御小人目付松永定作着坂届ニ来ル、辰之助幷定作ハ当所御城御修復見分御用ニ罷越、太郎作ハ御取締御用ニ罷越、兼テ知人ニ付辰之助・太郎作ハ談所、定作ハ弓ノ間ニおゐて及面談○順三郎・正一郎儀今暁六時前出宅、杉浦大次郎同道生駒山ノ辺へ遠足ニ罷越○長崎へ罷越候御目付遠山半左衛門入来、御用談所へ通及面談、明日同道之儀等申談置○右半左衛門着坂之儀、同役ヨリ御城代へ使者を以申達候処、明十一日下屋敷ニおゐて対話可致間、壱人出会候様申来候間、自分同道候様、尤四時前自宅へ被参候様半左衛門方へ申遣候段も申来ル○順三郎・正一郎夜五半時過帰宅

目付同道、城代下屋敷へ行き対話、定番らも同席

○**小倉野**　蜜煮した小豆を飴玉につけた菓子、虎屋の名物。頼山陽が郷理の母に贈ったものとして著名。

在宿調物

御用日、東町奉行所へ出勤、目付も同席

十一日晴　朝 汁冬瓜・むかご 菜漬 飯三　昼 煮豆 むかご 菜漬 飯四　夕 鯛味噌吸物 同煮付 すつぽん 煎豆腐 酒一合ヨ 菜漬 飯三

一今朝五半時頃遠山半左衛門入来麻上下、御用談之間へ通面会、暫く見合四時前出宅自分ハ、平伏（服） 同道遠山も三人徒士ニ付自分も徒士三人ニいたし候事 御城代下屋敷へ罷越、御定番米倉丹州・御目付代両人トも被参居候ニ付夫々及挨拶、暫く扣居、四半時前御城代御越、如例対話相済半左衛門始夫々退散、自分ハ居残御用談相済、九ツ半時頃帰宅○留守中永井能州有合之品ニテ昼食振廻入来、帰宅之上面談、暫く及雑談八半時過退散○遠山半左衛門ヨリ至来之由鮮鯛一尾被相贈候間、答礼旁小倉野*一折自書を添遣ス○御城代より蒲（葡）萄一籠被相贈○東海道川支之由去月廿八日付之宅状いまた至来無之、為差用向も無之候得共飛脚便り定日ニ付書状認、日記写相添封候テ順三郎へ渡、今夕差立之事

十二日晴　朝 同役ヨリ至来 汁納豆四 かくや 飯三　昼 煮豆 かくや 飯三　夕 湯豆腐 鯛ミそ漬 酒一合ヨ かくや 飯三

一在宿調物○勧進相撲昨日迄ニ十日相済、右札代其外十日分〆金千六百六拾両程之由、古助申聞ル

十三日雨　朝 納豆汁三 菜漬 飯三　昼 東御役所ニテ 平 はんぺん 椎茸 かいわり菜 汁かぶ 香物なら漬 飯三　夕 あんかけどうふ 自分斗 うなき 酒一合ヨ 菜漬 飯三

一御用日品々御用談も有之、殊御目付両人共被参候由ニ付、四時頃ヨリ東御役所へ罷越○御目付両人も入来、公事三十五内糺もの七ツ

十四日晴　朝精進　手製油揚付焼　茄子ひしほ　飯四　昼汁むかご　茄子ひしほ　麦飯四　夕○皿盛寄玉子　干瓢　でんがく三十五本　酒一合ヨ　菜漬　飯三

船奉行とともに専念寺参詣

一今朝五時甲斐庄喜右衛門入来、即刻同道専念寺へ罷越、自拝相済四時前帰宅○今日坂本鉉之助方ニテ長州軍用之新筒鉄砲三拾挺但拾匁筒打様し有之ニ付、昼ヨリ順三郎罷越、夜ニ入帰宅

十五日晴　朝汁大こんせん　むかご　菜漬　飯三　昼ひしき油揚　菜漬　飯四　夕ミそ吸物ハモ　至来小鯛すし　硯蓋焼玉子　きせい豆腐　せうが　干瓢　椎茸　酒二合ヨ　菜漬　飯三

月次の礼請け、城入り

一例刻御城入、御用談済四半時頃帰宅○今朝月次之礼、如例席々ニおゐて請候事○月清明ニ付、夕刻ヨリ二階ニテ酒食を用、詰合之ものへ盃遣ス

一例刻御城入、御用談・宿次如例相済

夜ニ入帰宅

十五日*晴　朝大根せん　むかご　汁　菜漬　飯三　昼ひしき油揚　台子いも　枝豆　菜漬　飯四　夕至来小鯛のすし　ミそ吸物ハモ　ハモ骨切　硯ふた　干瓢　玉子　きせ豆腐　せうが　椎茸　飯三

○十五日　記事が重複しているが、両日の間に一丁の白紙があり、江戸に送る日記写の区切りと思われる。

一如例月次之礼を請ル○例刻御城入、御用談済四半時過帰宅○月清明ニ付、夕刻ヨリ二階ニテ酒食を用、詰合之ものへ盃遣ス

十六日雨　朝汁冬瓜　菜漬　飯三　昼冬瓜・はくきまめ葛煮　菜漬　飯四　夕湯豆腐　うなき　自分斗り　酒一合ヨ　菜漬　飯三

城入り、宿次

一例刻御城入、御用談後宿次如例相済、九時過帰宅

船奉行とともに川崎東照宮参詣、その後銅延所・銅座を見廻る

東組同心久米甚左衛門一件吟味につき目付入来

○**高木作右衛門**　長崎代官高木忠篤。

○**有馬筑後守**　久留米藩主有馬頼永。

○**御仕置例類集**　文政十～天保十年の十三年間、一九八七件の事例を収めた天保類集と思われる。このうち大坂町奉行掛りは一三六件。

十七日薄曇　朝精進 手製油揚 菜漬 飯四　昼弁当むかご煮付 ミそ漬 香物　夕そは切豆腐むし玉子 酒一合ヨ 菜漬 飯三

一今朝五時前甲斐庄喜右衛門入来、同道建国寺へ参詣　御宮拝礼相済五半時前帰宅○四時ヨリ銅延所見廻りニ罷越、延方引請候頭取候もの共へ、御普請御急キニ付格別挊取候様励方之儀、直ニ場所ニおゐて利害申諭○右相済、寺町曹洞宗正泉寺ニテ弁当認、夫ヨリ銅座へ見廻り、挊取方見込之趣支配勘定丸橋金之助等へ申談、疵板并目方過不足ニテ取除候分見改、是又見込之趣申談、出来之分貫目改・荷拵等及見、八半時過帰宅、但銅座役人へも骨折之趣夫々及挨拶、此上相励候様申諭ス

十八日雨　朝汁大根せん むかご 菜漬 飯三　昼焼物うなき 中酒三 平鱸切身 ミつば 塩松茸 汁フカシハモ 香物ミそ漬 たくあん 飯三　夕ふかしはも吸物 うなき 煎豆腐 酒一合ヨ 菜漬 飯三

一同役組同心久米甚左衛門一件吟味ニ付、今朝四時頃より御目付山岡十兵衛入来、甚左衛門并引合高木作右衛門*手代・有馬筑後守*家来等口合相済、十兵衛昼食後退散○去月廿八日付之宅状今辰ノ下刻至来但馬入川・富士川・大井川等川支ニテ延着之由不取敢披見、一同無別条安心○去ル四日出三井組便りニテ留守家来ヨリ用部屋迄之文通今昼後至来、右ハ公事方御勘定奉行ヨリ、今般御仕置例類集*出来ニ付、大坂町奉行掛り御仕置もの一座へ評議ニ御下有之候分、御下知振承知いたし度旨銘書添差越、月番ニ付同役へ相廻ス、堺奉行へ之書状も今日直ニ届候様用人共へ申付ル○当夏仕込候醤油ノ味なめ物、貢日々かき交此

○蓋物　ふたのある器物。

在宿調物

城入り、宿次

御用日につき東町奉行所出勤

祐明書状(29)

銅座詰支配勘定丸橋と面談

節よくなれ候故、新調之壷へ移シ置至(出)来能塩梅ニ出来候事庭掃除いたし候もの老人ニテ歯無之故蓋物*ニ一ツ遣ス○
御用日ニ候得共、御目付立合吟味物ニ付申断、出席不致候○米津越州病気全快之内祝
赤飯・交肴被相贈、右交肴之内鯛ハ味噌漬ニ申付ル、ぼら一ツ・ゑび二ツ順三郎ヨリ
又右衛門へ遣ス

十九日晴　朝 汁いも たくあん 飯三　昼 至来 鯛ミそ漬 赤飯一半 飯三　夕 ○てんかく四十五本 ゆで玉子 酒一合ヨ 沢あん ひしほ茄子 飯三

一内寄合外御用ニ付延引、在宿調物○去ル八日付之宅状今昼後至来、無別条安心

廿日雨　朝 汁大こんせん むかこ 沢庵 飯三　昼 八はい豆腐 沢庵 ひしほ茄子 麦飯四　夕 皿盛 焼玉子 ゆどうふ 干瓢 長いも 酒一合ヨ ひしほ 飯三

一大御番頭稲垣安芸守一昨十八日着坂、今朝大岡紀伊守ト交代相済、右呈書宿次ニ付例
刻御城入○東組同心久米甚左衛門一件吟味伺書、山岡十兵衛立合進達○御用談後宿次
相済、九時前帰宅

廿一日晴　朝 汁長いも ひしほ茄子 たくあん 飯三　昼 揚もの さつまいも めうが ひしほ 沢あん 飯四　夕 ハモ骨切 ゆどふふ 酒一合ヨ ひしほ漬 飯三

一御用日ニ付昼ヨリ東御役所へ罷越、公事糺もの拾四口相済退散、帰掛牢屋敷見廻り八
半時過帰宅○飛脚定日ニ付留守宅へ之書状認、日記写共順三郎へ渡、夕刻差立ル○銅
座詰支配勘定丸橋金之助相招、銅瓦延立方賃銀割増之儀、目方拾貫目に付五匁増之積

在宿調物

○津田美濃守　西丸小姓組番頭津田正人。

神崎川筋巡見、普請目論見の場所視察

○けんほう　憲法染、黒茶色の地に小紋を染め出したもの。

り申談、但去ル戌年ハ八匁六分余之増ニ候処、右ハ外入用も交り有之由ニ付五匁之積り申談、尤平瓦拾貫目ニ付四拾六匁へ五拾匁増、都合五拾壱匁ニ成ル、去ル戌年ハ四拾五匁七分へ八匁三分余之増ニテ都合五拾四匁余ニ付、今般之方三匁余減ス

廿二日晴　朝 から汁 ひしほ 沢あん 飯三　昼 煮豆 ひしほ 菜漬 飯四　夕 皿盛よせ玉子・干瓢 湯豆腐 酒一合ヨ ひしほ漬 飯三

一在宿調物○津田美濃守*へ御役替之歓之書状、小田切庄三郎へ病気見廻、町野捨三郎へ松山へ手当行届候趣ニ付文通、佐渡組頭木村董平・支配勘定水野正太夫・松村忠四郎へ暑気見(廻脱)挨拶之書状、右六通昨日之便りニ可遣を取落候故、添手紙いたし江戸へ廻候様左伝次へ渡○平井左五郎胸痛之由、今日ヨリ引込療養○明日川見廻り之儀、手覚を以御城代へ相達ス

廿三日晴　朝 香物 茶漬三　弁当 焼玉子 干瓢 椎茸 つく芋 きせい豆腐 ミそ漬香物　夕 いな塩焼 湯豆腐 酒一合ヨ 菜漬 飯一盃半

一今日川見廻り神崎川迄罷越候ニ付、挑灯引早々出宅朝ハ寒く綿入二ツ・単物麻羽織小紋丁子けんほう*紋付、花色仙台ひら野袴着用門前河岸ヨリ乗船・用人野々村次平、給人渡辺源之進、近習丈助・熊次郎・鎌吉、中小性十蔵・巌、同格謙蔵供ニ罷越、川方掛り与力田坂源左衛門下役付添罷越、正一郎も同道、東横堀ヨリ大川淀川を登り、夫より神崎川を下り、庄本村地先ヨリ上陸、猪名川流末普請目論見之場所及見是ハ猪名川之流末、川瀬替り神崎川落合之所国役堤へ強く突当候ニ付、水尾筋附替候、目論見なり　同所付洲ヨリ猶乗船、神崎川末ヨリ伝法川を登り六軒屋川を下り、夫ヨリ安治川筋土佐堀川、大川ヨリ東横堀川へ入、門前河岸ヨリ上陸、夜五時頃帰宅○庄

本村普請場目論見之場所へハ与力近藤左衛門并下役壱人出役案内いたす○神崎川・伝法川流末にテ徒網《カチアミ》*ノ漁業を及見、是ハいな*を重モニ取得候よし、右漁魚を買上ル但いな四拾五其外小魚あり、代料弐朱も遣シ可然由一候得共、漁師四人ニテ骨折候故酒代金百疋遣ス、夜ニ入帰宅、殊明日御精進候故同役へ斗り遣スいな二十、御城代へハ難遣故追テ可遣積り今日右川筋ニテ取候由うなき五本、田坂源左衛門ヨリ呉候故預置○今日ハ終日掛り候故度々弁当認ル、まんちう持参、源左衛門其外一同(ヘ脱カ)遣ス○順三郎義坂本へ罷越、夜ニ入帰宅

○徒網　二艘の船が左右に分かれ縄を投げ入れ、漁師二人が水中に入って徒縄を張って魚を寄せて捕獲する漁法。

○いな　鯔ボラの幼魚。

廿四日晴　朝 東ヨリ至来 納豆汁 菜漬 飯三　昼 いな魚でん 菜漬 飯三　夕 ○蛤吸物 湯豆腐 いな塩焼 酒一合ヨ 菜つけ 飯三

在宿調物

一内寄合外御用ニ付延引、在宿調物○組同心横山弥次左衛門・林十右衛門・同人厄介人林幸右衛門・右弥次左衛門悴死亡辰之丞（進）後家ひさへ申渡候儀有之候間、差添人相添明廿五日朝五時分同役御役宅へ差出候様、同役・山岡十兵衛連名にテ申越、承知之返書遣、夫々へ早々相達ス○今宵順三郎方へ内山彦次郎を招、夜食振廻

廿五日晴　朝 精進 から汁 菜漬 飯三　昼 油揚煮付 菜漬 飯四　夕 でんがく三十五 ひしほ茄子 酒一合ヨ 飯二

組同心横山弥次左衛門一件につき差控伺書提出

一今朝組同心横山弥次左衛門一件落着ニ付、自分差扣伺并勤方伺書、左之通取調用人使者野々村次平を以同役方へ頼遣、但落着申渡済之趣申来候上可遣処、相済次第十兵衛同道御城入いたし候儀ニ付、手廻シニ其以前ニ遣ス

差扣之儀奉伺候書付

久須美佐渡守

私組同心横山弥次左衛門　御後闇《うしろぐらい》取斗仕候ヨリ事発、兄嫁ニ相当り候後家ト致密通并右同心厄介人之身分ニテ所々煮売屋・宿屋等へ罷越、無銭ニテ飲食いたし候儀相顕候一件、今般御仕置被　仰付、右弥次左衛門重追放、同林十右衛門重《中》追放、弥次左衛門惣領死亡辰之丞《進》後家ひさ大坂三郷払、十右衛門同居伯父林幸右衛門重追放、同佐川甚五左衛門押込被　仰付候旨、今廿五日水野若狭守御役宅ニおゐて山岡十兵衛立合若狭守申渡、於私も恐入奉存候、依之差扣之儀奉伺候、以上

辰八月廿五日

久須美佐渡守

勤方之儀奉伺候書付

久須美佐渡守

私儀差扣奉伺候ニ付、御用向之儀従江戸表御下知無之内ハ是迄之通相心得可申哉

一御下知無之内ハ月番之儀相勤可申哉

一御用之儀ニ付日々御城入仕候儀如何可仕候哉

右之通奉伺候、以上
辰八月廿五日　久須美佐渡守

可為先格之通候

右一件落着申渡候趣、科書相添同役并山岡十兵衛連名ニテ申越、右科書左之通

組同心横山弥次左衛門一件につき被疑者科書

横山弥次左衛門

右之もの儀、実方甥林十郎左衛門存生中、同人養女へ聟養子之世話いたし候儀ニ候ハヽ、養子身元篤ト承糺候上取組可致筈之処其儀なく、十右衛門前名文次郎ハ素性不賎、其外相応之趣行衛不知俊蔵申聞候迄ニテ、親元へ一応之不及引合ニも、十右衛門を右林家養子ニ取組内々引取置候後、実ハ親元不承知之趣同人申聞、全此もの軽率之取斗方ト乍心付、十郎左衛門病気追々差重相続方致猶予かたく、其外彼是差支を生、致当惑候ヨリ不斗心得違候迚、元百姓之忰十右衛門を此もの妾腹実子之姿ニテ右聟養子可差遣ト、一己之存付を以事実相違之願書取拵、同組之ものへ取次相頼、右之ものヨリ出生之様子尋請候節も彼是取繕之儀申答右願書差出、存慮之通十右衛門を聟養子ニ差遣、其後同人林家致相続候得共、家内不熟之上居宅間狭等ニテ当分此もの方へ同居ニ引取、十右衛門身分ハ勿論諸事引請致世話居候上ハ、旁如何之筋無之様取締可申処、右体不心得ヨリ事発、同人儀

表向兄嫁之因ニ相当り候此もの惣領死亡辰之丞《進》後家ひさト及密通居候儀不存罷在、既ひさ致懐妊月重候ニ随ひ漸相語候次第等、家事不取締之上、右始末御後闇取斗方ニテ、軽共御扶持被下殊組頭役相勤候身分ニテハ別テ不届ニ付、重追放

林十右衛門

右之もの儀、元百姓家出生之ものニ候処、兼テ武家方仕官之望有之、他国罷在候内、行衛不知俊蔵仲人を以養父十郎左衛門養女へ聟養子之縁談一己ニ取極、親元之儀ハ死亡、実父次郎兵衛ハ元帯刀をもいたし候ものニ付差支有之間敷、自然差障有之候ハ、幼年之節世話ニ罷成候宮方家士八木新九郎方親元ニ可相頼ト存、漸引越間際ニ至り右之もの共へ及相談、夫々不承知申立候を今更爰（ママ）難成候迚其侭入家いたし、其次第弥次左衛門へ申明候後ハ、諸事同人差図ニ随居候儀トハ乍申、弥次左衛門取斗を以同人妾腹実子之姿ニ相成、其筋へ事実相違之願差出候儀ニ馴合、終ニ十郎左衛門聟養子ニ相成、同人死跡相続いたし候得共、家内不熟之上居宅間狭等ニテ当分弥次左衛門方へ同居いたし候後妻まつを離縁いたし候儀ハ、夫々相対得心之上トハ乍申、右離縁後弥次左衛門手前ニ罷在候同人惣領死亡辰之進後家ひさハ、此もの為ニ表向兄嫁之因ニ相当り候儀乍弁、同人を執心ニ候迚人倫之実儀を失ひ及密通、既出生も有之仕義ニ至候段無慚*之至、御扶持被下候身分ニテハ別テ不届ニ付、中追放

○**無慚**　無残、無惨とも書く、残酷でいたましいこと。

前書
横山弥次左衛門惣領
死亡辰之進後家
ひさ

右之もの儀後家之身分不慎、十右衛門ハ舅弥次左衛門取斗を以同人妾腹実子之姿ニ相成居候上ハ、死亡辰之進ト兄弟之続ニテ、此もの為ニハ小舅之因相当候儀乍相弁、人倫之実儀を失ひ十右衛門ト及密通、既出生も有之仕儀ニ至候段、不身持之至不届ニ付、大坂三郷払

前書
林十右衛門同居伯父
林　幸右衛門

右之もの儀、生質惰弱ニテ大酒を好、所々煮売屋・宿屋等へ罷越、酒肴申付飲食又ハ一宿等いたし、代銀銭持合無之候迚町奉行組同心之由申聞、手札差置不払之侭立帰、其後追々催促乍受不致払方候段、最初ヨリ無銭ニテ飲食可致念慮ト相聞、御扶持被下候もの之同居厄介之身分ニテハ別テ不届ニ付、重追放

佐川甚五左衛門

右之もの儀、横山弥次左衛門妾腹実子之由申立候十右衛門出生後、虚弱ニ付他ニ差置候処、丈夫罷成同居ニ引取度趣之願書差出候節、一応様子相尋候程之儀ニ候ハヽ、旁篤ト実否承糺可申筈之処無其儀、弥次左衛門申答候趣実事ト心得候迚、再応不及糺相違之願書取次差出候段、役前不行届之至不念ニ付、押込

城入り宿次、のち銅延所見廻り、途中懐徳堂に立寄る

○**尼ヶ崎町学校**　尼崎町一丁目にあった学問所懐徳堂。

御用日、東町奉行所へ出勤

小森邑次郎

右之もの儀無構候

○信暁院様御祥忌日ニ付ぼた餅を申付備ル○差扣伺差出候儀ニ付留守宅へ之書状認、日記写共封、左伝次へ渡差立ル

廿六日晴　朝 汁納豆不足 不喰 沢庵 菜漬 飯三　昼 八盃豆腐 菜漬 麦飯四　夕 煎豆腐 うなき 酒一合ヨ 菜漬 飯三

一例刻御城入、御用談済宿次、但自分ハ差扣伺中ニ付御奉書不致拝見、御定番拝見済直ニ同役へ送ル、尤呈書も御用向之分壱通書判認、御機嫌伺ニ拘候分ハ除名ニ付先へ退散、九時過帰宅　昼食直ニ野服ニ着替銅延所見廻りニ罷越 供用人猶又人と内山彦次郎も罷越 、所々歩行ニテ見廻り尼ヶ崎町学校*へ立寄、中井周次門前迄出迎、学頭並河又市も下座敷迄罷出案内 両人共染帷子麻上下 、熨斗・茶・煙草・菓子等出ス、夫々相応ニ及挨拶、同所立出今橋を渡歩行ニテ七時頃帰宅○昨日御城代在所之松茸一籠被相贈、今日御礼相応ニ申述ル、松茸製方品々伝達有之

廿七日晴　朝 カマス干物 汁むかご 菜漬 沢庵 飯三　昼 松茸揚もの 沢庵 飯四　夕 玉子吸物 湯どうふ うなき 酒一合ヨ 沢庵 飯三

一御用日、昼ヨリ東御役所へ罷越、訴訟七十五内糺もの九ツ、公事五十八内糺もの五ツ、右相済八時頃帰宅○去ル廿三日神崎川見廻り之節至来之うなきニ加賀屋ニテ上品之うなき為焼足、御城代へ進物○夕刻杉浦重郎兵衛入来、有合之品ニテ酒食振廻

城入り

○関保右衛門　関東代官。

内寄合につき東町奉行所出勤

銅座詰丸橋金之助と銅瓦延立方につき面談

右様之人物遠国へ差越候儀御勘定所取計不行届

在宿調物

廿八日晴　朝から汁 沢庵 飯三　昼なめ物・香物斗り 茶漬飯四　夕かれい煮付 あんかけ豆腐 酒一合ヨ 菜漬 飯三

一例刻御城入但一昨日より、四時ニ成 御用済九時頃帰宅○去ル十八日付之宅状今朝辰ノ下刻至来、

一同無別条安心○築山留次郎入来、順三郎居間ニテ面談、茂左衛門も弥関保右衛門*跡へ場所替可被仰付趣相聞候由都築金三郎へ代検見被仰付候由、有合之品ニテ昼食振廻○御城代より手製から蒸之松茸煮立を被相贈、尤風味よし

廿九日晴　朝カマス干物 汁長いも 沢庵 菜漬 飯三　昼八はいどうふ 沢庵 菜漬 麦飯四　夕○ぼら吸物 湯どうふ 松たけ・はも茶わんむし 酒一合ヨ 菜漬 飯三

一内寄合ニ付四時頃ヨリ東御役所へ罷越、御用談相済四半時過帰宅○永井能州入来、品々相談もの有之、夫々及挨拶○銅座詰丸橋金之助相招、銅瓦延立方・賃銀割増之儀委細申談、明朝否書面を以申聞候様談遣、存外不分之男ニテ彦次郎・正兵衛よりも委細申談候得共決断無之、夜ニ入候故無拠明朝否申聞筈談遣ス有合之品ニテ、夜食振廻候由、右様之人物遠国へ差越候義ハ畢竟御勘定所取斗不行届故之儀、扨々歎ヶ敷事共なり○安食善之丞来有合之品ニテ酒食振廻

晦日雨　朝から汁 菜漬 沢庵 飯三　昼蓮根しらあへ 菜漬 飯三　夕皿盛玉子焼 かんひやう はす あわ雪どうふあんかけ 酒一合ヨ 沢庵 茶飯三

一在宿調物、丸橋金之助入来、彦次郎応対、賃銀割増漸治定　昼後順三郎方へ坂本鉉之

助入来、有合之品ニテ夜食振廻

九月小　月番

朔日雨 昼ヨリ晴　朝 汁ゆりの根 菜漬 飯三　昼 石やきどうふ 沢あん 飯四　夕 湯どうふ うなき 酒一合ヨ 菜漬 飯三

城入り、城代に会わず

一御用向有之御城入但不及御城入段申来候得共、御用有之候故、御城入いたし候趣公用人迄申遣ス御用済九時頃帰宅、但御城代頭痛気ニ付御逢無之○江戸表ニ差添ニ罷出居候組与力小川甚五左衛門・大森隼太、外

江戸派遣与力交代

御用有之帰坂申渡ニ付、為代杉浦兵左衛門・伴直三郎両人差遣候積り、今日申渡来ル六日出立之積り○飛脚定日宅状・日記写封候テ順三郎へ渡

二日晴　朝 汁長いも 沢庵 飯三　昼 むかご煮付 菜漬 飯四　夕 湯豆腐 皿盛 玉子 むかご かんひやう 酒一合ヨ 菜つけ 飯三

一御用日ニ付朝五時頃公事場へ出席、訴訟百三拾七内糺もの拾口、寺社壱口○御用有之昼後御城入、御用済八時頃帰宅○公事四拾壱内糺もの拾壱口○今日ハ御城入ニ付、同役ハ出席之積り取斗入来無之○昨日御材木之儀ニ付御勘定奉行ヨリ文通之趣ニテハ、戸川播磨守ハ御役替、榊原主斗頭ハ御役　御免之趣申来候ニ付、右ハ御本丸御普請御差急キ之儀、主斗壱人へ限り御間ニ合候趣□(遮カ)テ申立候哉之風聞、兼々当地ニテも取沙汰いたし候故、右様之儀ニテ不行届之取斗有之候故ニも可有之哉ト推察いたし候処、去月廿四日付之宅状今朝辰ノ中刻至来、右書状ニ内々申越候趣ニテハ御普請一条ニハ

御用日につき公事糺

宅状にて勘定奉行交替の内実を知る

我等如きものは老人にて眼下に見下し候気位

無之、昨年御役成以来心得違之取斗多く、何分御勘定所内治り兼候次第、往々必至ト御差支にも可相成哉ニ付、不得止公事方御勘定奉行并吟味役ヨリも申上候ニ付右次第ニも至り候哉ニテ、別テ歎息之至ニ候得共、元来主斗ハ至テ才子ニハ候得共奸智有之哉ニテ、殊天狗ト異名請候程之儀ニ付殊之外高慢ニテ、御目付之節も我等如キ佐渡奉行小普請奉行ものハ老人ニテも眼下ニ見下シ候気位表ニ顕候故、扨々歎ヶ敷事ト存居候処、一旦ハ格別御取用有之候得共、果テ今般之次第ニ成行候儀、愚物ニハ劣り候儀、併同人ハ一旦狂気同様之病気発候義も有之候由ニ付、旁御役 御免ハ乍恐御尤之儀ト被存候事、宅状之趣一同無別条安心、外ニ内密申越候趣ハ爰ニ略ス○今朝飛脚屋ヨリも左之通申出ル

西丸御留守居 御勘定奉行 戸川播磨守

当分之内御勝手方兼帯 同 跡部能登守

石河土佐守

榊原主斗之儀ハ認無之候得共、御沙汰御書之趣ニテハ思召有之御役 御免ニ無相違、尤名代石河土佐守ト有之

勘定奉行の人事とともに六郎左衛門役替の噂も届く

三日晴 朝 同役ヨリ至来 納豆汁 菜漬 飯三 昼 煮豆 むかご 菜漬 飯四 夕 中平 海鰻骨切 塩松茸 は(み)つば そは切ゆどうふ 酒一合ヨ 菜漬 飯三

一在宿調物但今日不及御城入段昨日達有之、其段同役へ申遣○昼後竹垣三右衛門入来、談所ニテ面談○池田庄太夫入来、御城内ニテ簑用候儀不可然趣存意之趣申談、承伏之由申聞ル○飛脚屋ヨリ左之通申出ル

日光奉行 中坊駿河守*

御勘定奉行 御目付 松平四郎*

右之通申出、其余御役替ハ不申出候処、竹垣申聞候趣ニテハ、同人方へ飛脚屋ヨリ申出候書付ニハ右同日ニも可有之、六郎左衛門義西丸御先手被　仰付候趣認有之之由、甚《ニテ歓ひ》不審《申聞ル》之儀ニ候得共、右ハ不面白転役ニ付飛脚屋ニテ差略いたし候儀ニも可有之哉、先便申越候趣も有之　御移徙*之儀ニ付存寄之趣強テ上書いたし候故ニも可有之欤、夫共外ニ子細有之儀ニ候哉難斗候得共、御先手ニ候得ハ安心難有事ニ付、何卒風聞之通無相違様いたし度義ニテ、一左右を相待罷在候儀《事》ニ候

四日晴　朝 汁大こん むかご 茄子ひしほ 飯三　昼 煮豆 むかご ひしほ かくや 麦飯四　夕 ○湯豆腐 皿盛 焼玉子 干瓢 自然生芋 蓮ノ根 酒一合ヨ 茄子ひしほ漬 飯三

一内寄合外御用ニ付延引、在宿調物○同役銅延立方等見廻りニ出ル○今《昨三》日自分誕生日ニ候得共、差扣伺中ニ付内祝等延引○御目付交代ニ付、明五日山岡十兵衛・揖斐与右衛門へ御老中方へ之伝言相違候間、寄合候様御城代ヨリ廻状至来、然処自分ハ差扣伺中ニ付可罷出筋ニ無之候故、兼テ尼崎又右衛門へ申談為取調候処、前々仕来ニテやはり廻状へハ連名有之候得共、明日・明後六日も当病之積り申断不罷出、先格之由ニ付其通ニ取斗候得共、元来差扣伺中之上ハ廻状之名前相省、出席も不致方相当ニ候得共、

○**中坊駿河守**　中坊広風。

○**松平四郎**　松平近直、二人とも八月二十八日付で勘定奉行任命。

○**移徙**　本丸炎上後の将軍の移住をさす。

在宿調物

差控伺中につき、明日の目付交代に出席せず

御用日につき公事糺

御城代ニテ不被相改上ハ兎口可申筋無之故、仕来ニ任置候事

五日雨　朝 から汁 茄子ひしほ 飯三　昼 猪口むかご 汁つミ入 夕 茶わんむし 玉子 とうふ ひしほ漬 飯四　はも骨切 松たけ 酒一合ヨ ひしほ漬 飯三 ゆとうふ

一御用日五時過公事場へ出席、訴訟四十二内糺もの拾壱、寺社訴訟弐ツ○今日御老中方へ之伝言寄合、風邪ニ付難罷出趣以使者野々村次平御城代へ申断○同役御城出ヨリ入来昼食振廻、公事八十七口内糺もの六口、右相済八時前退散○明六日宿次差立候ニ付五時過寄合候様御城代ヨリ直書格通ニテ申来ル、但登り御目付安藤杢之助・安部式部着坂御城入に付、寄合候様廻状を以申来り候定例ニ候得共、自分ハ差扣伺中ニテ上意之節難罷出候故宿次之節斗り罷出候様本文之通格別ニテ申来、承知之及返書、且明日も難罷出、尤明朝以使者御断申上候得共、右為心得申進候趣公用人迄及文通

六日晴　朝 汁長いも・自然生 ひしほ漬 かくや 飯三　昼 むかご煮付 茄子ひしほ漬 飯四　夕 湯豆腐 うなき 自分斗り 其余ハ松茸煮付 酒一合ヨ ひしほ漬 飯三

在宿調物

一御城入申断在宿調物○去月廿八日付之宅状今午ノ上刻至来致披見候処、六郎左衛門儀去月廿八日被為　召登　城いたし候処、西丸御先手山口采女跡被　仰付候旨申越、冥加至極難有仕合ニ候、兼テ申越候趣ニテハ、御普請中　御移徙之儀ニ付御目付評議之上申上候外、六郎左衛門存寄之趣申上候哉、転役風聞之趣ニテハ右様之儀ヨリ俄ニ転役被仰付候儀ニも可相成哉、併不首尾ニ候ハヽ、格別御足高有之場所へ御役替可被　仰付様も無之哉ニテ、風聞之趣間違ニも可有之哉ト心障りニ存居候処、今日申越候趣、

六郎左衛門、西丸先手弓頭転任につき記す

御先手は武役之儀、勤向もゆるやかに付

且日記写ニテハ　御移徙之儀ニ付六郎左衛門存意之趣、去月十九日書面ニいたし口上添、主膳正殿へ進達いたし候由之処、御目付評議之上申上○六郎左衛門別段申上候通り、御玄関始仮御建物悉く出来いたし候様御普請掛りへ御差図有之、大慶之旨認有之、然上ハ不首尾ト申筋ニハ無之、申上候趣御取用ニ相成、御称誉之御趣意を以、いまた更ニ勤功も無之、殊部屋住勤之ものへ莫太之御足高被下置、結構転役被　仰付候哉ニテ、御先手ハ武役之儀、勤向もゆるやかニ付当人ニおゐても兼テ懇望之御役柄、随意ニ書見も相成、第一三郎太郎教諭も行届万端都合宜敷、別テ難有実ニ感涙を催候程之由委細吹聴申越、自分ニおゐても安心之至難有仕合奉存候、祖父　祐邦院様ニハ元文四未年ヨリ安永九子年迄四拾弐ヶ年御先手与力御勤被成候処、右子年ヨリ六十五年ニして為曽孫六郎左衛門御先手頭被　仰付候段ハ、外御役よりも対先祖本望至極此上も無之儀、父祖　尊霊ニおゐても御満悦之儀ト感涙を催候事ニ候、子孫永々　御高恩之程難有存、抛身命御奉公大切ニ相勤候様いたし度、子孫之ためニ記置

七日晴　朝汁ゆりの根 かくや 飯三　昼菜ひたし物 かくや 飯四　夕皿盛玉子焼・きせいとうふ 酒一合ヨ ひしほ漬 飯三

御用日につき公事糺

内山彦次郎・朝岡助之丞、江戸出立につき東町奉行と面談

一御用日ニ付五時公事場へ出席、訴訟五拾口内糺もの七ツ、寺社訴訟五ツ○同役昼ヨリ入来、公事四十六口内糺もの弐口○彦次郎・助之丞呼出之儀、早々差出候様昨日江戸表ヨリ御差図之趣、御城代ヨリ達ニ付、今日同役申談、明後日御請書差出、呼出之儀十日ニ当人共へ申聞、来ル十五日頃出立直之積り及示談○六郎左衛門御役替之儀昨日申

在宿調物

○長崎奉行組与力　天保十三年勘定所から与力が赴任、弘化四年に廃止された。

城代より差控に及ばずとの命により役宅にて重陽の礼請ける

来候ニ付退（即）日返書可差出処、昨日ハ飛脚屋休ニ付今日返書認、日記写トも封候テ順三郎へ相渡今夕差立ル○彦次郎呼出之儀、鳥居甲斐ヨリ厳敷申上候儀ト相聞、早々差出候様ニト之御差図ニテ、右ハ備前守殿ヨリ甲斐へ御沙汰有之同人及一笑候由、、（ママ）趣意御書取ニテ申来候哉ニ相聞候、此節ハ銅延立等も凡仕法も付候故、彦次郎不罷在候テも強テ差支も有之間敷哉ニ候得共、同役引請材木・石類等、助之丞不罷在候テハ可及延引哉、猶申談心付候様可致事

八日晴　朝 精進 から汁 かくや 飯三　昼 平ひじき・手製油揚 かくや 飯四　夕 ふかし玉子あんかけ ゆとうふ 酒一合ヨ 菜つけ 飯三

一在宿調物○長崎奉行組与力*平田音三郎儀、宿次証文請取として今朝罷出候間、弓ノ間ニおゐて御城代宿次証文直ニ相渡、相応ニ及挨拶○明日天気候ハヽ、御本丸参上可致間御城代へ寄合候様廻状来ル

九日晴　朝 至来塩鯛 汁いも 菜つけ 飯三　昼 鯛干物 汁とうふ 平 かまぼこ 干瓢 長いも 焼とうふ 椎たけ 小豆飯四　夕 鯛みそ吸物 硯ぶた 鯛さしみ まなかつお塩焼 ハモ松たけ 茶わんむし 酒一合ヨ なつけ 飯三

一重陽ニ候得共、差扣伺中ニ付不快之積り申断、御城代へハ以使者野々村次平申断、組之もの其外共家老謁○長崎与力御用物一同今朝出立、右届書も出ス○昼後御城代ヨリ相達候儀有之候間只今罷越候様申来、即刻平服ニテ罷出候処、去月廿五日伺置候差扣之儀

不及差扣旨御付札直ニ御渡、麻上下ニ着替立帰ニ御礼申上ル○右之趣、同役始所々へ為知遣ス○帰宅後居間ニおゐて家来共重陽之礼を請ル○永井能州ヨリ鮮（魚脱カ）品々至来ニ付、杉浦大次郎相招酒食振廻

在宿調物

十日晴　朝 浜切鯛干物 汁とうふ 菜漬 飯三　昼 八はいどうふ 菜漬 麦飯四　夕 ○至来 鯛ミそ漬 海鰻骨切 湯豆腐 酒一合ヨ 菜漬 飯三

一在宿調物○朝五時頃ヨリ雷雨、昼ヨリ晴○明日同役川見廻り之由、申来

六郎左衛門役替につき吹聴、城代へ御礼廻勤、家中の祝儀請ける

十一日晴　朝 カマス干物 汁むかご 菜漬 飯三　昼 煮〆 焼玉子 焼豆腐 干瓢 蓮ノ根 里いも 菜漬 赤飯二 飯一半　夕 ミそ吸物 二種肴 酒一合ヨ 菜漬 飯三

一六郎左衛門御役替之儀昨夜中来候積り、今朝表向吹聴、所々へ為知遣ス○五時過供揃ニテ出宅 綸子小袖 横麻上下 御城代へ御礼ニ罷越、玄関ニテ取次へ申立名札 私忰六郎左衛門儀、去月廿八日西丸御先手御弓頭山口釆女跡御役被仰付難有仕合奉存候、右為御礼参上仕候 久須美佐渡守 但御城入日ニ候得ハ罷通り公用人へ逢吹聴申述、且御城代へも直ニ御礼可申述処、同役見廻りニ付申置ニいたす 夫ヨリ御定番・御目付へ吹聴ニ罷越 御定番ハ罷通用人へ逢吹聴申述 御目付ハ取次へ申置、四時頃帰宅 右出宅前談所ニおゐて家来共祝儀を請ル○同役ヨリ之使者家老其外三町人・惣年寄・御太鼓坊（主脱カ）・出入町人共勝手へ罷越候分ハ、吸物・二種肴ニテ態と酒振廻、表方組与力・同心・家来共一同煮〆・赤飯を振廻、寔ニ内祝迄ニテ料理等ハ略之○右御礼之呈書其外吹聴之書状、且不及差扣旨被仰渡候御礼之呈書差出候ニ付、留守宅へ之書状認日記写共一封ニいたし順三郎へ渡、夕刻差立ル○昨年掘抜之水を用心水旁泉水へ引取候様自

昨年に引き続き役宅庭園池の改修に着手

○彦次郎近々出立→補注16。

○胴乱　革またはラシャ布で作った方形の袋。薬などを入れ腰に下げる。

城入り

分入用ニテ補理、年中清水流れ候儀至極詠メニも相成、且ハ暑気之節ハ打水ニも相成、第一火災之用水ニも相成旁都合よろしく候処、御用談之間庭前之池ハ是迄地水故水甚低く、去夏着坂之頃ハ池之底ニ聊之溜り水有之候迄ニ付甚見苦敷候得共、松之ためニハ水多キハ不宜哉ニテ、既ニ池ノ端ニ有之松壱本枯候故、工夫いたし泉水之模様を聊替候得ハ松も不痛哉ニ付、浚ひ土を取寄置候処、差扣伺中ニ付見合罷在候処相済候事故、今日埋立等ニ為取掛候事○彦次郎近々出立*ニ付同人諸掛り之分、夫々仮役申付ル○同人ハ奉行所ヨリ呼出ニテ出立いたし候事故、餞別等可遣筋ニハ無之候得共、平日格別骨折内外深切ニいたし候事故、別段之訳を以中山道旅行之事故、三組蓋物へ梅ヶ香・たねを取候梅干・醤油ノ味《実》《と》いつれも手製之品を入、外提物胴乱*へ熊胆・とけぬき妙其外薬を入候積り、用意いたし置

十二日晴　朝 から汁 ミそ漬 飯三　昼 同役ヨリ至来 いな魚でん ミそ漬 飯三　夕 鯛ミそ吸物 同煮付 皿盛 きせいとうふ 長いも 酒一合ヨ ミそ漬 飯三

一例刻御城入、御用談相済九時過帰宅○今朝飛脚屋ヨリ左之通申出ル

町奉行 鳥居甲斐守

大御番 本多対馬守組与頭 石川次郎太郎

御勘定組頭 金田故三郎

右御役 御免 如斯認有之、願之上ニ候哉外ニ子細有之哉不相分候得共、石川次郎太郎ハ不相応ニ付御役 御免之由御城代ニテ噂有之

築山茂左衛門

右関東御代官被　仰付候是ハ関保右衛門跡ト相聞候事

○出入医師ヨリ交肴至来、今般之祝儀なり、追テ夫々挨拶之品可遣事○金〔今〕宵月清明

十三日雨　朝 汁ゆりの根 ミそ漬なめ物 飯三　昼 団子汁 むかご煮付 かくや 飯四　夕 鯛うしほ 同ミそ漬 ゆどうふ 酒一合ヨ かくや 飯三

御用日につき公事糺

一御用日ニ付朝五時頃公事場へ出席、訴訟百拾壱口内糺もの八口○同役昼より入来、公事六拾弐内糺もの六ツ○米倉丹州より今般之為祝義交肴一籠并芋、米津越州ヨリ時候見廻として交肴并草華一筒至来

十四日晴　朝 汁いも かくや 飯三　昼 京橋ヨリ至来 里いも煮付 沢庵 飯四　夕 (ツメ)鯛ミそ吸物 同ミそ漬 かれい煮付 いりどうふ 酒一合ヨ 沢庵 飯三

内寄合、東町奉行入来

一内寄合ニ付同役四時頃ヨリ至来(入)○手透ニ付、飛州へ之書状認○順三郎方へ坂本鉉之助入来、有合之品ニテ夜食振廻

十五日同　朝 カマス干物 汁いも 沢庵 飯三　昼 菜ひたし物 沢庵 飯四　夕 精進料理 自分ハ中酒一合ヨ

月次の礼請ける

常証院一周忌法要

一如例月次之礼を請ル○同役巡見ニ付不及御城入、在宿調物○明十六日常証院一周忌今夜逮夜ニ付料理申付、杉浦重郎兵衛ハ旧来之馴染ニ付相招振廻、但順三郎居間之床へ東門連(蓮)如上人筆之六字名号之掛物を掛、順三郎持参之位牌を飾り位はい之台ハ今度渡辺源之進為拵寄付いたす、菊花其外至来之品を備ル○家老・用人・給人迄ハ自分共同様之料理振廻、左之通

酢あい　しらが大根　椎たけ　人しん　揚麸　青み
汁　ゆりの根　あづき

坪　長いも　椎たけ　ゆば　くり
香物　ミそつけ　沢庵
飯

平　麸　松な　うすくず　わさび
猪口　蓮ノ根　木くらげ　白あへ
台引　大まんちう揚物　花あけこんふ　かすいり豆腐

近習・中小性等ハ台引等を略ス○杉浦ヨリ霊前へ菊花并香奠被相贈

十六日晴
朝　精進　から汁　沢庵　飯三
昼　手前揚油揚ふくら煮　菜漬　ほだ餅三　飯四
夕　湯豆腐　皿盛　焼玉子　いも　酒一合ヨ　菜漬　飯三

城入り

一例刻御城入、如例宿次相済九時過帰宅○ほた餅を拵霊前へ備ル○明日不及御城入旨申来ル

十七日同
朝　精進　手製油揚付焼　菜つけ　茶漬四
昼　浜切鯛干物　汁いも　菜漬　飯三
夕　そは切どうふ　ハモ骨切　酒一合ヨ　なづけ　飯三

建国寺参詣、東照宮参拝

一今朝六半時供揃建国寺へ参詣、御宮へ拝礼但定式ハ御初穂不相納候得共、今日ハ六郎左衛門御役替之御礼申上候事故金百疋御初穂備ル、先番佐藤貢○五半時頃帰宅調物○去ル八日付之宅状今朝巳ノ上刻至来、一同無別条安心

十八日雨
朝　から汁　なつけ　飯三
昼　むかご煮付　菜つけ　飯四
夕　鯛さしみ　同吸物　同あら煮　煎豆腐　酒一合ヨ　飯三

御用日につき公事糺

一御用日ニ付五時頃公事場へ出席、訴訟百四ツ内糺もの六ツ、寺社作事願三ツ○同役昼後より入来、公事七十六内糺もの四ツ　奇特もの褒美公事前同役立合自分申渡、左之通

歌舞伎役者中山文五郎寄特につき褒美銭を与える

○**文五郎**　九月二十九日付で市中に補達された（『大阪市史』四下）。

布依（袋）丁
金田町屋弥兵衛同居
歌舞妓役者
文五郎*

其方儀、若年ヨリ歌舞妓役者文七郎弟子ニ相成、師匠を大切ニ取扱、文七同居主ハ困窮ニ相暮、手元不自由ニ相成義を気之毒ニ存、其方給金之内を減、師匠へ分ケ遣手元為取続罷在、其上買掛り銀相滞、余人ヨリ可及出訴由ニテ引合有之儀をも承、精々掛合手銀を以相払内済致遣、其余とも乍聊右同様之度々有之、殊其方芝居へ被抱節ハ成丈師匠を同芝居へ抱込貰ふ様ニ仕成、文七芸中ニも老体ニテ進退危見へてハ見物人之気請不宜迚、格別心配いたし、不目立様傍ニ付居力を添、万事誠実を竭《つくし》師匠を大切ニいたす段、別テ神妙奇特ニ付、誉置為褒美銭七貫文為取遣ス（差）

右之通申渡条、所之もの共も承知いたせ

右文五郎師匠中山文七ハ当辰八拾壱歳ニ相成候由、右文七ハ天明之末欤寛政之始江戸へも罷下り相応ニ被取用、其頃之役者絵に二（ママ）も出候哉ニテ、自分ニ七歳上ニ付寛政之始ニ候得ハ弐拾八九、三拾歳位之立役ニテ、むかしを存出候侭しるし置

十九日晴　朝 汁いも 菜漬 飯　昼弁当 玉子焼 豆腐 干瓢 長いも 椎たけ 香物ミそ漬　夕 ○ゆどうふ うなぎ 自分斗 酒一合ヨ 菜漬 飯三

銅延所・石細工場など見廻る

一内寄合外御用ニ付延引○今朝五時前供揃ニ出（テ脱）宅、所々銅延所并御石細工場見廻ル、あミたが池《イケ》和光寺ニテ弁当昼休○銅（延脱）所見廻り　甚兵衛宅へ立寄小休、夕七時前帰宅

廿日晴　朝汁長いも 沢庵 飯三　昼菜ひたし物 沢庵 飯四　夕ゆどうふ いわし魚でん 酒一合ヨ 菜漬 飯三

城入り

一例刻御城入、但御城代療治中之由御逢無之○御仕置伺弐冊、兵庫地付同心山内今右衛門奇特ものニ付御褒美願直進達之積り、山室弥兵衛を以進達　飛脚屋より左之通申出ル

町奉行へ　跡部能登守　浦賀奉行へ　大久保因幡守

昼後順三郎杉浦へ罷越夜ニ入帰宅、土産ニ鯛ミそ漬持参

廿一日晴　朝から汁 なつけ 飯三　昼吸物・二 種肴料理　夕

御用日につき公事糺、城代公事聞として入来

一御用日、朝五時前公事場へ出席、訴訟百弐口内糺もの拾口、寺社訴訟三口○四時頃同役入来、御城代公事聞として四半時頃御出、公事弐口出ス、但悴内祝として休息ノ間ニおゐて吸物・二種肴・酒三献・一汁三菜ノ料理出ス 茶わん物并 焼物ハ自分引○御城代退散後同役へも同様振廻、自分相伴三人之内（町脱）又右衛門・与助 来ル 次ノ間ニおゐて振廻、献立左之通

六郎左衛門役替内祝として料理振舞う

味噌吸物 鯛切身 松露　中皿物 巻玉子 さより あわび 蓮ノ根 ぎんなん　茶わん物 うなき 玉子むし

本膳　鱠 しらか大根 あが貝　汁 つミ入 豆腐 青ミ　焼物 中鯛

平 鯛切身 椎茸 長いも　香物 ミそづけ ならづけ　飯

御城代供方之内騎馬供公用人大目付へも同様振廻　公事五十九内紀もの四

廿二日晴　朝鯛干物 沢あん 汁とうふ 飯三　昼ゆば煮付 菜漬 飯四　夕ゆどうふ 酒一合ヨ 鯛煮付 菜つけ 飯三

城入り

一例刻御城入、御用済九時過帰宅○昨日飛脚便り定日ニ付留守宅へ之書状可差出処、御用多ニテ跡部へ之文通認候間合無之今日へ差延、夕刻日記写共夫々一封ニいたし左伝次へ渡差立ル

廿三日薄曇　朝から汁 沢庵 飯三　昼まなかつほ干物 平のつぺい 香物ミそ漬 沢庵 汁とうふ 小豆飯　夕そは切豆腐 酒一合ヨ うなき 沢庵 飯三

在宿調物
誕生日の内祝

一在宿調物○同役御石細工場・銅延所見廻りニ出ル○自分誕生日、去ル三日ハ差扣伺中ニテ内祝延引、今日態ト（本）内祝○永井能州入来御城出より九時頃入来、有合之小豆飯振廻、夕七時頃迄長座ノ雑話○昼後坂井鉉之助入来、順三郎方ニテ夜食振廻うなき玉子むし 豆腐汁

廿四日晴　朝汁むかご 沢庵 飯三　昼煮豆 沢あん 飯四　○夕皿盛よせ玉子 つとどうふ 長いも 酒一合ヨ 沢あん 飯三

在宿調物

○近衛殿　近衛忠熙か。伊丹は近衛家領であった。

一内寄合外御用ニ付延引、在宿調物○昨日近衛殿*ヨリ以使者、家領之儀彼是世話ニ相成候由ニテ酒一樽伊丹菊印給ル、夕刻試候処至極之上酒なり、存之外強キ方ニハ無之○明日御目付公事聞として被参候義、御城代伺相済候ニ付何時罷越可然哉之旨、掛合有之候間、四半時頃ヨリ入来候様返書遣ス

廿五日晴　朝まなかつほ干物 新漬大根 汁さといも 飯三　昼鯛切身 平塩松たけ 長いも 汁しんじょ ゆりの根 青み 香物沢あん なら漬 飯三　夕湯豆腐 鯰蒲焼 酒一合ヨ 新漬大根 飯三

御用日につき公事糺
目付公事聞

一御用日ニ付五時前公事場へ出席○訴訟百弐拾八口内糺もの拾口、寺社訴訟壱口○御目付入来ニ付同役も四半時前ヨリ入来、御目付安藤杢之助・安部式部も入来、公事七拾壱口内糺もの五口相済、九半時過退散、但菓子かすていら出ス

祐明書状(30)

城入り

一例刻御城入、御用談後如例宿次相済、九半時過帰宅

廿六日晴　朝から汁 しんつけ大根 飯三　昼石焼豆腐 しんつけ大根 飯四　夕そは切豆腐 いしもち煮付 酒一合ヨ 香物たくあん しんつけ大根 飯三

廿七日同　朝汁ゆり 沢庵 新漬 飯三　昼雑煮餅三盃 しんつけ大根 飯一　夕皿盛焼玉子 干瓢 里芋 ゆり きせい豆腐 酒一合ヨ しんつけ大根 飯三

御用日につき公事糺

一御用日五時公事場へ出席、訴訟九十三口内糺もの九ツ、寺社訴訟訴訟（ママ）四ツ○同役昼より入来、公事七《四》拾壱内糺もの弐口

廿八日同　朝汁菜 沢庵 飯三　昼豆腐揚出し 新漬大根 飯四　夕湯豆腐 うなき 自分 酒一合ヨ 新漬大根 飯三

在宿調物

一今日同役八尾久宝寺辺巡見ニ付、在宿調物○去ル十八日付之宅状今朝辰ノ上刻至来、

一同無別条安心先頃申遣候七色とうからし竹筒ニ入三ツ差越候処、紙ニテ不包故中からト有之分筒之せん抜出、長ノ道中ゆれ候事故不残ゆれ候故不残（ママ）ゆり出し、書状而已ニハ無之悉く粉ナ交りニ成、書状をはたき候得ハ粉ナにて左伝次始いつれも咳出大笑ひを催す

廿九日同　朝精進 手製油揚付焼 新漬大根 飯四　昼汁いも 新漬大根 飯四　夕(ツメ)至来物 吸物さわら 同うなき そは切豆腐 酒一合ヨ しんつけ大根 飯三

四天王寺参詣、惣御霊前拝礼

一内寄合外御用ニ付延引○今朝六半時供揃ニテ天王寺へ参詣、惣　御霊前へ拝礼但香奠金百疋、備ル右ハ忰御役替被　仰付候御礼ニ付テ拝礼いたし候事○米津越州ヨリ吸物肴うなき至来○同役より昨日之土産菊花小一筒・栗柿一籠至来

十月大

朔日晴　朝から汁 沢庵 飯三　昼汁いも小豆 栗 干瓢 沢庵 飯四　夕ゆとうふ 玉子茶わんむし 酒一合ヨ 沢あん 飯三

月次の礼請ける

一如例月次之礼を請ル○例刻御城入、御用済九時過帰宅○順三郎・正一郎、昼後尼ヶ崎又右衛門方へ菊見物ニ罷越○飛脚便り定日ニ付留守番へ之書状写《と》認、日記写其外所々へ之文通、三郎へ席書褒美ニ有合之半紙遣候積り、封候テ左伝次へ渡

二日雨　朝汁大こんせん むかご 沢あん 飯三　昼菜ひたし物 しんつけ大根 飯四　夕カマス塩焼 湯豆腐 酒一合 しんつけ大根 飯三

御用日につき東町奉行所出勤

尼崎又右衛門入来、御用召の内意を伝える

○**跡部能州之明跡**　九月十五日付で跡部良弼は勘定奉行から町奉行に転じた。

一御用日ニ付昼より東御役所へ罷越、公事七十二内糺もの七口相済、八時過帰宅○今朝訴訟六十一口内糺もの七口○今夕七半時過尼崎又右衛門罷越、内々目通りいたし度由ニ付居間へ招及面会候処、去月廿五日之宿次至来、自分義御用　召之旨御城代ヨリ内意有之、尤表向ハ先格之通明後四日御達可有之、左候得ハ来ル八日出立之日積りニ有之、右之趣ニテ差支無之哉之段内々被尋候由ニ付、差支無之候間可然申上呉候様申談、右ハ兼テ風聞之通跡部能州之明跡*ニも可有之哉ニテ冥加至極難有事ニ候、留守宅

并藤之進方へも不取敢吹聴之書状認、左五郎へ渡、即刻差出ス

三日晴　朝浜切鯛干物　汁かんひやう　沢あん　飯三　昼ひじき油揚　しんつけ　飯四　夕皿盛玉子焼　長いも　干瓢　きせい豆腐　椎茸　酒一合ヨ　沢庵　飯三

一今日河州野崎辺巡見風気（風邪カ）ニ付巡引之旨、御城代公用人并同役へ申遣ス、内実ハ旅行之用意ニ取掛ル○夕刻竹垣入来

四日晴昨夜雨　朝から汁　沢庵　飯三　昼

一内寄合外御用ニ付延引○今四時頃御城代ヨリ左之通申来ル

城入り、城代より老中奉書御渡、江戸参府の旨拝見

久須美佐渡守殿　青山下野守

御用之儀有之候間只今
拙宅へ御越可有之候、以上
十月四日　青山下野守
久須美佐渡守殿

右ニ付承知之趣裏白にテ御請之返書遣、即刻供揃、自分紋服紗小袖・横麻上下着用御城入、公用人市野環へ逢、御用ニ付罷出候趣申達、暫く過御城代大書院へ出座、自分例席へ出候処、御用之儀有之間四五日之支度ニテ、不及差急道中常体之日積りニテ参

府可致旨、老衆より申来候段被申渡、左之御奉書御渡、小柄小刀ニテ封を切拝見

久須美佐渡守殿
水　越前守
阿　伊勢守
牧　備前守

老中奉書写

御用之儀候間
可致参府旨被
仰出候条可被存
其趣候、恐々謹言
九月廿五日　牧　備前守
阿　伊勢守
水　越前守
久須美佐渡守殿

其元四五日之
支度ニテ発足、道中
不及差急候間常体之

日積ニテ可被相越候、
以上
九月廿五日　牧　備前守
阿　伊勢守
水　越前守
久須美佐渡守殿

右御奉書御別紙拝見之上御城代へ入御覧候処、御披見之上御渡ニ付、覆之上御用之程ハ難斗候得共難有仕合之旨申述、別段入側懸（カ）御目御用談相済退散○立帰りニ御礼申述、御城出より東御役所へ罷越面談、御用　召之儀及吹聴（吸物・二種肴ニテ酒并、鱠付料理出ル）、御用談ニテ退散○竹垣へ吹聴暇乞旁罷越、隠居奥方へも面談、八半時過帰宅○同役ヨリ為餞別菅笠百（代料金壱両）被相贈○参府ニ付夫々供申渡（家老左五郎 用人猶人）

五日晴　朝（汁長いも 沢庵 飯三）　昼（煮豆 沢庵 飯四）　夕

城入り、宿次

一例刻御城入、御用談済如例宿次○昨日御奉書御別紙之御請呈書持出（公用人）河野五郎左衛門へ差込之儀相頼○御用　召之儀、御老若御用御取次へ吹聴御礼之呈書、留守宅へ向差出候ニ付、書状・日記写共封候テ左伝次へ渡○順三郎・正一郎義今朝挑灯引出宅、堺住吉辺へ罷越、夜ニ入帰宅○昼後永井能州為暇乞入来、*態ト吸物二種肴出ス、為餞別堺広織一反・蠟燭一箱持参、外ニ道中安全之守り被相贈、右之深切実情之儀ニ

祐明書状（31）

順三郎・正一郎、堺・住吉辺へ行く

○永井能州為暇乞→補注17。

付懐中いたし候積りなり

補注

1　浪華日記1　表紙に題簽が付けられ「浪華日記乾」「浪華日記坤」と外題があり、次の丁から、天保十四年五月十六日に始まる日並み記事が続く。乾は十二月二十九日まで、坤は天保十五年正月一日に始まり、大坂を発つ直前の十月五日に至る。まさに大坂西町奉行在任中の日記で、「浪華日記」と題されたのも肯ける。書簡集「難波の雁」には表紙裏に、孫祐利による編纂の経緯が書かれているのと比べれば、日記にはそのような情報がなく、編集事情がつかめにくい。日記を書いたのは祐明であるが、「浪華日記」として整理編集したのは誰か、という問題である。

日記中には、祐明の日記執筆に関する記事が散見され、江戸を立ったその日の記事には、汗を流すべく湯あみしてから日記を認め、その後、夕食をとったとある。こうして毎日、日記を書き続けていくが、佐渡奉行時の日記「佐渡の目次」も残されているので、大坂に始まったわけではない。本文中の五月晦日草津に着き、新任町奉行として本陣に挨拶に来た客について「先格ニテ用部屋日記へ為認置候間、爰ニ略ス」とあり、公用日記である用部屋日記が家中の者（おそらく家老）によって並行して書かれていることが分かる。十月十六日の「甚御用繁ニ付、御用日記へばかり御用向ハ認」とある「御用日記」は、「用部屋日記」であろう。

先に編集した『大坂西町奉行新見正路日記』（清文堂出版、二〇一〇年）には、新見自身による公私二系列の日並記を収めたが、久須美の場合も公私二系列の日記があり、公日記は御用日記、つまり御用部屋日記として（残存が確認されていない）、私日記は「浪華日記」として残されたことになる。天保十五年二月十三日の夥しい数の吟味物は「御用日記へのみ相認、自用之日記へは不記」という書き分けも、その一例である。したがって「浪華日記」は、新任町奉行久須美祐明の私的世界を中心に書かれた日記だとすることができる。

そのことは「浪華日記」の江戸留守宅宛書状との親和性を示す。「日記写ハ留守宅之ものへ文通同様」（九月四日）という一節は、それを言い表している。つまり江戸にいる老妻おかめや長子権兵衛（のち六郎左衛門、祐雋）・次男順三郎ら家族に、大坂での自己の暮らしぶりを知らせる意味合いが、この日記には込められているのである。

しかし「日記写」と書き、「手元之日記よりも委敷書記」とは、どういうことだろう。

留守宅宛の書状（祐雋によって「難波の雁」と名付けられた）に注目すると、「宅状をも相認封込、日記写」（閏九月七日）とあり、送られているのは「日記写」である。とすれば祐明は、手元の日記を認めるとともに、それをもとに江戸留守宅用に「日記写」を作成していたことになる。たしかにそう考えると納得されることが二つある。

一つは、どの日も丁寧に書かれ、乱筆による読みにくさが皆無であること。二つは、「浪華日記」には本文と本文の間に、突如として白紙の丁が散見されることである。閏九月七日はその典型で、「佐州ニテ為拵手あぶりを用」と「○尼崎又右衛門来ル」の間に、白紙二丁がある。日記写を飛脚に差し立てた日で、「手あぶりを用」までを「日記写」として送付し、新たに紙を整えることで「○尼崎又右衛門来ル」が書き継がれたと考えてみたくなる。「浪華日記」が大坂から江戸に送られる日記写であれば、江戸からも日記写が送られていることが、十五年五月二十六日の記事に見え、しかも大坂経由で、次男豊田藤之進のいる飛騨高山に転送されているのである。

「日記は人に見せるものではない」というが、それは「他人に」という意味であり、祐明の家族内ではむしろ見せて、共有するべき性質のものであった。幕閣中枢への遠慮会釈のない批評も、老齢の自分の身体の具合も、権兵衛の立身出世も、孫正一郎や三郎太郎の成長ぶりも、江戸と大坂（時に飛騨も）に離れて暮らす久須美ファミリーに共有されるべきことがらであった。そう考えると三度三度の食事メニューも、グルメ老人の余興でなく、江戸に送る老人の健康情報であった、と解することが適当と思われる。

2　絵図21　はじめて西町奉行所に腰を落ち着けた祐明は、役宅が絵図で見ていたよりも間数（間取り）が多いと驚き、江戸の私宅の狭さに馴れた身には「こまり候」と記す。たしかに牛込の屋敷地は一九〇坪、それに引き替え役宅は約三〇〇〇坪、十倍以上広いのだから驚くのも無理ない。彼がいかに出世したかを自覚させる瞬間でもあった。

ところで彼が見た絵図とはなにか？　それについては『大坂西町奉行新見正路日記』に付録として収めた「西町奉行所図」が参考になる。それは幕末の西町奉行一色直温が保持したもので、主殿を囲むコの字型長屋には着任する家臣の名が記され、赴任する奉行がマニュアルとして保持していたものであると推測される。これが慣習なら、祐明も辞令交付後に役宅図を手にしていたことと思われるが、現存していない。

さて役宅であるが、西の東横堀川に面して御門が開き、その前には公事人溜りがある。公事訴訟人が待機する場所である。門から左回りに長屋が逆コ字型に巡り、東北角に裏門がある。長屋のない南側には馬場が細長く広がっている。御門を入り直進すると式台から御殿に入り、表から奥へと広がる。表は右手にある公事場や白州に続き、月番の御用日に公事札をするのはそこである。透見の場所も、牢もある。

直進を続けると炉の間、次の間、小書院、御用談の間と進み、前景に池泉回遊式の庭が広がる。「西町奉行所図」には、当時の樹相まで書かれ、四季折々の変化を想像することができる。次の間から左に折れて直進すると奥の間である。奥・奥納戸・中の間・次の間・湯殿まであり、ここだけでも正一郎と二人には広すぎる。奥の間からは築山が見え、松や柿の大木が立っており、土蔵が二ヵ所ある。

夏場に夕刻涼みのために上がる二階は、式台の上の火の見、奥の間の二階座敷の二つが考えられる。玄関屋上の火の見は、文字通り、市中の火災を見届ける場所で、奉行のみか与力・同心も使用する。そこで酒席とは行かないだろうから、酒席を設けた二階は奥の二階座敷ではないだろうか？　いずれにしても付図「西町奉行所図」を追いながら本文を読めば、彼の足跡が手に取るように分かるだろう。

3　与力・同心[21]　大坂には東西二ヵ所の奉行所があり、月番（月交替）で業務を処理した。奉行の下には、奉行を「頭」とよぶ与力・同心がいたが、与力は各組三〇騎（馬乗の権利がある）、同心は各組五〇人が付属した。元和五年（一六二〇）に奉行とともに置かれたとされるが、大塩家をはじめその出自については、自らが語る由緒以上には明瞭にしがたいものがある。本来は奉行と一代の関係であるが、時を経るとともにほぼ世襲化されたものと思われる。というのも奉行は東西とも、不定期に人事異動があり、江戸から旗本が着任するので、現地の事情に通じているのは彼等だけであったからである。

世襲で、所属する組が変ることもないので、東組与力・西組与力として相互に集団として張り合う一面が生まれたが、同時に、天満川崎の与力町に組を超えて集住し、嫁取・婿取することから町方与力としての集団意識も生まれた。とくに大坂城を守衛する定番大名に付属する城方与力とは、町方対城方という対抗意識も生まれ、与力間のネットワークと対抗意識は入り組んでいる。

彼らは大坂の数少ない武士として地誌や情報誌『大坂武鑑』などに掲載され、世間から武士として処遇された。その中でも町方与力・同心は、普段から市井の暮らしに直結する存在であったので、かれらの役職（表面）と役宅の所在地（裏面）を公表する目的で『御役録』という媒体が一書肆によって考案された。その残存状況から、享保年間に始まると思われるが、それらが系統的に収集されることで、与力の家の経歴はほぼ完全に復元することができる。大坂の武士研究の最良の成果の一つと言えるだろう。

当然、祐明が着任したときの与力・同心も、それによって完全に分かる。この時期には『御役録』が、正月・八月の二回発行されていたが、天保十四年正月と十五年正月、同年八月は残り、惜しいかな十四年八月のみ欠けている。したがって祐明が町奉行であった時期としては、十五年正月がもっとも適当であると判断し、巻末に付録として表示した。

なお「御役録」に付いて詳しく知りたい方は、小著『武士の町大坂』（中公新書、二〇一〇年）を参照されたい。

4 野々村治平24 転勤族であった奉行の場合、彼の政務を支えたのは江戸から同行した家中・給人たち(ア)と地付の与力・同心(イ)であった。いわば江戸組で、どこに行こうと主従関係に結ばれた者たち(ア)と、大坂で在任中に頭と下僚との縁で結ばれた者たち(イ)の二種類から成り立っていた。ところが事態は、それほど単純でないこと（とくに後期）が分かってきた。(ア)のうち、公用人とよばれ渉外関係を担当する人物には、移動性の高いケースのあることが報告されたのである。その代表が、祐明の公用人野々村治平（本文中では次平）である。

宮地正人氏が野々村文書（東京大学史料編纂所蔵）によって明らかにしたこと（「幕末旗本用人論」『明治日本の政治家群像』吉川弘文館、一九九三年）によると、治平は、祐明の下で公用人として勤める以前に、大塩の乱が起きた時の東町奉行跡部良弼（在任天保七年四月〜十年九月）の下で公用人であった。いわば四年弱のブランクを経て、大坂に舞い戻り、東町奉行から西町奉行に鞍替えしている。空白のこの期間は、勘定奉行に昇進した跡部の下にあったが、祐明の大坂町奉行拝命とともに、かつての大坂での経験を買われ、跡部から久須美に貰い受けられたと推測できる。こうして治平は、大坂から江戸、江戸から大坂を往来しながら用人としてのキャリアーを積む。驚くことに治平、しばらくのブランクをへて、祐明の嫡子祐雋が大坂町奉行として赴任するとき、三度目の大坂行きを経験し、在任中の安政五年二月（一八五八）、大坂で没した。

これを可能にしたのは、奉行の下僚一般でなく、大坂という地の利と大坂町奉行所の業務に通じているという次平の経験値であり、ネットワークであったと思われる。したがって京都でも佐渡でも、駿府でも、伊勢でも、長崎でも奉行所ならばどこでもあり得たことと思われるが、野々村文書のような史料群の出現なくして、それを証明することは難しい。

果たせるかな祐明自身、佐渡奉行の任務を終えて江戸に戻るとき、家臣の一人を後任奉行大屋図書に譲っている。「浪華日記」天保十四年七月十八日条の冒頭「昨夜之宅状ニ大屋図書へ相譲候善輔事小倉伝内義、越後出雲崎近辺之由荒磯トカ云所妻之里ニテ療養中養生不叶病死之由」という一節は、祐明から大屋に貰い受けられた人物の存在を示している。

5　風聞書26　奉行所の市中統治にとって「風聞」ないし「風聞書」が不可欠な情報であったことは、江戸でまず明らかにされた（坂本忠久『近世後期都市政策の研究』大阪大学出版会、二〇〇三年）。その後、風聞探索の最先端を担った非人組織が作成した「風聞書」が多数、見出されることで、研究の火は大阪へ移った。二〇〇八年と二〇一〇年に公刊された長吏文書研究会編『悲田院長吏文書』・『続悲田院長吏文書』（解放出版社）である。

これが風聞書の世界の最末端とすれば、トップには大坂町奉行所が据わり、奉行所から特定の課題について風聞探の指示が下される一方、非人組織からは、これぞという情報が風聞として作成され、提出された。その間には盗賊方与力や町目付同心が介在した。したがって町奉行を調べていると、必ず、風聞書との接点がある。『大坂西町奉行新見正路日記』にも見えているが、祐明の「浪華日記」にもたとえば、天保十五年五月七日付で、両親に手向かい、母に傷害を負わせた栄三郎の風聞書を町目付が町奉行に差出し、盗賊方与力に逮捕を指示した結果、同心の佐川豊左衛門と松浦一太郎が逮捕する、という記事が見える。したがって祐明在任中に、相当な数の風聞書が作られ、彼も目にしていた。

そんな風聞書の内、たいへん有名になったモノがある。『大塩平八郎建議書』として知られるようになった「風聞書」である。元与力・洗心洞主人大塩平八郎中斎が天保八年二月十九日の蜂起を前にして江戸の老中らに送った文書の中に、不正無尽に関する風聞書が収められていたのである。したがって町奉行は、風聞書のターミナルであったといえる。非人組織が提出した風聞書は、非人の組織である『悲田院長吏文書』として残されたが、ターミナルとしての奉行所サイドのそれは、一橋大学附属図書館に所蔵されている幕末期の大坂町奉行一色直温文書中に残されている。風聞書は、町奉行と市中を繋ぐ生きた記録である。小論「「風聞書」の世界―大坂町奉行所と「長吏の組織」―」（『近世大坂と被差別民社会』清文堂出版、二〇一五年）で端緒を拓いてみたが、今後、本格的な分析が期待される。

6　竹垣父子30　竹垣直道と竜太郎の親子は、天保十一年（一八四〇）、直道が五条代官から大坂谷町代官に転任することで来坂し、嘉永元年（一八四八）末に関東代官に転任するまで滞在、その期間は八年余に及んだ。しかも奇遇なことに、この期間こまめに日記を書き続け、久須美の大坂着任も、離任も、彼の日記で確認することができる。しばしば竹垣は、久須美を尋ねるが、その日の記述には、両者の日記の間に微妙なズレがあり、対比して読むと興味深い。

双方の日記にもある通り、両者は相当に昵懇であった。明和八年（一七七一）

生まれで、大坂在任当時七三歳であった祐明に対し、享和二年（一八〇二）生まれの直道は、当時四三歳で、父と子ぐらいの年齢の開きがある。加えて奉行と代官である。両者が昵懇であった関係が、いつどのようにして生まれたかは明らかでないが、祐明の二男順三郎祐義が来阪することで、いっそう親密の度合いを深めている。

その理由は、直道と祐義が同い年であったからである。加えて直道の長男竜太郎と祐義の子正一郎（当時一七歳）が同世代であった。このことは、大坂町奉行と大坂代官という当主の役職の違いを超えて両家の間の交流を深めさせる要因となった。

さいわい竹垣の大坂代官在任中の日記は、『大坂代官竹垣直道日記』（関西大学なにわ大阪研究センター、二〇〇七〜二〇一〇年。デジタルデータとしても公開）として公刊されているが、「浪華日記」の出版によって、天保十四〜十五年の期間、大坂町奉行と大坂谷町代官の日記が揃う、という稀有な研究状況を作り出すこととなる。とくに、天保改革の大坂における展開を、町奉行と代官という二つの視点から具体的に追及できるのは大きな魅力である。

なお「竹垣日記」については、小論「大坂代官の世界―竹垣直道日記について―」（『近世大坂地域の史的研究』清文堂出版、二〇〇五年）参照のこと。

7　新見伊賀守33　久須美の四代前の西町奉行新見正路は、文政十二年四月から天保二年九月の間、在勤し、公私双方の日記（東北大学附属図書館所蔵）を書き遺したが、在勤中に安治川の浚渫とその土砂による目印山（のちに天保山とよばれる）の造築で大坂市政史にその名を残している。公私に記述を書き分けるということに示されるように、晩年に出世して大坂町奉行となった久須美とは比べ物にならないエリートで、「文事」に通じたその人柄は、交際相手の名とともに日記を通じて確認できる。

その交流の中に、組違いの東町奉行所与力で、致仕後、私塾洗心洞主人となった大塩平八郎中斎が顔を出していたことから、小論「新見正路と大塩平八郎」（『大塩平八郎の総合研究』和泉書院、二〇一一年）が生まれた。

なお大坂町奉行を退いた新見は、江戸に戻り、西丸（家慶）奥勤・大納言（家定）御側御用取次を経て、天保十二年四月に本丸御用取次となるが、その時の日記も残され、藤田覚が三方領地替中止を論じる中で使っている（「新見伊賀守正路日記と三方領地替中止前後の幕閣」『幕藩制国家の政治史的研究』校倉書房、一九八七年）。あわせて新見はこの時、老中・若年寄から将軍に提出された既決・未決の案件を書き留めた史料「御覧もの留」も残している。

8　羽倉外記40　名は用九、号は簡堂、外記は通称。久須美は通称で呼んでいる。寛政二年（一七九〇）生まれなので、祐明より二〇歳近く若い。父の跡を受けて代官となり、武蔵・房総・駿遠諸州を歴任し、伊豆大島の巡視で治績を上げた。天保十三年、老中水野忠邦によって納戸頭に抜擢され、翌年、生野銀山の視察、御用金の徴収などに当ったが、忠邦の失脚とともに小普請入りののち逼塞処分。赦されて隠居し、以後、読書と著述に専念した。文久二年（一八六二）没。

天保十四年夏の上方出張については、漢文の日誌「西征日歴」が残されている（静嘉堂文庫）。六月三日江戸を立ち、東海道をへて、十八日京都着。しばらく滞在ののち伏見をへて大坂天満に入るのが二十六日夜。夜明けを待って客館（天満組物会所か）に入り、母の死を知る。「日歴」には、次のように感慨を記す。

余以庚戌歳生於金城官舎、而今聞之金城官舎、嗚呼降誕与訃来、雖隔五十四年、其地相隔不過百歩

その後、西町奉行所に出向き久須美と「久々ニテ面会」となる。この後、外記が大坂を離れる九月二十一日までの間、「日歴」と「浪華日記」は、事の両面を照し出す合わせ鏡となる。

「日記」は外記の但馬生野出張を好機と捉え、与力内山とともに御用金の調整を必死に図った経緯を記すが、そんな苦労は外記には分からない。舞い戻った外記の「日歴」に、御用金の記事が見えるのは、九月十七日、西町奉行所で町人たちから御用金請書を受け取る日である。

如西尹、豪族鴻池賀島等納欽取百八万両、唐建中三年詔借商人銭、長安中纔得八十万緡、而囂然如被寇、則長安富庶、不及摂府百一也、蓋地在天下中央、総摂四方貨物、故多巨商、州名摂津有以巨商、鴻賀二族尤盛、或云鴻家規蕃山所定

さすがに昌平黌で古賀精里に学んだ文人の外記、御用金を唐代の借銭と比べている。

「日歴」には、大坂で文人として知られた人物が登場する。六月二十八日の「築竹二令来」は、大坂代官（唐名で県令）の築山と竹垣であるが、二十九日には尼崎文尉号名孝徳号修斎、七月一日は東尹水埜忠一と篠承弼とある。祐明から「文事好き」とされた東町奉行水野、詩社梅花社を主宰する昌平黌同門で儒学者の篠崎小竹、そして祐明が尼崎又右衛門と書くその人である。文人が書いた「日歴」には、政事と並んで文事の世界が垣間見られる。そんな文人羽倉外記が処分を受けたと聞いた日に祐明は、「所謂学問が成いらざる御政事向きへ愚意申述」たためと書き、水野失脚の要因となった上知令を外記の発案と判断している。

9　**大坂最寄上知**47　天保改革の目玉施策の一つであり、また改革の成否を占う上でも、上知令のもった位置には大きなものがある。藤田覚『天保の改革』（吉川弘文館、一九八九年）は、天保十一年

の三方領地替えと並んで、幕藩関係を窺い知る事件として扱っているが、同法令の正確な理解のためには、上知された私領の村々を預かる代官の史料が不可欠である。『竹垣直道日記』は、まさにその担当代官の一人であり、彼の日記は、大坂周辺における上知の過程を子細に記す。町奉行であった祐明は、竹垣からの情報で、五ヵ国三二万石余が上知になることを聞いている。

上知令に翻弄される私領サイドの史料としては、藪田編『天保上知令騒動記』（清文堂出版、一九九八年）があるが、閏九月十八日の上知令撤回の日の記述は歓びに溢れている。一方、町奉行久須美は、蔵屋敷経由で与力内山からその情報を得るが、そこで胸の内を吐露する。

なお、これらの史料をもとに松永友和「上知令と大坂代官」（『ヒストリア』二五一、二〇一五年）が発表されている。

10　御用金之儀50　天保改革は質素倹約令、株仲間解散、上知令、印旛沼開拓、御料所改革など複数の内容を含んでいるが、共通しているのは、江戸中心主義の改革ということである。その意味で大坂は、改革の対象・客体としてあった。中央の視線の先にある大坂の話題として「浪華日記」で詳述されているのは御用金徴収である。

日本最大の金融センターとしての大坂に対する御用金徴収は、宝暦十一年（一七六二）正月に始まるが、事前の相談もなく、江戸から派遣された目付・勘定吟味役から「米価引き上げのために御用金を申し付ける」と伝達され、翌十二年、なかば強制的に市中から五六万両の現銀を吸い上げた。意図した米価の上昇は見られたものの、大坂金融市場は混乱し、市中は餅つき・煤払いなど年末年始の祝い事を止めるなど「騒動おお方ならず」、二月末、幕府は停止を宣言する。

その後、天明年間、寛政年間の御用金（公金貸付資金などとして）を経て、文化三年、再度、米価下落対策として御用金が命じられた。今回は文化元年に、米価対策として何かいいアイデアがないか、東町奉行水野忠通（祐明の相役水野忠一の父親）の諮問から始まり、結局、彼ら豪商の資金による米の買持ちとなり、買持ち高をめぐる交渉ののち寛政三年十月、幕府は、鴻池・加島屋には三万三〇〇〇石という目標高を割り当て（当初三一八軒、総計一一〇万石余、最終的に六〇万石）、さらに買持ち分を御用金に振替え、二〇万両の出金となった。時の奉行は、東が平賀貞愛、西が佐久間信近であった。

その後、文化十年には勘定奉行肥田頼常が来坂、再度、米価引き立てのために御用金が賦課されたが、町奉行がそれに反対であったことなどの経緯は「草間伊助筆記」に詳述されている（『大阪市史』五）。すなわち御用金をめぐっては、江戸と大坂町奉行を含む大坂との間で大きな懸隔が生まれていた。

天保十四年の御用金は、前年に始まった「新政の御徳意」を助けるためとして、江戸から派遣された勘定吟味役羽倉外記ら立会いの上で命じられたが、ここでも羽倉ら江戸から派遣された役人と祐明ら町奉行との間には温度差が大きかった。町人サイドの史料「御用金御仕法替手続書」(『大阪市史』五)が示すように、豪商との間で金高の折衝に当ったのは筆頭与力内山彦次郎であった。これまでの御用金賦課の経緯を踏まえ、鴻池・加島屋らの町人の「気請」に配慮することで御用金賦課額の落とし所をめぐって腐心する内山の努力が水泡に帰さないように、羽倉らとの間で格闘する大坂町奉行の姿が、「浪華日記」を通じて浮かび上がる。

なお賀川隆行『江戸幕府御用金の研究』(法政大学出版局、二〇〇二年)、および高槻泰郎『近世米市場の形成と展開』(名古屋大学出版会、二〇一二年)を参照。

11 元来若州ハ文事之心掛119 相役である東町奉行水野忠一に触れる形で、祐明の理想とする奉行職が語られている。「元来、若州は文事の心掛けあり」と評される水野であるが、大坂町奉行であった父忠通(在任:寛政十〜文化三年)は、桂満を号とする文人として知られ、『事実文編』三に、つぎのように紹介されている。

寛延二年生れ、安永四年父の禄を継ぎ、小姓細番士となる。その後、西丸目付・長崎奉行・日光奉行をへて大坂町奉行として在任九年後、勘定奉行と道中奉行を兼ね、文政六年没。人となり廉直にして吏務に通じ、武事に長じ、兵学・射術・槍法・剣技・拳法の奥義を修め、秘訣数巻を著わし、又歌を嗜む。

したがって、文事好きは父親譲りと言えるが、その側面は、「浪華日記」よりも「竹垣直道日記」に窺える。地役人仲間と懐徳堂の中井竹山筆「逸史」(徳川家康の一代記)の講読会を始めた竹垣は、町奉行水野忠一にしばしば和歌の依頼をし(天保十二年三月九日など)、図書の貸し借りをする(十四年七月三日など)間柄である。十四年七月十八日の条には、戸山画巻・戸山之記・雁題歌集・水野詠草と具体的な作品が見える。

一方、十四年八月二十二日には、祐明の孫正一郎が水野方で剣術稽古をしたとの記事が見え、馬術稽古(弘化二年二月七日)を始めるなど、「武芸をも相嗜風雅を好歌をよみ多芸」と祐明が評するとおりの姿が見える。人の姿は、付き合う人の趣味と関心の所在によって見えるところが違ってくるというべきで、水野ほど「浪華日記」と「竹垣日記」で描かれる姿の異なる人物はいない。

12 鷹見十郎左衛門157 下総国古河藩主土井利位の家老鷹見忠常、通称十郎左衛門、号泉石として知られる。天明五年(一七八五)生まれで、祐明の十四歳年少。大槻玄沢門に入り、蘭学を学び、多数の蘭学者と交わったが、公人としては好学の藩主利位に家老として仕え、利位が大坂城代として在任中の天保八年（一八三七）、大塩平八郎の乱に遭遇した。乱の鎮圧に功績があったとして賞美された利位が、菩提寺の浅草誓願寺に代参させた折の姿が渡辺崋山筆の肖像画として残されている。

　残された「泉石日誌」からみると、泉石が藩の用人兼寺社役であった文政年中、寺社奉行所吟味物調役であった祐明（文化十二年〜天保四年、当時六郎左衛門）との間で接点がある。その後、祐明が大坂町奉行となって江戸を立つ直前の五月三日、暇乞いの挨拶に出向き「奥様去五月より御病気ニ付、御二男之御子息十七歳とか御一人御連、御在勤御心得之由」と、祐明室の病変と正一郎の同伴を正確に記している。また大坂から江戸留守宅を経由して、泉石に書状が届けられているのも確認できる。

　大坂町奉行をへて祐明は、天保十五年十月、勘定奉行となり江戸に戻るが、その後の「日誌」に興味深い記事が見える。弘化三年（一八四六）二月七日付の記事で「今日於営中久須美様へ御逢之処、旧冬御出産有之由御噂之由、御歓御肴料被進可然御沙汰」とあり、城内で勘定奉行である祐明に逢った古河藩用人からの書状で泉石は、七五歳の祐明に子どもが生まれたことを知らされている。それはほかでもない、七十五郎と、父の年齢を命名された末子祐利である。

13　支配所定免村免増等167　天保改革の政策の一つとして全国の幕府領（大名預り所も含む）で一斉に行われた「御料所改革」を指し、天保十三年六月二十六日付で各地の代官に指示があった。それには幕府領村々の年貢を過去の高い水準に戻すことを目標に、荒地起返しに本田畑並みの年貢をかける、検見取りの村は内検帳を吟味する、流作場・切添え開発場は検地の上、石盛を決める、新田の年貢率を引き上げる、定免の村も今年は収穫量を調査する、村入用や郡中入用はなるだけ減少させる、一村限りの絵図・帳面を作成する、など十一項目が命じられた。

　その実施に当ったのは代官で、『竹垣直道日記』は、その過程を示す貴重な史料となっているが、祐明の三男で豊田家を継ぎ、飛騨郡代として高山陣屋に着任していた豊田友直もまた、御料所改革の先頭にいた。彼も父同様に几帳面に日記を付けており（東京大学法学部資料室蔵）、藤田覚は竹垣と豊田の日記に依拠することで、御料所改革の実態に迫っている（『天保の改革』吉川弘文館、一九八九年）。それによれば豊田は「国家第一の急務、能く中庸を得ざればその害少なからず」と書くなど、改革を進める勘定所に対する批判を隠さないでいる。豊田の日記写も大坂に廻され、父祐明が見る機会もあったと思われるので、祐明は竹垣と豊田という二人の代官を通じて、御料所改革とそれに直面する村々の動向を見聞していたであろう。

14　摂州天王寺村一件225　天保十二年一月六日夜に、天王寺村で百姓たちが庄屋五郎兵衛宅に押し寄せ乱暴したとして翌朝、逮捕された事件。支配地の代官竹垣直道の残した「日記」によって、次の経緯が判明する。当初竹垣が新右衛門ら四名を捕え、村内の代官所牢屋に収監し審理にあたったが、その後翌十三年一月十七日、新右衛門らは月番東町奉行徳山石見守の下へ身柄を預けられ、町奉行所での審理となった。

久須美が西町奉行着任後の七月十八日、久須美宅を訪れた竹垣との間でこの件について「内話」に及んでいる。九月十六日にも正一郎を使いとして竹垣が奉行所に呼ばれ、天王寺村一件と借用金の件が話し合われている。その後、十五年一月二十五日、天王寺村百姓藤左衛門ら一三名が村預けにされ、二十七日、庄屋・年寄が東町奉行水野若狭守の下で取り調べられることとなった。本日記の一月二十六日付に見える「天王寺村一件再吟味」は、この事を指している。

この件の「調元」（担当）は東町奉行水野であるが、事件は代官竹垣の下で起きたため、疑念を生まないために、この件が片付くまで奉行と代官が表向き、交際を絶つことが求められた。ところが親しい間柄に加え、竹垣の長子竜太郎が上坂した久須美順三郎の下へ砲術稽古に通っているので、それをどうするかが問題となった。一月二十六日には、祐明と久須美の双方の日記にこの事が記されるが、水野と協議し、「若年のことなので稽古に行くのは苦しくない」との返事を得た祐明は、家老を通じて明日から来るように伝えている。その後、当主である祐明と直道が公務で会うのは同年八月六日のことで、「久々にて面会」と記す。なお「竹垣日記」によれば、この事件が東町奉行水野の下で落着するのは弘化三年一月二十九日のことである。

15　御城代より類集274　「類集」とは「御仕置例類集」とも呼ばれ、仕置に関する事柄を中心に、各種の役人から老中への伺、老中より評定所への諮問、評定所から老中への答申、老中から役人への指示といった一連の過程をたどる事例を内容別に部・類に分けて編集した江戸幕府の基本先例集である。

類集は評定所によって五回編集され、関東大震災で焼失した続新類集を除く古類集・新類集・続類集・天保類集の四集が残されているが、注目すべきは、例類集は「公事方御定書」とともに老中以下、一定の幕府機関に秘匿され、ひろく下級役所に交付されていなかったことである。その結果、近世日本の司法は、司法（官）と行政（官）の未分離という状態と合わせて、老中・評定所への伺とそこからの指令を基本とする「伺・指令型司法」を形作るようになった（大平祐一

『近世日本の訴訟と法』創文社、二〇一三年）。

　ところが江戸の三奉行（寺社・町・勘定）と並んで京都所司代・大坂城代には在任中、「御定書」「例類集」が交付されていた（平松義郎『近世刑事訴訟法の研究』創文社、一九六〇年）。具体的には寛保二年四月に完成した「御定書」は、同三年八月、老中から大坂城代酒井忠知に交付され、役所内で保管し、写すことは禁止されたが、城代同席で大坂町奉行にも閲覧を許す、とされている。一方、文化元年（一八〇四）になった「例類集」については文化八年、老中から大坂城代大久保忠真に「撰述格例」とともに交付され、役宅で保管するように指示されている。城代同席で閲覧を許されたのは大坂定番と両大坂町奉行であった（小倉宗『江戸幕府上方支配機構の研究』塙書房、二〇一一年）。

16　彦次郎近々出立354　久須美が大坂西町奉行として着任する時、中山道武佐宿まで迎えに出たのは内山彦次郎であった。当時、西町奉行所の役職トップ諸御用調役の一人である。この内山、先の西町奉行阿部正蔵の下で、諸色取締御用を命ぜられ、さらに天保十四年正月、「改革御用」のために参府する阿部に従い江戸に行くが、在府中に阿部が江戸町奉行に転任（二月二十四日）、後任に久須美が就いた後の三月八日、久須美みずから上坂に際し御用使を勤めるように命じられている。迎方与力である。これが内山と久須美の初めての出会いである。したがって「浪華日記」の以前に両者はすでに相知る関係になっているが、臆測を逞しくすれば、先任の奉行阿部の紹介であったと思われる。
　この事実がどうして分かるかといえば、内山自身が死の直前、文久二年（一八六二）に書き残した「勤功書」（慶應義塾大学図書館幸田文庫所蔵）に記されているからである。それによれば内山は文化十年、一七歳で御用日見習として与力社会にデビューし、父藤三郎の跡を受けて、跡番代となるのは天保八年九月のことである。一七歳から四一歳まで、見習勤として与力の役席を上り、見習勤の身で与力の上席三役となるが、それは「与力にて先格無之」ことであった。

　跡番代となる直前の天保八年二月、元東町奉行所与力大塩平八郎が蜂起し、一カ月後内山は、逮捕現場に立ち会うこととなる。両者の浅からぬ因縁は幸田成友『大塩平八郎』などで知られているが、与力としての内山の活躍は、むしろその後にある。天保十二年の諸色取締仕法、同十四年と嘉永六年の御用金、御国益仕法、箱館産物会所仕法などであるが、それらの功績を称えられて安政二年（一八五五）五月、譜代に昇格している。「大坂町組において元和以来先格無之」とは本人の弁である。

　この後、西町奉行は川村修就から久須美祐雋に替るが、内山は、再び迎方与力となり、親子二代に仕えることとなる。江戸町奉行鳥居耀蔵の召喚を受けて出府する内山に餞別を渡す祐明であるが、「勤功書」によればその後、九月十六日に出立、木曽路を通り、十月一日江戸着。江戸を出発する十一月六日までの間、町奉行所で取り調べを受けたが、その詳細を知ることはできない。明らかなのは、大坂を離れる祐明を江戸にいた内山は見送ることが出来なかったということである。

　内山は晩年の元治元年（一八六四）五月、京都で暗殺されるが、彼を評して祐明は「貞実堅固にして、才気あり」と褒め、祐雋も「在坂漫録」の中で、「天保の頃より安政の初めに至て浪花の三傑」とされる第一は、内山だと書き記している。久須美父子を語るとき、内山はなくてはならない人物であったといえるだろう。なお藪田「内山彦次郎—大坂町奉行所与力の生涯—」（『近世大坂地域の史的研究』清文堂出版、二〇〇五年）参照。

17 **永井能州暇乞**365　祐明の江戸参府のことは天保十五年十月四日、勘定奉行任命のことは十一月六日に、それぞれ市中に触れられている。その後、久須美を見送った堺奉行永井尚徳その人が後任西町奉行となり、その名が市中に知らされるのは翌弘化二年正月五日、着任は五月十九日である。

　久須美から永井への異動について、たいへん興味深い史料が残されている。「大坂中之名代三人」の手になる張訴で、城代松平乗全に出されたものである（『新修大阪市史』史料編第七巻所収）。冒頭、堺奉行から大坂町奉行に替ることで、堺は大いにありがたがり、大坂では与力・同心と町方双方が難儀すると警告する。その上で前任の久須美の治政の評価に及ぶ。「一体えらい御奉行で、筋合いの立つことをモットーにしたので、与力と町人たちも喜んでいた。とくに勘定方の役人（羽倉らを指す）が来て、大いなる御用金を命じたが、一向に訳のわからぬ命令で、のちに久須美様が筋道を立てて利害を説諭されたので、町人たちは出金に応じた。久須美様が丸五年も勤められれば、御上の為にもなり、かつ摂津国中大いに助かっただろう」。

　ついで訴状は、永井の吏僚に触れ、「家来には一人としていい人物がおらず、とくに堺奉行の時に付属していた松本新右衛門をあらたに町奉行の公用人として同伴するそうだが、最悪な人物である。また久須美の下で大目付であった松下古助が、新任町奉行永井に譲られるが、松本と松下の二人が揃うのは誠に迷惑」と結んでいる。果たせるかな、弘化二年八月の「御役録」には、永井の欄に家老として松本晋右衛門、公用人として松下古助の名が見える。真偽のほどは不明だが、この張訴は、町奉行久須美への評価を記した数少ない史料として注目に値する。

付録

書簡集「難波の雁」(抄)

まえがき

久須美祐明は大坂町奉行として在任中、連日、日記を記し、一定の期間書き溜めた上で、「飛脚定日」に仕立て、江戸の留守宅に送った。このことは「浪華日記」に詳述されているが、同時にこの時、手紙を添えている。したがって日記と手紙は、セットであった。このうち日記は、後日、整理され、乾坤二冊に編集されて「浪華日記」と題が付けられた。その作業を誰がしたのかは、不明である。

一方、江戸留守宅に宛てられた手紙も、後日、整理され、「難波能雁」上・下という題簽が付けられた。ところがこの方には、明治二年九月念七(二十七)日という日付とともに、久須美祐利の前書きが付けられている(口絵参照)。それによれば大坂市尹として在勤中の祖父祐明君が「江都の御留守邸嗣子祐雋君へ送たまひし御書牘」で、当時、祐雋が「難波能雁」(以下「難波の雁」)と名付け、「数巻のとじ文」として秘匿しておいたものを、再修補して千歳に伝わるようにしたとある。手紙宛名には祐明(権兵衛・六郎左衛門)とならん祐義(順三郎)の名が見えるが、その実、「難波の雁」は、父祐明から嫡子祐雋への定期便であったということができる。

「浪華日記」乾は、出発日の天保十四年五月十六日に始り、年末まで。同坤は翌十五年正月に始り、参府の命を受けた十月五日までとなっているが、「難波の雁」は上が、大坂着任後の六月四日を初便として、十二月二十五日の便まで。下は翌年正月三日付に始り、十月五日付に終わっている。見事なぐらいに両者は対比している。その意味で「浪華日記」の読解のためには、書簡集「難波の雁」は不可欠なものといえよう。したがってわたしたちの読解作業は双方に及んだが、ボリュームの関係で、ここに収めるのはごく一部に止まる。日記の理解を深めるのに最適と思われる書状を選んで、掲載したことを断っておかねばならない。

祐明は、江戸の留守宅宛書状の宛所を祐雋・祐義としているが、留守宅宛書状には、少数ながらもうひとりの宛名があった。それは祐雋の室おせちである（口絵参照）。興味深いことに、「難波の雁」上・下には、おせち宛ての書簡はいっさい収められず、所蔵先まで異なる。すなわち「難波の雁」は、「浪華日記」とともに筑波大学附属図書館に所蔵されているが、おせち宛ての書簡は、沼津市明治史料館に久須美祐利関係文書として残されている。つまり、祐明が江戸留守宅に宛てて書いた手紙には、留守宅の当主である祐雋と当主の妻であるおせちの双方があったが、「難波の雁」には、祐雋宛のみが選ばれたのである。しかし当時の祐明の身辺を記した日記の理解を深めるためには、「難波の雁」の書簡（抜粋）とならんでおせち宛の私信も必要と考え、合わせて収録する。

「難波の雁」は往信であるので、江戸の留守宅からは返信があった。それは「難波能雁報牘」と題して残されている。さらにいえば、後に祐雋が大坂町奉行として在勤中の往復書簡集は、「後乃難波能雁」「後乃難波能雁報牘」と付けられ、父から子へ、往復書簡は継承されている。

なお書状の表記にあたっては、日記の凡例に従った。

（1）天保十四年六月八日　権兵衛・順三郎宛書状

日雇頭吉平帰府ニ付一寸申進候、兎角不同之季候候得共、其許始一同無異之義ト目出度存候、慈母様少々ニても順快ニ候哉、折角手当専要ニ候、我等弥健ニテ脚気之気味も快方安心可被致候、○御城代も腫物ニテ着座被成兼候由ニテ、初テ御城入之節ハ御下知状等も御定番名代ニテ被請取、面談も無之候処、快方ニテ昨七日始テ懸御目候、委細ハ日記ニテ承知可有之候、○着坂後無益之手続多く甚世話敷、朝ハ早起、暮合迄も取掛り、公私繁雑日記認候間合も無之、夫故夜分ハ草臥床へ入候ヨリ早く睡り候儀ニテ、近習・中小性等睡がり、丈助之外ハ漸々呼候テ起出候事ニ候、○無人ニテ手廻り兼候故、嶋田其右衛門次男鎌吉を呼出申候、尤厄介人之事故熊次ト同様も如何ニ付、壱ヶ月弐朱之手当ニいたし、扶持方ハ壱人扶持遣候筈ニ申付候、○惣体扶持方之儀、同役ハ白米ニテ遣候由、右ハ仕来ト相聞候、下々へ之手当向等区々ニテハ不宜、取締ニも拘候筋ニ付、此方も白米ニいたし候様申付候、尤左伝次ハ達テ辞退いたし候得共、右ハ畢竟其許之推察之程を斟酌いたし候哉ニテ、彼等ヨリ願候故白米ニいたし候様相聞可申哉ト遠慮いたし候趣ニ候得共、質素節倹之意味解兼候哉ニ付得ト及教諭ニ、右之通申付候、○諸家贈物其外至来物之内此方ニテ不用之品、鰹節・縮緬・下緒之類、吉平帰府ニ付馬壱疋立候テ差遣申候、紗綾巻物ハ遣候テも不用ニ付、此方ニテ払申候、扇箱并白木ノ台・へぎ之類多分之儀ニテ、是等も纔之代料ニハ可有之候得共、前々売払候趣ニ付其通ニ申付候、○青さし之鳥目も、自身勘定ハ不致候得共凡五拾貫も可有之哉ニ候、我等ハ留役助以来正路潔白を専一ニ心掛候故、困窮ニハおよひ候得共、調役之節莫太之贈物等伺之上受納いたし候処、今般ハ不好贈物・進物品物等夥敷事ニテ、鰹節斗りも昨日迄ニ凡千弐百本も可有之哉、其内江戸へ遣候弐百本入ハ松平阿波守ヨリ之贈物ニテ上品之趣ニ候、青銅ハ正一郎預り之所、嵩張候品ニテ心配之様子ニ候、只々こまり候ハ鮮魚之類ニテ、所々へ遣候得共、無謂所へ遣候義も如何ニ付、家老・用人ハ勿論給人以下近習・中小性等へ遣候得共、余り食過病者等出来候テハ如何ニ付、下々ニも遣候儀ニテ、正一郎も魚類ニハ大ニ恐れ、夜食一度ト極、自分夕刻例之一盞用ひ候節、殊之外空腹之様子ニテ喰事いたし候節、酒ノ肴を用候儀ニテ、昼食ハ精進物斗り、且我等同様ニ麦飯を給申候、当人右様之心得ニテ用心いたし候間、必案被申間敷候、正一郎儀、江戸表ニテハ稽古烈敷聊之手透も無之候故、却テ我等へハ走（騒）々敷、今般之旅行ハ夫ニ引替昼夜共傍を聊もはなれ不申候処、親子其筈之事ニハ候得共、万事懸念いたし候儀等順三郎同様ニテ、大慶安堵之事ニ候、日々贈物・進物等金子銀之分ハ左伝次・左五郎ヨリ正一郎ヨリ《へ》引渡、同人義銀子・青銅ハ預り置、金子之分ハ封候テ、員数・月日を認我等へ渡候を、例之引出へ入《入》置候儀ニテ、尤帳面へ悉く記置候事ニ候、正一郎稽古修行ニハ至極可然ト存候、○今日始テ市中巡村道書ハ略ス、同役任申正一郎も先番之ものト丈助先へ遣、所々珍敷所見物、遊女町をも見物、江戸ニテハ難出来事ニ候得共、是ハ余り悦喜ニも無之様子也

右之外ハ重便ニ可申進候、以上

五《六》月八日申ノ下刻認ル　　　　佐渡守（印）

権兵衛殿

順三郎殿

（2）天保十四年六月十八日　権兵衛・順三郎宛書状

（前略）

○羽倉外記病気ハ如何ニ候哉、見廻ニテも遣シ様子相分り候丈ケ早々可被申越候、同人引請罷越筈之御用金之儀ニ付是ハ極秘口外無用礑《はた》ト差支候義有之、彼是心配いたし候事ニ候、同人快気ニテ無程当表へ罷越候事ニ候得ハ無子細候得共、同人重病等ニテ余人へ被　仰付候欤今般之儀ハ外記壱人之見込存付ニテ御勘定奉行始外吟味役も不承知之由、又ハ暫く御見合御差延ニ相成候事ニ候哉、右否不相分候テハ取斗方ニ差支候義有之、右之否早々蒙仰度旨、一昨日之便りニ越前守殿へ一封差出候事ニ候、此段内含迄ニ申遣候間、羽倉病体分り候丈ケ之儀可被申越候、○我等御切米・御役料等御証文之儀、出立前掛り表御右筆北角十郎兵衛へ談置候、十月前ニ相済候得ハ差支ハ無之候得共、遠国之義、投遣りニ被致候テハ大延引ニ可相成哉ニ付、序之節神沼へ無急度噂サいたし被置候方ト存候○御先祖御兄弟之御画像ハ持参候得共、祐光院様御画像、右ト一緒ニいたし置候ト心得候処、取落候哉不相見候、取落候事ニ候得ハ、平日右御像を掛置候所向テ左《右》之方角へ入置候哉ニ付、見改有之候ハヽ、

竹垣・築山江戸役所より嵩張り品当地へ相廻候便り有之節、被差越候様いたし度候、御役宅仏壇ハ奥納戸ニ有之手遠ニ付、門跡ノ筆六字名号を箱之侭居置候得共、朝夕拝ハ不致候、御先祖之御画像を箱之侭居間違ひ棚高き所へ差置、夫へ朝夕拝いたし、尤東北江戸之方へ向拝いたし候後なり、夫も漸此節始メ候儀ニテ、着坂当分ハ拝いたし候間も無之程之事也、右之仕合故　祐光院御画像差急キ被差越候ニハ不及候

（後略）

（3）天保十四年七月二十一日　権兵衛・順三郎宛書状

（前略）

○武蔵知行上り候面々難渋之由、当御城最寄山城・大和・河内・和泉・摂津高三拾弐万石余り上り候内ニも、嘸《さぞ》々難渋いたし候向可有之卜《と》存候、右領分知行を目当ニ当地町人出金いたし居候分多分之儀も可有之、其上へ御用金被　仰付候事故、何卒騒々敷儀無之様いたし度彼是心配いたし候事ニ候

（中略）

○十一日夜伊庭久右衛門入来、月を賞候ト之儀、此方ニテも二階ヨリ火ノ見へ上り壱間四方上り口之外不残手摺有之候得共、殊之外大破ニ付此節修復之儀其筋へ談置、正一郎を相手ニして涼なから月を賞候儀ニテ、右火ノ見ヨリ御城御櫓等ハ不見へ候得共、御城内松ノ木立ハ山ノ様ニ見へ、宵月ハ右木立ノ上へ出候ゆへ一入《ひとしお》詠メもよろしく、むかし太閤も月を賞候義ニ可有之ト存候得ハ、物あはれニ覚候義ニテ、先頃も日記抔ニ認候哉不覚候得共、全体当御城内へ罷越候得ハ御居城ト違ひ至テ淋しく、太閤殿下全盛之頃を思ひ遣り候得ハ何となくあはれニ覚候故、当所町人共太閤贔屓も無理ならす、畢竟義気有之人情故之儀可憎事ニも無之、其人気を量り恐多キ事共詈《ののし》り候軍書績（籍）抔弥厳科ニ不被所候てハ不叶事ト存候、夫故同役ハ軽追放ト調候を遠島ト調直候処、御城代も悦喜之様子ニ候

（後略）

（4）天保十四年八月四日　権兵衛・順三郎宛書状

猶以今朝始テ当御城御殿向拝見いたし候、桜御門ト云を這入候得ハ、大御番与力・同心之番所、右之方ニ大御番

衆之大番所有之御番衆ハ不差構候得共、与力・同心ハ平伏いたし候故及会釈候、夫ヨリ御玄関ニ至ル、御破損奉行案内ニテ殿上ノ間・鷹ノ間虎ノ間ニあたる・大広間・御白書院・御黒書院・御寝所等、夫ヨリ御勝手向御台所迄拝見、寛永年中之御普請之由ニ候得共、平日〆切故歟御柱等ハ新敷大概金張付合《ゴウ》天井ニテ、往古之仕立故金色抔格別宜敷、絵ハ多く主馬・探幽等ニテ此上もなく結構ニ候得共、一ヶ月ニ九ノ日御掃除之節明候斗りニテ平日〆切ゆへ、悉く虫喰或ハ湿入等ニテ御損シ多く可惜事ニ候、別テ御寝所ハ銅瓦故気籠り候ゆへ歟湿入強く相見候、兼テ之咄ニハ太閤時分之品残り候様及承候得共、決テ左様ニハ無之、太閤時分之ものハ御天守台其外石垣斗りニ可有之、其余ハ不残新キ寛永之頃出来、大猷院様御上落（洛）之節ハ　御宿城ニも相成候哉ニ被存候、大概江戸表西丸向　御殿程も可有之候哉ニ被存候、大奥向等中ハ更ニ無之候間、太閤時代トハ御城内之様子も代《ゝ》り《ゝ》替り候事ト被存候、桜ノ御門内枡形ノ御石垣ノ石抔ハ仰山成大石、実ニ目を驚かし候事ニ候、以上

但同役も同道、是も始テ也

（中略）

○上知一条御尤ニハ候得共、大坂最寄ハ町人共村方借之積りニテ、事実領主・地頭之入用ニ借受候分村方ハ難儀ニ存、元領主・地頭ニテハ投遣りニいたし、町人共ハ村方へ及催促候故、何ト歟仕法付不申候テハ不相成儀、居り合候迄ハ彼是手数掛り候事ニ候

（中略）

○羽倉外記蒙　台命候御用金之一条ニハ心配、且ハ及歎息候、此上如何成行可申哉難斗候故、一通り越前守殿へも申上置候積り下書認置、羽倉出立後ト存含罷在候処、昨日御城代へ御用金之一条内話之節、外記取斗手荒故之儀、御手前方ヨリ一通り越前守殿へも被申上置候方可然哉之趣被申聞候故、実ハ内々申上候積り下書認置候趣申述候処、夫ハ一段ト可然ト之儀ニ付、外記出立を不見合早々申上置候方ト相決、別紙日記ニ認候通取調別紙一封早便ニテ相廻シ候間、着次第権兵衛西丸下へ持参、可相成ハ関善左衛門を以手元へ差上候様可被取斗候、善左衛門詰合不申候ハヽ、幾右衛門も可然歟、勘弁之上可被取斗候、右ハ内密之事ニ候得共、日記へ認候ハ飛州へも廻シ可申、藤之進へも為見申度、夫故日記へ書入候儀ニテ、

他見ハ禁可被申候、書面ニハ五十万之調達無覚束趣ニハ認候得共、外記不罷在候ハヽ、多分ハ調達可致哉ニ付、他言ハ無用案被申間敷、右ハ出立前ニも及内話候哉、外記存付ニテ馬喰町御貸付之内棄捐被　仰出、夫を埋候ため之御用金第一ニ付、御勘定奉行始吟味役一同不承知ニ候を、外記見込押張申立御聞済ニ相成候事故、同人之様子ハ越前守殿も承知ニ可有之、金之才学（覚）ニ可被遣人物ニハ無之候得共、無拠外記を被遣候儀ニ可有之、我等ハ最初ヨリ無覚束ハ存候得共、出立前ヨリ頻りニ出金等取斗候向相頼候ゆへ、町人共ヨリ出金為致候義ハ定テ町奉行へ相談、我等存意ニ任セ候儀ニ可有之ト存候処、別紙朱書ニ認候通一太郎仕業ニ可有之、当地へ罷越候テハ我等申分更ニ不取用、既一旦ハ互ニ割シ候テ伺書可差出ト申断候程之儀、甚不得其意事ニ候得共、御為を存事穏ニ申宥漸気分も和らき、追々後悔慙愧之様子ニテ漸引請取斗候事ニ相成候義ニテ、余り委敷申上候テハ外記を譏言いたし候様相聞候テも如何ニ付、大意而已申述候儀ニテ、一太郎ハ取ニたらさる書生ニ候得共、右様之もの人撰いたし引連来候儀、外記不明ハ申迄ニも無之、彼学問妨ニ相成候類ニテ扨々嘆息之至りニ候、此節ニ相成候テハ一太郎も心付候様子ニテ、昨日暇乞ニ来、何分御奉行様御情（助）力奉願候抔申述候段、及一笑候事ニ候
右之外ハ猶重便可申進候、以上

八月四日巳ノ刻認　　佐渡守（印）

権兵衛殿
順三郎殿

（5）天保十四年八月十一日　権兵衛・順三郎宛書状

（前略）

○八朔金自分収納金百拾六両余是ハ此間勘定いたし候分、此後も少々後レ有之百二十位ニ候家来之分も右ニ准、初入ヨリ少シ多キ方ニ候得共、いまた勘定分り不申候

（後略）

（6）天保十四年八月二十四日　六郎左衛門宛書状

去ル十四日黄昏ニ被認翌十五日被差出候由之宅状、一昨廿二日夕七時頃至来致披見候、漸秋暑凌能罷成候処、慈母始一同無異之由、程近之安否承り目出度安心いたし

候、其許弥健ニテ精勤之由珍重ニ候、無寸暇文略之趣尤ニ候、先便申進候通御奉公大切之儀ニ付、私用向ハ順三郎ニ為取斗、此方へ之文通も同人ヨリ申越可然候

（中略）

○去ル十五日ハ初テ之本番ニテ一ツ御先立被相勤、余程曲尺も有之由、松平式部殿深切ニ伝達、右ニ付十四日初テ七時頃帰宅之由、嘸世話敷無寸暇事ト相察候、先便ニも申進候通、思慮分別ヨリも青表紙之規矩有之取斗向ニ被困候儀ト遠察いたし候、御座敷を不弁御役人をも不見知候テハ不弁理之儀、進物番ヨリ被　仰付候ものト当分之所格別之相違心配之事ト存候、丸一ヶ年被相勤候得ハ定式之義ハ相済可申、一通り之御座敷向指揮ハ半年ニテも可相済候、戸田寛十郎ハ　御成之節何欤手違有之差扣被　仰付候哉ト覚候、当分之所別テ被心付候様存候、○外御役ト違ひ登　城出入トも制し声掛候義気詰りニハ候得共、実以心魂ニ徹し難有被奉存候由、右ニ付委細被申越候趣尤至極之儀ニテ、先便ニ申遣候自分存意心得之趣ト符節を合候同様ニテ、　祐邦院様多年之御苦心十三ヶ度筆算吟味ニ御出被成候義等第一ニ存出候義ニ候、我等ハ明細書ニも書出候通、余人之様一時ニ結構被　仰付候義ハ無之、全く功を積候趣意ニテ、其許ニハ部屋住ヨリ両御番へ被　召出候而已ならす、今般之御役義ハ未曽有之儀ニテ、我等ニおゐても去ル子年暮以来纔之間ニ度々結構被《転役》　仰付、諸大夫被　仰付、御加恩をも頂戴いたし候儀、当家之繁栄諸人之耳目を驚かし候程之儀、加之三郎太郎生立宜末頼母敷儀、残所も無之偏御先祖近くハ父祖之御余徳トハ乍申甚可慎事ニ候、慈母之長病、おたつ之病身等之欠道ハ、却テ安心之一助欤ト存候程之儀、父子謹慎精勤ハ勿論、親族迄も一致いたし徳を積候様心掛候義専要之儀ト存候、我等及七十有余遠国在勤抔ハ至極宜敷儀ト存候、其上不軽御役義ニテ、大坂市中ハ不及申支配国も有之御奉公相勤候もの本意之至候、此節我等父子之儀、江戸表ハ不及申当所ニおゐても不一通評判之《いたし候》由、去ル廿日御礼廻勤、御城代門前等ニ加番衆之供大勢供待之前を我等通行を見請、尤侍以上ハ平伏いたし候故及会釈候儀、右供待之もの共十蔵・国蔵等へ歓申述、種々評判いたし候事共、両人共大悦ひニテ帰宅之上噂いたし候儀ニ有之、遠国在勤ハ太義之様ニ候得共、先役抔

ト違ひ多分之贈物種々之国産等有之候段ハ全く御役故之儀、然処以来ハ其許へも贈物も有之候義、脇目ヨリ見候テハ物入等之儀ハ噂不致、父子之収納物而已かぞへ立うらやましく存候も尤成事ト存候、○我等支配勘定見習被仰付父子勤ニ相成候節ハ、下女壱人・中間両人纔三人召仕候処、当時ハ家老・用人を始此方ニテ当所ニテ召仕候侍以上二十壱人・中番四人・門番足軽四人・徒士両別当壱人人・部ヤ頭壱人・陸尺四人・小遣五人・中間弐拾｜水番壱人人都合六拾三人、江戸表用人両人・中小性四人・中間拾人・下女六人欤都合弐拾弐人、惣〆八拾五人ニ候得共、家中之妻子を加へ候得ハ百人余ニ相成候義、扨々難有事ニテ呉々可慎事ニ候、○其許不事馴義ニテ気くたびれもいたし候得共、身躰健ニテ痰気も無之日々精勤之由一段之儀、此節此方も俄ニ朝夕冷気相催候、江戸表も同様ニ可有之、随分自愛いたし精勤可被致、十五日も定テ無滞相済候儀ニ可有之、追々勤馴候趣ハ順三郎ヨリ申越候様可被致候、以上

右之外ハ重便ニ可申進候、以上

八月廿四日夕申ノ上刻認　久須美佐渡守（印）

久須美六郎左衛門殿

我等・正一郎・下々迄無事、我等ハ冷気相催一入健安心可被致候、本文ニ認落候故如斯

（7）天保十四年九月二十一日 六郎左衛門宛書状

（前略）

○日記ニも認候通、御足高御合力米等之儀我等覚違ニテ暮之入用迄不足ニ付、竹垣ニテ立替貰ひ候、右之仕合ニ付当暮最早下シ金ハ難相成、其許御足高米も可有之候間、如何様ニも繰合可被申候、竹垣ヨリ立替貰ひ候義、余り早過候事ニ候得共、兼テ被及承候竹垣支配所摂州天王寺村百姓共騒立同様之一件、我等在府中同役ヨリ吟味詰伺書進達有之候処、再吟味ニ御下ケ有之、右ハ是迄吟味之仕方甚不宜、尤同役ハ不弁徳山石見勤役中之取斗ニ候得共、詰ル所東組与力共之調不宜故之儀、御不審有之再応吟味ニ御下有之候段御尤之儀ニテ、右ハ評定所一座評議之儀ト被存候、尤同役掛りニテ我等ハ立合同様ニ候得共、同役之不案内之儀、我等助言不致候テハ迚も難行届儀、然処三右衛門支配所之もの猶又入牢等申付厳敷不取斗候テハ難相成候処、打バ響く之道理、天王寺村ハ程

近市中も同様ニ付、三右衛門義格別懇意ト申儀ハ下タ方ニテも承知可致哉ニ付、右一件取掛り候上ハ相済候迄ハ絶交之積り、竹垣へも内談いたし置候義、然ハ金子立替貰候事も不相成候故、右之趣ニ取斗申候但いまた再吟味ニ不取掛候、此上取掛り候テも同役方ニテ重ニ引請候内ハ子細も無之候得共、我等引請ニ可相成哉難斗故ニ候

（中略）

○日記ニも粗相認候囚人甚七郎ト申もの、御徒目付永坂鑑八へ密訴いたし、牢番人共非道之取斗いたし候一件、同役身分進退ニも拘候仕義、其上両組与力・同心共へも引合候儀之処、江戸ト違ひ狭キ所故、東西与力・同心互ニ従来縁組いたし候事故、蜘（蛛脱カ）之巣之如く続合引張合居り、意外之近親等も有之、今般之如キ一件之節ハ足手ニ遣ひ候組之もの少シも油断成兼、御内慮伺出来候程ニまとめ候迄大ニ心配いたし候儀ニ候、右御内慮伺昨廿日御城代へ進達、直ニ江戸進達ニ被致候事トハ存候得共、来月之御用番御取扱ニ可相成哉難斗、其上表向伺書ハ可成丈同役之取斗ニ不響様、左候迚かばひ候義も成兼候儀ハ、鑑八ヨリ悉く御同役掛り榊原氏へ申遣候儀、同人ヨリ定テ越前殿（守脱）・摂津守殿等へ申上候儀ニ可有之間、御内慮伺ハ程能認、同役不取斗之次第ハ気之毒なから内密書取右御内慮伺写相渡、越前守殿へ是又封書ニいたし甚之丞を頼進達之積り、御用金一条ト一封ニいたし頼遣候間、其許為心得右写三冊差進候、追テハ為心得藤之進へも為見候テ可然欤、熟覧之上勘弁可有之候、此節ハ右一条ト御用金トニテ別テ世話敷、夜分も調物等いたし候仕合、既不快之積りニいたし御城入其外断候程之儀、しかれとも右様繁勤ハ却テ気張ニ相成候、益壮健被案間敷候、○松平四郎長崎御用相済十八日着坂、夕刻入来面会、其許之儀も厚く頼置候、同人ハ些憎ミ有之候得共、一廉御用立候人物ト頼母敷存候、昨廿日御城代下屋敷ニおゐて対話、我等同道いたし候、○牢番人之一件松平四郎へも及内話、御内慮伺も為心得内見為致置候、右ハ勤柄帰府之上御尋等可有之哉ト心得、態ト内話いたし置候、殊鑑八ヨリも内々申聞候程も難斗、旁右之通内話いたし置候、尤其許ハ不存分可然候

右之外ハ猶重便ニ可申進候、以上

九月廿一日暁寅ノ下刻認　　佐渡守（印）

六郎左衛門殿

（8）天保十四年閏九月朔日　おせち宛書状

（上封）
「おせち殿　　くすみ佐渡守

おせちとのへ　　人々御返事　」

御文給り披見いたし候、追日秋冷相成候得とも、病人強てのさわりも無之由、其余一同無異之由目出度存候、扨先般ハ権兵衛事六郎左衛門義不存寄格別の御えらみをかふむり重キ御役被　仰付、冥加至極難有仕合そんし奉り候、かねて申候通、藤之進布衣ニに（ママ）被　仰付候義、惣領之事故倅も御納戸頭カ御腰物奉行カ或は御かち頭・小十人頭等被仰候様いたし度事とは内心ニはねがひ居候得とも、部屋住勤の義、もとより内願等可致筋とも無之、御時節がら願ニよつて可被仰付道理も無之、他人ニは口外も不致候処、存もよらず御目付被　仰付候段、当人之行状心掛は不及申ひとへニ　御先祖、近くハ　祐邦いん様・祐光院様　御徳義あらわれ候ゆへの義、尤我等年来の勤功、殊及老年おん国在勤いたし候ゆへも可有之候得共、当人の人物第一の御撰《えらみ》ゆへの事、くれ〳〵も難有、先頃も順三郎等へくわしく申遣し候通、御目付は諸御役人の手判ニ相成候義、此上もなき重キ御役ニ付、当人は不及申家事のとりしまり第一に付、申迄も無之候得共、火ノ元その外昼夜油断なく可被心付候、御かもしとい丶、そもしとのとい丶心掛よろしきゆへニハ候得とも、世間ニまれなる高運、女子ハ三従といふて、親夫子ニしたがふ事なれば、よきもあしきも夫次第ニ候処、此度の義は未曽有の結構、難有そんし候は申迄もなく、ケ様に父子うちツ丶き結構被　仰付候義、世上にてもひやうばんいたし可申、当家のさかんともいふへきやに付、我等はしめ慎第一ニ付、病身をよきト云ニハあらされとも、そもしとの身にとりてハさぞ心くるしく可被思哉、我等ニおゐても、おたつの病身ニハまいどよきニつけ、あしきニ付、たんそくいたし候得とも、みつるハかくト云事あれバ、おたつの病身を欠道とあきらめ候得ば、却て家のためによろしき哉とそんし候、夫ニ付ても三郎太郎を一しほ大切ニやういく被成候様ニと申迄ニハなく候得ともそんしつ丶け候事ニ候、めでたくかしく

閏九月朔日　　佐渡守

おせち殿

(9) 天保十四年閏九月七日 六郎左衛門・順三郎宛書状

(前略)

○御用金掛り之ものへ御褒美願、一昨日同役ヨリ御城代へ差出候間、定テ昨日之宿次ニ江戸進達ニ相成候事ト存候、文化之度肥田豊後守取扱候御用金之節ハ、大坂町奉行ハ東平賀式部少輔信濃守ト改・西斎藤伯耆守両人ニ候処、伯耆守ハ文化十酉年閏十一月被為 召御役 御免寄合、其跡水野因幡守美濃守ト改被仰付候得共、着坂以前御用金相済候故、平賀壱人へ御褒美被下候趣書留有之候

文化十一戌年十月 金五枚 時ふく二 平賀信濃守

右之通ニ候処、今般ハ同役も立合候儀ニ付同役へも御褒美可有之哉、我等調先之儀ニ付右平賀之例程ニハ御沙汰も可有之哉、内含迄ニ申進置候、若御褒美ニテ被為 召候節ハ、在府遠国奉行衆之内ニ御席之名代可相頼筋ニ候得共、当時ハ在府人少之儀、殊其許(六郎左衛門)御役被仰付候上ハ御席も六郎左衛門名代被勤不苦筋ニ可有之哉、内々聞合置勘弁可被取斗候

(後略)

(10) 天保十四年閏九月二十一日 六郎左衛門宛書状

(前略)

○上知一条ニ付委細被申越候趣繰返一覧、実ニ恐悦之至ニ候、此方へも去ル十五日風聞ニテ追々承知いたし候、右ハ当所ニ蔵屋敷等有之面々へ早にテ注進有之候故、被仰出書之写も直ニ手ニ入日記へ写候通ニ候、備中守殿溜詰格ハ難解候得共、備前・善左衛門ハ我等も直ニ相察候義ニテ、日記ニも認置候通ニ候、備前ハ兼々心底見抜候小人ニ候得共、善左之方ハ左程之小人トハ不心得候処意外之事共ニ候、備前・善左之儀を飛脚屋より申出候ニ付、外記も帰府早々御沙汰可有之儀ト相察、既去ル十六日御城代トも噂いたし居候処、翌十七日外記へ之御奉書御城代へ至来、即刻宿継ニテ跡を追、江戸迄右御奉書差立ニ相成候、定テとふニ御沙汰有之候儀ト存候、同人ハ備前・善左抔ト違ひ愚直ニ候得共、いらさる学問が邪魔ニ成、其身を不弁今般之上知被 仰出を 御為ト心得

違、利運ニ存噂いたし候儀も有之候故、前書之通相察候事ニ候、扨右一件ニ付西下之儀委細被申越候趣、尤至極同意ニ候、折角之御改革御同人を除候テハ可被取斗執政無之、実ニ御政事之安危ニ拘候義、其義ハ雲上へも貫キ可罷在義ニ付気遣有之間敷、既当八月以来内々申上ノ義ニ付、自書を以別紙之通被申越候間内々差進候、一覧之上重便ニ返却可有之、当月朔日ヨリ御引之由、左候得ハ、御引中手透を被得候故被認候事ト被察、去ル四日付ニ候、御自分之安危ニ拘候儀有之候ハヽ、右様之文通ハ有之間敷、是ニテ安心之事ト存居候

（中略）

右之通認候処、去ル十四日付急便之書状昨廿日昼頃至来、不取敢披見、越前守殿御役　御免之一条案外之儀、慈母も次第ニ差重危急ニ迫り候趣候得共、いまた絶命ニハ無之、同人大病臨終之儀ハ不便なから兼テ覚悟之義、素り至テ之小事、敢テ心気ニ障り候儀ハ無之候得共、越前守殿御咎ハ誠ニ御政事之安危ニ拘候義、一旦ハ胸を冷し途方を失ひ候心持ニ候得共、能々思慮いたし候得ハ、右ハ我等一身ニ拘候事ニハ無之、然を無益ニ労し候ハ老人不養生之基ひニ付、気分を取直し候儀ニ候、兼々御同人之性質ハ弁罷在候儀、御善政トハ乍申余り厳重過候を歎息罷在候処、果テ今般之次第是非もなき事共ニ候、享寛之御政事ニ復古有之候得ハ何之子細も有之間敷処、一途之気質ニ付御益を　御為ト被心得候御見込違より、備前・善左衛門・外記等を御取用より深みへ被引込候哉ニテ、御為を被存候より上知・印旛沼等被企、素り昼夜精勤被致候段ハ中々常人之およひ候所ニ無之、然を差扣迄被　仰付候段ハ余り強過キ候様、一旦ハ恐察もいたし候得共、つら〳〵愚考候処、御城最寄御料所ニ御引替ハ御取締第一ト之申立ニ可有之、夫故一旦　御許容被為　在候得共、調之趣ニテハ御益ハ多分ニ候得共、上知之面々ハ一同難渋およひ候趣意人　御聴、思召トハ雲泥之相違ニ付忽停止被　仰出、夫々御咎被　仰付候義ニ可有之哉ト被察、然ハ誠以難有　御仁恵　台慮之程奉感伏候儀ト奉恐悦候、浜松侯ハ、我等ト云其許も格別ニ被引立候事故、悪様ニ噂申候ハ甚不本意ニ候哉《得共》、惜しひ哉仁徳薄キ方ニ付右様被成行候義、呉々も歎息之至ニ候、虚実ハ不相分候得共、御役　御免之夜門前へ七八百人も寄集及

不法候ト之風聞、実事ニ候得ハ言語同(道)断以之外成義ニ候、大炊殿ヨリ町奉行へ差図有之出馬いたし候内不法ものハ逃散、中間体之もの七八人トやら拾七八人トやら被捕候ト之風聞、甚気色ニ障り候義ニ候、隣家松平玄蕃頭殿ニハ腰抜斗り揃ひ候哉、右様狼藉ものハ是亦其筋之ものニ為捕候事ト心得、眼前及不法候を見物ニいたし居武士道可相立哉、扨々残念成義、西丸大手先ニテ右様之義有之候段、前代未聞之珍事トも可申欤、桜田其外御門々を〆切候得ハ壱人も不残捕候欤討捨ニも可相成を、扨々手ぬるき仕方残念成事共ニ候、夫共浮説ニ候哉、いつれニも右様之説有之候段御不徳ニ候、御役　御免を一同相歎キ候様ニ候得ハ誠之御執政も可有之、夫ハ仁徳無之故之儀、密ニ及悲歎候事ニ候、越前守殿自書ハ今更遺書同様涙之種トも可申哉ニ候得共、其許之儀深切ニ被申越候事故、本紙其侭差進候、内見追テ可被相返候
右之外ハ重便可申進候、呉々気丈ニ保護可被致候、以上

閏九月廿一日酉ノ刻認　　佐渡守（印）

六郎左衛門殿

(11) 天保十四年十月十一日 六郎左衛門宛書状

（前略）

○羽倉外記も存外厳敷被　仰付候儀、扨々歎ヶ敷事共、右ニ付委細被申越候趣尤之儀同意候、井上・篠田ハ諂諛之小人、表裏折曲之取斗いたし候哉も難斗、羽倉も小人ながら私欲等いたし候人物にハ無之、併上知之主謀ハ却テ羽倉ニ可有之哉ト被存候、右三人同様ニ被　仰付候上ハ、外ニ子細ハ無之、やはり上知一条ニ可有之哉、左候得ハ、被申越候通以後言路をふさき候趣意歎ヶ敷儀、当時之如く御執政御手薄之儀ハ是迄有之間敷、此上如何成行候ものニ候哉、遠国在勤之奉行職ニテハ別テ心配不安心之事ニ候

（後略）

(12) 天保十四年十月二十八日 六郎左衛門・順三郎宛書状

（前略）

○去ル廿四日ヨリ見分相始、同日ハ御殿向見分いたし、廿五日ハ御用日ニ付相休、廿六日・廿七日両日御城外郭御櫓・御多門等見分、御櫓斗り十六上り下りいたし候

儀、存外はしごも急ニテ老人ニハ太儀ニ候得共、併池田・井戸両氏もやはり難儀之様子、左迄草臥候程之儀も無之、御多門ニテ御鉄炮を及見候処夥敷儀ニテ、兼テ之考ニハ古御鉄炮多く積重ね銹も有之儀ト心得候処、悉く鑓掛之様成ものへ一挺ツ、掛有之、いつれも立派ニ磨立有之卯ノ秋磨 田沼玄蕃頭抔ト悉掛札大成紙へ認下ケ有之、七十間御多門抔ト申ニ数限りもなくならべ有之、尤右ハ五匁玉以下之小筒ニテいつれ物体にテハ一万余も有之由、大筒も右ニ准し候儀ニテ、火縄或ハ玉抔も悉く用意有之、火縄ハ俵包ニいたし年号記有之、玉ハ夫々目方を分箱ニ入積重有之候、○今日ハ内曲輪三重御櫓・御多門見分いたし候処、やはり御鉄炮も多く、扨又御弓具・御数鑓・御なきなた・御具足等いつれも夥敷儀ニテ、御具足ハ一領ツ、欤箱へ入有之候故御品ハ不相分候得共、黒御具足三百領抔ト入口ニ張出有之、惣金御具足弐百五拾領ト申張四ヶ所ニ有之候間、夫り斗ニテも千領ハ有之、御武器ニおゐてハ実ニ目を驚かし候事ニ候、御玄関前御櫓三階ニ　権現様陣中へ為御持之御鑓四筋欤有之、御仕立方等至テ御質素恐入候事共ニ候、太刀疵抔其侭有之候、種々珍敷儀拝見いたし難有候、○今日ハ三重之御櫓拾壱ヶ所不残上り下りいたし候故、大ニ草臥候得共、七十三歳ニ相成大坂御城之御櫓・御多門等悉く拝見いたし候儀ハ、畢竟健故之儀、安心可被致候

（後略）

(13) 天保十四年十二月十六日 六郎左衛門宛書状

御入用減評議之儀ニ付、別紙極密被申越候趣熟覧いたし候、御入用半減ト之儀ハ何を目当見込ニ申上候事ニ候哉更難解候、銘々纔之身上勝手向にテも俄ニ半減ニ可相成哉、右ハ迚も不被行儀眼前之儀、然を打揃尤等敷申上候段何トも歎ヶ敷、且ハ右様之もの共御登用ハ恐入たる事ト存候

一右ニ付、一座并大目付御勝手掛引御同役評議之趣なまぬるき様ニ候得共、畢竟大炊頭殿ニも半減ト申儀甚懸念被致候故ト被察候間、右評議之趣ニテ半減之論ハ止可申ト存候

一其許存寄之趣熟覧、棄捐ハ就中尤ト存候得共、年限を極臨時・定式御褒美不被下儀、或ハ上知米又ハ分銅金

通用金ニ吹直シ等之儀ハ迚も被行間敷、縦令奉対　御為候儀ニ候トも、　上之御所置を比（批）判之趣意ニ相当り候儀ハ以之外不可然哉ニ候、近頃出来候分銅金ニも別紙写之通銘文も有之候間、右を通用ニ吹直候儀ハ決テ不相成事ト存候、当　公方様ニハ格別ニ御質素ニ被遊候ニ付テハ、大奥向御入用等莫太相減候儀ニ可有之、万事評議書ニも有之候通、当時ハ　方々様入用も相減候儀旁、御手元を始大奥御入用ハ多分之減ニ可有之、況諸向之儀ハ一昨年以来減方改革有之候儀ニ付、一時ニハ行届間敷候得共、此後御取締向不弛様御所置有之候ハヽ、連々ニハ御勝手向御立直りニ可相成筋（道理）ト被存候、享保・寛政之頃さへ行届兼候儀を、浜松侯一時ニ御取直シ之積り、御入用減方厳敷御世話有之候得共、御収納ト釣合不申故、御収納相増候様ニト之儀ヨリ上知之一条も起り候儀ニ可有之、しかれ共御収納を無理ニ相増候様被取斗候ハ、御入用を無体ニ減候様被取斗候も道理ニおゐてハ同様ニ候得共、御収納増候様上知被　仰出候儀ハ、　御城最寄御要害之為ト之拠も有之候得共、御入用半減ハ更ニ拠も無之、右ニテハ諸向不立行、必至ト差支候義眼前之事ト存候

右之次第ニ付、若存寄等御尋も有之候ハヽ、連々ニ御立直り之御仕法専一ニ被申上可然哉、猶勘考可被致候、浜松侯スラ即功を顕シ可申ト被致候故、御収納増不被行而已ならす夫迄之御勤功も水泡之如く相成候義、呉々も歎ヶ敷、然ルを戸・榊之両人如キ手際ニ行届候儀ハ決テ無之、無程又代り可申哉ト密ニ歎息いたし候、近頃恐多キ事ニ候得共御繰合ニテ御差支無之候得ハ宜哉ニテ、夕日ニ相成朝日之様ニハ難行届道理、弐百年之太平人力ニハ難行届哉ト恐察候事ニ候、夫を無理無体ニ可押直ト被致候ゆへ、御自分之力ラニテ被投候哉ト被存候、此所申迄ニハ無之候得共工夫有之度候、父子共別段蒙　御高恩候儀ニ付、対　御為候テハ身命を抛精勤可致事ニ候得共、御用ひ無之候テハ無詮儀、左候迚身之用心いたし候筋ニハ無之、只々誓詞前書之振不申様可心掛事ト存候、能々勘弁可有之候

（後略）

(14) 天保十四年十二月二十一日 六郎左衛門宛書状

（前略）

○御用金も早々江戸表へ差下候様御老中方より御城代・町奉行連名宛刻付ニテ昨夜申来候、御勘定所ヨリも御用金当納三拾六万両余之内ニテ、古金銀引替之分此金凡弐拾万両程鴻池屋善右衛門始御用達共立替置候分相渡、残り之分差下シ候様ニト申来、四・五日以前之文通トハ表裏ニテ案外之儀ニハ候得共、兼テ見込之通御用立骨折候詮も相立、且ハ　御為ニも相成候儀、当地町人共も歓ひ候義、旁安堵大慶いたし候、右ニ付テハ俄ニ御用金明後廿三日先ツ四万両差立候積り、夫ヨリ追々差立候筈、掛り之ものへも申談候儀ニテ、だら〳〵急ト申ニテ大混雑、畢竟御勘定所居り合不申故之儀嘆息いたし候四万両ニテ馬ノ数ハ拾駄程ニ相成候、御用繁之程可被察候、右次第ニテ寸暇無之候故、余ハ重便ト早々申残候、以上

十二月廿一日申ノ中刻認　　佐渡守（印）

六郎左衛門殿

（後略）

(15) 天保十五年正月三日 おせち宛書状

（表書）「おせち殿　人々御中　久須美佐渡守」

なを〳〵旧臘も文給り候得共、御用多ゆへ返事あたわず候、くうやど借財しん古ともニ無利そく年賦ずみニ被　仰出、ありかたき事ニ候、ずいぶんけんやくいたし、とふからず屋敷がへ被成候やう可被心掛候、已上

新春の御慶めてたく申納候、いまたよかんニ候得共、御揃御無異御越年、当春ハ六郎左衛門装束も改り、別テ賑々敷目出度そんし候、三郎太郎・おたつもさへ〳〵敷、いわい候事とそんし候、此方我らはしめ順三郎・正一郎無別条越年、下々迄相替儀無之候、あん心あるべく候、町野へ年玉例の通り遣候ま〳〵、おさち迄文にてとどけ可給候、我らには目下のことゆへ不相替年玉遣候得とも、六郎左衛門ハ遣し候ニおよばす候まゝ、さよふ御心得あるへく候、申迄ニはなく候得共、火の用心をはじめ六郎左衛門留守がちの事ゆへ、家来とりしまり第一ニ御心得あるべく候、めてたくかしく

正月三日

(16) 天保十五年正月十七日 六郎左衛門宛書状

御用御取次衆へ御用向呈書差立候ニ付、一寸申進候

（中略）

○御用御取次衆へ差出候御用向書状之儀ハ、当所ニハ前々ヨリ起シ奉公人ト申儀有之、右ハ無宿同様ニ相成候ものを引請人有之、身元糺之上引上ケ奉公ニ差出候を起シ奉公人ト唱来候儀ニテ、近来ハ寄場人足同様之儀御趣意ニ依テ出来候事故、起シ奉公人ハ無之候得共、前々仕来ニテ前年之有無、翌正月之月番ニテ取調、書状相添白木状箱へ入留守宅へ相廻シ、留守宅ヨリ以使者御用御取次衆筆頭之御宅へ差出来候処、去卯正月先役阿部遠江守留守家来、其節筆頭之御取次衆白須甲斐殿宅へ差出候処、右ハ宅へ差出候品ニハ無之、御殿ニおゐて可被差出筋之旨申聞候ニ付、無拠奥御右筆を頼、右白木状箱御殿ニテ御右筆を以進達いたし候由ニ付、今般も右之趣ニ取斗候様蔀・喜惣次等へ申遣候由ニ付、此段為心得申進候

（後略）

(17) 天保十五年正月晦日 おせち宛書状

「（端裏書）おせちとのへ　（異筆）二月七日到来」

御文給り披見いたし候、六郎左衛門始一同無異、目出度そんし候

一町野へ年玉とゝけられ、松山返事持参之由、委細承知いたし候、別段書状も不遣候間、つゐでニよく可被申候

一定もん付のしめの事承知いたし候、早速可申付候

一金魚ばち難せんニあい候よし、此方よりもとゝけ出候、いよ〳〵海中すたりニ成候て、追テ相廻シ可申候、其段三郎へも可被申聞候

一三郎太郎手ならい弟子入いたし候由ニて、清書さしこし一覧の処、ことの外筆勢よく出来かんしんいたし候、せいいたし候様可被申候

一昨二十八日夜出火有之、火事場へ参り昨日昼頃帰宅いたし候、日記ニ認遣候、髀七郎ニよませ聞可被申

候、右之外かさねて可申進候、我等いよ〳〵健、順三郎・正一郎無事あんしんあるべく候
めてたくかしく

正月晦日認　　佐渡守

おせちとの

⒅ 天保十五年二月十一日 六郎左衛門宛書状

（前略）

○日記ニも認候通り、当地ハ前々仕来ニテ初午之節御城代・両定番下屋敷、両町奉行御役屋敷稲荷へ諸参詣為致、流弊中ハ造り物或ハ書院へ華抔生、燈籠をも多く出し、東御奉行所ニテハ庭へ商人も出候事之由、御改革以来造り物・燈籠ハ勿論、華を生候抔ト申儀も更ニ相止候得共、東ハ表門ヨリ参詣人を入裏門へ出し、西ハ裏門ヨリ入表門へ抜候仕来之由ニ候得共、表門ヨリ雑人共猥ニ出入為致候ハ如何ニ付、裏門ヨリ入表門ならひ末之方ニ切抜門有之是ハ非常口ニテ平日ハ〆切なり候故、右切抜ヨリ帰り候様夫々道筋へ幕張為致候処、右之趣同役も承り同様ニ相改候由、右之次第ニ付、流弊中ニ見合候テハ格別ニ参詣人も減候由ニ候得共夥敷群衆、別当ハ修験万宝院ト云もの相勤ルニ付、賽銭も同院受納いたし候故、流弊中ハ両御役所ニテハ七、八拾両ニも相成候由、当時ハ漸右半減位之由ニ候

（後略）

⒆ 天保十五年三月一日 六郎左衛門宛書状

（前略）

○江戸表も寒暖不揃ニテ、既去月十八日ニハ朝ヨリ雪降り、小袖三ツ重羽織ニテ、猶夕刻炉辺を囲居候ト之儀、当地も不揃之所ハ同様ニ候、却テ纔之内ニ寒暖俄ニ変候義ハ江戸ヨリも甚敷、佐州ニ似寄候得共、元来暖国故歟桜抔ハ江戸より余程早く、庭前ニ一重ノ桜、大概居屋敷之桜同様之大サニテ是ハよき桜ニテ、水野美濃当所在勤中植付候由、当人ハ枯果候得共桜ハ盛ニ成木いたし候、去月廿四日花盛之処、翌廿五日珍敷強雨其上風も有之、廿七八日頃ハ葉桜ト相成候義ニテ、其外八重其外・一重いろ〳〵有之候得共最早末ニテ、日記ニも認候通、廿八日巡見之節天王寺を始、桜ノ宮其外所々桜花をも及見候得共大木ハ無数、右ハ全く地味堅く〆り候故ト被存

候、一体大坂ハ砂交り真土ニテ土ノ性ハ宜敷候得共、桜抔ニハ不宜敷哉ニテ、松ニハよろしく、御役宅ニも庭前ニ松有之、いつれも勢ひよく古木も多く有之候、被申越候趣ニテハ、寒暖不同之所ハ格別之違ひハ無之様被存候、旧臘以来積雪ハ一度も無之、邂逅雪降り候テも積り候儀ハ甚稀成事之由ニ候

（後略）

(20) 天保十五年四月十日 おせち宛書状

（端裏書）「おせち殿　四月十日御したゝめ
四月二十一日到来控」

御文給り披見いたし候、不揃之気候ゆへ欤六郎左衛門も時候あたり、寒熱も有之、持病のたん気のよし、三郎（太郎）も風邪のよしニ候処、其後おひ〳〵快、六郎左衛門も大がひ平常体ニ成候得共、用心ニいまた出勤ハ不致由、三郎は全快よみ物手ならひに精を出し候由、其後いよ〳〵両人も快く、そもしとのはしめおたつも無事の義と目出度そんし候、此地もとかく不揃のき候ゆへ欤我等も又風邪ニ候得共、ふせり候程の事ニハ無之、酒も食事も平日の通り、御申越の通り、風邪ニも候得はえりより肩へ掛こり候気味に候得共、出立まへほどニハ無之、ちが頃（ママ）尼崎《あまがさき》又右衛門世話にて、御城代の家来小倉勾春と云盲人をまねき、えりかた抔もませ候得は、大ニ和らき候事ニて、このせつハ風（邪）も大かた快く、順三郎・正一郎も相替儀なく候まゝ、あんじられましく候

一金魚ぶね無難《なん》ニとゝき候由、うへ木屋卯兵衛へ申付、八畳の前へすへ候て三郎よろこび候由、今少シ大キ成をとゝのへ度候得共、有合ニハ遣候外大成ハ無之、あつらへ候てハしんきニ石を切出し候ゆへ、直段もたかくやういニハ出来かね候ゆへ、まつありあいを遣候事ニ候

一西尾にてハ扨々気のどく、小左衛門夫婦ともさそよわり候事と察入候、おまく義しんせつニ看病等いたし、両親もよろこび候由、尤の事ニ候

一おまく義、今ニにんしんの沙汰無之由、何卒壱人出生有之様いたし度、いのり候事ニ候

一日記写の趣にてハ、去月九日久々にて岡本弥太郎母く

み尋参り、そもしとの辺被申候処、いろ〳〵つまらぬ申訳いたし候由、天野みき太郎みつ（母脱カ）右くみ両人は常証院病中一向ニ尋も不致、病死後もいんしん不通のよし、人情《にんじやう》ニあるましき不実《じつ》の義薄情《はくぜう》と可申歟、不埒と可申歟、犬や猫にても可愛《かあい》かり候ものへハしたひおんに報《むく》ひ候むかし咄《はなし》も有之儀、しかるにみつ抔は、夫のてい節取建《立》ニ成候義さらニ不存事ハあるましく、しかれハ大恩《だいおん》を請なから右のしだひハ人非《ひ》人の所業《しよぎやう》ニ候得とも、両人とも軽キもの之儀、さらニとるニたらざる愚まいのもの共ニ付、日記にもしたためある通り、此方より出入等差留候ハよろしからず候、やはりまいり候ハヽ、そもしとの逢候て不相替ほどよくあしらい可被下候、右様下賤《げせん》のものハ、此方のしむけにて其方のあしき事ハ不顧《かへりみず》、うらみをふくみ候やうの心得ちかひまヽある事にて、尤もうらみをうけ候てもかまいなき事ニハ候得共、此方の徳義感伏《とくぎかんふく》いたし、其身の心得違ひを弁《わきま》へ候得は、くみニてもみつにてもそのもののためニ相成候事ゆへ、其心得にて教諭《きようゆ》をふくみあしらい候義、貴賤《きせん》の差別も相立候事ニ候

一右両人の不束《ふつつか》ハ申迄もなく候得共、右様不人情成所業《しよぎやう》立入候ものニあるハ実ハ歎ケ敷事ニ付、おしへさとし度事ニ候、我等ハ高うんにておゐ〳〵結構被　仰付候間、御納戸頭以来大勢《ぜい》の支配向《しはひむき》を取扱ひ候ニ付ては、実意をつくし、しんせつニいたし候故、おのつから気うけもよろしく帰伏《きぶく》いたし取締《とりしまり》もよろしくありがたき事ニ候、家来ハ申ニおよばず、子供をおしへ候ニも、其ものヽあしき事をあげ叱り候てハ承伏《そうふく》不致候、其ものヽよき事をあげほめ候ておしへ候へば、ありかたく承伏《そうふく》いたい候儀ニて、夫ハ其ものへ対し直ニ申聞候斗《ばか》りニハ無之、かげにてもあしき事ハ不申よき事をほめ候得は、自然《しぜん》其ものヽ耳《みヽ》へもいり帰伏致し候哉ニ候、六郎左衛門義不存寄結構被　仰付候ニ付てハ、ゆく〳〵猶大勢人を遣ひ候やうニも可相成間、そもしどの心掛専一《かけせんいつ》ニ候、人ハ男女ともよき人ニもあしききずあり、あしき人ニも又よき事もあるものなり、あしき人ハ勿論《もちろん》よき人も其人のあしき事をかそえあげ候てハ、よき人ハ更ニなきやうニ相成候間、下女など大勢つかひ候ニは猶更、其ものへよき事をあげ候て、あしき事

ハ口外《こふがうい》いたさすおかひ遣し候やうニいたし候得は、おのつからありかたく帰伏《きふく》いたし候道理《どうり》ニ候、言葉《ことば》のさいはいト云て、纔《わづか》の一言ニて大将《たいせう》の下知《げち》をありかたく存、討《うち》死もいたし候儀ニ付、上ニたち候ものハ仁徳《にんとく》を第一ニ心掛候儀専一に付、申迄ハなく候得共、下女多く成候ニ随《したが》ひ、そもしとの心掛次第にて下女も和熟《わじゆく》いたし、おのつから家事《かじ》の治《おさま》り方もよろしく相成候、又心がけあしく候得ば下女とも和熟不致様なり行、家事の治り方ニも拘り可申哉、尤も是迄《これまで》の仕方あしきとそんし候ニはなく候得共、常証院存命のせつは何事も同人差図《さしづ》ニしたかひ候事ゆへ、たとへそもしとの仕向あしくても事済候得とも、以来の所ハ常証院の代りをいたされ候事故、あつく可被戒候、たとへバいとのあしき事をつなへ申聞、つなのあしき事をいとへ申聞候得バ、しなにより両人の中もあしく成、且ハ余人の事をあの通り噂《うわさ》あるうへハ、我身の事をも又余人へあしく噂あるべくとしんし候道理ニ付、いとのよきハつなへ申聞、同人のよき事ハいとへ申聞、たとへ聊《いささか》のおつどハ六郎左衛門へも不申聞事、おだやかニすみ候やう、人のあしき事ハおもひ遣候様いたし度事ト存候、右はふと筆の序《ついで》ニ申しんし候、あしからず推察あるへく候、三郎・おたつなどの為メを存候より、よきがうへにもよきやうニとそんし候事ニ候、いと・つな伝言《でんこん》猶よく可被申聞候、めてたくかしこ

四月十日　佐渡守（印）

おせちとの

(21) 天保十五年四月十一日 六郎左衛門宛書状

（前略）

○越前守殿御再勤風聞之儀ニ付被申越候趣、市中之噂等左も可有之、扨又関内話新見歎息之次第実ニ恐入たる事ニ候、如当時御老中方之内ニ執権之御方無之ト申儀ハ絶テ有之間敷、御再勤も無之候ハ、如何成行可申事ニ候哉ト歎息之至候

（中略）

○廿四日文通之趣ニテハ、御勘定所風聞ニテハ我等被為召候由、右ハ鳥居番頭其跡ニ可有之由東八郎及承候由、其以前其許被及聞候風聞ニテハ伊沢或ハ浅野被為

召候沙汰ニ候得共、此節之御役替ハ更ニ不相分ト之儀尤ニ候、素り我等之風聞ハ信用可致筋無之、最早公年七拾六歳之老翁御加増ニテ江戸町奉行抔可被　仰付筋ハ無之候得共、畢竟公事方之儀数年来正路ニ相勤大炊頭殿抔御馴染筋、且ハ当御役不宜沙汰も有之間敷哉ニ付、下方之推量浮説ニ無相違儀、鳥居も越前守殿御勤役中之様ニハ行届間敷候、同人ハ定テ市中之気請も宜ヶ間敷故、旁右様之巷説も可有之、甲州退役候ハヽ、町方取締ハ猶更弛ミ可申哉ト被察候、番頭ハ長崎抔至極之あたりト被存候、作州ハいつれ長もちハ致間敷哉ト愚察ニ候

（中略）

○此節ハ世上一統穏成様ニ候得共、実ハいたし方無之何事もつらね有之儀ト被察、頓《やが》て差詰り可申ト歎息之由、尤之論ト存候、天狗も術斗尽、此節ハ羽団扇を投、馬抔楽しみ、内実転役願居候ト之沙汰之由、不願トも永久ニハ有之間敷、右之次第ハ才子故ト被察候、同人抔何程才子ニテ働キ候テも、目当ニいたし候執政之御方無之候テハ不被行儀ト存候、越前殿ハあしき事も有之候得共、実ニ対　御為身命を不顧被相勤候故、纔之内ニ格別之流弊御改革も有之、西丸御普請・日光　御参詣等大功ハ数多有之、上知ハ纔之過失ニ候処、天命トハ云なから右様被成行候段ハ実ニ可惜事ニ候、夫ニ引替当時之御筆頭ハ只さへ身構引込思案、身之ためを而已被顧候御人尼崎又右衛門抔も毎度様歎息いたし候、同人見込我等ト同意、又右衛門如キも、のニ身之用心而已被致候御人ト被見透候義、歎ヶ敷候右之善悪無差別ニテハ扨々恐入たる事共、筆紙ニハ難申述候、

○跡部能州之儀、関内話之趣左も可有之事ト推察、道中筋宿方助成金之儀ハ能州発起ニテ、御普請役桑田歳兵衛義当表へも罷越上ケ金も余程集り候処、越前守殿御退役後止ニ相成、右集り金も夫々差戻ニ相成候、右ハ手之裏を返し候様成義ニテ、跡部之当惑尤ト存候、我等出立前能州内話之趣ニテハ大キ成目論見、夫が中途ニテ更ニ止ニ相成候テハ跡へも先へも不行道理、公事方ハ兎も角も道中奉行ハ迚（も脱カ）勤り申間敷儀ト察居候処、何之沙汰も無之候間、此方共之不及大量欤、又ハあつかましき人ト存居候処、今般関内話之次第尤至極之儀、左も可有之事ト察入候、○小倉内蔵助ハ結構、右跡役之儀ニ付被申越候趣案外之事共ニ候、併金井ハ取ニたらさる小人、素り為差悪事も無之事故、破損奉行ヨリ直ニ富士見抔へ被遣候得

ハ相当之所、一旦ハ焼火ノ間御番、夫ヨリ勤仕並小普請入被　仰付候上ハ、四百俵高番之頭被　仰付候テハ不相当之儀、余り無差別之義是又歎息之一ツト存候、○我等被為　召候ト之風聞此節ハ相止候由、右様之風聞ハ無之方可然候、いつれニも拝領屋敷相対程之手当出来候迄ハ在勤之方可然《いたし度候》、善悪共差当り転役ニテハ必至ト差支可申ト存候、当御役抔ニテハ善悪共沙汰無之方却テ事実相当歟ト存候事ニ候、○江戸町方も追々ゆるみ候様子之由、両国大からくり或ハ往来婦女之衣類等戻り候様子之由、左も可有之、江戸ニ引競候テハ当地ハ遠境故歟、夫程ニハゆるみ不申、先便ニも申遣候通芝居之衣裳抔一ト頃ヨリも質素ニ存候事ニ候、町方婦女子之衣類も木綿多ニテ、縮緬抔ハ更ニ見掛ケ不申、尤精々不弛様世話いたし候事ニ候、越前守殿御勤役中之御趣意を相守、下々難儀ニ不相成様程能取斗候得共、江戸又ハ京地等ゆるみ候趣之風聞専らニテ、当所もゆるみ候様いたし度下情無余義次第ニ候、越前守殿御勤続ニテも最早少シハゆるみ候時節、況御同人あの通被相成候事故、只今程ニ保チ候義ハよろしき方ト存候、当所も無程追々ゆるみ可申哉ト被存候

（後略）

(22) 天保十五年四月二十一日 六郎左衛門宛書状

（前略）

○此節長日、殊非番月ニテ御用少之方、しかれ共御用談之間へ出張不罷在候テハ、与力共度々罷出候儀不弁理ニ付、談所ニ罷在庭前之掃除等いたし候処、天気之節ハ笠不用候テハ難相成、飛州ヨリ先達テ貰ひ候木綿糸ニテあみ候頭巾同様之笠、我等居間日記之箱之向ふへ掛置此方へ持越不申候、右ハ植込之場所抔掃除いたし候ニハ至極調宝之品ニ付、柳こりへ畳候テ入候ハヽ、後便ニ被差越候様いたし度候、去卯六月着坂後ハ改革向品々調物有之候上、初入之事故定式之手続も有之、殊御用金等ニテ長日之砌も更ニ寸暇無之、八月初月番後ハ追々短日ニ相成、閑暇ト申儀ハ無之御用多ニテ却テ凌能候処、此節ハ万端居り合候ゆへ手を明御用向を待構居候儀ニ付、御仕置伺ハ不及申、都テ組之ものヨリ調候テ差出候書物等速ニ熟覧添削いたし相渡、聊も滞儀無之、然共一躰当所之もの

ハ気分ゆるやかニテ万端埒明兼、朝ハ四半時分ニ取掛り、長日ニテも七半時、品ニ寄暮合頃迄も御用向ニ打掛り罷在候得共、夫ニテも江戸ものニ候得ハ一両日ニテ片付候御用向も六・七日も掛り候様ニテ、扨々埒明兼候事ニテ、右ハ国風生質ニ付夫を江戸風ニいたし候儀ハ無理ニテ難被行、却テ差はまり薄キ様可相成哉ニ付、辛抱いたしこらへ居候事ニ候、右故おのつから我等ニおゐてハ徒然之儀間々有之候故、庭之掃除ニテもいたし候より外いたし方無之候

（後略）

(23) 天保十五年五月二十一日 六郎左衛門宛書状

（前略）

○同役組与力阿部幾之助品々非分不正之取斗いたし候一件、当組之ものニも引合有之、其上徳山石見守如何之取斗も有之、迚も当地ニおゐて吟味詰ニハ難相成候故、伺之上去卯十一月中鳥居甲斐守方へ引合《渡と》、遠山半左衛門立合吟味ニ相成候儀ニテ、元来右一件ハ去々寅十月越前守殿ヨリ御城代へ被仰越吟味ニ相成候儀之処、幾之助儀ハ、当組与力内山彦次郎ヨリ幾之助悪事之次第先役阿部遠江守へ申立、同人ヨリ御城代へ申立吟味ニ相成候儀ト途ニ相疑ひ罷在、彦次郎へ遺恨を含、既無宿五郎太夫ト申候もの武家素性ニテ武術心掛有之を見込、同人出牢之節彦次郎を討果呉候様相頼、じゆばん之半襟《エリ》を引裂遺恨之次第を筆記、親族へ遣呉候様五郎太夫へ相頼候を、相牢囚人密訴いたし及露顕、遠江守吟味之上右一条も相分り候儀之処、幾之助義元来悪才有之佞弁理口強情ものニテ、既自分掛りニ相成、右一条も口を替候故申諭承伏いたし候得共、江戸表へ差出ニ相成候ハヽ、如何様之儀可申立哉も難斗候故、甲斐守方へ引渡候節同人心得之ため別紙之通り書取ニいたし内状を添差遣、承知之趣返書も差越安堵いたし居候処、今般別紙之通呼出申来り、当組ハ彦次郎壱人ニ候得共、東組ハ重立候もの数人之儀、御用向必至ト差支候次第当惑之至候、東西両組ト相分り居候得共、都テ之儀両組申談取斗候儀ニ付、一方ニ万端心得候功者成もの壱両人不罷在候テハ万事差支候処、東組ニテ中嶋豹三郎・朝岡助之丞、当組ニテ彦次郎、右三人不罷在候テハ入組候御用向・御貸附改革等之類ハ礑ト差

支候故、表状へも御用向引継候迄猶予之儀申遣、我等よりも彦次郎差出候義延引可致趣、別紙之通内状遣候儀ニ候、先達テ甲斐へ遣候書取を一覧被致候得ハ事柄相分り候儀、畢竟吟味役人不行届故右様之次第ニ成行候儀、扨々歎息之至候

（後略）

(24) 天保十五年六月七日　六郎左衛門宛書状

（前略）

○去月廿三日願之通上納金五拾両被　仰付候旨被申越候趣、日記之次第トモ致承知候、依之我等上納金之儀も取調候処、去ル戌年（天保九）西丸御普請之節先ン役跡部能登守ハ高三千石、堀伊賀守ハ高弐千五百石之処、能登守ハ百弐拾両、伊賀守ハ百両高割上納之外上納いたし度趣相願、其節在府長崎奉行戸川播磨守ヨリ奥御右筆へ引合之上、振合不宜由ニテ掛紙いたし差越候ニ付、猶又認直シ両人共高割之外金百両ツヽ上納いたし度趣相願、願之通名代佐渡奉行篠山十兵衛名代相勤候由へ被仰渡、高割上納ニハ不及段御書取を以被仰渡候趣書留有之候、依之同役并堺奉行永井能登守へも申談、先例之通金百両ツヽ上納之積り相決、我等・同役連名之伺書并永井能登守進達書共、本紙并進達相頼候在府同席扣共別紙相廻候間、其許ヨリ当時在府之遠国奉行之内へ相頼可給候当時ハ日光奉行中坊駿河守・羽田奉行田中一郎右衛門両人斗りト存候、但先例跡部・堀伺書左之通

越前守殿
上納金之儀奉伺候書付
跡部山城守
堀伊賀守

西丸御普請ニ付、万石以下之面々へ上納金被　仰付候間、為冥加増上納仕度内願ニ御座候処、猶又厚御沙汰も有之奉恐入候得共、可相成儀ニ御座候ハヽ、御書付面高割之外金百両ツヽ上納仕度奉存候、願之通被　仰付候様仕度、此段奉伺候、以上

（天保九）閏四月

跡部山城守
堀伊賀守

右之通認有之、右書面ニ猶又厚御沙汰も有之ト申ハヽ、戌五月廿七日越前守殿御渡御書付ニ

此度西丸御普請ニ付、万石以下御役人上納金相願候

面々も有之候、誠ニ非常之儀故左様可有之ハ勿論之事ニ候、乍去無拠訳ニテ累代之借財等有之輩なと、同役之内上納金相願候ニ付テハ其侭ニハ難罷在抔ト之意味合を以上納金上納金いたし候トも、往々御奉公難勤続退役等相願候様ニテハ、却テ忠節ニ不相成、思召ニも不応事ニ候、たとへ同役之内上納金相願候トも、格別身上不如意之者ハ触面之通上納候得ハ、少シも其身之恥辱等ニ不相成儀ニ候間、末々永く精勤之儀を心掛候様有之度事ニ候、右之趣各及噂候段、万石以下之御役人へ無急度可被達置候事

右之通最前相達候趣も有之候間、触面之外別段上納金不相願候トも不苦儀ニ候処、触面之割合ヨリ聊員数相増、或ハ借財多之輩なと無理成才覚を以金子手段いたし上納金相願、右ニ付テハ如何敷次第も有之哉ニ相聞候、左候テハ前書相達候趣意ニ齟齬いたし候間、自分之名聞ニ拘、上納金相願候儀ハ不可然候、此段各申候段猶又万石以下御役人へ早々可被達候事

右御書付之趣も有之候故、猶又厚キ御沙汰も云々ト認加候事ト被存候処、今般ハいまた右様之御沙汰も承知不致事故、我等心付ニテ右文言ハ相除候義ニテ、且右様之御沙汰も不承上ハ、伺書ニも不及願書ニいたし可然哉トも存候得共、高割上納金被　仰出候を増上納相願候儀ハ全く為冥加を存候寸志ニ付、差付願書差出候も却テ恐入候趣意ニ有之候間（其許願書ハいまた高割上納不被　仰出以前ト被存候）、殊先役之振合も有之儀ニ付、旁伺書ニ取調差出候間、此段も為心得申進候

（後略）

(25) 天保十五年六月十四日　六郎左衛門宛書状

（前略）

○御普請殊之外御急キ之由、日記之趣ニテハ焼土入替混雑見るが如く、扨々歎息之至ニ候、当地ニテも銅瓦延方殊之外御急キ之趣、御勘定所ヨリ掛合ハ勿論、大炊頭殿ヨリも厳敷御沙汰、銅瓦八十万枚七月中迄出来立候様ニト之儀、当月上旬被仰越候趣御城代ヨリ達有之候得共、是等ハ誠以無理成被　仰出ニテ、銅打延候儀素人ニハ出来不申、延職人も人数限りも有之、殊暑気之時節火業ニ付終日不休ニ打延候儀ハ難相成、御沙汰之通ニテハ一日

ニ壱万三、四千枚も打延引不申候テハ難相成、然処壱人ニテ何程出精いたし候テも七、八十枚ならでハ出来不申、然ハ百人ニテ七、八千枚程も出来候儀之処、人数中々以右様ニハ無之、迚も人力ニ不及儀、其上銅瓦ハ御屋根迄出来候上御入用之品ニ候を、右様被仰下候儀ハ無油断様ニト之儀ニも可有之候得共、余り不相当之儀、第一御材木御有合有之御間ニ合候事ニ候哉更ニ難解候、焼土入替右様御急キ之様子ニテハ土用前相済候事ニ候哉、当時銅座詰支配勘定丸橋金之助ハ随分理口ものニ候得共、若年ニテ甚当惑之様子、泣出シ不申迄之体、扨々苦々敷事共、銅瓦出来之分壱万三千枚百箇、昨朝出船為致候、右一条も彦次郎大骨折ニテ、■《右》程にも至り候儀ニ候処（土瓦・御石等之儀も為取斗候）呼出催促申来当惑至極、推察可有之候

但　御本丸御普請之御模様、其許ハ掛りニ無之事故委敷事ハ被弁間敷候得共、地形出来いつ頃御建前ニ可相成抔ト申義、凡之所被及承候趣、追々為心得被申越候様いたし度候、銅瓦延立方ハ我等重モニ引請取扱候儀ニ付、御普請出来万一御間ニ合不申様ニテハ不相済儀、尤本文ニも申進候通日数・人数等之限りも有之事故、御威光ニテも難出来義ハ不及是非候得共、余り前広ヨリ山を掛候テ之御沙汰故、掛り下々迄も信用不致気味も可有之哉ニ付、御普請捗取之様子ニ付《寄》又工夫も可有之哉に付、旁追々御模様被申越候様いたし度候、第一御材木伐出ニ不及相済候事ニ候哉、其次第被及承候趣可被申越候

（後略）

(26) 天保十五年六月二十四日　おせち宛書状

此せつハよほどあつく成候得共、昨年程ニは無之候、江戸も同様と存候、下女が伝言致承知候、三郎怪我せぬよふ、火の用心の事、いと・つなへもよく〳〵可被申付候、以上

御文給り披見いたし候、つよき暑さニ候得共、六郎左衛門始息才（災）一同無事のよし目出度そんし候、六郎左衛門は御用多ニ付、書状さしこし不申由、承知いたし候、此方も土用ニ入追々暑気強く、我等も少々中暑ねびへの気脈にてふくあいあしく、早速薬用追々快く、もとよりさし

たる事ニハ無之、順三郎・正一郎無事、その外下々迄相
替儀なく候、あんしんあるべく候
一献上もの無(事脱)御着のよし、あんしんいたし候
一献上物箱ニかひ巻等入候儀ニ付被申越候趣、致承知
候、しかる所右は明キ箱の事故、下帯・たび抔ハよろ
しからず候得共、その余のしなハ入候てもくるしから
ず候、たとへハなんばんはつち・股引抔もあたらしき
分は、くるしかるまじく、しかし可相成ハ右様の品ハ
入ざるがよろしく候
一三郎・おたつ丈夫のよし、一段の事ニ候、三郎泉水へ
かかり候儀はあぶなく、随分用心可被致候、うばへも
申付可被心付候
一なめ物ハ余り用ひ不申候、尤此方ニて貢ニ申付、少々
為掙候間、留守宅ニて掙へ候ニハ不及候、其余は重便
ニ可申進候

めてたくかしこ

六月二十四日　久須美佐渡守

おせち殿

人々御返事

別紙

別紙披見致し候、去ル十三日は智性院一周忌相当、扨々
早き事ニ候、右法事のせつ香でん可遣処、おそく心付候
故其儀ニあたわず候、定て其表ニて代香等よき様被取斗
候事と存候、右ニ付ては常証院義を存出候との儀尤ニ
候、我等も五月十八日朝を暇乞《ごひ》と存あきらめ、その後の
事ハ文通のみにて、眼前見および不申候ゆへ、却てよろ
しく候、此方ニテハ一ト月替ニ月番相勤候ゆへ、別テ月
日の立候儀早く覚申候、当月ハ土用見廻ニいろ〳〵到来
物有之候ゆへ、仏壇へ順三郎存知ニテ同人持参の常証院
位牌《いはい》を置、何品ニよらず至来物之前へ備へ、取始末《しまつ》いた
し候儀ニ候、存命達者ニ候ハバ嘸〳〵世話いたし候儀ニ
可有之と存候事ニ候、かしこ

六月二十四日　佐渡守

おせちとの

(27) 天保十五年七月十一日 六郎左衛門宛書状

（前略）

○御普請弥御急キ之由、御休息御小座敷等追々御柱立之由、御材木ハ西丸御普請之節刎除候御不用之分も此節ハ御用ニ相成、夫故御在合御材木不足之分ハ、御買上ニテ可なり御間ニ合候ト之風評之由、奥向等木品御撰無之段ハ至極結構恐悦之至、御表之方ハ何卒以前ニ劣り不申様いたし度事ニ候、浜松侯御再勤ニ付、右大将様二丸へ仮御住居、御普請も聊御ゆるやかニ相成候抔ト申儀ニ候ハヽ、被申越候通り本道之御政事恐悦ニ候得共、持前性急猛烈之御気質故、中々以右様之儀ニハ至り申間敷、去月十九日日記写之趣ニテハ、十八日被為　召候処不被出ニ付　公方様ニも云々ト之儀、恐入たる事共、右様之御場合ニ候上ハ御普請格別御差急キニテハ不宜ト之趣意、御諫言被仰上候ハヽ、御取用ニも可相成哉之処、右様之風評も無之上ハ一応御辞退有之候趣意難解、やはり烈敷御取斗之御見込ニ可有之哉、身分ニ不預事なから、差当り銅延立等ニ当惑之次第可被察候、且御普請之御模様可被申越旨致承知候

（後略）

(28) 天保十五年七月二十一日 六郎左衛門宛書状

（前略）

○御普請御小座敷御休息を始御小屋組出来、御表も御黒書院中ノ間辺抔都テ上小屋出来之趣《由》、佐々木近江申聞候ニハ、何卒奥向ハ十一月初ニハ御上家不残取払、御内造作斗ニ相成候様いたし度、銅瓦も小普請奉行持場御断之分百八十万枚程之旨申聞候由、御普請ハ弥御急キ之趣之由、委細被申越候趣心得ニも相成候儀ニ候得共、不審解兼候廉、左之通

一大坂表ニテ打延方被仰渡候銅瓦八拾三万枚余ニ有之、残り百万枚程ハ江戸表ニテ延立ニ相成候儀ニ候哉、右延立方当所之分当七月中迄ニ出来候様候御心得を以、職人多人数差出延立候様ニト之儀、御老中方ヨリ被仰越候段六月二日御城代ヨリ達有之候得共、日記ニあらまし認候通、右延方ハ素人ニハ更ニ出来不申、銅延職ト申ハ余業ト違ひ素々多人数ハ無之候故、本職其外類職都テ鍛冶屋之類なり取集去ル戊年ニハ仲間組合有之候故、都テ職人之人数等直ニ相分り候得共、当時ハ仲間組

合無之候故人数取集ニも日合相掛り候銅座へ引渡、扨又彦次郎存付ニテ銅座之手を離れ、惣年寄共ニ世話為致類集〔職〕・休職之もの共取集、双方ニテ為打延候ハ、励合ニ可相成ト、銅座詰支配勘定へも打合、追々穿鑿之上願出候もの共へ別段延方申付候処、双方之励ニ相成出来方も相増候得共、惣体ニテ一日ニ五千枚余ならでハ出来不申故、七月十六日迄ニ出来之分、江戸へ廻シ候分差引いまた六拾万余有之、是迄之出来方ニテハ凡十一月廿〔三〕七日迄相掛り候日積りニ有之、然処小普請方持場斗百八拾万ニテハ、百万程ハ江戸ニテ出来候義ニ可有之、勿論江戸ニテハ焼銅等延立候事故〔之由ニ付〕、新規ト違ひ格別手廻シ可宜候得共、京都延職人等銅座役人ニ准〔格歟〕シ候松田甚兵衛ト申もの引纏帰府いたし候儀ハ、当月初旬ニも可有之哉、然ハ盆後ならでハ取掛りニ相成間敷、夫ヨリ十一月迄ニ百万枚程之延立出来可申哉難解候

但床壱ヶ所ニ横座ト唱、焼候銅板を鋏ニテ取扱候もの壱人、是ハ頭取ニテ、功者ニ無之候テハ難出来、上手下手ニテ出来数多少格別ニ有之由、槌を打候もの四人是ハ鍛冶職之ものニ候得ハ出来候由ニ候、得共、しかし素人ニハ更ニ難出来事之由、フイゴを吹候もの壱人、是ハ事馴候得ハ素人ニも出来可申哉、其外洗ひ・磨等いたし候もの三四人も掛り候儀ニ付、一床ニ五人ハ事馴其類職之ものニ無之候テハ難出来候故、当時銅座之方ニ四拾余床、惣年寄引請之方ニ弐拾五床内拾床ハいまた道具調中、ニテ、延立取掛り不申候、其外堺・兵庫等ニテも為打延候儀ニ候、先日見廻り之節及見候趣ニテハ、炎暑之時節風あたり不申様小屋補理候場所ニテ火業いたし候事故、骨折難渋之程不堪見《みるにたえざる》事共ニテ、五日ト続候ものハ無之、三日続候得ハ一両日相休候義、夫を押テ働キ候ものハ直ニ煩ひ候故、引請人共ハ職人共へ夫々賃銭之外ニも手当いたし遣、

心配いたし候由ニ候

右之次第ニ付、何程せり立候テも存分ニハ捗取兼心配いたし候事ニ候

（後略）

(29) 天保十五年八月二十一日 六郎左衛門宛書状

（前略）

○銅瓦員数不審之儀ニ付申進候趣〔儀ニ付〕被申越候次第承知、江

戸表ニテも古銅吹所ハ多人数集り、其外市中散在之銅職之分、御用桃灯を出シ多分銅延立方いたし居候由、当地銅瓦八十三万余十一月廿三日頃迄ニ出来之義、四郎被及聞、速成事之由被申候由大慶之至、然処十一月廿三日頃迄之出来ニテハ御間ニ合不申候間、九月中不残当地出帆ニ相成候様工夫いたし羅詰候テ頃合申聞候様、自分共へ可相達、銅座へハ御勘定奉行ヨリ委細相達候趣、御老中方ヨリ被仰越候旨、去ル十四日御城代ヨリ達有之候、依之彦次郎ト及談判、此上ハ賃銭割増いたし為励候外無之候処、同人存付ニテ、銅職ニ不拘鉄鍛冶之類へ御役所ヨリ申付候ハヽ、よき手際ニハ出来間敷候得共、ふいご等ハ有之儀ニ付、ヶ成ニハ出来可申哉之由、尤之儀ニ付、惣年寄へ申付早々為致穿鑿候処、大坂三郷ノ内鉄鍛冶職、北組ニ三十四人、南組ニ四拾人、天満組ニ十四人、都合八十八人有之候故、右之もの共へ御用之趣を以申付追々請いたし候得ハ、第一打延候道具無之差支候故、早々銅座ニおゐて道具代貸渡等之儀申談、去ル十七日ニハ銅延所見廻り、親方株之もの共へ我等直ニ利害申諭、夫ヨリ銅座ニ罷越、同所詰支配勘定丸橋金之助、御普請役等へも御用弁之儀品々申談候儀ニ候

（中略）

元来十一月廿三日頃迄ニ皆出来ト申上候段ハ、去月中迄之出来方日割を以申立候儀ニテ、其後惣年寄引請之方追々床数相増、此節ハ日々五拾箇程ツ、七千枚ヨリ八千枚余迄船積為致候義ニ付、当時之振合ニテも十月廿日過迄ニハ皆出来ニ可相成候処、右鉄鍛冶共之手際次第ニテ猶日数も詰り可申哉、何卒十月初旬ニハ皆出来之様いたし度、種々工夫勘弁いたし候事ニ候

（後略）

(30) 天保十五年九月二十五日　おせち宛書状

御文給り披見いたし候、追々冷気ニ相成候得共、六郎左衛門始一同無異のよし目出度安心いたし候、先以今般六郎左衛門儀不存寄結構御役替被　仰付、おなし御事ニめうが至極難有仕合奉存候、当方ハ御先手与力より御取立ニ相成候処、御先祖へ対し本望至極ありがたく、殊部屋住勤にて千五百俵の高ニ被成下、勤向ハゆるやかニ相成、当人も大歓のよし、我等ニおいても大安心いたし

候、早速返事も遣度候得共、当月は月番にて御用多く、そのうへ役替ふいてうの書状も多く延引いたし、そもしとのニも御悦の事ニそんし候、猶おまく可申遣候
めてたくかしこ

なを〳〵おい〳〵寒冷ニ相成候得とも、我等ハ冷気得手ニ付、此せつハ聊申分なく精勤、順三郎・正一郎もそく才ニテ安心あるべく候、以上

久須美
九月二十五日認之　佐渡守

おせち殿

(31) 天保十五年十月五日 六郎左衛門宛書状

呈書差立候ニ付申進候、其許始一同無異ノ儀ト目出度存候、我等始一同無別条候、安心可被致候

一昨四日四時頃御城代ヨリ御用之儀有之候間、只今罷越候様申来、即刻罷出候処、御用之儀有之候間、四五日之支度ニテ不及差急、道中も常体之日積りニテ参府可致旨、御老中方ヨリ被仰越候段被申渡御奉書御渡、拝見之上、御用之程ハ難斗候得共難有仕合之旨御礼申述退散、委細日記ニテ承知可有之、難有仕合奉存候、依之所々へ吹聴いたし候事

右御請之呈書、今日御城入之節持出宿次へ差込之儀相頼、外ニ御老若御用御取次之呈書今便差遣候間、夫々配達可有之、委細ハ用部屋へ申遣候筈ニ候

一参府入用之儀、先例も有之候故、御貸附銀三拾貫目拝借願書今日同役を以御城代へ差出、即刻相済申候、凡五百両ニ候、此返納方ハ先役等之振合も年賦相成申候、尤佐州并当所へ之拝借金相済候上欤ト覚申候

一当冬御切米・御役料も今日相渡り候筈ニ候、大概払米ニいたし候得ハ、三百五拾両余ニも可相成、左候得ハ都合八百五拾両余ニ相成候得共、我等御切米等ハ此上請取候ものハ無之、三千俵高ニ相成候得ハ、却テ弐百拾四俵壱斗返納ニ可相成哉ニ付、供立等も可成丈ケ少（省）略いたし候得共、多分之入用心配之事ニ候

一順三郎・正一郎ハ勿論、供之外ハ不残居残り候事ニ候得共、我等江戸着来廿日、同日朝御用番へ罷出伺之上直ニ登　城、多分廿四日頃御用も可相分、即日欤翌日其段当地へ申越、夫ヨリ支度いたし引払候事故、来月

上旬残り之もの共引払ニ可相成、夫迄之飯米ニテ跡ハ不残払候事故、其許御切米いまた不請取候ハヽ、右御切米之内ニテ飯米ニ入米いたし置可然、是迄当所入用高凡積り用部やへ申遣候様、左伝次へ申付置候

一弥来ル八日出立、門前ヨリ船ニテ淀川を登り、同日ハ伏見泊り、別紙日割之通十九日品川宿着、翌朝未明ニ同所出立、芝・赤羽辺ニテ麻上下ニ着替、御用番当月ハ備前守殿ニ可有之哉ト存候得共、聢ト不相分候間前日品川宿迄御用番御名前可被申越候・御老中方へ罷越登　城之儀相伺、登　城いたし候様御差図を請廻勤之上、刻限見斗ひ御上り余程前ニ登　城いたし候手続ニ有之候

但当時西丸之儀、仮談所・御勘定所等更ニ不弁不案内之儀ニ付、徒歩ニテも早く登　城待請居案内いたし候様、兼テ被申談置候様いたし度候

一陸尺手廻り等、通シ日雇ニテ引請候分ハ品川宿迄ニテ、御府内ハ不立入事之由、依之徒士・陸尺手廻り等、江戸ヨリ前日無間違、品川宿へ差越候様可被取斗候、委細ハ家老・用人共ヨリ用部や迄可申遣候得共、右ハ間違候テハ差支候間、為念此段申進候

一去ル二日付之書状相届候ハヽ、三郎太郎嘸かし悦ひ候事ト存候、我等も無程久々ニテ逢可申ト大楽しみニ候

一品川ハ未明ニ出立之義、前夕ハ翌朝之支度等取込可申候間、親類中ハ不及申、都テ出迎等ハ堅く断可然候

一芝・赤羽根建場ニテ麻上下ニ着替、候テハ夫ヨリ平日之供立ニテ供ハ野服之由登　城中、供之ものも股引等も取候事之由、是等ハ外振合ニテ承知之事ト存候得共、為念申進候

右可申進如斯ニ候、最早別段書状ハ遣申間敷候、此節之取込甚賑々敷混雑いたし候儀ニテ、弐ヶ年ニ父子両度之御役替ハ実ニ未曽有之儀、世間ニテも嘸取沙汰いたし候儀ト被存候、偏父祖之御余徳、扨々難有事ニ候、以上

十月五日酉ノ下刻認　　佐渡守（印）

六郎左衛門殿

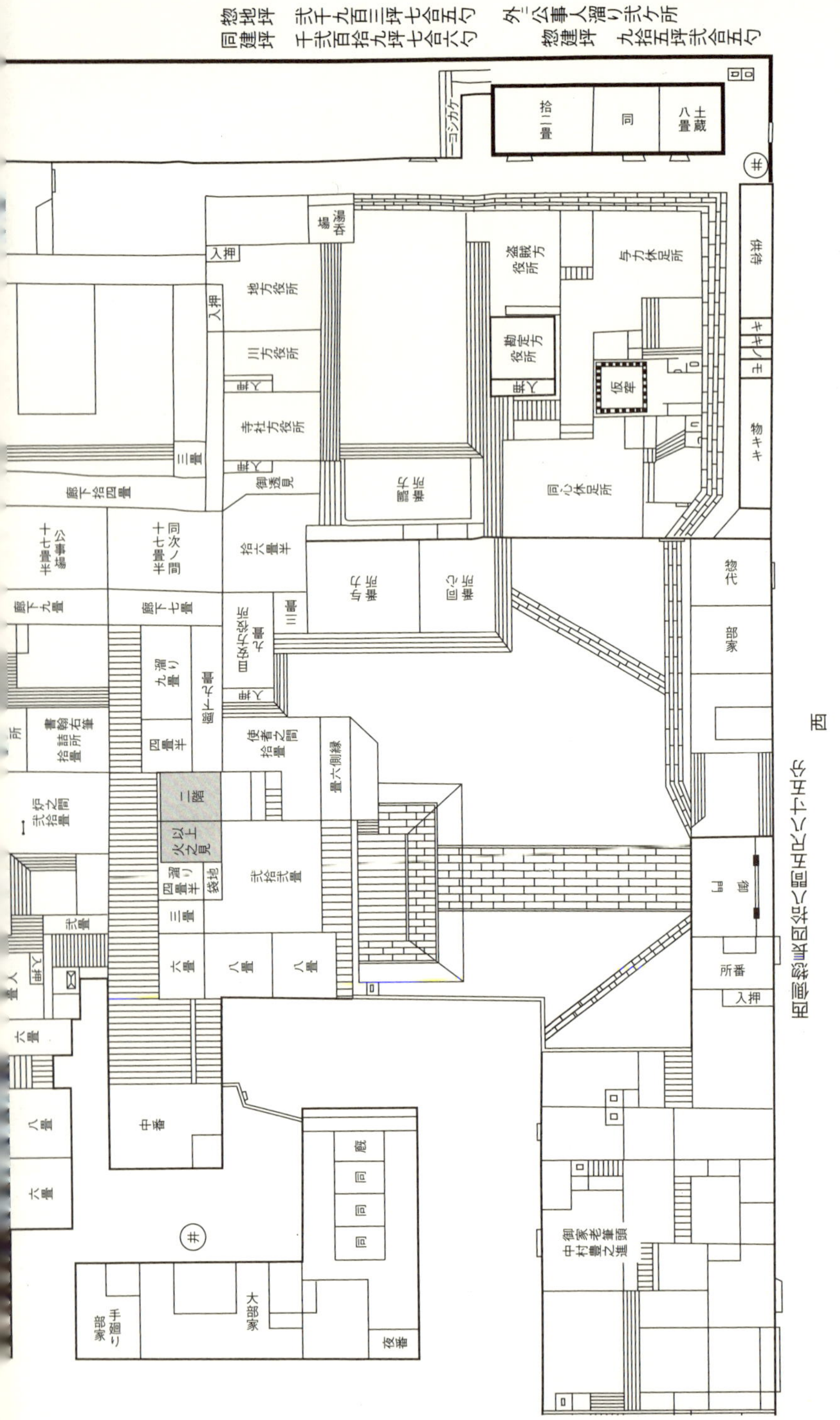

大坂西町奉行所図　（藪田貫編著『大坂西町奉行新見正路日記』より転載）

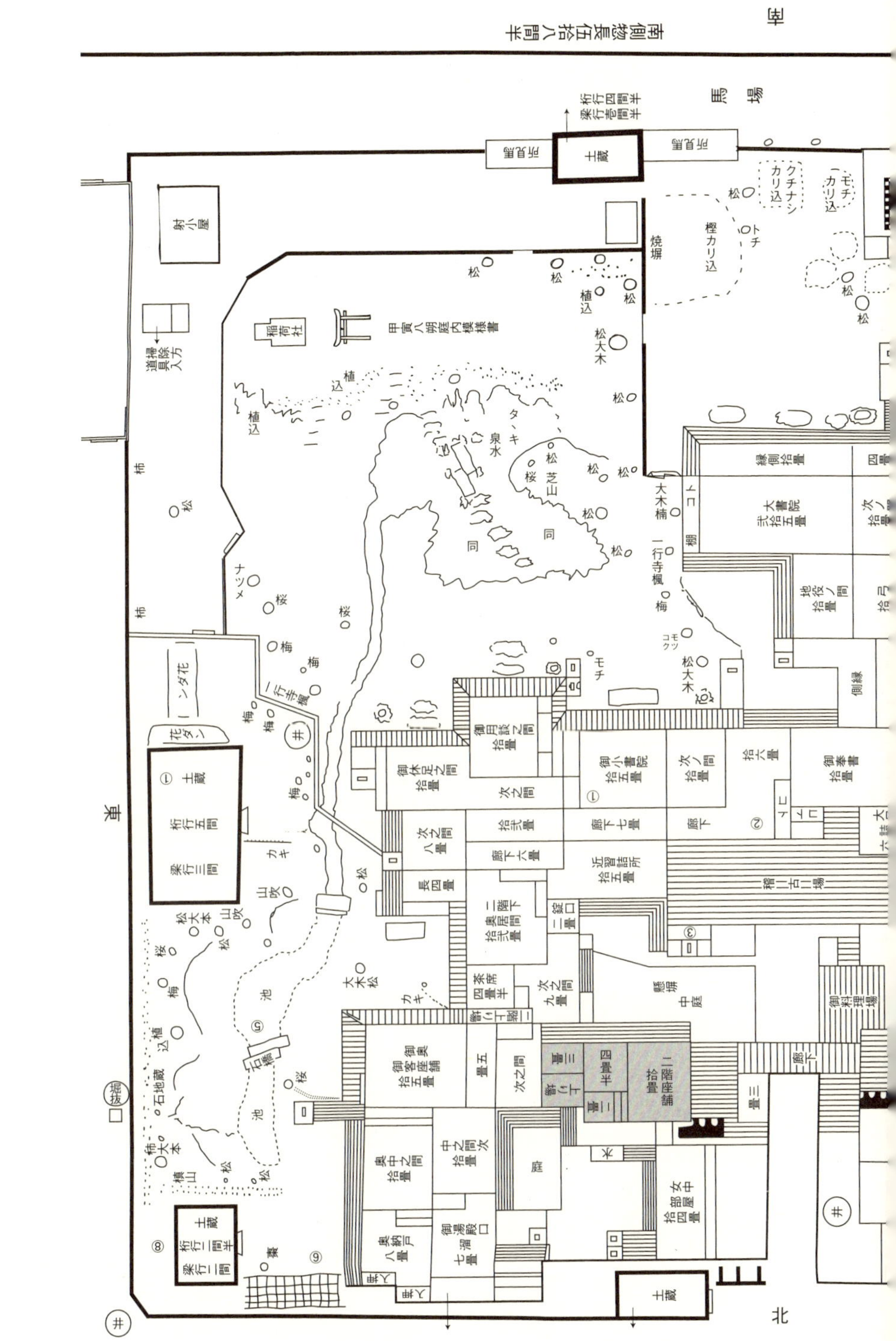
南側惣長伍拾八間半
南
東
北
馬場
馬見所
土蔵
桁行四間半
梁行壱間半
射小屋
道掃具除入方
稲荷社
甲寅八朔庭内模様書
泉水
築山
池
石橋
石地蔵
花ダン
土蔵
桁行五間
梁行三間
土蔵
桁行二間半
梁行二間
縁側拾畳
大書院
弐拾五畳
地役ノ間
拾畳
御用談之間
拾畳
御休足之間
拾畳
御小書院
拾五畳
近習詰所
拾五畳
稽古場
中庭
御料理場
御客座鋪
拾五畳
二階座鋪
拾畳
女中部屋
拾四畳
御湯殿
七畳
奥納戸
八畳

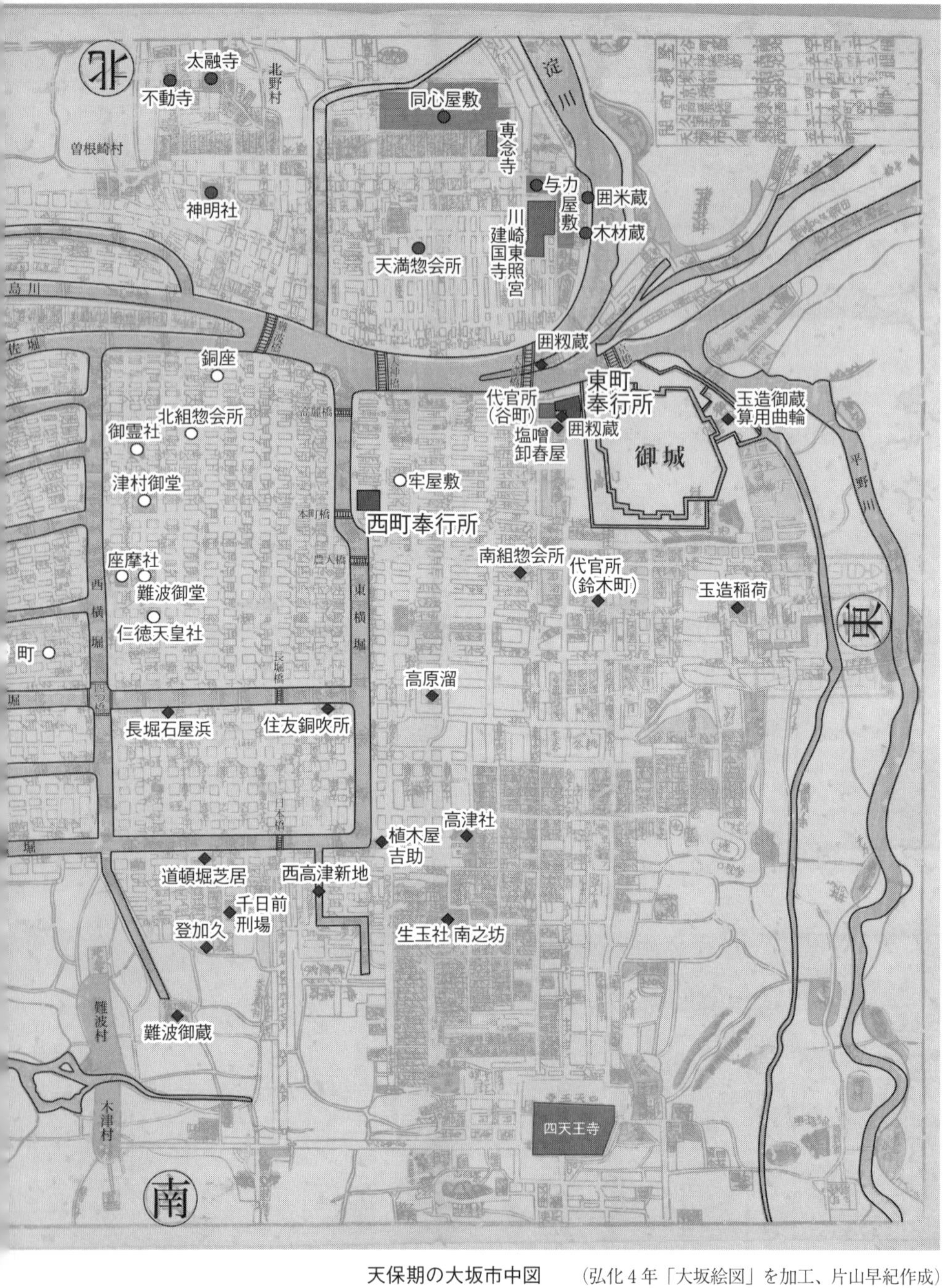

天保期の大坂市中図　（弘化４年「大坂絵図」を加工、片山早紀作成）

図中の記号は、大坂町奉行就任後の市中巡見で訪れる箇所を示す。
　久須美の市中巡見○ 1 度目（北組）
　　　　　　　　　● 2 度目（天満組）
　　　　　　　　　◆ 3 度目（南組）
なお、巡見ルートはほぼ固定されていたと考えられるが、「浪華日記」では行程の記述に大幅な省略があるため、「大坂御役所初入心得方」（大阪市史史料第79輯『大坂町奉行着任時関係史料』大阪市史編纂所、2014、所収）によってこれを補った。

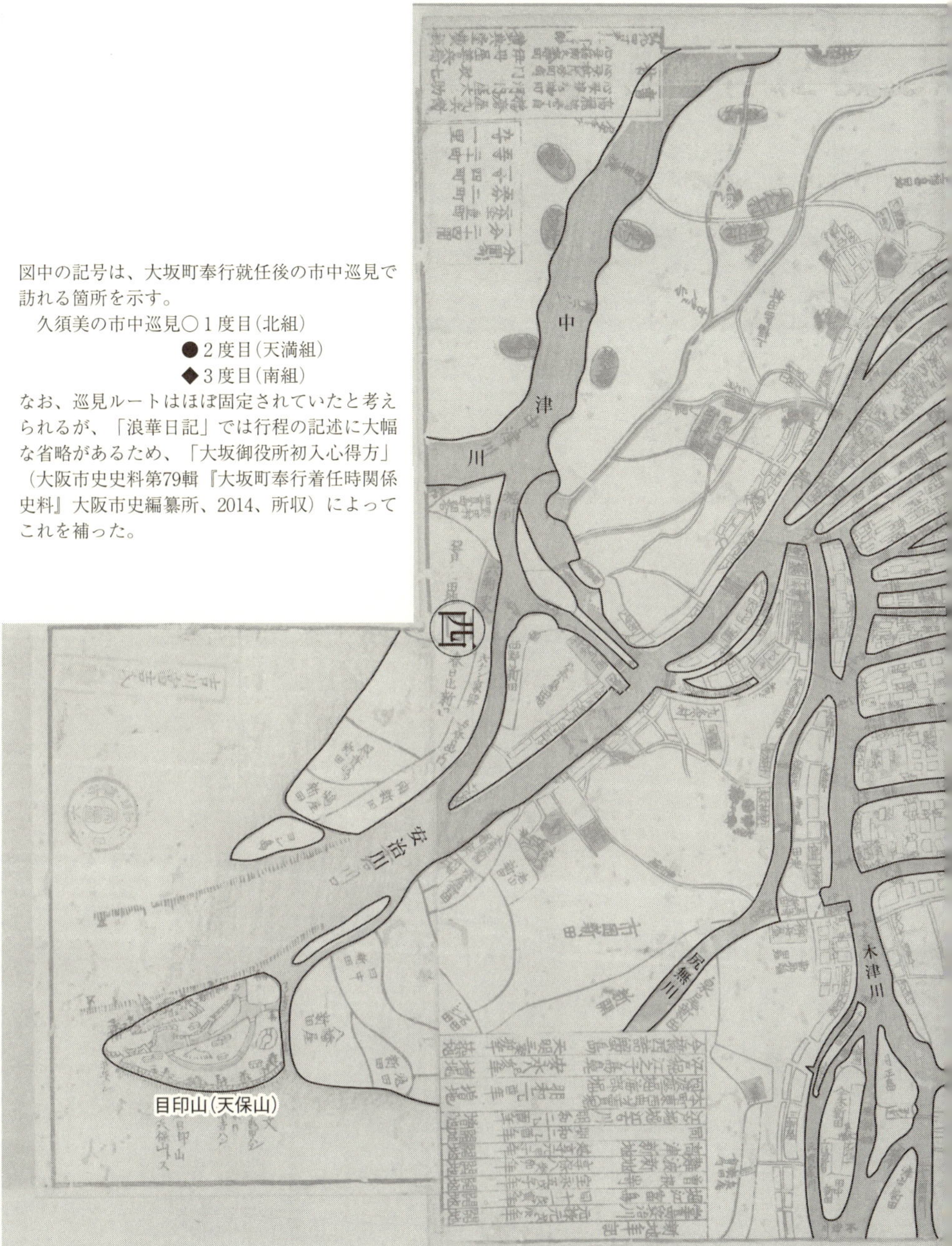

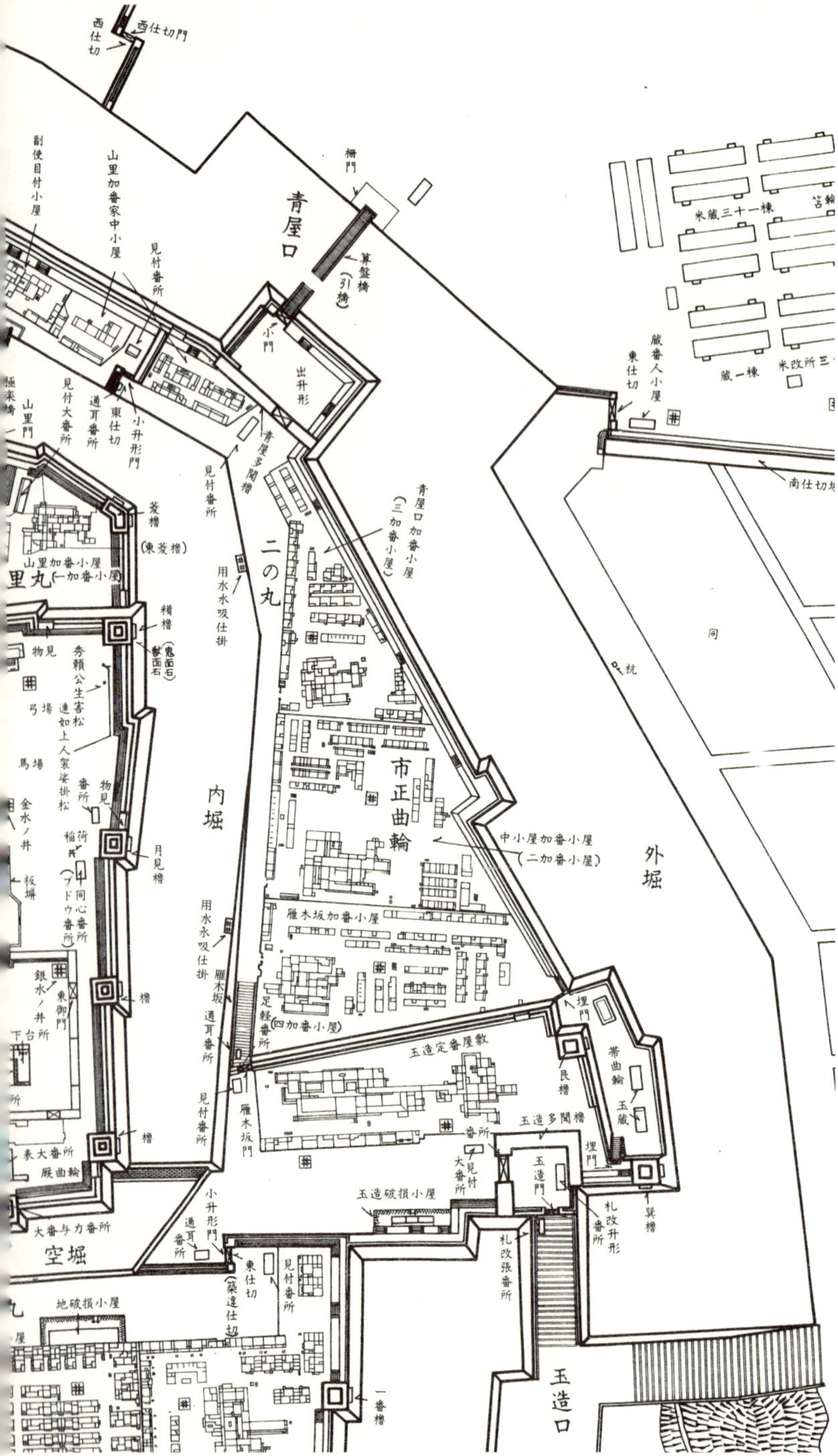

近世後期の大坂城図　（志村清氏作成）

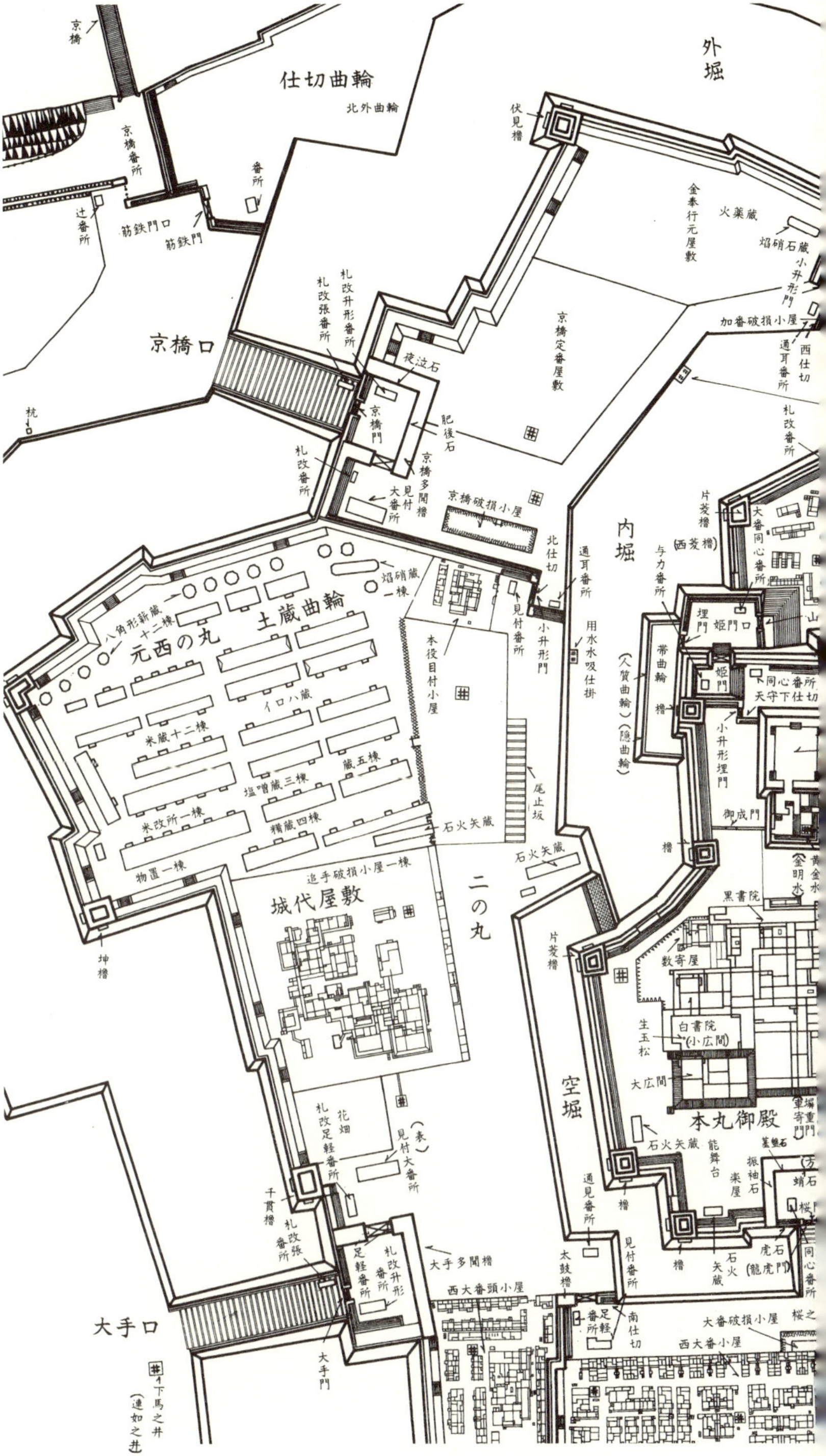

仕切曲輪
北外曲輪
外堀
京橋
京橋番所
辻番所
筋鉄門口
筋鉄門
番所
伏見櫓
金奉行元屋敷
火薬蔵
焔硝石蔵
小升形門
加番破損小屋
西仕切
通耳番所
札改番所
京橋口
札改升形番所
札改張番所
京橋定番屋敷
蛸泣石
京橋門
肥後石
京橋多聞櫓
見付大番所
京橋破損小屋
杭
北仕切
通耳番所
内堀
片菱櫓
(西菱櫓)
与力番所
大番同心番所
埋門
姫門口
姫門
帯曲輪
(人質曲輪)
(隠曲輪)
同心番所
天守下仕切
小升形埋門
御成門
焔硝蔵一棟
八角形新蔵十二棟
元西の丸
土蔵曲輪
本役目付小屋
見付番所
小升形門
用水水吸仕掛
イロハ蔵
米蔵十二棟
蔵五棟
塩噌蔵三棟
米改所一棟
糒蔵四棟
尾止坂
石火矢蔵
物置一棟
追手破損小屋一棟
城代屋敷
二の丸
坤櫓
片菱櫓
黒書院
黄金水
(金明水)
数寄屋
生玉松
白書院
(小広間)
大広間
空堀
本丸御殿
石火矢蔵
能舞台
楽屋
振袖石
蛸石
札改足軽番所
花畑
見付大番所
(表)
千貫櫓
札改張番所
通見番所
櫓
石火矢蔵
虎石
(龍虎門)
桜之門
同心番所
足軽番所
札改升形番所
大手多聞櫓
太鼓櫓
見付番所
西大番頭小屋
南仕切
足軽番所
大番破損小屋
西大番小屋
大手口
大手門
下馬之井
(連如之井)

天保十五年年頭在坂武士一覧表（浪華御役録）

大坂城代	青山忠良丹波篠山
家老	堀内弾右衛門　浦山与右衛門
番頭	大原源右衛門　高木権兵衛
公用人	山室弥兵衛　河野五郎左衛門　服部源左衛門　市野環
取次	太田三郎左衛門　堀内善太夫　箕浦敬三郎　水澤幸太左衛門
定番（玉造口）	酒井忠毗越前敦賀　天保14年12月15日迄
家老	加藤弥左衛門
公用人	三浦多仲　都筑又右衛門　武川蜂輔
取次	石川藤吾　野口文太夫　安藤喜内
定番（玉造口）	米津政懿出羽長瀞　天保14年12月28日より
家老	大崎弥一郎
公用人	関　轍　小原作左衛門　渡辺金四郎
取次	石橋平太　国藤兵馬　町田鋳次郎
定番（京橋口）	米倉昌寿武蔵金沢
家老	新倉与右衛門
公用人	戸田吾八郎　川上猛次郎　今蔵熊蔵
取次	関根半平　茂呂為亮　根岸弥一郎
大番頭	天保14年7月迄　（東）高井式房　（西）酒井忠文
	天保14年8月より同15年7月迄　（東）小笠原信名　（西）大岡忠愛
	天保15年8月より　（東）朽木綱常　（西）遠山景高
加　番	天保14年7月迄　（山里）朽木綱張丹波福知山　（中小屋）分部光貞近江大溝　（青屋口）京極高景丹後峰山　（雁木坂）前田利豁上野七日市
	天保14年8月より同　15年7月迄　（山里）大久保忠保下野烏山　（中小屋）土井利祐三河刈谷　（青屋口）柳沢光昭越後黒川　（雁木坂）田沼意尊遠江相良
	天保15年8月より　（山里）松平信宝出羽上山　（中小屋）水野勝進下総結城　（青屋口）松平正和上総大多喜　（雁木坂）内藤正敏陸奥湯長谷
町奉行（東）	水野忠一
	家老　有地源二兵衛　根岸林蔵　公用人　髙橋真兵衛　春見文右衛門 取次　常峰逸平　吉見伊之助　大目付　山内八郎　書簡　三輪彦三郎
町奉行（西）	久須美祐明
	家老　塚越左伝治　平井左五郎　公用人　所猶人　野々村治平 取次　渡辺源之進　杉山与市　大目付　松下古助　書簡　嶋田其右衛門
船奉行	本多成孚　天保15年3月9日迄
	甲斐庄正誼　天保15年4月1日より

堺奉行	伊奈忠告　天保14年６月28日迄	
	永井尚徳　天保14年７月28日より	
破損奉行	宮寺五平次　金井伊太夫（天保14年７月頃迄） 杉浦重郎兵衛　土屋四郎兵衛（天保14年７月15日より）	
弓奉行	鈴木次左衛門　石川良左衛門	
鉄炮奉行	西井源次郎　安食善之丞	
具足奉行	鈴木次左衛門　祖父江孫助	
金奉行	近山藤四郎　安食善之丞	
蔵奉行	比留間兵三郎　池田庄太夫	
大坂代官	（鈴木町）築山茂左衛門	（谷町）竹垣直道
町奉行所与力	（東）	（西）
諸御用調役	荻野勘左衛門　朝岡助之丞	松井金次郎　内山彦次郎 田坂源左衛門
支　配	荻野勘左衛門　関根彦九郎 西田主税	松井金次郎　河方官右衛門 小川甚五右衛門
目　付	荻野勘左衛門　関根彦九郎	小川甚五右衛門　近藤左衛門 早川安左衛門
遠国役	荻野七左衛門 由比林三太郎 牧野平左衛門	早川安左衛門　弓削卯八郎 吉田覚之丞
勘定役	朝岡助之丞　中嶋豹三郎	内山彦次郎　近藤左衛門
寺社役	西田主税　吉田百輔 寺西瀧左衛門　八田衛門太郎	小川甚五右衛門　早川安左衛門 成瀬正兵衛　大森信之助
川　役	萩野勘左衛門　中嶋豹三郎 工藤左之助　八田伴右衛門	田坂源左衛門　近藤左衛門 大須賀元助　杉浦兵左衛門
地方役	朝岡助之丞　萩野七左衛門 磯矢頼母　由比弥三太郎	内山彦次郎　成瀬九郎左衛門 勝部与一郎
兵庫西宮上知方	工藤左之助　八田衛門太郎	田坂源左衛門　吉田覚之丞
吟味役	磯矢頼母　八田衛門太郎 浅羽太膳　工藤万三郎 中嶋元之進　朝岡盤吾	成瀬九郎左衛門　勝部与一郎 松井与五右衛門　近藤保太郎 三宅三郎右衛門　古屋源之祐
盗賊役	浅羽太膳　工藤万三郎　朝岡盤吾	松井与五右衛門　近藤保太郎 山本善之助
極印役	関根彦九郎　吉田百輔 金井塚与十郎	河方官右衛門　吉田覚之丞 寺西兵八郎

御金役・鉄炮改・糸割符	牧野平左衛門　片山駒左衛門	弓削卯八郎　仁木八郎左衛門
御普請役	金井塚与十郎　丹羽源十郎	三宅三郎右衛門　葛山久之丞
御石役	朝岡盤吾　丹羽源十郎	杉浦音五郎　寺西兵八郎 服部雄五郎
唐物取締定役	朝岡助之丞　萩野七左衛門 磯矢頼母　由比弥三太郎	内山彦次郎　小川甚五右衛門 成瀬正兵衛　吉田覚之丞
流人役	浅羽太膳	古屋源之祐
目安証文役	中嶋元之進　片山駒左衛門 丹羽定次郎　荻野左弥太 吉田輝太郎　八田種蔵	山本善之助　杉浦音五郎 松井辰之丞　小川虎之丞 大森隼太　大須賀鎌次郎
小買物役	桑原武四郎	内山逸之助
御蔵目付	丹羽竹三郎	安東保兵衛
火事役・牢扶持	片山駒左衛門　丹羽定次郎 関根三次郎	早川虎助　成瀬伝次郎
御塩噌役	西田千之丞	田坂直次郎
欠所役	桑原武四郎	吉田寛十郎
定町廻	吉田輝太郎　八田種蔵	古屋源之祐　伴直三郎
町奉行所同心	（東）	（西）
組　頭	近藤鍋五郎　福田柳左衛門 荒井角左衛門　市橋仁作 生田新左衛門	島田岡右衛門　横山弥次左衛門 佐川甚五左衛門　宇野良右衛門 森山権一郎
筆　頭	生田忠左衛門　中村蔵太 村上佐伝次　古市錠五郎 増田広之助	香川尉左衛門　青木官兵衛 石川順右衛門　横河米次郎 浦上章次
諸御用調役	近藤鍋五郎　市橋仁作 生田新左衛門	島田岡右衛門　佐川甚五左衛門 宇野良右衛門
寺社役	木村鎌一郎　田中一五郎 林直左衛門　山村小三郎	松岡平次兵衛　藤野織衛門 吉井作之右衛門　小野八郎
川　役	平山武左衛門　平山覚輔 横山厚五郎　蒔田仲右衛門 松浦純平	衣笠才右衛門　井上十二郎 二俣孫助　嶋田音右衛門 松浦豊次郎
地方役	中村蔵太　相谷虎之助 中村四郎五郎　人見八治郎 上田半吾	松浦助左衛門　清原光五郎 本間小馬作　中村衛門八 関弥次右衛門

兵庫西宮上知方	木村鎌一郎　上田半吾 山村小三郎	二俣孫助　小野十郎 関弥次右衛門
吟味役	北村三千蔵　中村四郎五郎 蒔田小十郎	市川茂久右衛門　小野十郎 嶋田左次馬　佐川豊左衛門
遠国役・極印役	北村三千蔵　生田駒之丞	福井定左衛門　清水亮輔
勘定役	中村蔵太　磯野伝左衛門 服部太郎左衛門	清原光五郎　嘉来佐五右衛門 森秋左衛門
御金役・鉄炮改・糸割符	蒔田丈之進	栗原猪之助　寺内彦右衛門
御普請役	渡辺保輔　福田茂左衛門	野口藤三郎　髙橋一元
御石役		河合善八郎
目安証文役	生田駒之丞　増田住次郎 近藤専五郎	清原佐一郎　井上市次郎 市川五郎兵衛
小買物役	三宅馬太郎	松岡儀之助
御蔵目付	山田五郎蔵	松浦一太郎
御塩噌役	木村房八郎	清原滝五郎
物書役	大橋太左衛門　岡本浦次郎 市橋虎三郎　渡辺定右衛門	松田三左衛門　中村仙左衛門 小森邑次郎　嶋田栄太郎
欠所役	渡辺定右衛門	本間久五郎
牢屋敷取締役	荒井角左衛門	島田左司馬
同詰合役	入江仙之助	横井磯四郎
高原溜取締役	福田柳左衛門　荒井角左衛門 村上佐伝次　生田忠左衛門 渡辺保輔	横山弥次左衛門　森山権一郎 香川林左衛門　石川順右衛門 浦上章次
町目付	平山覚輔	嘉来佐五右衛門
唐物取締定役	田中一五郎　相谷虎之助 木村鎌一郎　平山覚輔	松岡平次兵衛　関弥次右衛門 松浦豊次郎　島田左次馬 本間小馬作
火事役	市橋虎三郎　山内岩太郎 平山熊太郎	清原佐一郎　嶋田栄太郎 衣笠敬次郎
盗賊方御役所定詰方	田中一五郎　山村三千蔵 蒔田仲左衛門	佐川豊左衛門　嘉来佐五右衛門 松浦一太郎
盗賊改	渡辺定右衛門　木村房八郎 大橋太左衛門　三宅馬太郎 岡本浦次郎	市川茂久右衛門　栗原猪之助 河合善八郎　清原滝五郎 中村仙左衛門　小森邑次郎
定町廻	河合八蔵　平山丹次	松岡竹之助　松田光之丞

解題

久須美祐明と祐雋
―父と子の大坂町奉行―

藪田　貫

一

大坂町奉行で久須美といえば、久須美祐雋（在任期間は安政二年五月〜文久元年十二月）である。戦前、いちはやく随筆「浪花の風」が『近古文芸温知叢書』に収められ、その後、『日本随筆大成』第三期（一九二九年刊行）にも収録されたことで、ひろくその名を知られることとなった。安政三年（一八五六）の自序をもつこの随筆はまた、『大阪商業史資料』第七巻「大阪の沿革」に謄写の上で収められているが、同『資料』は、明治三十二年（一八九九）に編纂を企図されたものである。明治維新後ずいぶんと早く、東京と大阪で「浪花の風」が注目されていたことが窺える。その中に「浪花の地は、日本国中船路の枢要にして、財物輻輳の地なり、故に世俗の諺にも、大坂は日本国中の賄所とも云、また台所なりといへり」という一節があり、「天下の台所」大坂という言説とともに、随筆「浪花の風」が知られるようになったと推測される。

随筆「浪花の風」には、その元となる四冊からなる草稿「在阪漫録」がある。第一から第三冊までは、町奉行として在任期間中の安政四年四月から文久元年正月にかけ、折に触れて記録したもので、心覚え的である。それに比べ（安政三年正月起筆とある）第四冊は、大坂の風俗を江戸と対比して記し、孤立した体裁と内容を備えている。この四冊ものを小宮山綏介が浅草広小路の書店で入手し、第四冊「浪花の風」のみを『近古文芸温知叢書』に収録し、公刊したのである。こうして生き別れになった「在阪漫録」は昭和五十六年（一九八一）、多治比郁夫氏の手で『随筆百花苑』に収められ、全体を回復することとなったが、「在阪漫録」は現在、国立国会図書館の所蔵となっている。つまり久須美家から出た「在阪漫録」は浅草広小路の書店に流れ、さらに小宮山綏介の手を経て、国会図書館（戦前は帝国図書館）へとわたり、今日に至っているのである。

「在阪漫録」を『随筆百花苑』に収めた多治比氏は、その解説のなかで、久須美には在坂中に江戸の留守宅に送った書簡集「浪華のかり」というものがあり、両者は深くかかわるだろうと指摘している。「浪華のかり」（正しくは「後の難波の雁」）と題するその書簡集は、現在、筑波大学附属図書館に所蔵されている。筑波大学はもとをたどれば東京教育大学、さらに東京文理科大学、東京高等師範学校に至るが、明治二十九年（一八九六）に東京高等師範を卒業し、台湾で旧制中学校の教師をしていた元田脩三という人物が、昭和初期の『茗渓会雑誌』に「久須美文書解題」を書いている。また前後して、雑誌『歴史地理』四九巻三号、五号、六号、五〇巻一号（いずれも昭和二年）に「久須美蘭林父子及びその一門」を連載しているが、末尾に「以上記する所は東京師範学校所蔵の久須美文書を主とし」執筆するに至った、としてその経緯をつぎのように記している。

私は、三十年前「飛騨呈書」と題する豊田藤之進友直の書簡集（二冊）を一見し、昨春更にこれを熟読するに及んで、友直が久須美氏の出で、宛名の六郎左衛門或は佐渡守とあるのは実父祐明であり、書中伯兄とあるのは即ち蘭林（祐雋）であることを知つた。そのうち「浪花の風」の解題に「編者未だ経覧せず」とある『養難養説』をはじめ、蘭林父子及びその一門に成つた日記・書簡・随筆・紀行等をおひおひに見出しあわせて二十部九十冊の多きに達した。私は少なからざる興味を以てこれを読み耽り、なほ同家の菩提寺を尋ね、後継者にも会ひ、段々久須美家の一族について調べてゆくにつれ、蘭林の名が単に「浪花の風」によってのみ記憶されるべきでなく、またその父祖子孫にも随分伝えるに足るものがあることを知つた。

（「久須美蘭林父子及びその一門」上）

こうして昭和初年、久須美家文書の本体が元田脩三によって発見・報告されていたのである。「久須美蘭林父子及びその一門」は、久須美家の来歴と、その主要なる人物について述べたものであるが、さらに元田は「追々にそれらの資料を取りまとめて紹介したい」（上）と述べ、また「『飛騨呈書』は川島忠之助氏の好意に依つて活版に附することになって居り、『浪華日記』また日本学術普及会主古藤田氏が義侠的にその出版を引受けられた」（下の二）と出版計画のあったことを記している。

しかしながら、これらの刊行計画は諸般の事情で実現しなかったようである。その結果、元田の意に反して、「蘭林の名が単に「浪花の風」によってのみ記憶されるべきでない」という状況は未だに改められていない。

この度、久須美祐明の「浪華日記」を公刊するに際し思いを致すのは、この元田脩三の素志である。戦前、「歴史の素人である」東京人が見出し、思いついた出版計画が、戦後七〇年を経て、大阪人であるわたしによって果たされるとは不思議な縁であるが、「武士の町」大坂という着想が、わたしと元田の間を繋いだことは強調しておきたいと思う。

二

元田脩三の論考「久須美蘭林父子及びその一門」には、最終号に「久須美氏略系図」が収められている（本書巻頭に一部補正して掲載）。祐雋・祐義・友直の三兄弟、祐温・誠・友文の三従兄弟に示される末広がりの様相を指して元田は、「実に天保から安政へかけての久須美家は父子兄弟叔姪人物ぞろひで人も羨むばかりであつた」と記しているが、そのなかでもイの一番に祐雋が取り上げられたのは、「文事のたしなみは最も深かかつた」「学術文芸の嗜みに至つては久須美家において祐雋ほどのものが出なかった」ことによる。多治比氏もまた「もっとも文事に勝れた」と評価するが、蘭林という号で知られたことは、その評価を証明する。そうした評価が、「日記や書簡集だけでも十種三十六冊、紀行文、随筆、雑記類が七種十一冊、合計十七種、四十七冊に及ぶ」という久須美家文書の中から「浪花の風」だけを選び出させたのである。

その一方、祐雋は「その堅いことまじめなことは久須美家歴代の誰にも負けず、（略）役人としては政治家肌でなく循吏型の人であつた」と元田はいう。〈文事〉と並んで〈政事〉という一面が彼にもあったということであるが、その点に着目することで久須美ファミリーの中から浮上した人物がいる。田口英嗣『最後の箱館奉行の日記』（新潮新書、一九九五年）で取り上げられた祐義の嫡男誠（正一郎、号梅潭、杉浦家を嗣ぐ、一八二六～一九〇〇）である。この労作もまた、元田の先駆的業績に学んで生まれている。

それに対しわたしは、祐雋・祐義・友直の三兄弟の父であった祐明（一七七一～一八五二）、元田によれば「その本領は武術でもなく学問でもなく立派な役人になる」人物を取り上げる。
元田の「久須美蘭林父子及びその一門」では、久須美家所伝の系図によって、久須美家は曽我祐成の末孫で伊豆に蟠踞したが、その後、越後に移り住み、一六代祐政の代に、越後移住以来五百年の久しきにおよぶことから久住と改めたとある。「この系図一巻は江戸における久須美氏三代祐明の代に清書されたもので、その真否は私の知るところではない。ただ久須美氏の子孫は深く祐成の末孫であると信じてゐたことを注意すればよいのである。この信念は祐政の子祐邦をして江戸に至らしめた。」

「寛政重修諸家譜」巻一四三六に見える久須美の項は、その祐邦《すけくに》から立項され、二代祐光―三代祐明と続いている。祐邦について「重修譜」は、「はじめ御先手の与力をつとめ、のちに御勘定吟味役並となる」と記すが、元田によれば、「譜代席になろうといふ心願で支配勘定の登用試験を受けたが、落第また落第、つひに目的を達することが出来なかつた。」晩年、勘定吟味役並に進んで本高一〇〇俵、足高一二八俵二斗を給せられ、「江戸における久須美家の基を定めた」。享年七一歳である。

二代目は祐光《すけてる》で、小普請組から出世して、支配勘定をへて寛政八年（一七九六）、御勘定吟味方改役となり、御目見以上の列に加わった。当時は本所石原川端の役宅に住んでいたが、さらに大川端埋堀角に拝領屋敷を得たと元田は記す。「重修譜」には翌九年、「三河大樹寺御宮の修補に関わり、黄金二枚をたまふ」とある。さらに第三代は祐明《すけあきら》で「重修譜」によれば、「支配勘定見習ののち、評定所留役助をへて、御勘定に列し、関東郡代付留役をつとむ」。

「重修譜」にはここまでしか記載がないが、祐光には寛政六年・七年・八年の自筆日記（一冊）

が残され、そこには父六郎左衛門祐光と子権兵衛祐明が登場する。寛政七年の正月には父六郎左衛門が七日に下勘定所に御用始で出仕し、子権兵衛は十三日に評定所に出仕している。また五月朔日には、御殿改方より権兵衛の指物雛型絵図を出すように求められ、庵に木瓜紋の指物を添え、支配勘定久須美権兵衛と署名している。

また拝領屋敷の記事も見えるが、四谷千日谷（正月十一日）の屋敷が坪数わずかに一二六坪で手狭だということで、相対替えで牛込逢坂上の一九〇坪余を得ている（八月十七日）。そして閏十一月二十八日には、久住から久須美への改姓願いを提出しているが、その理由を「曽祖父久住六郎左衛門が浪人の時より父六郎左衛門まで、久住と二字に書誤ってきた」と記している。改姓のきっかけは、越後から久住自得なる縁戚者が訪ねてきたことにあるが、曽我十郎祐成の嫡男祐寛より代々久須美と三字で来たが、曽祖父久住政信より謂われなく二字に書き換えた、と祐光は指摘する。御目見以上に進んだことが、改姓意識を支えているのは間違いないだろう。

この家門意識を、三代祐明が受けついだのは言うまでもない。それを物語るのが寛政九年、父祐光が三河大樹寺修補御用の折、塔頭善揚院において記した「報恩記」である。

「報恩記」で祐光は、「数万の旗本・御家人」「何千人の小普請組」の中から取り立てられ出世するに至った経緯を、同期に取り立てられた人物との対比を交え振り返っているが、「広大なる御上の御恩」と並んで「遠くは当家の御先祖近くは父祖の御徳別て　祐邦院様」の苦労を讃える。また「我ら兄弟五人なりしが」、四人の姉妹弟が早逝し、「我一人存生して家を起したるは一己の徳ならずや」と回想する。「天偏に我一人をあわれみたまひ、御上の御恩を蒙る」と悦び、「畢竟ハ親の勤功によつて召し出さるといへとも、その身、天の憐を蒙らされば親の勤功も空しくなりぬべし。幸に其許も天の憐を蒙り召し出さる。それのみならず間もなく次第に昇進する事、是偏に天、其許のみに憐を垂れたまふ」と、長子祐明に呼びかけている。

たしかに「報恩記」には、本文末尾に「寛政九年七月十五日書之　久須美祐光」という署名とともに、「久須美祐明殿」と宛所が記されている。その意味で「報恩記」は、祐光自身の記録であるとともに、嫡男祐明への遺言でもある。祐明自身も、そのつもりで受け取っていたことは末尾に「子孫ながく此御教訓之趣を忘却する事なかれ　久須美権兵衛祐明」と署名して花押を据えていることからも明らかである。時に祐光四九歳、祐明二七歳であるが、この「報恩記」にはさらに表紙が付けられ、祐明の整った字で「報恩記」と書かれ、裏表紙には「表紙摺候故、嘉永三年庚戌三年七月三日祐明改之　于時八十歳」とある。二七歳の時に受けた遺訓を祐明が、いかに大事に受け継いできたかを、これほど明瞭に物語るものはないだろう。

三

「祐光日記」と「報恩記」という二つの資料は、沼津市明治史料館に所蔵されている。それを東京から沼津にもたらしたのは、沼津兵学校三等教授であった久須美祐利（一八四五〜一九一七）である（『図説沼津兵学校』沼津市明治史料館、平成二十一年）。

「久須美蘭林父子及びその一門」（下の二）の最後に、元田は祐利を「通称七十五郎、字は子和、号を双柳軒晩香などといった。祐明の妾腹の子である。幼年に父に別れたので、祐雋が子として養育した。祐雋が大坂町奉行時代には、丁度祐明が誠を同伴したやうに祐利を手許に置いて教育した。」と記す。祐利は大正二年（一九一三）に自叙伝『延命録』を著わしたが、その中に「祐明が七十五歳の時弘化二年乙巳にして今年六十九歳妾腹に生れたり」とある。一五歳までは身体虚弱であったが、一八、九歳頃より体質一変し、強健となり、武技を修め、幕府の陸軍士官として鳥羽伏見などの戦役に従事し、維新後は兵学寮の教官、さらに陸軍省経理局に奉職し、五八歳で官を辞し、悠々自適の老後を送る。その間、二度妻帯し、二度なくし、女子ばかりの子も早逝、経済上も困窮を極め、「祐雋の死後《文久三年》間もなく子孫に遺すために整理した家伝の日記書簡さへ、いつしか人手に渡つてしまつたのである」と元田は記す。

祐利が久須美家資料の整理をしたことは、祐明が大坂から江戸の留守宅に宛てた書簡集「難波の雁」の序文（日付は明治二年九月二十七日）に明らかである。

> 此書は祖父　祐明君大坂市尹の任を被蒙　仰、彼地江御在勤あそばれし日、江都の御留守邸嗣子祐雋君へ送たまひし御書牘也、往年祐雋君難波の雁と題《なづ》け、数巻のとじ文となし、秘匿うちにひめ置たまひしが、猶今よりあまたの年へたらん後、何らの巻たる事わかりかたからんかと再修補を加へ、二巻となし千歳に伝ふるもの也

序文はさらに、書簡集は「父子骨肉の贈答」なので世に憚るところもあるが、「当時の世態変革を見」、また「我後の世の子々孫々心察してよみたらん（略）我が家一編の庭訓なるべし」と結ぶが、大正六年に祐利は七二歳で死去、久須美家の血統は絶えることとなった。

こうして久須美家家伝の日記・書簡は、人手を通じて現在、筑波大学附属図書館の所蔵となったのであるが、もうひとつ、祐利を通じで沼津市明治史料館に遺されることとなったものがある。こちらの久須美家資料のなかに「祐光日記」、「報恩記」と並んで祐明・祐雋、そして祐利の肖像があ

る（口絵参照）。

さらにわたしの関心を引くものがある。祐明のおせち・おたつという女性に宛てた書簡である。「我らはじめ順三郎・正一郎その外下々まで無事」（おたつ宛、正月三日）、「御城代の家来小倉勾当と云ふ盲人をまねきえりかた抔もませ候」（おせち宛、四月十日）とあるので、大坂からの発信であることは間違いない。そのなかには「浪華日記」本文にも出る金魚船のことも見え、祐明が大坂から江戸留守宅の女性たちに書簡を送っていたことが明らかとなる。

そのひとつ四月十日付のおせち宛の長文書簡では、六郎左衛門の出世にともない、今後、大勢の人を使うこととなるだろうとして「そもじとの《（殿）》心掛次第に下女共も和熟いたし、おのつから家事の治り方もよろしく相成候」と忠告する。「常証院存命の節は何事も同人差図にしたがひ」とある常証院は、大坂在勤中に死別した妻かめである。おせちは、嫡子六郎左衛門祐雋の妻である。

祐明の書簡集「難波の雁」は、江戸からの返信「難波の雁報牘」とともに、祐雋の手によって整理され、さらに祐利が再修補している。その時、祐明から祐雋の妻女に宛てた書簡は除外され、祐利の手を経て沼津に遺されたのである。もうひとつ祐明自筆の興味深い史料が遺されている。「祐明抜歯之年月」と題するもので、「文化十年九月七日未刻　自宅ニおいて　右奥ノ上歯　干四十三歳」に始まる抜歯の記録である。四三歳に始まった抜歯は、「天保十二年十二月十四日申ノ上時刻下の歯左」を最後に二八本すべてが抜けた。「今日までに残らず抜、惣入歯申付る」として「寿計阿喜良記之　干七十一歳」とのサインがある。

かくて総入れ歯となった久須美祐明が、天保十四年（一八四三）三月、七三歳の高齢を以て大坂町奉行に栄転した。二九年間の抜歯の記事を書き続ける筆まめさは、「浪華日記」に朝昼夜三食の献立を記録するという稀有な痕跡を残した。「常に自ら詳細に日記を記し、頻繁に書簡を認めることを怠らなかつた。且又、その子弟にも倣はしめ、こもごもこれを見せあつて、互いに慰め、相励し、相戒めたのである。」とは元田の評である。

大坂町奉行の見た天保改革

片山早紀

一　七十三歳の大坂町奉行

七十三歳ニおよひ大坂町奉行被　仰付候ものも元和以来我等斗りニテ珍敷事ニ候処、昨日沙汰之趣ニテハ是又珍敷結構、父子打揃斯迄蒙　御高恩候儀可奉報様も有之間敷哉ト空怖敷覚候程之儀、弥被　仰出之御趣意を守父子共精勤ハ申迄も無之、万端可相慎事ニ候

（「浪華日記」天保十四年八月十四日）

息子久須美祐雋（権兵衛）が目付に役替えになったとの一報を受けた夜、喜びと興奮から暁八半時（午前三時）にふと目が覚めた父祐明は、おもむろに日記を書き始める。「短才文盲にテ文もなく武もな」い自分だが、「数年来之勤功」に加え、近年「はからす御新政ニ付諸向格別之御人撰」が行われたため、天保十一年（一八四〇）十二月に佐渡奉行、同十三年八月に小普請奉行、同十四年三月には大坂町奉行に任命され、老年に及び格段の出世を遂げた。悴たちも幼年よりしっかりと教育してきたおかげで、いずれも「律儀堅固ニテ文武共出精いたし」、「今般権兵衛結構被　仰付候ト之義ハ出格之御人撰共冥加ニ叶候」などと、老奉行の筆は止まらない。まさに「此上もなき大

悦」の心持ちだったのだろう。

「浪華日記」そして「難波の雁」（江戸留主宅に宛てた書簡集）の筆者である久須美祐明が、大坂町奉行補任の辞令を受けたのは、『徳川実紀』によれば天保十四年三月八日のことである。天保の改革を牽引した水野忠邦が老中の職を解かれるのは、同閏九月十三日なので、結果的に久須美は改革の終盤に関わったかたちになるが、補任の時点ではそのような未来を知る由もない。むしろ、いまだ道半ばの諸政策をより推し進めていくことが眼前の課題だったに違いない。

江戸町奉行所で編纂された「市中取締類集」（国立国会図書館所蔵旧幕府引継書）の「遠国伺之部」には、全国各地の遠国奉行から江戸幕閣に向けて提出された上申が書き写されているが、中でも大坂からの問い合わせは、天保の改革の期間中最も回数が多かった。大坂は金融や流通の一大拠点である上、江戸に次ぐ大都市として、書物・衣服・芝居・隠遊女・料理屋などの風俗取締りも江戸に準じた形で実施されている。新たな政策を実行に移すにあたっては、現地の状況を調べた上で大坂側と江戸側で擦り合わせを行い、タイミングや方法を取り決める必要が度々生じた。よって、幕閣にとっても、改革に協力的で有能な人物を大坂町奉行として送り込んでおく必要があったに違いない。

そんな中、久須美に白羽の矢が立ったのは、幕府官僚としての長い実務経験が買われたというだけではなく、彼個人の性格によるところも大きいだろう。日記の記述の端々からは、おのれの職務を全うすることに対する熱意と自負心が強く、筋道を立てることを重んじ、それでいてある程度交渉事もこなせる世慣れた男性の姿が浮かび上がってくる。久須美も己を引き立ててくれた水野忠邦には深く感謝しており、進捗状況や内々に伝えたい情報などを書面にして頻繁に書き送った。

ただ、水野忠邦が上知や江戸市中の取締り、御料所改革などを通じて、大名と幕府、江戸町人と町奉行所、幕領農民と代官所の間に築かれた旧来の諸慣行を否定する覚悟をもって改革を断行していた（藤田覚『天保の改革』吉川弘文館、一九八九）のに対して、久須美自身はその考えにさして強く同調していた訳ではないようだ。久須美が支配勘定見習として初めて召し出されたのは寛政五年（一七九三）のこと（『寛政重修諸家譜』巻一四、「浪華日記」天保十四年九月六日）だが、以来五十余年にわたって勤め続ける間には、数多の権力者が栄枯盛衰を繰り返し、やがては去っていく姿を幾度も目にしたことだろう。日記中には、『耳嚢』の著者で、勘定奉行・江戸町奉行を歴任した能吏、かつ久須美壮年期の上役でもあった根岸鎮衛と当時の同僚たちの逸話（天保十四年七月八日、同八月十九日）をはじめ、旧知の人物の話題が頻出するが、その多くはすでに老いて衰えるか、亡くなっている。水野の取り組みも、久須美の目には随分前のめりなものとして映っていたようだ。

越前守殿御咎ハ誠ニ御政事之安危ニ拘候義、一旦ハ胸を冷し途方を失ひ候心持ニ候得共、能々思慮いたし候得ハ右ハ我等一身ニ拘候事ニハ無之、然を無益ニ労し候ハ老人不養生之基ひニ付、気分を取直し候義ニ候、兼々御同人之性質ハ弁罷在候義、御善政トハ乍申余り厳重過候を歎息罷在候処、果テ今般之次第是非もなき事共《得共》ニ候、（中略）浜松侯ハ、我等ト云其許も格別ニ被引立候事故、悪様ニ噂申候ハ甚不本意ニ候哉、惜しひ哉仁徳薄キ方ニ付右様被成行候義、呉々も歎息之至ニ候

（天保十四年閏九月二十一日〈付録（10）〉）

右は、水野忠邦罷免を伝える宅状の到来（「浪華日記」天保十四年閏九月二十日）を受けて、その翌日に書かれた書簡だが、水野の一途すぎる気性に苦言を呈した上で、水野の罷免は「御政事之安危」にはかかわることではあるが「我等一身ニ拘候事ニハ無之」と突き放した物言いをしている。

その後も、町方の風紀取り締まりの緩みについて祐雋と意見を交わしたり（「難波の雁」天保十五年六月十四日六郎左衛門宛書簡）、水野忠邦の老中再勤にあたっては「越前守殿御再勤之儀志有之輩ハ一同大悦いたし候」（「浪華日記」天保十五年七月一日）と歓迎する姿勢を見せたりと、一貫して水野を支持してはいるものの、常に一歩引いた立場を崩すことはなかった。

「浪華日記」は、久須美が勘定奉行に栄転することが内定し、大坂を去る準備を始めたところで終わる（天保十五年十月五日）。老中に再任された水野忠邦は、かつての権勢を失い欠勤がちになったともいわれるが、果たしてさらなる出世を遂げて江戸に帰ってきたかつての部下と、相見える機会はあっただろうか。

二　阿部正蔵から久須美祐明へ

さて、話を一旦久須美祐明の大坂赴任前後まで戻そう。

「浪華日記」は、久須美が大坂町奉行に補任され、江戸を発つ天保十四年（一八四三）五月十六日の記述から始まっている。しかし、久須美が江戸城で辞令を受けた同三月八日から、大坂赴任の暇乞を行った四月二十八日（『徳川実紀』）までの間には、二ヶ月余りの空白が存在する。もちろん家臣やその家族を引き連れての遠方赴任であるから、準備すべき事柄は多くあっただろう。だが、前出の「遠国伺之部」所収の上申を見ると、大坂に赴任するに当たって、当時大坂で進行中だった諸改革について、久須美が江戸で下調べを行っていたことが分かる。

実は、水野忠邦によって抜擢された大坂町奉行は久須美が最初ではない。天保十二年六月に、久須美の前任阿部正蔵が大坂へ赴任していた。よって久須美が大坂で果たすべき役割とは、第一に前任者の路線を引き継いで改革を一層推し進めること、そして第二に後述する御用金収納を成功させることであった。

それではまず、久須美が大坂町奉行に補任されるに至るまでの経過を、大坂町触(『大阪市史』四下、一九一三年)と「遠国伺之部」を元に、前任阿部の時代から追ってみたい。

阿部正蔵は、天保十二年六月二十四日大坂の西町奉行に任じられた。この人事異動には元より大坂での改革を推進する意図が含まれていたようで、阿部が江戸で暇乞を行うのは同九月十五日のことである(『徳川実紀』)。一方、大坂町触では同七月四日に「阿部遠江守殿大坂町奉行被仰付候事」、同十一月三日に「阿部遠江守様御到着之事」が報じられている。大坂赴任が決まってから江戸を発つまでの間、かなりの準備期間を取ったことが分かる。

さらに、大坂での改革は阿部の補任と同時に開始されたと見え、彼の就任が触れられた七月四日以降、七月十日に倹約令、八月晦日には文政小判等の古金銀引替催促、十月二十六日には諸荷物売買の取り締まりに関する町触が大坂で出されている。これらについては、赴任の準備と平行して、大坂の相役に江戸から指示を伝えることで発布されていったものと考えられる。

大坂着任後も、江戸と連動した諸政策が次々と打ち出され、天保十二年十二月二十三日には株仲間解散令、同十三年四月十六日に株仲間解散令・風俗取締等心得方、同年五月十二日に株仲間差し留めに伴う冥加銀・年始八朔礼銀の取り扱い方、同年六月二十七日に金銀貸付并口入其外流弊弐拾五箇条取り締まり、同年七月二十五日に道頓堀其外諸芝居・歌舞伎等取り締まりなど、数多くの町触が発布された。

ところで、これらの町触が大坂で発布されるに当たっては、当然東西両奉行の連名で触書が作成された。しかし、実際のところ阿部の方が、先任の東町奉行徳山秀起よりも、改革推進を担う奉行として大きな権限を持っていたことだろう。「遠国伺之部」によると、各地の遠国奉行は改革の諸政策を遂行するにあたり、実に細かな疑問点や改善案まで書き出して江戸へ伺い出ているのだが、大坂に関しては、阿部の在任期間中は専ら阿部一名の名前で上申書が提出されているのである。

上申の内容は、風俗取締りから唐物の取り扱いまで多岐に渡っており、おおむね、江戸幕閣の指示する方針に則って実施しようとしたところ、①基本方針が江戸を基準に考えられているため大坂の慣行とは合わない、②調査の結果当初の指示通りに実現することが難しい、といった問題が発生したため、現状と照らし合わせて変更すべき点を確認したいといった内容が主である。おもな上申内容と江戸・大坂間の遣り取りに関しては、坂本忠久『近世後期都市政策の研究』（大阪大学出版会、二〇〇三年）に詳しいので、そちらを参照願いたい。

上申を受けた江戸側では、主に江戸町奉行と老中（案件によっては寺社奉行がこれに加わる）が中心になって、可否について評議した。評議の期間は区々だが、およそ一ヵ月から半年程度で何かしらの回答が返されており、大坂で発布されたそれぞれの町触は、江戸からの回答を待って、その指示を反映した内容で出されたものと考えられる。株仲間解散令のような全国の経済活動に大きな影響を与える決定については、江戸と同期して発布しなければいたずらに市場を混乱させるだけなので、タイミングが重視されただろう。しかし、他の取締りなどについては、大坂の事情を調べてから、江戸側と相談しつつ順次発布していくという段取りであったに違いない。

この間、相役の東町奉行は徳山秀起から水野忠一へと交替しているが（天保十三年七月十七日大坂町触「徳山石見守殿参府之事」、同八月十二日同「徳山石見守殿御先手被仰付、跡御役水野若狭守被仰付候事」、同年八月二十二日同「水野若狭守様御到着之事」）、新たに着任した水野は元堺奉行であり、江戸へ参府することもなく堺から直接大坂へと移っている。ともに奉行として職務を行っている以上、相役が改革に無関係であった訳ではないが、あくまで中心になるのは老中の意を受けた阿部の方だと考えられており、それが上申書をほぼ阿部単独で提出し続けているという事実にもあらわれているのだろう。

ところが、この体制は思わぬ形で終わりを迎えた。天保十四年三月三日、阿部正蔵の江戸町奉行補任が決まったのである。この人事異動は、予定調和という訳ではなく、改革の諸政策に関してたびたび反対の姿勢を示していた北町奉行遠山景元が大目付へ異動になり、そのポストが空席になったことによって発生したものだった。

どうも阿部は自分に異動の辞令が出されるとは予想していなかったらしい。阿部正蔵参府の大坂町触は、天保十四年正月二十四日に出されているが、そこには「右御参府御用済次第御帰坂之義ニ付、御暇乞御礼并御出立之節罷出候等之義ニハ不及候間、此段相心得可被申候」とあり、阿部は大坂へ戻ってくる心づもりであった。また阿部の名前で作成された上申書の最後の二通は、天保十四年二月時点での総括と課題点について記されている。これらのことから察するに、阿部は江戸からの呼び出しについて、大坂での改革についての中間報告を行って新たな指示を受けるためのものと解釈していたのではないだろうか。久須美の日記や手紙の記述からは、一般に、詳細を知らされない江戸召還は人事異動である可能性が高く、呼び出された本人も周囲もそのことを察しており、異動先について推測交じりの噂話が盛んに取り交わされていたことが分かる。しかし阿部は己が特殊な使命を帯びた奉行であると自認しており、道半ばの改革をまだまだ推し進めていくつもりだったのだろう。

江戸町奉行補任は、阿部にとっても想定外の人事だったのである。

三　市中取り締まりと綱紀粛正

阿部正蔵の江戸町奉行補任から五日後の天保十四年（一八四三）三月八日、小普請奉行久須美祐明が大坂町奉行に補任された。先記の通りの事情から、久須美は阿部の路線を引き継ぐために急遽抜擢された人物であったことが分かる。しかし、久須美はかなりの高齢にもかかわらず職務に対して非常に意欲的であり、この栄転を大変な名誉と捉えていたことが日記の記述の端々からも伝わってくる。大坂赴任を伝えられた久須美は、早速自分が大坂で行うべき仕事について調査を始めた。

「遠国伺之部」に写された阿部の上申には、久須美が江戸を発つ前に問い合わせた質問事項が、「ヒレ付」（鰭付）としていくつも付されている。阿部からの上申に対して、すでに水野忠邦や江戸町奉行による下げ札が付いている場合でも、「書面の何条目については現地でさらに状況を調べた方が良いのではないか」、また「何条目についてはこの文言では誤解を与えかねないから削除した方が良いのではないか」などと、あらためて自分なりの解釈を記した。場合によっては久須美の鰭付に、承知した旨の回答がさらに付されることもあった。久須美は、天保十四年二月までに出された上申書に対する回答の取りまとめと確認作業を行い、その時点での最新の指示を携えて大坂へ赴任したのである。

阿部が江戸参府にあたって持参したと思われる二通の上申「大坂表取締方之儀ニ付奉伺候書付」・「大坂表取締方之儀ニ付見込之趣申上候書付」の内、前者は株仲間解散令に伴う弊害・銭相場・勧進能・廻り年寄の設置・町会所の廃止・丁代の雇用・御用宿といった、改革全般に関する経過報告にあたる。一方後者は、資金繰りの談合についての取締・町続在領の取締・堂島米市場の惣体一洗・大坂表富裕商人の見世方商売と山駕籠の禁止・屋形船の禁止・町々極貧の病人の養生所建設・船の廻漕状況の調査・御用人足の制限・大坂川々の取締など、新たな取り締まり方の提案が列記された。

久須美は日記中では職務についてあまり触れないため、これらの一つ一つに大坂赴任後どのように対処したのか、大坂側での改革の実現過程は残念ながら詳らかでない。人足寄場予定地の見分（天保十四年六月十七日）や町続在領の見分（同六月十九日）、無宿人対策としての人足寄場仕法（同七月二十三日）、江戸を追放され当時大坂に滞在していた市川海老蔵との対面（同十月二日）などがわずかに見える程度である。町人の身なりや物腰については、個人的な興味からか詳しく記されることもあり、「婦人之衣類等華■《美》之儀ハ無之、間近く見請候処、見事ニ見へ候テも多く木綿ニテ、風俗も江戸トハ違ひ田舎風ニ候得共小児或ハ小女之言葉やさしく、江戸ものより婦人之言葉ハよきよふニ思はる、（中略）流幣中ト違ひ至テ質素ニ候得共、都会之儀佐州之初午トハ雲泥之相違なり」（天保十五年二月九日）のように、障子に空けた穴から透き見して得た情報が、その後の取り締まりに生かされることもあったのかもしれない。

久須美の在任期間中に出された市中取り締まりに関する上申は以下の一〇通である。久須美は阿部とは違い、相役水野忠一と連名で上申を行っている。

天保十四年八月　御改革筋之儀書綴候本売買之儀ニ付大坂町奉行ゟ掛合調
天保十四年九月　大坂町奉行ゟ町人男女衣服之儀ニ付問合調
天保十四年閏九月　大坂町奉行ゟ寄場普請中無宿野非人外遣働場所等ゟ逃去悪事致し候者之儀ニ付御当地寄場御仕置振合問合
天保十四年十月　大坂町奉行ゟ元歌舞伎役者市川海老蔵事成田屋七右衛門以前之業躰為稼不苦哉之問合調
天保十四年十一月　大阪町奉行ゟ町人男女衣服之儀并貸金銀利足引下ケ候儀問合調
天保十四年十月　大坂外三ヶ所御用金之儀ニ付同所町奉行申上并御勘定奉行・同吟味役連名御内慮伺書
天保十五年二月　大坂町奉行相伺候川船運上銀・廻船等之義ニ付申上
天保十五年三月　下り酒造方之義ニ付大坂町奉行江掛合其外書類
天保十五年四月　大坂町奉行ゟ御改革後町触相背候者御咎当り之儀ニ付掛合調
天保十五年五月　大坂町奉行相伺候彼地之年寄其外取斗方之義ニ付申上

書面での遣り取りである以上致し方ない部分もあるが、江戸からの回答には時間がかかったらしく、それに対する愚痴もたびたび見られる。大坂に到着して間もない天保十四年六月十八日付の宅状（「難波の雁」）に、すでに「先役阿部遠江伺置候義、尓今御差図無之差支候故、荒井甚之丞へ催促申遣候積り」と記しており、四ヵ月後の同閏九月時点でも、進捗は八、九割に到達していないというのが本人の実感だったようだ、

組支配取締方を始市郷共追々取締方改革等、先役以来伺済之上相済候廉も有之候得共、いまた

八、九分ニハ至り不申、右之内ニハ御差図通り難取斗或ハ難取行品も有之、在方御料・私領共夫々御代官・領主・地頭ニテ世話いたし候儀ニハ候得共、支配国之事故品ニ寄奉行所ニテ取斗候廉も有之、或ハ其分ニ聞置がた■難捨置品も有之、況市中之儀ハ寺社・町方共奉行所ニテ都テ引請取斗候儀ニ付、町奉行ニテ寺社奉行を兼、御勘定奉行之御勝手方・公事方をも少シ兼用いたし実ニ多端之御用繁、組之ものハ夫々掛り分り居候得共、奉行ハ壱人ニテ引請居候儀ニ付江戸町奉行ヨリも御用之廉ハ多く、其上上方風ニテ人気ゆるやかニテ、何事も急速之取斗ニハいたし兼、右ハ生質故無理ニハ難押付、程能差配いたし候儀ニテ、中々以安閑ト日を暮し候間合ハ少シも無之候

（「難波の雁」天保十四年閏九月七日 六郎左衛門・順三郎宛書簡）

ここでは、「右之内ニハ御差図通り難取斗或ハ難取行品」等、案件によってはさらなる調整が必要だという認識が示されているだけでなく、大坂という大都市において、町奉行は市政に限らず寺社奉行・勘定奉行の職務を一部兼ねているようなものだと、その多忙ぶりについて言及している点は興味深い。日記からは、久須美が頻繁に登城して大坂城代と面談していることが分かるが、市中取り締まりや町奉行所内の綱紀粛正に関しては城代は相談役に留まるため、矢面に立つ町奉行の負担は大きかったことだろう。

大坂での諸改革を遂行する人員としては、他に徒目付二人と小人目付四人が江戸から派遣されていた（「浪華日記」天保十四年八月十四日）。役所付きの金銀を不正に借り入れるなどの罪に問われた東組与力阿部幾之助（同六月二十二日）をはじめ、与力・同心の不行き届きが次々に発覚するにあたって、吟味には大坂目付とともに彼ら徒目付・小人目付が立ち会った。また徒目付らによる牢の見廻りが行われた際には、脱走を企てた囚人を牢番人が非道に打ち殺したとの密訴があり（同九月

十六日）、以後大きな問題となっている。大坂だけでなく京都にも出張しており（同八月十五日）、大坂・京都の役所内部の綱紀粛正を促すことが彼らの任務であったことが分かる。

久須美は、与力の中では内山彦次郎を特に重用したが、江戸から派遣されてきた目付の中では徒目付の永坂鑑八を高く評価していた。「御徒目付永坂鑑八義、近頃御小人目付ヨリ被　仰付候ものニテ、些憎ミ有之御目付風之人物ニ候得共、随分御用立候ものニテ、右様之ものハ味方へ引付懐小刀ニいたし遣候得ハ、第一御取締之ためニも相成候」（「難波の雁」天保十四年閏九月七日　六郎左衛門・順三郎宛書簡）と、上手く味方に付ければ取り締まりの助けになるだろうとしている。東組与力の内では、同僚の不祥事が明るみに出されたこともあって、「同人《（永坂）》義奉行所取斗向を差図ヶ間敷書面等を以申聞候段難心得」（同前）と受けが悪く、永坂自身にも「佐々木近江人撰ニテ越前守殿御内意等請候事故、身分不相応見識張、第一手高ニテ我等抔へ差越候書面等御目付衆同様之文格」（同十一月二十五日　六郎左衛門宛書簡）と少々性格に難はあったが、相役の水野忠一が勘定奉行へ不服を訴え出ようとした際には、久須美が諫めて事なきを得ている（同前）。

水野忠邦の罷免後、徒目付・小人目付には引き上げの指示が出され（「浪華日記」天保十四年十一月十五日）、十一月二十日には江戸へ向けて立ち去った（同十八日）。改革御用の目付が帰参することで組内の取り締まりが緩むことを警戒した久須美は、相役と相談の上、心得違いをせず一層気を引き締めるようにとの申し渡しを組内で行う（同十六日）とともに、留主宅宛ての書簡では「永坂鑑八は身分不相応な態度を取っていたため悪く思う人もおり、本人も同役森澄太郎作も、江戸へ戻った後の処遇を心配している。私の元では二人とも良く働いてくれたので、どうにか無難であるようにしたいものだ」と書き送っている（「難波の雁」天保十四年十一月二十五日　六郎左衛門宛書簡）。

四　天保の御用金

大坂町奉行として赴任するにあたって、久須美祐明には先任阿部正蔵の跡を引き継ぐことに加えて、大坂・堺・西宮・兵庫における幕府御用金調達を勘定吟味役羽倉用九（外記）と協力して成功させるという一つの重要な使命が与えられていた。

久須美は、己の職務については断片的にしか記述しない場合がほとんどなのだが、御用金の一件に関してはその舞台裏を日記と手紙に詳しく記している。御用金が集まるまでに起こった様々なないざこざや、久須美と掛与力内山彦次郎らの奮闘ぶりについては、その都度久須美が水野忠邦へ書き送った書付が「市中取締類集」の「遠国伺之部」に残されており（天保十四年十月「大坂外三ヶ所御用金之儀ニ付同所町奉行申上并御勘定奉行・同吟味役連名御内慮伺書」）、これを元に考察した幸田成友「天保十四年の御用金」（『幸田成友著作集』第一巻、中央公論社、一九七二年）によって、かなり詳細な過程がすでに明らかにされている。「浪華日記」「難波の雁」は、それをさらに補強する格好の史料と言えるだろう。

町人たちに金百万両という巨額の御用金を賦課するという計画について、羽倉着坂まで口外せず伏せておくよう、水野忠邦が久須美に指示していたこと、また御用金賦課の理由が、馬喰町御貸付元金の内半高を棄捐した埋め合わせのためであったことは、すでに幸田論文の指摘するところである。ちなみに羽倉と御用金の関わりについては、「或は外記自身が発案して越前守に勧めたのかもしれない」という推測が述べられており、同様に藤田覚氏も、勘定奉行が御用金の目的を把握していない旨の発言をしている点が「もし事実ならば、この御用金政策は、水野忠邦と羽倉らのごく一部で立案・実施されたものということになろう」としている（前出『天保の改革』）。

これらの推測はおおむね正しいものと考える。天保十四年（一八四三）六月十八日の書簡（付録(2)）では、羽倉が体調不良と聞き「今般之儀ハ外記壱人之見込存付ニテ御勘定奉行始外吟味役も不承知之由」なので、万一羽倉が重病だった場合は取り計らい方に差し支えが出るのではないかと、久須美は心配している。また同八月四日の書簡（付録(4)）にも「外記存付ニテ馬喰町御貸付之内棄捐被　仰出、夫を埋候ため之御用金第一ニ付、御勘定奉行始吟味役一同不承知」とあり、御用金賦課を最初に言い出したのが羽倉か水野忠邦かははっきりしないものの、この二人が実施を決めたことは確かだろう。

実際に御用金を賦課する段になると、羽倉の強権的な態度が有力町人たちの不興を買い、それを何とかなだめようと久須美が奔走する羽目に陥る。特に気受けの悪い羽倉と支配勘定逸見市太郎を但馬巡見へ送り出すと、その間に御用金の回収を急いだ（「浪華日記」天保十四年八月四日）。町人たちを諭すにあたっては、今日は他人を交えない内談だと断った上で、来月初旬には羽倉が帰坂してしまうので、それまでに御用金が整っていなければ今度は何を言い出すか分からないといった言い回しを駆使して、「外記噂を悪様ニ申候様相聞候テも如何、左候迚同人ト同意ニ無之次第不申諭候テハ気請不立道理」（同八月十八日）と、町奉行は大坂町人の味方であることを訴えた老獪ぶりは流石である。この演説は好評だったらしく、後日（同九月十六日）の日記に、奉行が内輪の話だと言ってくれたことで皆の気分が持ち直したという噂を書き載せるとともに、「右ハ自分手段ニ申聞候言葉之采配ニハ無之、当所之奉行職たる上ハ大坂ハ身内ト心得候真実より出たる義ニ付、自然感通もいたし候哉ニテ、大慶之至ニ候」と記し、久須美本人もご満悦であった。

最終的には、上金を除く御用金だけで百十万両以上が集まり（同九月二十日）、江戸から呼び出しを受けた羽倉は取り急ぎ請印だけを取りまとめて、慌ただしく帰っていく。その後大坂では、水野忠邦罷免にともなう人事刷新の混乱で、御用金の扱いが宙に浮きかけるなど、残務処理に追われることになるのであった。

五　上知に対する見解

天保の改革の諸政策の中でも、特に代官が中心となって進められたのが上知と御料所改革である。どちらも町奉行が直接関わることはないが、上知については久須美個人が政策に批判的だったこともあり（藪田貫編『天保上知令騒動記』清文堂出版、一九九八年）、日記や書簡でしばしば言及している。大坂における上知令発布後の代官の動向については、松永友和「天保上知令と大坂代官」（『ヒストリア』第二五一号、二〇一五年八月）に詳しい。当時の大坂代官は竹垣直道と築山茂左衛門の二人で、久須美は竹垣とは特に親しく、家族ぐるみでの付き合いがあった。二人ともたびたび役宅を訪れては長話をしていく仲であったから、上知についても当然話題に上っていたと考えて良いだろう。

しかし、大坂代官たちと身近く接する機会があったにもかかわらず、上知の発案者が誰なのか、上知の目的は何なのかといったごく基本的な事柄について、久須美は確実な情報を得ることができていなかった。大坂で見聞きした事柄や留主宅からの書簡で得られる情報からあれこれと推測するに留まっている。或いは、代官自身も知らされていなかったのかもしれない。

上知の目的について、表向きの法令では御取り締まりのためとしか述べられていない。この点については、たとえば、対外的危機に対応する必要から「幕府は、江戸・大坂城周辺をすべて幕府領として一元的に支配し、さらに大名預所の解消により全幕府領の直轄支配を実現し、飛地領を整理してすべて城付化して諸大名の所領支配を強化すること、そうじて幕藩領主支配の強化を意図した」という藤田覚氏の指摘（前出『天保の改革』）などがあるが、久須美はむしろ幕府財政の問題から上知を捉えていた。

水野忠邦の失脚後、江戸城では経費削減を目的とした人減らしが一時強行された。久須美の考えでは、これらは先年の三方領知替・上知から続く一連の流れであって、すべては「畢竟御勝手御六ヶ敷より事起り候儀」だとする。「執政之御方ハ不及申御勘定奉行等御勝手へ掛り候向ハ、真実ニ　御為を存追年連々ニ御勝手立直り候様之御仕法深切ニ取斗候ハヽ、永続も可致哉ニ候処、即功を顕シ可申ト所望、或ハ上知等目論見候得共、就中上知ハ宮方家領等も有之事故、雲上ヨリ鑓を被入忽チ右之次第ニ成行、最早即功之手段無之ゆへ、公儀之御自由ニ相成候西丸御留守居始、夫より以下往々軽キもの共御人減等俄ニ厳重被　仰出候事ト被察候得共、夫さへ難被行」（「難波の雁」天保十五年二月二十日　六郎左衛門宛書簡）と、地道な財政再建を目指さず、短期間での増収を見込んで上知などという手段を選んだがために水野は失脚したのだというのが、彼の解釈だった。

加えて、たとえ増収に成功したとしても、上知の面々が困窮するばかりで、城の周囲を預かるのが代官では防衛上心許ないと、「五百石以下御蔵米御引替ハ御益ニハ可相成候得共、御譜代大名之所替同様御家来及困窮、武備おのつから弱り候儀ト密歎息いたし候事ニ候、御居城ハ不及申大坂・

駿河御城等之最寄ハ、御譜代嫡々之私領ニいたし置候方却テ可然歟、御代官十人・二十人寄候テも一大事之御役ニハ更ニ立申間敷」（同、天保十四年八月十一日 権兵衛・順三郎宛書簡）のように、警衛の観点からも批判していた。

そして、上知の発案者については、上知令撤回と同時に勘定奉行井上秀栄・勘定吟味役根本善左衛門の御役御免の報せが届いたことから、この時点では根本が考案し、それに井上が同意したのではないかと推測した（「浪華日記」天保十四年閏九月十五日）。ところがその後、羽倉外記にも半高召し上げ、小普請入逼塞という厳しい処分が下されたことを知ると、「上知之主謀ハ却テ羽倉ニ可有之哉ト被存候」と考えを改めている（天保十四年十月十一日〈付録（11）〉）。

上知の目的にしても発案者にしても、以上はどれも久須美の推測に過ぎない。的を射ている可能性もあれば、全く見当違いの可能性もある。前出松永論文では、大坂町奉行所が上知をめぐる金公事訴訟を取り扱わず、上知令と無関係の立場を取ったことが指摘されているが、実際のところ、江戸幕閣から方針が示されない限り、奉行所としては対処のしようがなかったことだろう。元領主・地頭が残した借財で村方が難儀する状況に、何とか仕法を付けねばなるまいと久須美も思っているものの、ひとまずは騒ぎが落ち着くのを待つしかなかった（付録（4））。これは上知に限ったことではなく、同様のことが、たとえば川奉行（大坂町奉行所の川方役所）と堤奉行（大坂代官が兼任）のように、フィールドは一部重なるものの取り扱う分野が異なる部署の間では、たびたび起こっている可能性はある。摂河泉播の広域支配にも携わる大坂町奉行と、大坂に役所を構え数万石の幕領を差配する大坂代官、訴訟などで同じ案件を引き継ぐこともままある二者ではあるが、彼らの関係性や連携についてあらためて考える必要があるのかもしれない。

あとがき

二〇一〇（平成二十二）年一月に出た『大坂西町奉行新見正路日記』に次ぐ、二冊目の大坂町奉行所日記の公刊を前にして感慨深いものがある。町奉行日記の刊行という作業を、ひとりでよく継続してきたなという思いと、三冊目はもうないだろうな、という思いが交差しているからである。

わたしの「武士の町」大坂研究が、一九九七（平成九）年・九八（平成十）年度の科学研究費基盤研究(C)に採択された「近世大坂における幕府機構の研究」に始まったことは、『大坂西町奉行新見正路日記』でも触れている。新見日記を閲覧するために東北大学を一九九一年五月に訪れているので、なにがしかの着想がすでにあったかもしれないが、研究テーマとして自覚され、組織化したのは前記した科研の時である。申請者は一人であるが、欲張って「大坂武鑑」と町奉行日記の調査を課題として挙げている。その調査候補のなかに久須美祐明の「浪華日記」が入っていたことは、九八年七月二十二～二十三日、所蔵先の筑波大学附属図書館に出張していることからも明らかである。そして翌年の実績報告書には、「町奉行新見正路・久須美祐明、町奉行公用人（のちに家老）野々村治平、及び与力内山彦次郎の関係史料を収集し、それぞれ解読と検討を進めた」とある。

最初の調査（一九九八年）からこの度の出版まで、実に一八年の歳月が流れている。長かった―

というのが実感である。その長さは、もし三冊目を出すとすれば、その時には寿命が残っているだろうか、という思いを強くさせる。

さきに「ひとり」と書いたが、実はそうではない。ひとりでやっていれば、論文に書くことはあっても、史料集として二冊も、大坂町奉行日記を出すことはできなかっただろう。『新見正路日記』のあとがきに書いたと同様に『久須美祐明日記』もまた、古文書解読の有志たちとの共同作業として実を結んだ。

その場所は、かつて所属していた関西大学文学部の古文書実習室で、月に一度、集まるのが慣例となった。何年で読み終えたか記憶は定かではないが、日記読了後は、書簡集『難波の雁』も手掛け、本書の形が徐々に出来上がって行った。有志で読んだ原稿は、有志の中で筆耕者を決め、原稿用紙に鉛筆で黒々と書き溜められていった。その後、アルバイトに頼んだ学部生・大学院修了生が代替わりしながら、コツコツと入力してくれた。その意味でも複数の人々の協力を得て、出版にこぎつけることができたのである。衷心からの感謝の気持ち込めて、有志の方々の氏名を書き記しておきたい（五〇音順）。

稲角博康　岩田昌子　葛野兼一　片山早紀　佐藤明美　橘愛子　濱田禎造　橋本猛　中井陽一

丹羽一郎　米田多壽子

世間によくある古文書の会と同様、有志の方々はほぼ社会人である。六〇歳前後で定年退職して解読に参加したとして一八年経てば、齢は八〇に近い。忙しい教員生活をしながらわたしもよく頑張ったが、わたしより高齢の方々も「よく頑張った」。本書を手にされた時、ある種の充実感が込み上げてくることとなれば、長年お付き合いいただいた者として、これに過ぎる喜びはない。

有志の中でひとり、若手の研究者がいる。片山早紀さんである。参加した当時は大阪大学大学院に属し、近世大坂の市制について研究していたので、専門家としての助力を依頼した。依頼した理由のひとつとして、アルバイトとして大阪市史編纂所に勤務していた関係から、編纂所所蔵の写真版を校合のために閲覧してもらった。わたしが持っていた写真版には、判読しがたい箇所が少なくなかったからである。もうひとつ、本書には知恵を絞って頭注と小見出し、巻末に付録と索引を付けることにしたが、その基礎的作業を彼女に担ってもらったのである。パソコン世代らしく詳細な事項が、エクセルデーターとして提供され、作業の順調な進捗を支えてくれた。それは、『新見正路日記』にない斬新さを『久須美祐明日記』にもたらしてくれた。さらにもう一点、本書の読者のために、『浪華日記』に主題として書かれている内容を、天保改革最中に書かれたという時代状況を考慮して紹介するという専門研究者としての課題も背負ってもらった。それによって、久須美祐明・祐雋父子と大坂に関するわたしの拙い解題では及ばない分野がカバーされることとなった。

『新見正路日記』で果たせず、『久須美祐明日記』でやり遂げられたことが、もう一つある。それは、日記の筆者の肖像を巻頭に掲げたことである。『新見正路日記』では筆者の墓碑であったが、『浪華日記』では筆者の「顔を見たい」というわたしの願いが実現した。それが可能となったのは、祐明の末子祐利の関係資料の中に、それが収められていたからである。その情報は、国立歴史民俗博物館准教授樋口雄彦氏が編纂された『沼津兵学校出身者資料目録』（沼津市明治史料館、二〇〇七年）によってもたらされた。同目録には、A家系・履歴以下、辞令・書簡・諸文書・俳句・和歌・絵画・掛軸など六四一件、一四三六点が登録されており、その中に、肖像画と並んで「報恩記」、「祐明抜歯之年月」、おせち・おたつ宛書簡、祐明の書「清慎勤」などが収められていたのである。二〇一〇年一月、特別展『沼津兵学校のすべて』が開催されていた沼津市明治史料館を訪れ、祐明の肖像や遺品に直接、接したが、筑波大学附属図書館所蔵の「浪華日記」「難波の雁」のような整然とした資料とは別に、雑然とした資料として祐明関係資料が残っていたことは大きな喜びであった。ご教示を得た樋口氏、ならびに貴重な利用の許可を得た筑波大学附属図書館・沼津市明治史料館に対し、心から謝意を表したい。

祐利の幼名は七十五郎と言い、その名の通り、父祐明七五歳の時の子どもである。七五歳に祐明は江戸に戻り、勘定奉行となっているので祐利の出生地は江戸だろう。それにしても七五歳になって子を儲けるとはすごい。人並み外れている。そんな役人らしからぬ素顔が日記のいたるところに見え、読者を惹きつけるが、とりわけ江戸人として見た大坂批評がことのほか面白い。同時期に大坂に代官としていた竹垣直道が「日記」を残している（東京大学史料編纂所蔵）という偶然も手伝い、さきに中公新書『武士の町大坂―「天下の台所」の侍たち―』（二〇一〇年）を書く際の基本資料となったが、『浪華日記』はうたがいなく、小説家の関心を呼ぶ素材でもある。いつの日か文才のある人が、祐明をモデルに小説を書かれんことを秘かに願う。

最後に、『大坂西町奉行新見正路日記』に引き続き、この度も清文堂出版に公刊の機会を与えていただいた。前田博雄社長、ならびに編集の労を執られた前田正道氏に深甚なる感謝の意を表したいと思う。

忘れても他人のまねなどせず　どんなに徒労に見えても
自分の道だけを熱心に往復する　海には海の方法がある

（牟礼慶子「すばらしい海」）

二〇一六年七月十七日

日ごと朝顔の咲く若山台にて　藪田　貫

本書の出版に際しては、独立行政法人日本学術振興会平成二十八年度科学研究費助成事業（研究成果公開促進費：学術図書〈ＪＰ１６ＨＰ５０７６〉）の交付を受けた。

【ラ　行】

【ワ　行】

【ヤ　行】

【マ 行】

【ハ　行】

【ナ　行】

【タ　行】

【サ　行】

人　名　索　引

※この索引には、「浪華日記」に登場する主要な人物を掲載した。配列は五十音順とした。

※「御城代」（青山忠良）と「同役」（水野忠一）の２名は、久須美祐明の在坂中ほぼ全日にわたって登場するため、索引には「青山下野守」「水野若狭守」など、名前が記されている場合のみ掲載した。

〔編者紹介〕
藪《やぶ》田《た》　貫《ゆたか》
1948年大阪府生まれ　関西大学名誉教授・兵庫県立歴史博物館館長
主要著書に『近世大坂地域の史的研究』（清文堂出版，2005年），『武士の町大坂―「天下の台所」の侍たち―』（〈中公新書〉中央公論新社，2010年）など多数

〔解題執筆・編集協力〕
片《かた》山《やま》早《さ》紀《き》
1982年生まれ　大阪大学大学院文学研究科博士後期課程単位取得退学
現在，摂津市史編さん嘱託員
主要論文に「近世における堤外地利用の変遷―摂津国神崎川堤外地を対象に―」（『待兼山論叢』第48号，2014年12月）など

清文堂史料叢書第133刊
大坂西町奉行久須美祐明《くすみすけあきら》日記　〈天保改革期の大坂町奉行〉

2016年10月25日　初版発行

編　者　藪田　貫
発行者　前田博雄
発行所　清文堂出版株式会社
〒542-0082 大阪市中央区島之内２－８－５
電話06-6211-6265　FAX06-6211-6492
http://www.seibundo-pb.co.jp
印刷：亜細亜印刷株式会社　製本：株式会社渋谷文泉閣
ISBN978-4-7924-1060-5　C3021